fundamentos de

ANÁLISE ECONÔMICA DO PROCESSO CIVIL

Organizador
Edilson Vitorelli

fundamentos de ANÁLISE ECONÔMICA DO PROCESSO CIVIL

2ª edição
revista
ampliada
atualizada

2025

EDITORA *Jus*PODIVM
www.editorajuspodivm.com.br

EDITORA
*Jus*PODIVM
www.editorajuspodivm.com.br

Rua Canuto Saraiva, 131 – Mooca – CEP: 03113-010 – São Paulo – São Paulo
Tel: (11) 3582.5757
• Contato: https://www.editorajuspodivm.com.br/central-de-relacionamento

Capa e Diagramação: Maitê Coelho e Cendi Coelho *(cendicoelho@gmail.com)*

V845f Vitorelli, Edilson
Fundamentos de Análise Econômica do Processo Civil / Edilson Vitorelli – 2.ed., rev., atual. e ampl. - São Paulo: Editora Juspodivm, 2025.

432 p.

ISBN: 978-85-442-5947-4

1. Direito Processual Civil. I. Vitorelli, Edilson. II. Título.

CDD 341.46

BIBLIOTECÁRIA RESPONSÁVEL

Ana Carolina Ribeiro Mois – CRB7 – RJ 007348/0

APRESENTAÇÃO À 2ª EDIÇÃO

A primeira edição deste livro esgotou-se em aproximadamente dois meses. Isso é prova do potencial que a análise econômica tem para fornecer boas respostas a velhos problemas do processo civil e, muito especialmente, do contexto jurídico brasileiro. Realmente, é preciso perceber que os velhos estudos de teoria, conquanto muito relevantes, parecem ter exaurido o seu potencial de lidar com a realidade de um processo altamente massificado, eletrônico e de impacto social cada vez mais relevante. Em novembro de 2024, tivemos a oportunidade de realizar, mediante parceria entre o Tribunal Regional Federal da 6ª Região e a Universidade Federal de Minas Gerias, o I Congresso Internacional de Análise Econômica do Processo, com palestras de professores do Brasil, Chile e Estados Unidos. O evento marcou o lançamento do livro e, ao mesmo tempo, solidificou o diálogo acadêmico sobre o tema.

Esta segunda edição inclui cinco novos capítulos, elaborados por alunos do doutorado da Universidade de Ribeirão Preto, de cujo programa de pós-graduação em Direito eu também tenho a honra de pertencer, ao lado da UFMG. Na UNAERP, tive a oportunidade de ministrar, por duas vezes, no doutorado, a disciplina de análise econômica do processo civil, da qual derivam os textos ora adicionados. Essa colaboração entre duas universidades diferentes, de estados distintos, tem sido muito proveitosa para mim e, espero, também o seja para os leitores desta obra.

Além disso, todos os autores atualizaram os seus capítulos que já constavam da 1ª edição, incrementando a análise e oferecendo novos aportes. O capítulo introdutório, de minha autoria, também foi bastante ampliado, para permitir que o leitor tenha uma dimensão do alcance da análise econômica e suas propostas.

Esperamos que o debate siga produzindo novas oportunidades de repensar o processo civil brasileiro e seus desafios.

Belo Horizonte, janeiro de 2025.

APRESENTAÇÃO

Este livro explora os conceitos fundamentais da análise econômica e comportamental do Direito Processual. Durante muitos anos, a Análise Econômica do Direito foi um tema restrito, no Brasil, aos estudiosos de Direito Econômico e Direito da Concorrência. A primeira vez que ouvi falar do tema, há exatos vinte anos, foi justamente nessas aulas, ministradas pelo Professor Titular João Bosco Leopoldino da Fonseca, na Universidade Federal de Minas Gerais. Gostei tanto do tema que, sob sua orientação, elaborei meu trabalho monográfico de conclusão de curso, depois publicado, em forma de artigo, na Revista do IBRAC, instituto que concedeu um prêmio ao trabalho.

Ao longo desses anos, a análise econômica ganhou campo e, hoje, encontram-se excelentes estudos gerais, como os de Luciana Yeung com Bradson Camelo (2ª ed., Juspodivm, 2024) e Antônio Porto com Nuno Garoupa (Gen, 2021), até obras que trabalham os conceitos em ramos específicos do Direito. No processo civil, merecem menção o Ministro Luiz Fux com Bruno Bodart (Gen, 2020) e Ivo Gico Jr. (2ª ed., Foco, 2022). No Supremo Tribunal Federal, o Ministro Fux foi pioneiro em incorporar conceitos de análise econômica do direito a suas decisões. Hoje, o Tribunal tem um economista em seus quadros, para auxiliar no cálculo de impactos econômicos de suas decisões. A análise econômica tornou-se um tema central no direito brasileiro.

Em 2021, a Resolução 423, do Conselho Nacional de Justiça, introduziu no programa dos concursos para a magistratura os seguintes tópicos:

> G) PRAGMATISMO, ANÁLISE ECONÔMICA DO DIREITO E ECONOMIA COMPORTAMENTAL (incluído pela Resolução n. 423, de 5.10.2021).

> 1 – Função judicial e pragmatismo. Antifundacionalismo. Contextualismo. Consequencialismo. Racionalismo e Empirismo. Dialética. Utilitarismo.
>
> 2 – Análise econômica do direito. Conceitos fundamentais. Racionalidade econômica. Eficiência processual. Métodos adequados de resolução de conflitos e acesso à Justiça. Demandas frívolas e de valor esperado negativo. Precedentes, estabilidade da jurisprudência e segurança jurídica. Coisa Julgada.
>
> 3 – Economia comportamental. Heurística e vieses cognitivos. A percepção de Justiça. Processo cognitivo de tomada de decisão.

É inegável, portanto, a relevância da análise econômica do direito e, particularmente, do processo civil. Só compreenderemos o modo como o nosso sistema se apresenta quando formos capazes de analisar os estímulos que as regras vigentes oferecem aos litigantes.

Esta obra é composta por uma introdução geral à análise econômica do processo, seguida pelo detalhamento de 16 conceitos centrais para a compreensão econômica dos institutos processuais. De alguma forma, ela é um retorno ao tema que abordei como aluno, mas agora, na condição de professor da mesma Universidade Federal de Minas Gerais e com a coautoria dos meus alunos de mestrado e doutorado, daquele que hoje é um dos poucos programas de Pós-Graduação em Direito do país avaliados pela CAPES com a nota máxima. Não tenho como deixar de notar alguma poesia no fechamento desse ciclo vintenário.

Tivemos a preocupação de apresentar os conceitos da forma mais didática possível, mas sem deixar de lado a profundidade e o detalhamento dos temas. Esperamos que o trabalho possa despertar o interesse do leitor por um tema que se expande cada vez mais, bem como suscitar novas reflexões sobre o nosso sistema processual e o que queremos dele, no futuro.

Edilson Vitorelli

SUMÁRIO

CAPÍTULO X

CAPÍTULO XI

CAPÍTULO I

INTRODUÇÃO À ANÁLISE ECONÔMICA E COMPORTAMENTAL DO PROCESSO

EDILSON VITORELLI[1]

SUMÁRIO: 1. Proposta; 2. O que a análise econômica propõe que a diferencia da interpretação jurídica tradicional?; 3. Modelos de análise econômica do processo: virtudes e limitações; 4. Tornando os modelos mais complexos; 5. Litigância repetitiva; 6. Honorários sucumbenciais; 7. Custos e benefícios sociais decorrentes do processo; 8. A divergência fundamental entre o custo social do processo e a decisão individual de ajuizar uma ação ou fazer um acordo; 9. O efeito dissuasório decorrente da litigância e da regulação; 10. Seguros e processo civil; 11. Teoria dos jogos e processo civil; 12. Análise econômico-comportamental ou análise comportamental; 13. Nudge; 14. Limitações da análise comportamental; 15. Análise comportamental, juízes e processos; 16. Os litigantes repetitivos e o governo: por que temos 83 milhões de processos em andamento?; 17. Análise econômica e tecnologia: o caso oferta seletiva (ou discriminatória) de propostas de acordo; 18. Conclusão; Referências.

---

1. Desembargador Federal do Tribunal Regional Federal da 6ª Região. Professor Adjunto na Universidade Federal de Minas Gerais, nos cursos de graduação, mestrado e doutorado. Pós-doutor em Direito pela UFBA, com estudos no Max Planck Institute for Procedural Law (Luxemburgo). Doutor em Direito pela Universidade Federal do Paraná. *Visiting scholar* na Stanford Law School (EUA). Visiting researcher na Harvard Law School (EUA) e na The University of Sydney (Austrália). É o único autor de língua portuguesa vencedor do prêmio "Mauro Cappelletti", atribuído pela International Association of Procedural Law ao melhor livro sobre Direito Processual no mundo.

1. PROPOSTA

Este texto pretende apresentar ao leitor o universo da análise econômica e da análise comportamental do direito voltadas para o processo. Ele foi concebido como uma nota introdutória, de modo que não se preocupa com incursões em questões polêmicas, desnecessárias para os fins a que se propõe. Há, de fato, muitas concepções polêmicas na economia e, talvez ainda mais, no modo como a economia foi utilizada para criar a análise econômica do direito e, mais adiante, a análise econômico-comportamental. Essas questões, todavia, serão ignoradas, salvo no que interessar às finalidades desta introdução.

2. O QUE A ANÁLISE ECONÔMICA PROPÕE QUE A DIFERENCIA DA INTERPRETAÇÃO JURÍDICA TRADICIONAL?

É usual, em nossa cultura jurídica, que pensemos nas normas em termos de comandos peremptórios, que devem ser obedecidos pelo destinatário, sob pena de incorrer em sanção. Quando nos dedicamos a avaliar se as normas são desejáveis ou indesejáveis, o mais frequente é que o façamos em termos de "justiça". Há diversos conceitos acadêmicos e leigos sobre o que seria uma norma justa. Considere, por exemplo, um recurso apresentado apenas um dia após o prazo. É justo que ele seja desconsiderado por intempestividade? Há argumentos de toda ordem que poderiam ser utilizados para fazer essa análise, mas é provável que o autor do recurso dificilmente se convença de que deve sofrer um prejuízo tão grande quanto a formação da coisa julgada em seu desfavor em razão de um equívoco tão pequeno. Ainda assim, a tempestividade das manifestações é um dos dogmas mais intransponíveis do direito processual.

Ao longo do século XX, diversos autores norte-americanos propuseram um novo método analítico, inspirado pela economia[2]. A economia é a ciência que estuda a alocação de recursos escassos que têm usos alternativos. Por essa razão, a economia propõe estratégias de maximização da eficiência alocativa desses recursos escassos. Em um exemplo simples, se pudermos projetar que os benefícios da digitalização de um

2. Ver, de modo geral, POSNER, Richard A. Economic analysis of law. 9. ed. Austin: Wolters Kluwer, 2014.

processo físico equivalem a 10 unidades de utilidade - este número é definido aleatoriamente, para indicar todos os ganhos que decorreriam da digitalização, tais como a economia de tempo de tramitação, redução de espaço de arquivo, facilidade de acesso aos autos pelas partes etc. - e os custos da digitalização forem de 2 unidades de utilidade, a análise econômica desse problema indicaria a realização da digitalização. Se, por outro lado, o custo da digitalização fosse de 12 unidades de utilidade, o processo deveria, do ponto de vista econômico, permanecer em papel, ainda que isso implique a não obtenção dos benefícios que decorreriam da digitalização.

Esse exemplo nos permite compreender algumas das características da análise econômica, assim como alguns problemas. Em primeiro lugar, a análise econômica é consequencialista[3], uma vez que está preocupada com o resultado das condutas, não com o seu valor em si, como preferem as teorias deontológicas. Assim, para a análise econômica, digitalizar um processo não é bom, nem mau. A adoção dessa conduta depende de saber se ela trará mais utilidade do que custo.

Em segundo lugar, a análise econômica não é focada apenas em dinheiro, isto é, não é necessariamente patrimonialista. É claro que, em uma sociedade capitalista, o dinheiro será parte de muitas situações. Porém, o que importa para a análise econômica é a utilidade total de uma ação, não apenas em termos financeiros. Assim, é possível fazer uma análise que envolva aspectos financeiros e também outros não financeiros - por exemplo, a maior dificuldade das pessoas com deficiência em acessar autos físicos - e também é possível fazer análises econômicas de situações totalmente não pecuniárias, como qual modalidade de guarda incrementa mais o bem-estar da criança. Nesses casos, a atribuição do valor numérico à utilidade que o intérprete pretende atribuir à situação cria apenas uma pauta de análise, que não corresponde a dinheiro ou outro valor monetário.

A terceira característica a ressaltar é que a análise econômica não pretende definir quais são os fins a serem buscados pelas pessoas, pela sociedade, nem pela ordem jurídica. O que ela pretende é ressaltar que

---

3. Ver, por exemplo, SEN, Amartya. Utilitarianism and Welfarism, Journal of Philosophy, vol. 76, p. 463–89, 1979.

o valor das ações e das normas pode ser medido pelas suas consequências sociais e que, tudo o mais sendo igual, o sistema deveria prestigiar normas que incrementem a utilidade social geral, isto é, que impliquem as melhores consequências. É claro que esse consequencialismo precisa ser moderado e pluralista[4]. Moderado porque nem a ordem jurídica, nem as pessoas, são consequencialistas em todas as situações. (Quase) ninguém aceitaria que um médico matasse um paciente saudável para salvar cinco doentes[5], nem que um prefeito municipal dobrasse o caixa disponível investindo as verbas públicas em *bitcoin*, ainda que as consequências dessas condutas, possam parecer, dependendo da análise que se faça, positivas. E pluralista porque a nossa ordem constitucional não valoriza apenas um tipo de consequência. Se, para que a economia brasileira passasse a crescer 10% ao ano, fosse necessário adotar políticas que penalizassem a população mais pobre, esse resultado seria constitucionalmente inaceitável, por força do objetivo constitucional de redução da pobreza e das desigualdades sociais. A Constituição se preocupa com diversos valores sociais, não apenas com o crescimento econômico.

Em razão disso, é muito difícil definir, de forma incontroversa, todos os custos e benefícios que estão implicados pela adoção de uma norma e, mais ainda, atribuir peso a cada um deles, como feito acima, com o uso da expressão "unidades de utilidade". Esse sempre foi um grande desafio

4. Como defendi em VITORELLI, Edilson. A Lei de Introdução às Normas do Direito Brasileiro e a ampliação dos parâmetros de controle dos atos administrativos discricionários: o direito na era do consequencialismo. Revista De Direito Administrativo, 279(2), p. 79–112, 2020.

5. Essa discussão é um desdobramento do famoso dilema do bonde, um debate reflete a divergência, sem solução no campo da filosofia, proposto por Philippa Foot, entre o consequencialismo e a deontologia: o condutor deve desviar um bonde desgovernado para matar uma pessoa em vez de matar cinco? A maioria tende a responder que sim. Mas e se for um espectador, poderia ele jogar outro espectador nos trilhos para que, com a sua morte, evitasse que as outras cinco pessoas morressem? E um médico, poderia matar um paciente saudável para salvar as vidas de cinco pessoas que precisassem de transplantes? E se alguma das vítimas for conhecida do agente, isso faz diferença? Do ponto de vista das consequências, todos esses atos geram uma morte em vez de cinco. No entanto, poucas pessoas concordariam que as condutas seriam igualmente aceitáveis. FOOT, Philippa. The Problem of Abortion and the Doctrine of the Double Effect. In: FOOT, Philippa. Virtues and Vices. Oxford: Basil Blackwell, 1978. Ver também FOOT, Philippa. Moral Dilemmas: and other topics in moral philosophy. London: Clarendon Press, 2003; THOMSON, Judith. Killing, Letting Die, and the Trolley Problem. In: The Monist vol. 59, 1976, p. 204-17. THOMSON, Judith. The Trolley Problem. In: Yale Law Journal, vol. 94, 1985, p. 1395-1415; UNGER, Peter. Living High and Letting Die. Oxford: Oxford University Press, 1996.

da teoria consequencialista. É comum que um mesmo ato jurídico tenha diversas consequências sociais, algumas positivas, outras, negativas. Que elas se imponham sobre segmentos distintos da sociedade, de formas diferentes e que se modifiquem ao longo do tempo. É também comum que atos que têm consequências positivas no presente, como a elevação de gastos públicos, acarretem grandes consequências negativas no futuro. Jeremy Bentham, na origem da teoria consequencialista, propôs que ser seria possível fazer um "cálculo felicífico" e medir o grau de utilidade de qualquer conduta, de modo objetivo[6]. Esse propósito é, de forma quase unânime, descartado pelos autores. Não é possível medir, de forma objetiva e unânime, as consequências de uma ação.

Isso não quer dizer, contudo, que a teoria se torne inútil. Do ponto de vista comparativo, é possível avaliar as consequências de uma norma como piores ou melhores que outra e, com isso, estabelecer uma pauta de discussão que viabilize o diálogo. Aliás, uma grande vantagem de se pensar dessa forma é evitar o argumento da incomensurabilidade, utilizado com frequência no Direito, e que não permite o estabelecimento de uma discussão produtiva. Quando se diz, por exemplo, que toda decisão judicial deve ser não apenas fundamentada, mas muito bem fundamentada (art. 489, §1º, do CPC) e se projeta isso como um direito fundamental do litigante, perde-se a dimensão do custo sistêmico implicado na elaboração dessa fundamentação. Será que não seria melhor permitir motivações mais genéricas e, com isso, julgar mais casos? Afinal, existe um claro *trade-off* entre qualidade e quantidade. Se algo deve ser obtido a qualquer custo, corre-se o risco de assumir custos demais, para resultados que não sejam proporcionais ao ônus social necessários para a sua aquisição.

Outra questão importante que se estabelece, nesse contexto, é a calibragem dos estímulos. Pode ser que a ordem jurídica deseje estimular um comportamento, mas não seja interessante superestimulá-lo. Esse é o problema dos estímulos perversos, ou seja, os estímulos que induzem o agente a fazer coisas que são indesejadas por quem proveu o estímulo. Horst Siebert denominou isso de "cobra effect"[7], baseado em uma his-

6. BENTHAM, Jeremy. An Introduction to the Principles of Morals and Legislation. London: Claredon, 1789.

7. SIEBERT, Horst. *Der Kobra-Effekt*. Munich: Deutsche Verlags-Anstalt, 2001.

tória da Índia no período de dominação britânica. Segundo conta-se, o governo imperial teria oferecido uma recompensa por cobras capturadas, para reduzir o número de serpentes em Nova Déli. Embora a estratégia pareça razoável e forneça um estímulo apto a mobilizar as pessoas para caças as cobras venenosas, com o tempo os interessados perceberam que poderiam obter a recompensa com mais facilidade criando cobras em casa e entregando-as como se tivessem sido capturadas. Quando o governo descobriu isso, encerrou o programa, o que levou os criadores de cobras a soltarem as que mantinham em cativeiro, aumentando o seu número total, ao final.

Essa é uma lição importante para o uso da análise econômica, tanto por legisladores, quanto por juízes. Como mencionado, os estímulos presentes em um cenário são variados e, eventualmente, contrapostos. Uma análise incompleta pode fazer com que o resultado eventualmente obtido seja o contrário daquele que se espera.

Assim, a análise econômica abre portas. Não quer dizer que essas portas sejam totalmente objetivas, não sujeitas a nenhuma ideologia, ou consistam em soluções miraculosas para problemas altamente complexos. Porém, pensar em termos daquilo que acarreta maior bem-estar social, em comparação com as alternativas disponíveis, é um método válido e, mais ainda, proveitoso de se raciocinar sobre os problemas sociais.

Logo, não se deve esperar que as pessoas necessariamente concordem que a utilidade de se digitalizar um processo seja equivalente a 10, nem que o seu custo seja equivalente a 2. Pessoas razoáveis podem discordar quanto a essa imputação numérica e ela serve apenas para fornecer uma escala de grandeza (no exemplo, digitalizar é cinco vezes mais proveitoso que o custo implicado) para a discussão. Ainda assim, ela deixa claro que digitalizar não é nem um benefício incomensurável, que deve ser buscado a qualquer custo, nem é grátis.

Finalmente, é bom observar que a análise econômica fornece critérios analíticos, não critérios decisórios. Dizer que uma decisão é a economicamente mais eficiente não significa dizer que ela deva ser tomada, em determinado contexto. Usar a economia como justificação cria o risco de transformar a jurisdição em um exercício subformalizado de arbítrio, já que não há critérios econômicos positivados que possam orientar a tomada de decisão. Assim, a estrutura de raciocínio só se justifica se for possível demonstrar que a decisão é a economicamente mais eficiente e que, no caso em julgamento, a adoção do critério de eficiência econômica se justifica, a partir de parâmetros legais e/ou constitucionais, diante de outros critérios possíveis.

Nesse sentido, o fato de uma norma ser subótima ou ineficiente não pode, por si só, induzir a conclusão de que ela é ilegal ou inconstitucional, dado que, em um ordenamento que valoriza diversos bens, é dado ao direito adotar posições economicamente subótimas. A legitimidade política e constitucional do Poder Judiciário está na aplicação do direito, de modo que o raciocínio econômico pode estar a serviço do direito, mas não pode substituí-lo[8].

Um exemplo prático pode esclarecer essa formulação: o Superior Tribunal de Justiça tem diversos precedentes nos quais se debate qual é a taxa de juros incidente em um ou outro tipo de condenação judicial. É claro que taxas de juros maiores implicam maiores ganhos para o autor e maiores riscos para o réu e vice-versa. Essa implicação da decisão pode (e deve) fazer parte do raciocínio analítico da decisão, mas isso não significa ser legítimo decidir que a taxa de juros será uma e não outra apenas porque aqueles julgadores consideram bom aumentar os ganhos da parte autora. A economia permite compreender essas consequências, mas a análise econômica não autoriza a transformação de escolhas políticas em escolhas jurídicas.

Um exemplo virtuoso do raciocínio econômico foi realizado pelo Ministro Sydney Sanches, no julgamento da ADI 1.946, ainda no ano de 2003. Discutia-se, no caso, se o benefício de salário maternidade estaria ou não limitado pelo teto constitucional dos benefícios da previdência social. O raciocínio decisório foi feito com base nos arts. 3º, IV, 5º, I, 7º, XVIII e 60, §4º, da Constituição, demonstrando um claro dever jurídico-constitucional de proteção da maternidade. A partir dessa base jurídica, o Ministro afirmou:

---

8. Sobre esse ponto, ver o excelente trabalho de PARGENDLER, Mariana; SALAMA, Bruno. Direito e Consequência no Brasil: em busca de um discurso sobre o método. *Revista de Direito Administrativo*, vol. 262, p. 95-144, 2013. O raciocínio do texto foi elaborado por Bruno Salama, em Palestra no I Congresso Internacional de Análise Econômica e Processo, realizado em novembro de 2024.

> Na verdade, se se entender que a Previdência Social, doravante, responderá apenas por R$1.200,00 (hum mil e duzentos reais) por mês, durante a licença da gestante, e que o empregador responderá, sozinho, pelo restante, ficará sobremaneira, facilitada e estimulada a opção deste pelo trabalhador masculino, ao invés da mulher trabalhadora. Estará, então, propiciada a discriminação que a Constituição buscou combater, quando proibiu diferença de salários, de exercício de funções e de critérios de admissão, por motivo de sexo (art. 7º, inc. XXX, da C.F./88), proibição, que, em substância, é um desdobramento do princípio da igualdade de direitos, entre homens e mulheres, previsto no inciso I do art. 5º da Constituição Federal. Estará, ainda, conclamado o empregador a oferecer à mulher trabalhadora, quaisquer que sejam suas aptidões, salário nunca superior a R$1.200,00, para não ter de responder pela diferença. Não é crível que o constituinte derivado, de 1998, tenha chegado a esse ponto, na chamada Reforma da Previdência Social, desatento a tais consequências. Ao menos não é de se presumir que o tenha feito, sem o dizer expressamente, assumindo a grave responsabilidade.

Como se percebe, o raciocínio é pautado pela norma jurídica, ainda que a consequência econômica sirva para construir o alcance e o propósito normativo, os quais são abertos a interpretação. No entanto, se o propósito de proteção da maternidade e da igualdade de gênero não estivessem presentes na Constituição, essas consequências econômicas seguiriam sendo verdadeiras, mas seriam juridicamente irrelevantes. É por isso que a justificação econômica não basta.

3. MODELOS DE ANÁLISE ECONÔMICA DO PROCESSO: VIRTUDES E LIMITAÇÕES

Estabelecidas essas primeiras bases, pode-se definir que a análise econômica propõe que as normas jurídicas sejam analisadas a partir das consequências que delas decorrem e, com isso, sejam mais ou menos desejáveis a depender dos resultados sistêmicos da utilidade derivada dessas consequências.

Se as normas jurídicas podem ser concebidas como estímulos e desestímulos de comportamentos, então é possível avaliá-las de acordo com os comportamentos que estimulam ou desestimulam, e não, por exemplo, com o fato de serem justas ou injustas.

Mais do que isso, a análise econômica permite que se apreciem os efeitos das normas em termos dos comportamentos que elas incentivam.

Por exemplo, uma lei ou entendimento jurisprudencial que permite que o réu se beneficie pela demora do processo, como acontece com a chamada prescrição intercorrente do direito penal, estimulará qualquer réu racional, mesmo o mais inocente de todos eles, a postergar o andamento do processo, requerer provas inúteis, recorrer de decisões corretas etc. Afinal de contas, mesmo que haja 99% de chances de o pedido ser julgado improcedente, a prescrição implica 100% de chances de o réu não ser punido. Cada vez mais se reconhece que, para além da justiça ou injustiça intrínseca do texto de uma norma, é preciso analisar os comportamentos que ela estimula nos litigantes e os seus efeitos sistêmicos. A prescrição intercorrente, consagrada no processo penal, é um desserviço à duração razoável do processo e um estímulo racional a que todo réu litigue de má-fé.

Além disso, a análise econômica estabelece uma premissa de racionalidade. Os seres humanos são maximizadores racionais e buscarão, sempre que possível, maximizar a sua própria utilidade e minimizar os custos. Assim, um sujeito considerará todos os custos envolvidos no ajuizamento de uma ação, ponderados pelas chances de vitória e as consequências em caso de derrota, para decidir pela propositura. Considere o seguinte exemplo:

	Custo total do ajuizamento de uma ação	Benefício total decorrente do julgamento de procedência	Probabilidade de procedência	Retorno esperado (benefício X risco – custo)	Decisão do sujeito racional
Cenário A	10.000	100.000	40%	30.000	ajuizar
Cenário B	10.000	1.000.000	0,5%	-5.000	não ajuizar

Quadro 1: análise econômica da decisão de ajuizar ação

O exemplo ilustra o raciocínio que se faz em qualquer demanda judicial. Como o resultado de uma ação é sempre incerto – ninguém pode assegurar, com 100% de certeza, a procedência ou improcedência de um pedido – o litigante tem três fatores a ponderar: o valor do investimento, o retorno esperado e a probabilidade de vitória. Quanto maior o custo, mais se inibe o ajuizamento. Quanto maior a probabilidade de vitória ou o retorno esperado, mais se estimula o ajuizamento.

Diversas análises podem ser feitas, enfocando cada dos fatores do modelo. Despesas processuais altas e condenações baixas são capazes de desestimular o ajuizamento de ações. Esse é um argumento que ilustra por que os juizados especiais têm tantos processos, mas também fixam indenizações tão baixas. Se elas fossem altas, a explosão de litigiosidade seria ainda maior. Para o juiz, sobrecarregado de processos, fixar indenizações baixas, em um cenário no qual o custo do processo é muito perto de zero, é um comportamento racional, para reduzir os estímulos ao ajuizamento de novos casos. Por outro lado, pode-se argumentar que, se os juizados aplicassem condenações mais altas, a longo prazo as empresas deixariam de cometer ilícitos, com medo das reparações e, com isso, a litigiosidade se reduziria. A questão é que, como diz o ditado, a longo prazo, estaremos todos mortos. Para o juiz, as consequências de curto prazo pesam, racionalmente, mais que as de longo prazo.

Esse esquema também esclarece a importância da previsibilidade do ordenamento jurídico. Quanto mais as partes souberem a sua probabilidade de vitória, mais poderão decidir ajuizar ou não uma ação. Claro que é muito difícil que alguém, como no exemplo, defina em nível de casa decimal a sua probabilidade de vencer uma ação. As empresas, em geral, utilizam apenas três categorias: probabilidade de vitória remota (menos de 50%, usualmente representada como 25%), possível (em torno de 50%) e provável (mais de 50%, usualmente quantificada como 75%). Mesmo assim, a análise continua sendo útil para fins de definir o ajuizamento ou não da demanda.

Além disso, esse mesmo esquema pode ser utilizado para refletir sobre a desejabilidade de um acordo. Toda vez que um ganho é incerto, a teoria recomenda que se multiplique o valor desejado pela probabilidade da sua obtenção, para que se obtenha um valor real, ou presente, dessa pretensão incerta. Com isso, se pode facilmente definir qual seria o valor ótimo para um acordo processual. Voltando ao quadro acima, o autor, confrontado com o cenário A deveria aceitar qualquer acordo cujo valor fosse igual ou superior a 30.000, que é o valor do benefício esperado, multiplicado pela probabilidade da sua obtenção (100.000 x 40%), menos os custos necessários para obtê-lo (10.000). Repare que o modelo supõe que não há condenação em sucumbência e a parte vencedora continua arcando com as suas despesas.

Com a premissa da racionalidade, a ideia da maximização e a perspectiva de que se possa mensurar os elementos da equação – ainda que, ressalte-se, todos desses dados sejam aproximações e o seu respectivo valor numérico não deva ser confundido com nenhum tipo de equação matemática – é possível elaborar modelos de previsão de comportamento, dos agentes envolvidos em cada caso, como se fez acima. No cenário A, o modelo prevê que o sujeito ajuizará a ação, o que não ocorrerá no cenário B. Claro que essas previsões podem falhar. O sujeito do cenário B pode ajuizar a ação por motivos não contemplados no modelo, que aumentem a sua utilidade prevista, ou por motivos irracionais e não quantificáveis. Ele também pode não conhecer os fatores que ali estão representados e, por exemplo, mensurar suas chances de vitória em nível superior à realidade.

Todo modelo é baseado em premissas e ele é tão preciso quanto as suas premissas sejam compatíveis com a realidade que pretende retratar. Por outro lado, todo modelo é uma simplificação da realidade e, se ele fosse tão completo quanto a própria realidade, seria, na metáfora de Borges, como um mapa do tamanho da própria cidade. Imensamente preciso, mas inútil. Originalmente, em Adam Smith, esses modelos eram tratados a partir de afirmações lógicas. Com o tempo, a economia foi abraçando progressivamente a utilização de modelos matemáticos, de computação e de ferramentas altamente sofisticadas, o que não significa que eles correspondam à verdade ou que sejam despidos de ideologia.

Hoje, nos Estados Unidos, alguns autores utilizam equações complexas em trabalhos de análise econômica do direito, mas boa parte ainda se contenta com formulações mais simples. Em muitos casos, as fórmulas acabam sendo pouco úteis, uma vez que elas apenas reiteram conceitos que o mesmo autor expressa linguisticamente.

4. TORNANDO OS MODELOS MAIS COMPLEXOS

O modelo simples, que foi apresentado acima, pode ser tornado mais complexo, dependendo dos interesses da análise que se pretende fazer. Por exemplo, o modelo partiu da premissa de que o sujeito é neutro quanto ao risco, ou seja, que ele valorizaria, de igual maneira, 40% de chances de ganhar 1.000 ou 100% de chances de ganhar 400. Essa premissa pode ser relaxada, para supor que a pessoa é avessa a risco, valorizando ganhos menores, mas com maior probabilidade, ou afeita a risco, valorizando chances de ganhos maiores, ainda que possam não se concretizar.

Assim, no cenário A, uma pessoa muito avessa a risco pode optar por não ajuizar a ação, da mesma forma que, no cenário B, uma pessoa muito afeita a risco pode optar por ajuizá-la. De modo geral, essas atitudes quanto ao risco são vistas como desvios da racionalidade plena, uma vez que não são justificáveis do ponto de vista de alguém que seja estritamente racional. Esses desvios serão tratados com maior rigor na sequência. Por enquanto, interessa notar que, na realidade, a maior parte das pessoas tende a ser avessa a risco. No entanto, é claro que isso depende da magnitude do risco e do que está em jogo. Uma questão interessante é que, no que tange a riscos financeiros, as pessoas mais ricas (e as empresas) serão menos avessas a risco que as pessoas mais pobres, já que o prejuízo lhes é proporcionalmente menos representativo. Há, portanto, uma distribuição socialmente desigual da assunção de riscos, o que é importante em diversos contextos.

A discussão ainda pode se tornar mais interessante quando se considera que o réu também incorre em custos e tem que tomar decisões com base nos investimentos que está disposto a fazer, no custo que poderá incorrer em caso de condenação e na probabilidade de derrota. Sua decisão de se defender ou oferecer um acordo gira em torno desses mesmos fatores. Considere o seguinte conjunto de modelos:

Modelo 1: suponha que Samanta foi vítima de um acidente de automóvel que lhe causou um prejuízo de R$ 10 mil.

Fator 1 – Suponha que as despesas para o ajuizamento e condução de uma demanda judicial nesse caso sejam de R$ 4 mil (considerando, nesse valor, todos os custos suportados pelo autor, direta e indiretamente: contratação de advogado, custas processuais, tempo perdido, dissabor de participar de audiências e reviver o assunto etc.).

Fator 2 – suponha que a chance de sucesso dessa ação é de 70%.

Conclusão: partindo dessas premissas, Samanta deveria ajuizar a ação porque o ganho esperado dessa ação é superior ao seu custo total: 70% de chances de ganhar R$ 10 mil atribui a essa ação o valor de R$ 7 mil, o que é maior do que o custo de R$ 4 mil.

Em forma de tabela, temos:

	Custo processual	Bem jurídico em jogo	Probabilidade de vitória	Benefício esperado com a Decisão
Autor	4.000	+10.000	70%	3.000 (70% de chances de ganhar 10.000 = 7.000 – custo processual de 4.000

Quadro 2: Análise econômica da decisão de ajuizar ação – visão do autor

Variação 1: suponha que, no caso acima, o custo do réu de contestar essa ação também é de R$ 4 mil e que a probabilidade de vitória do réu é de 30%, isto é, há 30% de chances de ele não ter que pagar R$ 10 mil. Isso significa que o valor econômico da posição do réu é de apenas R$ 3 mil. Logo, o réu não deveria contestar essa ação, dado que o valor da sua posição é inferior ao custo que ela implica. Um réu totalmente racional deveria pagar de imediato os R$ 10 mil pedidos, em vez de investir R$ 4 mil na sua defesa. Se o réu investir R$ 4 mil na sua defesa ele continua tendo 70% de chances de pagar R$ 10 mil, o que significa que ele assumirá um risco cujo valor é R$ 7 mil. Somando o valor desse risco com as despesas da defesa temos R$ 11 mil, o que significa que aceitar totalmente o pedido do autor é o comportamento racional desse réu, que ainda economizaria R$ 1 mil. Em forma de tabela, para melhor visualização, temos:

	Custo processual	Bem jurídico em jogo	Probabilidade de vitória	Benefício esperado
Autor	4.000	+10.000	70%	3.000 = esse é o menor valor que o autor aceitaria para fazer um acordo
Réu	4.000	-10.000	30% = 70% de chances de pagar 10.000 = custo de R$ 7.000+ 4.000 de custo processual = R$ 11.000	11.000 é o valor máximo que o réu estaria disposto a pagar para chegar a um acordo.

Quadro 3: Análise econômica da decisão de ajuizar ação – visão do autor e do réu

Variação 2: possibilidade de acordo, com base nos dados acima. Para Samanta, o benefício esperado dessa ação é R$ 10 mil, com 70% de probabilidade de ganho (=R$ 7 mil) subtraído o custo das despesas processuais, de R$ 4 mil. Logo, no modelo acima, o ganho esperado líquido de Samanta é de R$ 3 mil. Do lado do réu, o benefício esperado é 30% de chances de deixar de pagar R$ 10 mil (=R$ 3 mil) menos as despesas processuais de R$ 4 mil. Logo, essa defesa, para o réu tem valor negativo de R$ – 1 mil. Esses dados demonstram que o caso tem elevada probabilidade de terminar em um acordo pré-processual porque, assumindo que ambas as partes são racionais e neutras quanto ao risco, Samanta estará disposta a aceitar qualquer acordo a partir de R$ 3 mil e o réu estará disposto a pagar qualquer valor até R$ 11 mil. A faixa de acordo desse modelo vai de R$ 3 mil a R$ 11 mil, limitada, respectivamente, pelo menor valor que o autor está disposto a receber e o maior valor que o réu está disposto a pagar.

Variação 3: Há fatores que influenciam esse modelo e, com isso, induzem o acordo: 1) neutralidade quanto ao risco. Se as partes forem afeitas ou avessas a risco, o modelo se altera. Por exemplo, se o réu for afeito a risco, por exemplo, ele pode preferir irracionalmente arriscar a despesa de R$ 4 mil para ter chance de não pagar os R$ 10 mil; 2) total racionalidade das partes; 3) o custo processual para as partes, suposto no modelo, é muito elevado; 4) os custos do vencedor não são recuperáveis do vencido, como ocorre nos Estados Unidos. Não por acaso, naquele país, os índices de acordo superam os 90%, enquanto os brasileiros ficaram, em 2023, em 13%; 5) as previsões de sucesso e fracasso das partes são coincidentes.

Se adotarmos a regra brasileira de sucumbência, Samanta teria a expectativa de ganhar R$ 9.800 (70% de chances de ganhar R$ 10 mil e 70% de chances de recuperar os R$ 4 mil das despesas) a um custo de R$ 4 mil, ou seja, um ganho líquido de R$ 5.800. Como há 30% de chances de que ela tenha que pagar R$ 1.200 para o réu, o seu benefício esperado final seria de R$ 4.600. O réu, por sua vez, teria 70% de chances de pagar 10 mil + 4 mil das despesas de Samantha = custo esperado total de R$ 9.800 + os R$ 4 mil que ele precisará investir na própria defesa, o que significa um custo total de R$ 13.800. Reduzido desse custo os 30% de chances que ele tem de recuperar os R$ 4 mil investido (30% de R$ 4 mil = R$ 1.200) temos um resultado final de R$ 12.600:

	Custo processual	Bem jurídico em jogo	Probabilidade suposta de vitória	Benefício esperado
Autor	4.000	+10.000 + recuperação das despesas investidas de 4.000 = 14.000	70% (70% de chances de ganhar R$ 10 mil e 70% de chances de recuperar os R$ 4 mil das despesas) a um custo de R$ 4 mil, ou seja, um ganho líquido de R$ 5.800. Menos 30% de chances de pagar 4 mil para o réu = 1.200. Resultado final = 4.600	4.600 = esse é o menor valor que o autor aceitaria para fazer um acordo
Réu	4.000	-10.000 – 4000 de despesas do autor = 14.000	30% (70% de chances de pagar 10 mil + 4 mil das despesas de Samantha = custo esperado total de R$ 9.800 + os R$ 4 mil que ele precisará investir na própria defesa, menos 30% de chances de recuperar esses 4 mil investidos, que gera um valor positivo de 1.200. Logo, o custo total de R$ 13.800 – 1.200 que é a recuperação esperada das despesas = 12.600.	12.600 é o valor máximo que o réu estaria disposto a pagar para chegar a um acordo.

Quadro 4: Análise econômica da decisão de ajuizar ação – visão do autor e do réu, com sucumbência

O modelo e as variações descritos também permitem verificar que a clareza do ordenamento jurídico quanto às probabilidades de sucesso de ambas as partes, bem como aos valores que elas potencialmente teriam a perder ou a ganhar, em cada caso, são centrais para orientar as decisões de ajuizamento ou de acordo. Quanto mais incerto for o ordenamento, mais difíceis serão essas decisões. E, pior que isso, como existe uma propensão comportamental ao otimismo (questão tratada a seguir), as partes tenderão a superestimar as suas probabilidades e o montante do ganho, reduzindo o espaço de acordo e aumentando o ajuizamento de ações potencialmente não econômicas.

Além disso, se as partes tiverem visões distintas quanto a probabilidade de sucesso das suas pretensões, a faixa de acordo tende a diminuir na mesma proporção da divergência. Se o réu imaginar que sua chance de sucesso é de 70% isso implica que ele teria 30% de chances de pagar R$ 10 mil + investimento de R$ 4 mil no modelo original, o que faria com que o seu custo esperado fosse de R$ 7 mil, reduzindo a faixa de acordo, que se torna menos provável, mas ainda possível. Em forma de quadro, temos:

	Custo processual	Bem jurídico em jogo	Probabilidade suposta de vitória	Benefício esperado
Autor	4.000	+10.000	70%	3.000 = esse é o menor valor que o autor aceitaria para fazer um acordo
Réu	4.000	-10.000	70% = 30% de chances de pagar 10.000 = custo de R$ 3.000 + 4.000 de custo processual = R$ 7.000 de custo total	7.000 é o valor máximo que o réu estaria disposto a pagar para chegar a um acordo.

Quadro 5: Divergência entre autor e réu quanto às probabilidades de vitória sem sucumbência

Se modificarmos o modelo acima para incluir a regra da sucumbência, como no Brasil, o réu suporia que há 30% de chances de pagar 14 mil (o que implicaria um risco de R$ 4.200) + 4 mil de investimentos = 8.200. Porém, ele acha que teria 70% de chances de recuperar os seus 4 mil investidos, em caso de vitória, o que significa um valor de R$ 2.800. Assim, a expectativa final do réu com esse processo seria de um custo de

R$ 4.400 Nesse caso, não existe faixa de acordo porque, no modelo da sucumbência, o valor mínimo que Samantha estaria disposta a aceitar seria R$ 4.600, como demonstrado acima.

	Custo processual	Bem jurídico em jogo	Probabilidade suposta de vitória	Benefício esperado
Autor	4.000	+10.000 + recuperação das despesas investidas de 4.000 = 14.000	70% (70% de chances de ganhar R$ 10 mil e 70% de chances de recuperar os R$ 4 mil das despesas =) a um custo de R$ 4 mil, ou seja, um ganho líquido de R$ 5.800. Menos 30% de chances de pagar 4 mil para o réu = 1.200. Resultado final = 4.600	4.600 = esse é o menor valor que o autor aceitaria para fazer um acordo
Réu	4.000	-10.000 – 4000 de despesas do autor = 14.000	70% = 30% de chances de pagar 14.000 = perda de R$ 4.200 + 4.000 de custo processual = 7.200 de custo total. Em caso de vitória, (que ele imagina ser de 70%) = 70% de chances de recuperar 4.000 = 2.800. O resultado final representaria um risco de R$ 4.400	4.400 é o valor máximo que o réu estaria disposto a pagar para chegar a um acordo.

Quadro 6: Divergência entre autor e réu quanto às probabilidades de vitória com sucumbência

Como se pode perceber, os modelos não explicam tudo, mas explicam muito. Eles permitem identificar fatores que, uma vez em jogo, facilitam ou dificultam a ocorrência de acordos, estimulam ou desestimulam a litigância.

5. LITIGÂNCIA REPETITIVA

É comum que as pessoas questionem por que o Brasil tem tantos processos e por que eles não são resolvidos coletivamente, em vez de individualmente. Os modelos de litigância podem ajudar a explicar isso. De tudo o que foi tratado acima, podemos estabelecer alguns pontos de conclusão:

1. Quanto maior o custo processual irrecuperável, maior a probabilidade de acordo. A regra de sucumbência, como temos no Brasil, estimula que a parte "aposte" mais no processo.
2. Quanto mais próxima for a crença do autor e do réu quanto a suas probabilidades reais de vitória, maior a possibilidade de acordo. Alternativamente, se as partes forem pessimistas quanto a suas próprias chances de vitória, aumenta a probabilidade de acordo. A crença otimista nas chances de vitória é ruim para os acordos.
3. Quanto menor for o valor da reparação, em proporção ao custo processual irrecuperável, maiores as chances de acordo.

Com base nessas premissas, consideremos também o problema de que, para o juiz e para os advogados, os casos, especialmente os repetitivos, não existem isoladamente, mas sim em uma população. Utilizaremos aqui o cenário dos benefícios por incapacidade, concedidos pelo INSS para segurados incapazes de seguir com o seu trabalho.

Suponha que 1.000 pessoas pedem benefícios por incapacidade ao INSS. Suponha que o índice de acurácia, isto é, de acerto das perícias do INSS é de 90%. Isso quer dizer que, entre as pessoas que são capazes, o INSS dirá que são capazes em 90% dos casos e, entre as que são incapazes, dirá que são incapazes em 90% dos casos. Suponha que, das 1.000 pessoas que pediram o benefício, 500 são capazes para o trabalho e 500 são incapazes. Isso gerará o seguinte cenário:

	Realidade	Perícia INSS (90% de acurácia)	Clientela potencial do advogado
Capazes	500	450 = capazes 50 = incapazes	450
Incapazes	500	450 = incapazes 50 = capazes	50

Quadro 7: Litigância repetitiva e clientela potencial

As pessoas que foram consideradas incapazes e estão recebendo o benefício, correta ou incorretamente, não têm interesse em ajuizar ações. Porém, as pessoas que foram consideradas capazes têm interesse em judicializar e discutir novamente a conclusão do INSS, pouco importa que possam ou não trabalhar. Note-se que aqui não é necessário presumir má-fé de quem é capaz e pretende judicializar (embora também exista esse cenário). A capacidade laborativa, especialmente em casos de doenças crônicas ou degenerativas, que são muito comuns na população, muitas vezes geram situações limítrofes entre poder ou não poder trabalhar. Assim, a pessoa pode acreditar que está incapaz, mesmo não estando.

Em um cenário em que o processo tivesse custo, essas pessoas seriam contidas por ele. Só ajuizaria a ação quem julgasse ter probabilidade maior de vitória. Acontece que, no Brasil, os juizados especiais federias são totalmente gratuitos, de modo que, para a parte, essa ação tem custo praticamente zero. Ela só terá que se deslocar ao fórum para uma nova perícia. Não há custas processuais, não há sucumbência. Há, porém, o custo do advogado. Assim, o único obstáculo econômico que impediria que todos os segurados que não obtiveram benefícios do INSS ajuizassem ações, buscando uma segunda chance de serem considerados incapazes – e estamos aqui desconsiderando obstáculos não econômicos, como a falta de informação sobre a possibilidade de judicialização etc. – é encontrar um advogado que cobre menos que o benefício esperado do processo multiplicado pela probabilidade de sucesso.

No Brasil, a pessoa encontrará esse advogado, provavelmente, disposto a trabalhar de forma gratuita, cobrando apenas um percentual do valor obtido ao final, se houver. A esse arranjo denominamos aqui de honorários de êxito e, nos Estados Unidos, *contingency fee*. Um advogado estará disposto a trabalhar nessas condições se o valor que puder cobrar, ao final, multiplicado pelas probabilidades de êxito do caso, superar o custo do seu próprio trabalho, investido na causa.

Pensando em casos isolados, advogados só aceitariam honorários de êxito em casos muito bons, com elevado potencial de ganho. Acontece que a litigância repetitiva proporciona uma oportunidade adicional: investir na população de casos, tendo em vista que cada um deles exige um pequeno número de horas de trabalho, dado que são todos iguais. Assim, aqueles que forem bem-sucedidos pagarão o bastante para compensar os casos negativos, que nada rendem.

Assim, desde que o advogado tenha um bom número de clientes, a incerteza dos resultados do processo será suficiente para compensar o seu investimento. Suponha, no exemplo acima, que o advogado ajuíza as 500 ações e que o perito judicial, que é a prova mais importante a ser produzida nesses casos – basicamente, se a perícia for favorável, o autor vai vencer – também tem 90% de acurácia. Isso quer dizer que ele considerará 405 dos 450 capazes como capazes e 45 como incapazes. E, dos 50 incapazes, ele considerará 45 como incapazes e 5 como capazes. Logo, temos:

	Realidade	**Perícia INSS (90% de acurácia)**	**Clientela potencial do advogado (investimento da parte = zero)**	**Perícia judicial (90% de acurácia)**	**Benefício para o advogado**
Capazes	500	450 = capazes 50 = incapazes	450	405 = capazes 45 = incapazes (erro judiciário)	Sucumbência + honorários de êxito em 45 casos
Incapazes	500	450 = incapazes 50 = capazes	50	45 = incapazes 5 = capazes (erro judiciário)	Sucumbência + honorários de êxito em 45 casos

Quadro 8: Litigância repetitiva e acurácia do sistema processual

Como se percebe, se o advogado tiver esses 500 clientes (e é claro que essa captação de clientela tem as suas dificuldades), mesmo com o INSS e o perito judicial acertando em 90% dos casos (o que é uma estimativa bastante otimista) ele vencerá 90 ações. Como é usual a cobrança de 30% sobre o valor obtido pelo segurado, mais os honorários sucumbenciais que, no Brasil, por força do art. 85 do CPC, pertencem ao advogado, o potencial de retorno para o advogado é expressivo. E, como as causas são todas iguais, é provável que ele invista nos 500 casos pouco tempo, tempo que seria bem remunerado pelos 90 vitoriosos.

Note também que o valor social de toda essa litigância, apesar de lucrativa para o advogado, é bastante baixo, senão nulo. Ela corrige 45 dos 50 casos nos quais o INSS havia errado, o que é bom para essas pessoas, mas causa outros 45 erros, considerando incapazes pessoas que, de fato, são capazes e que o INSS já tinha considerado capazes. Mas a taxa sistêmica de acurácia continua inalterada, em 90%.

500 processos depois, com elevados custos de tramitação, a sociedade não ficou melhor, nesse modelo. É algo para se refletir.

6. HONORÁRIOS SUCUMBENCIAIS

Como exposto nos itens anteriores, as regras de sucumbência variam nos diferentes sistemas jurídicos. Há países, como os Estados Unidos, em que as partes, mesmo que vitoriosas, não podem recuperar da parte derrotada suas despesas processuais. Na Europa, vigora a regra de que quem está errado tem que arcar com todos os custos do processo.

O Brasil, desde 1994, tem uma regra inusitada: o valor das custas processuais desembolsadas pelo vencedor deve ser-lhe ressarcido pelo perdedor, mas o valor dos honorários sucumbências pertence não ao vencedor, mas ao seu advogado. Assim, o perdedor paga honorários, mas eles não se destinam à parte vencedora. Essa regra hoje está claramente estabelecida no art. 85 do CPC.

Do ponto de vista econômico, contudo, essa regra é problemática porque estimula os advogados a litigarem, em vez de colaborarem para que haja acordos. Aliás, quanto maior for a probabilidade de vitória de seu cliente, menos o advogado se interessará por um acordo, já que ele estaria abdicando de um ganho de 10 a 20% de todo o valor em jogo no processo, o que pode ser bastante elevado. A menos que ele consiga negociar a inserção desse percentual no acordo – o que não é fácil – melhor para ele é que seu cliente siga litigando.

Mais ainda, mesmo que as probabilidades de vitória do seu cliente não sejam muito altas, o advogado seguirá interessado na litigância, uma vez que não é ele quem paga os honorários sucumbenciais do advogado da parte contrária em caso de derrota. Assim, o estímulo econômico fornecido pelo CPC aos advogados é o de que litiguem sempre, ao contrário do que preconiza o art. 3º, §3º do Código, que pretende que os advogados estimulem acordos. De nada adianta escrever um comando legal – consta no CPC que os métodos de soluções consensuais "deverão ser estimulados por juízes, advogados, defensores públicos e membros do Ministério Público, inclusive no curso do processo judicial" – se o sistema não estimula, de modo racional e concreto, o agente a cumprir o comando. Esse é um bom exemplo em que a análise teórica/abstrata é desmentida pela análise econômica. Ainda que o CPC, em abstrato, estimule os acordos, o modo como ele mesmo estrutura os mecanismos de recompensa dos sujeitos envolvidos induz, na prática, a litigância.

Essa situação cria um potencial conflito de interesses entre clientes e seus próprios advogados, que enseja debates éticos interessantes. Se a parte contrária oferece um acordo bom para o cliente, mas sem honorários para o seu advogado, é provável que este, consciente ou inconscientemente, atue contra o acordo, ferindo o seu dever de fidelidade representativa. Supondo que o advogado esteja consciente dessa circunstância, ele seria obrigado eticamente a dizer ao cliente que é contra o acordo apenas porque ele exclui suas possibilidades de obter honorários sucumbenciais?

A situação aqui descrita representa o que a doutrina chama de conflito de agência (*agency conflict*), que é a situação em que aquele que age em nome de outrem prioriza os seus próprios interesses em detrimento dos de seu constituinte. O conflito de agência é recorrente nas relações em que alguém age em nome de outrem, como os eleitos em nome dos eleitores, os gestores em nome das empresas ou os advogados em nome dos clientes. O desalinhamento de interesses entre o agente e o principal, tal como aqui descrito, é uma fonte desse conflito que o ordenamento deveria buscar minorar.

Essa discussão, ressalte-se, nada tem a ver com a opção do CPC em atribuir os honorários aos advogados. Esse é uma escolha legislativa, entre várias outras possíveis. Essa escolha também tem benefícios sociais, como o potencial aumento do número de advogados dispostos a trabalhar por honorários contratuais menores, o que incrementa o acesso à justiça. Porém, é preciso ter consciência também dos custos sistêmicos implicados.

7. CUSTOS E BENEFÍCIOS SOCIAIS DECORRENTES DO PROCESSO

A análise econômica considera que o valor social da litigância civil consiste em minimizar os custos sociais totais decorrentes dos atos ilícitos. Esse propósito se divide em duas partes: 1) estimular que o causador do dano adote níveis ótimos de cuidado, de forma a evitar a ocorrência dos danos até o limite que seja socialmente desejável e, 2) na hipótese de haver danos, repará-los da forma mais eficiente possível para a sociedade. Essa é uma concepção que pode dissociar-se de percepções morais ou de justiça. O mais comum é que pensemos que o papel da litigância civil é prover a justa reparação ao lesado, sem nos importarmos muito com o custo social decorrente dessa atividade. De todo modo, aceitar esse propósito não é essencial para que se adira à análise econômica do direito. As demais ideias, expostas anteriormente, permanecem válidas, ainda que se discorde do que será exposto a seguir.

Como o primeiro propósito da litigância é reduzir o nível de danos causados às pessoas àquele que seja o menor socialmente desejável, já é preciso esclarecer que se aceita que os danos ocorram. A maioria das atividades sociais, como dirigir, produzir alimentos e fazer cirurgias em pessoas é socialmente desejável, ainda que, em alguns casos, possam causar danos. O que se pode razoavelmente esperar é que quem se dedica a uma atividade adote todas as cautelas que seriam racionalmente justificáveis, isto é, todas aquelas cuja adoção seja mais barata do que o custo esperado dos danos, multiplicado pela probabilidade da sua ocorrência. Assim, por exemplo, se a adoção de um medicamento anestésico mais eficiente custar 50 e for capaz de reduzir os riscos de morte em cirurgia em 1% dos casos, a adoção desse anestésico será socialmente desejável se o custo social dessas mortes evitadas for maior ou menor que 50. Se ele for menor, então o novo medicamento não seria socialmente desejável, porque ele gera mais custos do que aqueles que economiza.

O exemplo causa o desconforto de se tratar a vida como algo quantificável e não como um bem incomensurável. Esse debate soa a todos nós como moralmente reprovável e nós estamos usualmente dispostos a responder que, se uma única vida puder ser salva pelo melhor medicamento anestésico disponível, então esse medicamento deveria ser obrigatório.

Foi exatamente essa repulsa que propulsionou o escândalo do veículo *Ford Pinto*, ocorrido nos Estados Unidos, nos anos 1970. Como se descobriu posteriormente, o veículo tinha um defeito de projeto, em virtude do qual a posição do tanque de combustível causava risco de explosão e incêndio, quando ele sofria batidas na parte traseira. Ciente do problema, a Ford fez um cálculo de custo-benefício, da seguinte forma: a instalação de um reforço para reduzir o risco de acidentes custaria US$ 11 e precisaria ser realizado em 12,5 milhões de veículos, a um custo total de US$ 137,5 milhões. Essa alteração evitaria 180 mortes e 180 ferimentos graves por ano. No entanto, de acordo com o documento, evitar essas mortes acarretaria um benefício social de US$ 49,5 milhões. Em razão disso, a Ford optou por não fazer o reparo[9].

No fim, uma cópia desse memorando acabou vindo a público, causando grande controvérsia e constrangimento à empresa. Ela também foi utilizada em processos judiciais relativos ao caso e em reportagens de revistas e jornais. Essa controvérsia envolve tanto o modo como o cálculo foi feito, quanto o simples fato de ele existir, uma vez que a Ford não poderia pretender matar pessoas, ainda que houvesse benefícios sociais e ainda que esse cálculo estivesse levando em conta todos os custos sociais das mortes e não apenas os custos de indenizações que seriam suportados pela própria Ford (há divergência quanto a esse ponto). Pressionada pelo escândalo, a Ford acabou realizando um recall do veículo.

Apesar de todo o repúdio que essa situação provoca, a verdade é que esses cálculos perpassam a nossa vida, ainda que de forma mais subliminar. Nós poderíamos, por exemplo, submeter todos os motoristas

9. Ver SCHWARTZ, Gary T. The Myth of the Ford Pinto Case. Rutgers Law Review, vol. 43, p. 1013–1068, 1991.

a reavaliações anuais das suas habilidades de direção, o que, provavelmente, geraria a cassação de muitas carteiras de habilitação de motoristas inábeis e, com isso, salvaria vidas. Nós também poderíamos exigir mais requisitos para a atuação de médicos cirurgiões, o que reduziria o número de erros médicos e de mortes. Porém, a sociedade entende que os benefícios de ter mais pessoas dirigindo e mais médicos operando supera as vantagens dessas medidas, ainda que o preço a pagar seja o de algumas mortes. E, não se engane, pessoas são mortas por médicos e motoristas inábeis,

Esse raciocínio também se aplica ao direito ambiental. A produção de energia e a mineração causam riscos que eventualmente se convertem em danos fatais, como tristemente o país testemunhou na última década. No entanto, ninguém cogita proibir essas atividades, uma vez que se entende que o benefício social delas derivado é maior que o dano que ocasionam. O que se espera é que as empresas tomem cautelas para eliminar os riscos irrazoáveis e impedir os danos evitáveis. As atividades humanas sempre implicam riscos, muitas vezes, fatais, mas nós não proibimos todas elas com essa justificativa.

Dessa perspectiva, um processo é socialmente desejável se ele puder estimular o causador do dano a adotar cautelas que reduzam o custo total dos danos mais do que o custo total da cautela. Logo, por exemplo, a indenização por atraso de voo decorrente de motivo climático é socialmente indesejável, já que não há nada que a companhia aérea possa fazer para reduzir esse risco. Por outro lado, se o custo total de evitar um atraso de voo em razão de motivo operacional for R$ 50, mas o atraso causar um dano social de R$ 100, seria socialmente justificável qualquer processo que implicasse indenização superior a R$ 50, porque ele estimularia a companhia a adotar a cautela e não permitir que o voo atrase. No entanto, o processo não deveria ser capaz de impor custo superior a R$ 100, uma vez que esse é o prejuízo experimentado pela sociedade em razão do atraso.

Esse efeito dissuasório de atos ilícitos é uma importante função da responsabilidade civil e, com ela, dos processos na jurisdição civil. Um sistema judicial eficiente é aquele que estimula um agente a tomar todas as cautelas necessárias para minimizar a soma dos custos totais dos danos, o que inclui o custo das cautelas, do procedimento de reparação e das indenizações dos danos efetivamente sofridos. Mas o sistema não deveria estimular mais do que as cautelas socialmente ótimas, de modo a não inibir indevidamente atividades socialmente desejáveis.

O segundo dado dessa equação é que, para atingir um resultado socialmente eficiente, o direito não precisa impor que o causador do dano indenize o dano causado. Por exemplo, se, mantidas constantes todas as demais condições, for socialmente mais eficiente exigir que os passageiros contratem seguros para indenizar atrasos de voo, em vez de imputá-los às empresas, o ordenamento jurídico deveria prestigiar esse mecanismo. Não importa julgar quem está errado em razão do atraso de voo, mas sim quem pode lidar com esse risco da melhor forma para todos os envolvidos. É teoricamente possível, portanto, imputar o dever de adotar cautelas à própria parte ameaçada pelo dano, se ela estiver em uma posição mais apropriada para tanto do que o agente causador da lesão, por exemplo, pela maior facilidade de evitar o risco ou de contratar um seguro.

O nosso Código de Defesa do Consumidor utiliza esse raciocínio em diversos artigos, mas para imputar riscos aos fornecedores. Por exemplo, ele determina, no art. 38, que "O ônus da prova da veracidade e correção da informação ou comunicação publicitária cabe a quem as patrocina". Assim, pouco importa que o consumidor ou o Ministério Público seja o autor da ação e que a falsidade da informação seja fato constitutivo do direito do autor. O Código entende que quem patrocina a publicidade tem melhores condições de responder pela veracidade do seu conteúdo do que qualquer outra pessoa, de modo que alocar a ele o risco que decorre da falsidade do anúncio é a solução socialmente mais eficiente.

Em resumo, o processo civil deveria ter regras pautadas pela minimização do custo total dos atos ilícitos, o que inclui 1) a adoção das cautelas necessárias para evitar os danos evitáveis; 2) os custos dos danos que forem inevitáveis; e, 3) o custo dos processos judiciais decorrentes dos danos.

Reitere-se: é possível discordar dessa afirmação e, ainda assim, aceitar os postulados fundamentais da análise econômica, tais como os estímulos racionais que as normas propiciam aos agentes e a avaliação predominantemente consequencialista dos comportamentos. Contudo, antes de descartar esse objetivo do sistema processual como imoral, inconstitucional ou oposto aos nossos valores de justiça, deve-se ponderar que, em um mundo finito em bens, raciocinar como se a relação de custo-benefício implicada nesse raciocínio fosse irrelevante não parece razoável. Permitir que as pessoas processem alguém, a um elevado custo social, apenas para satisfazer um desejo de vingança pelo mal causado, ou um genérico conceito de justiça, mesmo que haja outra solução para remediá-lo (por exemplo, mediante seguros) parece não ser justificável.

É claro que há processos que se afastam desse raciocínio. É improvável que alguém defenda que uma ação de guarda de menores possa ser abreviada a fim de minorar os custos judiciais com a produção das provas, elevando o risco de uma decisão errada. Porém, mesmo nesse caso, nosso sistema não admite que o processo se eternize, nem que produza provas que têm poucas probabilidades de contribuir para a solução do conflito, ainda que, perifericamente, essa chance exista. Como o tempo é um bem inerentemente finito, qualquer processo, por mais importante que seja o bem jurídico que tutela e por mais que ele pareça não conversível em nenhum aspecto econômico, terá que lidar, pelo menos, com a economia do tempo. Vale a pena gastar mais um ano para ouvir uma testemunha que está na China, se houver baixa probabilidade de que ela contribua para a solução do conflito? Provavelmente não, embora a decisão de indeferir a oitiva sempre seja tomada mediante uma análise de custo-benefício, em um cenário de incerteza. O único jeito de saber se a testemunha é ou não útil é ouvindo-a. Sempre que indeferimos uma prova, em face da sua provável desnecessidade, estamos assumindo o risco de que ela pudesse vir a ser útil, em troca de um benefício, que é a economia de tempo.

Logo, a rigor, todo processo trata o bem jurídico litigioso como passível de algum raciocínio de custo-benefício, não como incomensurável, ainda que essa medida possa variar de acordo com os casos.

8. A DIVERGÊNCIA FUNDAMENTAL ENTRE O CUSTO SOCIAL DO PROCESSO E A DECISÃO INDIVIDUAL DE AJUIZAR UMA AÇÃO OU FAZER UM ACORDO

Shavell[10] aponta que um dos problemas que um sistema jurídico precisa lidar é o fato de que o autor não suporta todos os custos decorrentes do ajuizamento de uma ação. Ele tem que arcar apenas com os

10. SHAVELL, Steven. The fundamental divergence between the private and the social motive to use the legal system. The Journal of Legal Studies, vol. 26, 1997, p. 575-612. Ver também SHAVELL, Steven. Economic analysis of accident law. Cambridge: Harvard University Press, 2007.

seus custos e, se previstos, com os de sucumbência, mas não responde pelos custos assumidos pelo réu, nem pelos custos suportados pelo Estado. Assim, uma ação pode ter valor positivo para o autor, motivo pelo qual ele a ajuizaria, mas ter valor negativo para o sistema jurídico, uma vez que o seu custo total pode ser superior ao benefício social que decorre do processo.

Por exemplo, suponha que um processo de indenização por danos morais decorrentes do atraso de um voo custa, para a sociedade, R$ 3.000, considerando os custos do Estado para processar a causa (R$ 1.000), o investimento feito pelo autor (R$ 1.000) e os custos processuais do réu (R$ 1.000). Suponha que, como o atraso tem origem climática, não há nenhuma cautela que o réu poderia adotar para minorar o risco. Admita, finalmente, que o autor tem 100% de chances de ganhar uma indenização de R$ 2.500. É fácil perceber que, nessas condições, o autor ajuizaria a ação, uma vez que ele investiria R$ 1.000 para receber R$ 2.500, com um ganho líquido de R$ 1.500. Mas, para a sociedade, esse processo tem valor negativo, dado que o custo total dele derivado é de R$ 3.000. A sociedade, portanto, estaria melhor se o processo não existisse e se o autor tivesse que suportar o prejuízo equivalente aos R$ 2.500. Ou, ainda, se algum desses partícipes, (pouco importa qual deles, desde que a lei defina com clareza quem deve suportar o custo), fosse obrigado a contratar um seguro para custear atrasos de voos por causas climáticas, cujo custo fosse inferior às despesas processuais geradas pelo caso.

> O que se conclui desse modelo é que muitos processos que existem não deveriam existir. A sociedade poderia buscar prevenir ou reparar os ilícitos de forma menos custosa, valendo-se de outras técnicas que não a litigância, que, em regra, envolve custos elevados para todos os envolvidos. No entanto, esses processos existem porque o autor considera apenas os seus próprios custos e riscos ao ajuizar uma ação, não os custos totais dela decorrentes, que incluem os do réu e os da sociedade. Há processos que têm, com isso, valor positivo para o autor, mas valor negativo para a sociedade.

Disso deriva o conceito que Ivo Gico Jr. denominou "tragédia do judiciário"[11]. Ele deriva da expressão "tragédia dos comuns" ou "tragédia

11. GICO JR., Ivo. A tragédia do Judiciário. Revista de Direito Administrativo, vol. 267, p. 163–198, 2014.

das coisas comuns", que é um conceito econômico que propõe que, sempre que houver bens comuns que possam ser explorados por pessoas, para obtenção de ganho individual, essas pessoas terão a propensão de super explorar o bem para maximizar os seus ganhos no curto prazo, ainda que, ao final, isso gere a ruína do bem e acabe deixando todos os usuários em situação pior do que se dele tivessem se valido moderadamente. Ninguém deixa de ajuizar uma ação que lhe seria lucrativa apenas para evitar a sobrecarga do Judiciário. Mas, como todos pensam assim, o sistema se sobrecarrega e acaba não sendo capaz de retornar um serviço adequado.

9. O EFEITO DISSUASÓRIO DECORRENTE DA LITIGÂNCIA E DA REGULAÇÃO

Os autores norte-americanos tendem a enfatizar o efeito dissuasório da litigância e a justificar, com isso, sistemas como o das *class actions*, que permite que um escritório de advocacia privado invista dinheiro próprio em um processo, com o propósito de obter um percentual dos ganhos que o grupo eventualmente venha a ter, ao final. Da perspectiva social, essa ação funciona como um mecanismo de imposição das normas jurídicas pela atuação de um agente privado, sem que o Estado tenha que investir recursos para que ele mesmo faça cumprir a lei[12].

Os autores europeus, por outro lado, são céticos quanto a efetividade desse modelo[13]. Afirmam, por exemplo, que as pessoas jurídicas não têm psiquê e, por isso, não são dissuadidas de comportamento algum. Com o tempo, na medida em que as pessoas naturais que a controlam se alteram, os efeitos da condenação passada são esquecidos. Além disso, a estrutura racional das *class actions* desconsidera que os riscos assumidos pelas empresas nem sempre são antecipados ou conscientemente assumidos e nem é fácil mensurar o custo das medidas de cautela, em

12. Ver RUTHERGLEN, George. Future claims in mass tort cases: deterrence, compensation, and necessity. *Virginia Law Review*, vol. 88, p. 1989-2007, 2002; WRIGHT, Charles A. Class Actions. Federal Rules Decisions, vol. 47, § 169-185, 1970, especialmente § 170; JONES, Craig. Theory of class actions. Toronto: Irwin Law, 2003. p. 21 e ss.; NAGAREDA, Richard A. Mass torts in a world of settlement. Chicago: The University of Chicago Press, 2007, cap. 1.
13. HODGES, Christopher; VOET, Stefaan. Delivering Collective Redress. New Technologies. Oxford: Hart, 2018.

comparação com uma indenização futura e incerta. Se essas objeções forem verdadeiras, as medidas dissuasórias não são eficazes *a posteriori* e, portanto, toda a premissa sobre o papel social da litigância para induzir deveres de cuidado entra em crise.

Esse é um debate ainda inacabado.

10. SEGUROS E PROCESSO CIVIL

Nos Estados Unidos, a contratação de seguros de responsabilidade civil, tanto pessoal, quanto profissional, é muito recorrente, o que faz com que o tema seja bastante estudado pela literatura local[14].

Em primeiro lugar, os seguros são essenciais em razão das elevadas indenizações que tendem a derivar de acidentes ou atos ilícitos, ainda que culposos, bem como de erros profissionais. É praticamente impossível, por exemplo, ser médico nos EUA sem seguro. Nenhuma clínica o contrataria, com receio de ser responsabilizada pelos seus erros e eles não serem cobertos pelo seguro da clínica. E o seu próprio patrimônio pessoal estaria exposto de tal forma que você teria problemas para tomar créditos pessoais, financiamentos habitacionais etc. Além disso, o direito norte-americano tem pouco ou nenhum respaldo para noções como a de mínimo existencial ou patrimônio impenhorável. Uma ação judicial, nesse cenário, arruinaria o causador do dano.

Por outro lado, a partir do momento que boa parte da população tem seguro, ele passa a funcionar como um estímulo à litigância, dado que a vítima pode processar a seguradora, que é solvente, em vez de depender da suficiência do patrimônio do segurado. Isso reduz, naquele país, os problemas da execução, enfrentados no Brasil. A seguradora cuida do processo, do acordo e do pagamento.

No Brasil, o percentual da população segurada é ínfimo. Logo, de um lado, a litigância é desestimulada pela insuficiência patrimonial do devedor, mas, de outro, as ações demoram mais a se resolver.

14. Ver, por exemplo, BAKER, Tom; SIEGELMAN, Peter. The law and economics of liability insurance: A theoretical and empirical review. In: ARLEN, Jennifer. Research Handbook on the Economics of Torts. Cheltenham: Edward Elgar, 2013.

Observação: contratar seguros nem sempre é um comportamento racional. Suponha que você tem um veículo que vale R$ 100 mil. Uma seguradora cobra R$ 2,500 pelo seguro anual do seu veículo. Você deveria fazer o seguro? Resposta: isso depende da probabilidade de acidente e da cobertura que lhe é oferecida no caso de sinistro. O seguro só é lucrativo para a seguradora porque, no universo de segurados, a probabilidade de ocorrência dos sinistros, multiplicado pelo valor total deles decorrente é inferior ao valor total dos prêmios pagos. Isso quer dizer que você sempre está pagamento mais pelo seguro do que a probabilidade de ocorrer um acidente com você, multiplicada pelo valor coberto de sinistro. Logo, em tese, do ponto de vista individual, contratar o seguro nunca é um comportamento racional. Acontece que a seguradora pode dissipar esse risco entre o conjunto de segurados, ao passo que você, individualmente, terá que arcar com todo o seu prejuízo, se o acidente acontecer. O seguro permite que você dissipe os efeitos de um sinistro, ainda que você tenha que pagar mais do que o valor econômico (=valor do sinistro *x* probabilidade da sua ocorrência) do seguro. **Conclusão**: só é racional contratar seguros de despesas catastróficas, ou seja, aquelas que causariam um grande impacto sobre o seu patrimônio se o sinistro ocorrer. Pequenos seguros, tais como garantia estendida, devolução garantida de ingresso ou passagem não utilizada e seguros contra extravio de bagagens são comportamentos irracionais, que só servem para enriquecer seguradoras.

11. TEORIA DOS JOGOS E PROCESSO CIVIL

A teoria dos jogos foi desenvolvida por economistas, ao longo do século XX, para suprir uma deficiência da análise econômica até então elaborada: o fato de que, em algumas situações, os resultados de um comportamento dependem não só da parte que age, mas também da conduta adotada por outro participante. Quando isso ocorre, cada agente precisa considerar suas opções estratégicas e antever as opções estratégicas do outro jogador, para adotar o comportamento racional. Assim, em algumas situações, o agente terá que adotar um comportamento que não é o que lhe propicia o melhor resultado porque, se não o fizer, a conduta do outro jogador acabará encaminhando-o para um resultado ainda pior.

O exemplo mais conhecido da teoria dos jogos é o do dilema dos prisioneiros, que pode ser descrito da seguinte forma:

Dois suspeitos, A e B, são presos pela polícia. Como não existem provas suficientes para condená-los, eles são presos em celas diferentes e é oferecido a ambos o mesmo acordo:

- Se um deles confessar o crime (ou seja, trair o comparsa) e o outro permanecer em silêncio, quem confessou sai livre enquanto o cúmplice silencioso cumpre dez anos.
- Se ambos ficarem em silêncio (colaborarem um com ou outro), a polícia só pode condenar cada um dos suspeitos a um ano de prisão.
- Se ambos confessarem (traírem o comparsa), cada um ficará cinco anos na cadeia.

Cada prisioneiro toma a decisão sem saber da escolha do outro.

Nesse contexto, o melhor resultado para ambos os prisioneiros é não trair o comparsa porque, assim, ambos só serão condenados a um ano. Acontece que, se o seu comparsa antecipar a possibilidade de que você não o traia, ele preferirá traí-lo para sair livre e, com isso, você será condenado a dez anos. Da mesma forma, se você tiver certeza de que o outro não vai traí-lo, será melhor que você o traia, para sair livre, em vez de cumprir um ano. Por causa disso, é provável que tanto você quanto o seu comparsa traiam um ao outro, para se proteger do risco de cumprir dez anos e, com isso, ambos traiam e ambos acabem cumprindo cinco anos, em vez de apenas um[15].

Observação: é comum que, confrontadas com esse resultado, as pessoas sugiram "e se eu for morto fora da cadeia pela traição" etc. Isso altera os resultados do jogo, que passaria a ser trair e ser morto depois, não trair e ficar livre. Assim, ou esse dado deve ser incorporado ao jogo, alterando os incentivos, ou ele não pode ser considerado relevante.

O dilema dos prisioneiros, apesar de sua simplicidade, é um poderoso exemplo de um cenário em que cada agente não pode considerar apenas a sua conduta, nem as suas preferências, mas precisa antecipar o que o outro fará para, aí sim, tomar a sua decisão. E, como o outro também antecipará o que o primeiro fará, sua estratégia será igualmente

15. Sobre teoria dos jogos, ver FIANI, Ronaldo. Teoria dos Jogos. 4. ed. Rio de Janeiro: Gen, 2015.

condicionada. Com isso, o resultado do jogo não se parece nada com as preferências iniciais dos agentes, que seria cumprir o menor período possível. A estratégia de não trair, pelo modo como o jogo é estruturado, não é racional para ninguém, sendo denominada de estratégia estritamente dominada. A estratégia estritamente dominante, por outro lado, leva a um resultado coletivo pior, com ambos cumprindo cinco anos.

É possível aplicar a teoria dos jogos em diversos contextos processuais, uma vez que o processo civil é litigado por partes que dependem do comportamento do adversário para definir suas estratégias. Decisões como litigar ou fazer um acordo, produzir determinada prova, recorrer, requerer medidas cautelares, todas podem ser projetadas como jogos.

O problema da aplicação da teoria dos jogos é que, embora forneça *insights* valiosos, ela demanda um elevado grau de abstração para a construção do modelo, o que a distancia de aplicações mais práticas ou exige um design muito complexo. Assim, as obras que se dedicam ao tema acabam recorrendo a exemplos altamente estereotipados, como o próprio dilema dos prisioneiros. Isso não quer dizer que a teoria seja inútil, apenas que suas limitações precisam ser reconhecidas.

12. ANÁLISE ECONÔMICO-COMPORTAMENTAL OU ANÁLISE COMPORTAMENTAL

É perfeitamente possível incorporar a modelos econômicos fatores de irracionalidade, relaxando suas premissas. Por exemplo, a aversão a risco é, muitas vezes, um comportamento irracional, mas é possível trabalhar com análise econômica tradicional incorporando esse fator no modelo.

Da mesma forma, muitas pessoas ajuízam ações financeiramente irracionais, porque querem obter satisfação pessoal ou gratificação psicológica em razão do ônus que o processo causa ao réu. Nesse caso, o comportamento, da perspectiva daquela pessoa, é racional, porque ela não está buscando o dinheiro como recompensa, mas sim outro valor que ela projetou como um objetivo importante. Logo, a racionalidade desse comportamento é aferível, ainda que o seu propósito não seja financeiro. Desde que a pessoa valorize a gratificação emocional mais do que o dinheiro que investirá no processo, o comportamento será racional, da perspectiva dela, ainda que seja indesejável sistemicamente ou que pareça irracional da perspectiva de terceiros.

Nada disso rompe com a análise econômica do direito. O que, de fato, alterou o cenário foram as pesquisas realizadas por Daniel Kahneman e Amos Tversky, a partir de 1979, mas no campo da psicologia. Assim, muitos dos aportes desse aspecto da teoria têm mais de psicologia do que de economia. Criou-se, assim, um campo de análise econômico-comportamental do direito (*behavioral law and economics*), ou, simplesmente, análise comportamental do direito (*behavioral law*), expressões aqui utilizadas como sinônimas[16].

O primeiro conceito a ser abordado é o de heurística. Heurísticas são processos mentais de simplificação da realidade que as pessoas utilizam, inconscientemente, para conhecer uma situação e tomar decisões. Ao reduzir a complexidade do mundo, elas permitem que a tomada de decisão enfoque um número menor de variáveis. Em certo sentido, pode-se dizer que o processo judicial é, em si, uma forma de heurística. Seria impossível decidir qualquer caso, se fosse necessário levar em conta todos os detalhes que contribuíram para a sua ocorrência. Ao separar fatos juridicamente relevantes ou irrelevantes, o ordenamento jurídico realiza um processo heurístico.

Embora funcione bem na maioria dos casos, é possível e, em alguma medida, comum, a ocorrência de desvios nesse processo, resultando em decisões que se afastam do que seria o resultado mais adequado. Os erros resultantes desses desvios são chamados vieses cognitivos e podem ter uma série de perfis e ocorrer em todo tipo de circunstância. A pesquisa seminal sobre a questão foi realizada na década de 1970, por Amos Tversky e Daniel Kahneman[17], originando uma profícua linha de estudos nas décadas subsequentes. Em 2002, Kahneman recebeu o prêmio Nobel de economia por suas pesquisas. Tversky faleceu em 1996.

Três heurísticas foram originalmente propostas pelos autores, relacionadas à representatividade, disponibilidade e ancoragem-ajustamento. Outras foram determinadas posteriormente.

---

16. Ver, em geral, THALER, Richard; SCHLESINGER, George. *Misbehaving*: a construção da economia comportamental. Rio de Janeiro: Objetiva, 2019.
17. TVERSKY, Amos; KAHNEMAN, Daniel. Availability: A heuristic for judging frequency and probability. In: *Cognitive Psychology*, n. 5, vol. 2, 1973, p. 207–232.

A heurística de disponibilidade à tendência de associar eventos mais facilmente memoráveis com eventos mais frequentes. É claro que, muitas vezes, essa associação é verdadeira e simplifica as tarefas cognitivas do cérebro. Porém, em outras circunstâncias ela não é e, com isso, gerará uma percepção enviesada da realidade. Assim, as pessoas tendem, por exemplo, a superestimar os riscos associados ao terrorismo, em virtude do choque e do caráter extremo associado ao evento. Por outro lado, eventos comuns tendem a ser subestimados. Em um curioso experimento, Carrol demonstrou que pessoas que eram solicitadas a imaginar a vitória de um candidato nas eleições presidenciais tendiam a considerar, em entrevista posterior, que aquele candidato teria mais chances de vencer[18]. O simples fato de alguém imaginar um evento é suficiente para incrementar a expectativa de que ele ocorra.

Em termos processuais, isso poderia fazer com que o juiz seja mais propenso a conceder direitos que sejam fundados em histórias individuais dramáticas, como ocorre em demandas individuais relacionadas a tratamentos médicos, do que pretensões embasadas em dados estatísticos sólidos. Também poderia fazer com que os efeitos previstos, imaginados ou discutidos de uma decisão sejam considerados mais prováveis do que efeitos não previstos, ainda que haja elementos científicos que indiquem o contrário. Há, ainda, indicações de influências temporais sobre a disponibilidade: eventos mais recentes são vistos como mais prováveis do que os que ocorreram há mais tempo. Raciocínios de correlação igualmente sofrem desse efeito[19]. Eventos tendem a ser vistos como correlatos se for fácil recordar-se deles ocorrendo ao mesmo tempo, ainda que isso não passe de coincidência.

---

18. CARROLL, J. S. The Effect of Imagining an Event on Expectations for the Event: An Interpretation in Terms of the Availability Heuristic. *Journal of Experimental Social Psychology*, vol. 14, n. 1, 1978, p. 88–96: "The results of these studies demonstrate that instructions to imagine an event are sufficient to increase expectations for that event".
19. SRULL, Thomas; WYER, Robert. The Role of Category Accessibility in the Interpretation of Information About Persons: Some Determinants and Implications. *Journal of Personality and Social Psychology*, vol. 37, n. 10, 1979, p. 1660–1672: "...once a trait concept or schema is made more accessible by previous cognitive activity, the likelihood that the same schema will be used to encode new information is increased. The accessibility of these concepts, and therefore the likelihood that they are subsequently used, increases with the number of times that instances of them have been activated in the past".

A heurística de representatividade se apresenta na situação de enquadramento de elementos em categorias. Um elemento é considerado representativo quando tem as características prototípicas associadas à categoria. O problema é que as pessoas tendem a enfocar características salientes dos elementos, sem perceber o quão comuns essas características de fato são, nos outros, que compõem o conjunto que se pretende representar. Isso faz com que propriedades muito raras tendam a ter sua ocorrência superestimada, por serem muito representativas da categoria, enquanto características comuns são subestimadas. Com isso, cria-se a propensão de tomar decisões que contrariam as probabilidades reais de incidência dos eventos[20].

Tversky e Kahneman demonstraram experimentalmente que mesmo regras básicas de probabilidade, como a de que a ocorrência conjunta de X e Y nunca pode ser mais provável que a ocorrência isolada de cada elemento, pode ser ignorada pelas pessoas, se Y for um evento muito representativo do conjunto analisado e X não for (a chamada falácia da conjunção). Essa violação de regras de probabilidade também se apresenta por intermédio da ignorância dos dados de base (pela qual as pessoas julgam probabilidades com base em casos específicos, ignorando as informações gerais disponíveis sobre o campo), da desconsideração do tamanho da amostra (violação da regra estatística segundo a qual as oscilações tendem a ser maiores quanto menores forem as amostras), do efeito de diluição (informações irrelevantes tendem a enfraquecer informações relevantes), pela má-representação da aleatoriedade (tendência a considerar eventos isolados e aleatórios como se fossem relacionados), dentre outros[21].

20. TVERSKY, Amos; KAHNEMAN, Daniel. Extensional versus intuitive reasoning: The conjunction fallacy in probability judgment. *Psychological Review*, vol. 90, n. 4, 1983, p. 293–315.

21. Cada um desses efeitos foi testado por pesquisadores e retratado em artigos espeíficos. Ver, por exemplo, NISBET, Richard E.; ROSS, Lee. *Human inference*: strategies and shortcomings of social judgment. Englewood Cliffs, NJ: Prentice-Hall, 1980; POUNDSTONE, William. *Priceless*: the myth of fair value. New York: Hill and Wang, 2010. De modo geral, ver ALTMAN, Morris (org.). *Real-World Decision Making*: An Encyclopedia of Behavioral Economics. Santa Barbara: Greenwood, 2015; KAHNEMAN, Daniel; SLOVIC, PAUL (org.). *Judgment under uncertainty*: heuristics and biases. Cambridge: Cambridge University Press, 1982; POHL, Rüdiger F. *Cognitive Illusions*: A Handbook on Fallacies and Biases in Thinking, Judgement and Memory, Hove: Psychology Press, 2004.

A heurística de representatividade se refere, ainda, ao fato de que as pessoas tendem a perceber semelhanças entre indivíduos, condições e eventos, extraindo inferências de causalidade a partir da similaridade entre situações repetidas, o que inibe a habilidade de considerar o espectro completo de informações. Eventos similares tendem a ser vistos como causalmente relacionados, enquanto eventos muito distintos são percebidos como não relacionados, ainda que o sejam[22].

Em terceiro lugar, a heurística de ancoragem-ajustamento reflete a tendência dos indivíduos a tomar decisões que permaneçam próximas aos dados iniciais, já disponíveis. Por exemplo, quando participantes de um experimento recebem um número inicial e são convidados a supor um número subsequente que pareça plausível, eles tendem a permanecer mais próximos do número inicial do que seria adequado. A âncora contamina a estimativa, ainda que esteja errada ou seja irrelevante. Esse problema heurístico se relaciona também com o viés de confirmação, que é a tendência de procurar, perceber e interpretar informações de forma a confirmar as próprias preconcepções do sujeito[23].

Tudo isso seria uma mera curiosidade, se não fosse cientificamente passível de estudo. O que os autores demonstraram, por intermédio de uma série de experimentos laboratoriais e observações de situações reais é que os vieses cognitivos são reiterados, sistemáticos e previsíveis. Por exemplo, uma das primeiras pesquisas dos autores, denominada de "prospect theory", demonstrou que as pessoas valorizam de modo mais intenso perder algo do que deixar de ganhar. Isso faz com que elas sejam afeitas a risco quando o que está em jogo é uma perda - isto é, elas preferirão correr mais risco para não perder nada do que aceitar uma perda certa, mas menor - e avessas a risco quando se trata de ganhos - elas preferirão ficar com um ganho certo, mas menor, do que correr um risco racionalmente justificável para ganhar mais. A perda tem um impacto emocional maior sobre qualquer pessoa do que o ganho equivalente. Assim, provavelmente uma pessoa tentará evitar uma perda mais do que tentar obter um ganho.

---

22. Ver NISBETT, Richard; ROSS, Lee. *Human inference*: strategies and shortcomings of social judgment. Englewood Cliffs: Prentice-Hall, 1980.
23. KAHNEMAN, Daniel; SLOVIC, PAUL (org.). *Judgment under uncertainty*: heuristics and biases. Cambridge: Cambridge University Press, 1982, p. 23 e ss.

A partir desses primeiros trabalhos, desenvolveu-se uma vasta literatura dedicada a identificar vieses e a propor intervenções sobre os contextos da sua ocorrência. Há algumas dezenas de vieses identificados em artigos científicos.

A análise comportamental muda o centro de gravidade da análise econômica. Primeiro, porque ela está mais descolada dos modelos teóricos e preocupada com seres humanos reais. Com isso, o seu método de trabalho é mais empírico, usualmente utilizando entrevistas ou simulações com grupos de participantes, ou a observação de grupos de casos reais para, a partir daí, fazer generalizações utilizando técnicas de relevância estatística.

Assim, por exemplo, uma análise econômica da atividade jurisdicional enfocaria quais os propósitos um juiz racional provavelmente teria nas suas atividades, considerando os estímulos que o sistema lhe oferece, para prever o seu comportamento. Por exemplo, se o Conselho Nacional de Justiça controla apenas metas quantitativas e os juízes não querem correr riscos de serem sindicados em suas atividades, eles serão estimulados a reduzir o acervo, ainda que, para tanto, tenham que piorar a qualidade das decisões. Eles também tenderiam a deixar de lado os casos mais complexos e priorizar os mais simples. A análise econômica preveria que as normas do CNJ implicariam aumento da produtividade e redução da qualidade decisória, com agilização dos processos de menor complexidade e concentração do atraso nos casos mais difíceis.

Uma análise comportamental, por outro lado, poderia tentar identificar de que forma a necessidade de julgar mais rapidamente altera as decisões dos juízes. A premência temporal poderia, por exemplo, enviesar os juízes a conceder indenizações menores, ainda que de modo inconsciente? Seria preciso, para tanto, comparar juízes submetidos a constrangimentos quantitativos e temporais com outros, que estivessem lotados em comarcas menos sobrecarregadas, para verificar se há alguma diferença que pode ser estatisticamente significativa nos montantes indenizatórios fixados.

Em síntese, a análise comportamental busca alcançar horizontes que a análise econômica pura não abrange, porque ela permite a avaliação do comportamento real dos sujeitos que, muitas vezes, incluirá fatores inconscientes ou irracionais, que o induzirão a desviar-se do comportamento racional esperado ou, até mesmo, estimulado pela norma. A análise econômica é cega quanto a essa possibilidade.

Um bom exemplo para ilustrar essa questão é a adesão a planos de previdência complementar patrocinados pelo empregador, isto é, planos nos quais o empregador desembolsa dinheiro, até um determinado limite, para somar-se às contribuições do empregado. Como esse dinheiro não será pago se o empregado não aderir ao plano, a decisão de não adesão representa, literalmente, recusar dinheiro grátis. Por isso, o comportamento racional de qualquer empregado deveria ser o de aderir ao plano e é isso que a análise econômica preveria.

No entanto, nos Estados Unidos e no Brasil, estudos demonstraram que muitos trabalhadores não ingressavam no plano, o que provavelmente seria explicado por um viés de omissão (ou inação): as pessoas tendem a não adotar comportamentos ativos, preferindo manter-se passivas em muitas situações, ainda que essa escolha seja racionalmente injustificável. O medo de fazer uma má-escolha ou de ser (ou sentir-se) responsabilizado pela escolha originam o viés de omissão, que permanece em nível inconsciente para o sujeito.

Essa explicação confirmou-se quando os gestores de planos decidiram que o padrão passaria a ser o empregado aderir ao plano, podendo, caso quisesse, fazer o requerimento de desligamento. Essa estratégia inverteu o viés de omissão e aumentou de modo expressivo o número de adesões. Não é que as pessoas não quisessem o plano, elas apenas não queriam ter que optar por ingressar nele. Nada na análise econômica pura é capaz de explicar ou prever esse tipo de comportamento. O que se espera é que as pessoas responderão a estímulos racionais e agirão de acordo. Há poucos estímulos tão poderosos quanto dinheiro grátis e, no entanto, ele não foi suficiente nesse caso.

13. NUDGE

O caso dos planos de previdência coloca em evidência outro campo profícuo da análise comportamental, que é a arquitetura da tomada de decisão. Nenhuma decisão é tomada no vácuo. Todas elas estão em um contexto. A análise econômica supõe que as decisões são influenciadas pelos estímulos e recompensas que são oferecidas, assim como pela estratégia do tomador de decisão. A análise comportamental propõe que o próprio modo como a escolha é apresentada influencia a decisão. Esse conhecimento é bastante antigo e é representado, por exemplo, pelas diferentes posições dos produtos em um supermercado. Os mais visíveis tendem a ser mais escolhidos, ainda que não ofereçam qualquer vantagem real ao consumidor. Disso se extrai a conclusão de que o contexto decisório influenciará a tomada de decisão e, por isso, o modo como ele é organizado, isto é, a arquitetura da decisão, precisa ser pensada.

Richard Thaler e Cass Sunstein trabalharam essa questão no conceito de *nudge* ("cutucada")[24] que consistiriam em alterações no contexto de tomada de decisão que, sem alterar a estrutura de incentivos – isto é, sem tornar mais atraente ou mais indesejável qualquer das alternativas – induz uma escolha. Isso inclui o posicionamento de objetos que estão à venda, a definição de uma opção como padrão e o modo como as alternativas são expostas. O *marketing*, há anos, faz uso dessas técnicas.

Os autores propõem que nenhuma arquitetura decisória é neutra, de modo que seria desejável que, em situações de interesse público, em que uma escolha é certamente mais proveitosa que a outra, seria legítimo que o Estado ou a entidade que oferece a escolha exercesse um "paternalismo libertário" e induzisse a escolha mais desejável, sem a impor. Exemplos dessa prática seriam a definição da opção padrão de adesão ao plano de previdência complementar como "sim", o posicionamento de comidas mais saudáveis em posição de maior destaque em um restaurante, ou a exibição do número de calorias que cada prato contém. Advertências de comportamentos, como placas nas ruas ou envios de mensagens aos tomadores de decisão, lembrando-os de agir, também servem como *nudges*.

Os *nudges* podem interagir com os vieses cognitivos e serem utilizados para se contrapor a eles ou para aproveitar-se deles para induzir comportamentos desejáveis. Por exemplo, o viés de grupo (fazer o que os outros estão fazendo) é bastante bem documentado. Se alguém é informado que muitas pessoas estão se envolvendo em uma atividade desejável, como praticar exercícios físicos, fazer dieta ou votar (no caso de localidades com voto facultativo), essa informação funciona como um

24. THALER, Richard; SUNSTEIN, Cass. Nudge: improving decisions about health, wealth and happiness. Nova York: Penguin Books, 2008.

nudge que se alia ao viés para aumentar a probabilidade de que a pessoa adote o comportamento.

No processo brasileiro, há alguns estudos sobre possíveis *nudges* processuais, como a inclusão, no mandado de citação de ações de cobrança, de informações claras sobre as vantagens do pagamento imediato e a economia que ele implica, em termos de encargos.

É importante considerar dois aspectos: primeiro, um *nudge* só merece essa denominação se ele não alterar a estrutura de incentivos da decisão. Se ele facilita uma escolha ou dificulta outra, é um estímulo e entra no cálculo racional usual das escolhas econômicas. Logo, *nudges* são ferramentas sutis e, em alguma medida, limitadas, ainda que possam ser importantes em determinados contextos.

Em segundo lugar, alguns críticos objetam que a adoção de *nudges* seria um dirigismo indevido da vida das pessoas e que "paternalismo libertário" seria um oxímoro. Cada pessoa deveria ser livre de influências psíquicas indevidas para fazer as suas escolhas. O problema dessa posição é que em diversos casos, não é possível fazer uma escolha neutra. Qualquer arquitetura de decisão é indutora do resultado, de modo que é melhor que ela seja utilizada para propósitos benéficos do que seja aleatória. A busca de neutralidade, nesses casos, parece fadada ao fracasso, mas a questão sobre os limites éticos dos *nudges* permanece relevante.

Há algum tempo, a prefeitura do Rio de Janeiro criou um órgão denominado NudgeRio, para estudar aplicações de nudges a políticas públicas[25]. Mais recentemente, o governo federal criou um órgão com o mesmo propósito, denominado CINCO – Ciências Comportamentais em Governo. O website governamental descreve o órgão como "uma unidade pioneira do Ministério da Gestão e da Inovação em Serviços Públicos, criada em 2023. Nosso objetivo é ajudar formuladores de políticas públicas a encontrar soluções inovadoras para os desafios, utilizando as lentes das ciências comportamentais". Ainda de acordo com o órgão:

25. Alguns dados dessa iniciativa estão compilados em MORATO DE ANDRADE, Otavio. Nudge Rio: um caso de aplicação de Ciência Comportamental às Políticas Públicas. Cadernos do Desenvolvimento Fluminense, n. 16, p. 111–124.

"O trabalho da CINCO consiste em compreender o problema, os serviços e as soluções oferecidas pelo governo do ponto de vista dos envolvidos: quem utiliza e quem presta o serviço na ponta, e então alimentar o desenho da política pública com essas informações. Inclui etapas como (1) identificar o comportamento, (2) investigar barreiras e facilitadores e gerar insights, (3) gerar ideias de intervenções comportamentais, (4) promover testes e calibrar intervenções, (5) avaliar resultados e aplicar em escala"[26].

De modo geral, pode-se afirmar que bons *nudges* conseguem resolver problemas com baixo custo operacional. No entanto, eles não são comuns. Em boa parte dos casos, será necessário alterar a estrutura de incentivos da decisão.

14. LIMITAÇÕES DA ANÁLISE COMPORTAMENTAL

Quando se expõe, de modo simples e sintético, os conceitos de heurísticas e de vieses cognitivos e se apresentam exemplos característicos de sua incidência, pode-se ter a falsa impressão de que a teoria é unânime e incontroversa.

No entanto, embora o conhecimento acerca da existência dos vieses esteja bem estabelecido, a determinação acerca da sua influência sobre um contexto ou uma decisão específica é altamente controversa. Isso porque o viés se caracteriza por um erro sistemático, que não deriva da má-percepção ou de limitações pessoais do indivíduo. O viés é demonstrado estatisticamente e sempre será difícil saber até que ponto um desvio na racionalidade de uma série de decisões tem ou não relevância estatística e até que ponto essa alteração, ainda que relevante, pode ou não ser atribuída ao viés.

A primeira questão que precisa ser considerada quando se analisa a teoria comportamental aplicada ao Direito é que "a imagem que emerge dessas pesquisas não é, nem de longe, clara"[27]. Não existe uma ferramenta para medir a ocorrência de vieses cognitivos que não seja a

26. https://www.gov.br/gestao/pt-br/assuntos/inovacao-governamental/cinco. Acesso em 5.6.24.
27. ZAMIR, Eyal; TEICHMAN, Doron. *Behavioral Law and Economics*. London: Oxford, 2018, p. 534.

análise do comportamento de pessoas, em contextos reais ou em laboratório, e o tratamento estatístico do respectivo resultado. Este depende do modo como o experimento é desenhado e do modo como a estatística é formulada. Assim, o que se pode esperar de tais experimentos são resultados indicativos, que vão se tornando mais seguros à medida que eles são repetidos e são obtidas respostas estatisticamente consistentes. Mas é sempre problemático afirmar que um resultado demonstra a existência de um viés e, sobretudo, que esse resultado pode ser expandido para explicar situações distintas das que foram experimentalmente testadas. É que muitos dos experimentos que embasam a demonstração dos vieses são realizados em laboratório, mediante realização de tarefas abstratas, que não correspondem a situações reais.

O experimento inicial para demonstrar o viés de confirmação, por exemplo, consistia em solicitar aos participantes que escolhessem entre quatro cartas que associavam letras e números. A eles foi perguntado quais cartas deveriam escolher para verificar se uma regra era verdadeira. A maioria das pessoas escolhia combinações de cartas que seriam capazes de confirmar a regra quando, em verdade, para testar uma afirmação devem-se escolher combinações que potencialmente seriam capazes de falseá-la. Daí o viés de confirmação. No entanto, quando essa regra era apresentada em um contexto social, sem a abstração numérico-matemática, os resultados melhoraram significativamente[28]. Em sentido similar, Gigerenzer e Hoffrage verificaram que os resultados de percepção de frequência de determinado fenômeno, que muitos experimentos relacionados a heurística de disponibilidade mostravam ser muito ruins, podiam ser melhorados apenas instruindo as pessoas em frações (1 em 10, 1 em 20 etc.) em vez de percentuais (5%, 10%)[29]. Assim, os resultados dos experimentos podem ser influenciados pelas mais tênues mudanças nas suas configurações, o que compromete a tentativa simplista de adotar os seus achados como verdades.

Quanto ao viés de retrospectiva (*hindsight bias*), uma técnica simples, que se mostrou eficiente para reduzir a sua incidência, foi apenas pedir aos participantes que considerassem o contrário. Os participantes

28. Idem, p. 134.

29. GIGERENZER Gerd; HOFFRAGE, Ulrich. How to Improve Bayesian Reasoning without Instruction: Frequency Formats. *Psychology Review*, vol 102, 1995, p. 684 e ss.

do experimento, neuropsiquiatras, receberam uma narrativa ambígua de um caso e três possíveis diagnósticos. Um grupo foi informado de que um dos três diagnósticos estava correto (induzindo o *hindsight bias*) e outro, não. A eles foi solicitado que estimassem a probabilidade de correção de cada diagnóstico. No entanto, alguns integrantes de cada grupo foram encorajados a elaborar uma lista de razões pelas quais cada um dos três diagnósticos poderia estar correto, como se fosse uma lista de prós e contras. Apenas essa providência foi capaz de reduzir a tendência ao *hindsight bias* em mais de 15%[30].

Interessantemente, para o contexto processual, é exatamente essa a função do contraditório: chamar a atenção do juiz para provas que indiquem cenários alternativos, que expliquem os fatos narrados de outra maneira. O contraditório é, por si só, uma *debiasing technique*, um modo de combater o viés cognitivo relacionado à tendência de conformação de percepções iniciais.

Nesse sentido, considere-se, por exemplo, a defesa da adoção da figura do juiz de garantias, no processo penal, como forma de supostamente incrementar a imparcialidade judicial e reduzir os vieses cognitivos que a condução do inquérito policial induziria sobre o juiz da causa. Se há preocupação com o viés de confirmação e com o *hindsight bias*, por parte dos juízes, o que deveria ser feito não é a cópia do instituto processual adotado em outros países, cujo contexto sistêmico é distinto do brasileiro. O caminho correto seria, primeiro, a realização de um sério estudo sobre a efetiva existência do viés, que, como afirmado, não foi demonstrada, apenas intuída. Depois, deveriam ser desenhados experimentos que investigassem as possíveis técnicas de *debiasing*, no específico contexto que se pretende transformar, para que se verifique qual delas é a mais adequada. Como sabemos, nada disso foi feito e o juiz de garantias, aprovado pelo Congresso Nacional e considerado constitucional pelo Supremo Tribunal Federal, está em fase de implantação.

Em resumo, quando se analisam estudos específicos sobre a psicologia comportamental aplicada ao Direito, percebe-se que não se podem

30. ARKES, Hal R. Eliminating the Hindsight Bias. *Applied Psychology*, vol. 73, 1988, p. 305 e ss. No mesmo sentido, LORD, Charles G; LEPPER, Mark R.; PRESTON, Elizabeth. Considering the Opposite: A Corrective Strategy for Social Judgment. *Journal of Personality and Social-Psychology*, vol. 47, 1984, p. 1.231 e ss.

estabelecer conclusões definitivas sobre a incidência de vieses cognitivos, nessa ou naquela situação. O comportamento humano é um objeto de estudo altamente complexo, de modo que os experimentos são sensíveis ao modo como são formulados e as análises, ainda que de situações empíricas, são sensíveis a critérios estatísticos. Vieses são indicações, não verdades absolutas. A teoria não deve ser utilizada como argumento retórico para se dar ar de verdade científica a afirmações não testadas.

15. ANÁLISE COMPORTAMENTAL, JUÍZES E PROCESSOS

O professor Jeffrey J. Rachlinski, da Cornell University, se dedica, há anos, a realizar experimentos com juízes, para avaliar as falhas comportamentais que influenciam no seu processo de decisão. De modo geral, a conclusão do autor é a de que "o sistema judicial é operado por seres humanos e seres humanos estão sujeitos a falhas previsíveis"[31]. Suas pesquisas demonstram que as emoções exercem um papel significativo nas decisões judiciais, implicando resultados nem sempre compatíveis com a interpretação pura do Direito.

Juntamente com Andrew J. Wistrich e Chris Guthrie, Rachlinski encontrou diferenças estatisticamente significativas, por exemplo, a partir do grau de simpatia que o réu aparenta para o juiz. Em um experimento indicando a ocorrência de fraude em passaporte, mais juízes consideraram o crime configurado quando o objetivo da fraude era fazer adentrar no país um assassino condenado do que na situação em que um pai queria trazer sua filha ilegalmente. No entanto, do ponto de vista objetivo, os fatos eram os mesmos e as provas também. 44% consideraram que o pai tinha cometido crime, enquanto 60% emitiram juízos condenatórios no cenário do assassino[32].

Os autores também já demonstraram, em outra pesquisa, que os juízes se vinculam a âncoras numéricas aleatórias. Eles fixam sentenças menores quando estão pensando em meses do que quando fazem os cálculos de pena em anos. Há, ainda, evidências de que os juízes foram

31. RACHLINSKI, Jeffrey J. Entrevista disponível em https://research.cornell.edu/news-features/investigating-judicial-decision-making#highlight-1509551924260. Acesso em 13.3.20.

32. WISTRICH, Andrew J.; RACHLINSKI, Jeffrey J.; GUTHRIE, Chris. Heart Versus Head: Do Judges Follow the Law or Follow Their Feelings?. *Texas Law Review* vol. 93, 2015, p. 855 e ss.

influenciados por um programa de TV na definição de valores de indenizações em processos ou, até mesmo, pelo número da rua em que se localizava determinado empreendimento[33]. Juízes também são suscetíveis ao modo como as indagações são apresentadas, tendendo, por exemplo, a impor penas menores se lhes for informado o custo financeiro do tempo de encarceramento[34].

A principal sugestão dos autores para lidar com o problema dos vieses cognitivos é a de que os juízes precisam ser educados para se fazerem conscientes e lidar com esses vieses cognitivos. Por exemplo, em relação às âncoras numéricas, a pesquisa propõe que seja colocado à disposição dos juízes algum tipo de escala mais objetiva para converter os diversos tipos de danos em dinheiro[35]. Em relação à influência das emoções sobre a objetividade da decisão, os autores apontam que "talvez os recursos para os tribunais possam evitar a influência das emoções", uma vez que tribunais são órgãos colegiados, os julgadores têm contato apenas indireto com as partes e advogados, têm mais oportunidades de reflexão, porque tomam contato com um espectro maior de casos e podem trabalhar a partir das considerações do juízo de 1º grau, em vez de começar do zero[36]. Assim, não se pode chegar à conclusão de que, apenas porque os juízes estão sujeitos a limitações cognitivas, suas decisões serão inerentemente injustas. Juízes decidem no contexto de um sistema e é

33. WISTRICH, Andrew J.; RACHLINSKI, Jeffrey J.; GUTHRIE, Chris. Can Judges Make Reliable Numeric Judgments? Distorted Damages and Skewed Sentences," *Indiana Law Journal*, vol. 90, 2015, p. 695 e ss.

34. WISTRICH, Andrew J.; RACHLINSKI, Jeffrey J.; GUTHRIE, Chris. Altering Attention in Adjudication. UCLA Law Review, vol. 60, 2013, p. 1586 e ss.

35. WISTRICH, Andrew J.; RACHLINSKI, Jeffrey J.; GUTHRIE, Chris. Can Judges Make Reliable Numeric Judgments? Distorted Damages and Skewed Sentences," *Indiana Law Journal*, vol. 90, 2015, p. 732. O avanço obtido por essa escala, no entanto, resolveu o problema apenas parcialmente.

36. "Perhaps appellate courts can avoid the influence of emotion. If so, then the danger of doctrinal distortion is limited. (...) Appellate courts differ from trial courts in several potentially relevant ways: (1) typically three (or more) judges decide as a group rather than one judge deciding alone; (2) they have merely indirect contact with litigants and witnesses; (3) they enjoy a favorable decision-making situation that allows greater opportunity for reflection and better appreciation of the big picture; and (4) they review a lower court decision rather than starting from scratch". WISTRICH, Andrew J.; RACHLINSKI, Jeffrey J.; GUTHRIE, Chris. Heart Versus Head: Do Judges Follow the Law or Follow Their Feelings?. *Texas Law Review* vol. 93, 2015, p. 908.

preciso apreciar o modo como esse sistema opera, em vez de uma decisão isolada.

Uma discussão que foi feita sobre esse tema, no brasil, referiu-se à adoção da figura do juiz de garantias no processo penal. Afirmou-se que há necessidade de um juiz de garantias porque a cognição prévia sobre a prova, na fase de investigação, acarreta vieses de confirmação e retrospectiva (*hindsight*), o que o impediria de ser imparcial no julgamento. Essa afirmativa parte da premissa de que, como as pessoas comuns estão sujeitas a esses desvios cognitivos, os juízes, *ipso facto*, também estarão. Contudo, a transposição de raciocínio ignora o fato de que os juízes são profissionais treinados, que conhecem o comando que os impede de decidir apenas com base nas provas do inquérito, sabem que não é adequado considerar apenas as provas que confirmem aquilo que veio da fase investigativa, são constantemente alertados, por regras, por outras decisões judiciais e pelas manifestações das partes, de que devem se manter imparciais.

A questão, portanto, não é saber se os juízes, ao comprar um produto no supermercado ou ao responder a uma questão numérica abstrata, estão sujeitos a vieses cognitivos, mas sim se os juízes, agindo no contexto do processo judicial real, são ou não são capazes de, aplicando o treinamento que recebem e as regras que conhecem, compensar os vieses cognitivos a que estão sujeitos, para se manterem imparciais. Essa questão não é fácil de ser abordada, dadas as limitações decorrentes do grande número de variáveis que incide sobre o contexto da decisão judicial. Todavia, há indicativos no sentido de que o juiz é capaz de, em virtude de seu treinamento, minorar os vieses cognitivos e decidir de modo imparcial.

Uma pesquisa interessante e compreensiva nesse sentido foi realizada por Reid Hastie e William Kip Viscusi[37], o primeiro, ex-diretor do Centro de Pesquisa em Decisão e Política da Universidade do Colorado e atual professor da Universidade de Chicago e o segundo, ex-diretor do Centro de Estudos Empíricos da Harvard Law School e, atualmente, professor da Vanderbilt Law School. Eles elaboraram um experimento

37. HASTIE, Reid; VISCUSI, W. Kip. What Juries Can`t do Well: the Jury`s Performance as a Risk Manager. *Arizona Law Review*, vol. 40, 1998, p. 901-921.

partindo da premissa de que, nos Estados Unidos, tanto juízes quanto jurados podem ser chamados a decidir os fatos de um caso, dependendo da situação. Há, portanto, naquele país, um contexto em que as mesmas decisões de mérito são tomadas por juízes e por pessoas sem treinamento, o que oferece um cenário experimental favorável a comparações.

Assim, Hastie e Viscusi criaram um caso hipotético, relacionado a um acidente ferroviário. Eles apresentaram esse caso a 277 pessoas comuns, que poderiam atuar como jurados, e a 95 juízes, que estavam participando de um treinamento na Universidade do Kansas. Havia, nessa amostra, juízes de diversos estados, inclusive de supremas cortes estaduais. Tanto os juízes quanto os jurados foram divididos em dois grupos. O primeiro tinha que avaliar um pedido da companhia para continuar operando os trens em uma situação em que o órgão regulador havia determinado a interrupção das atividades em um determinado ramal. Ao segundo grupo foi informado que a empresa tinha seguido com as atividades e um acidente havia, efetivamente, ocorrido, causando danos ambientais a um rio e prejudicando negócios e residentes ao longo de seu curso. Desse modo, ambos os grupos eram levados a avaliar o mesmo risco, mas o primeiro o fazia em uma condição de previsão (*foresight*), enquanto o segundo o fazia em retrospectiva (*hindsight*), para definir o valor dos danos punitivos que decorreriam da assunção desse risco, já concretizado em dano.

Os resultados foram altamente significativos. Os jurados, pessoas comuns, demonstram "massivos efeitos do viés de retrospectiva em todas as medições relevantes, enquanto os juízes apresentaram tendências na direção desse viés, mas em magnitude muito menor (em regra, estatisticamente insignificante)"[38]. Adiante, os autores notam que "a mais ampla experiência dos juízes em tomar decisões a partir da lei os fez menos suscetíveis que os jurados ao viés de retrospectiva"[39]. Na sequência, os autores também apontam que, no que tange a análises de custo-benefício "os juízes conservam o senso de racionalidade, mesmo nas situações em

38. "Mock-jurors showed massive hindsight effects on all relevant measures, while judges showed trends in the direction of hindsight effects but of much smaller (usually statistically insignificant) magnitudes". Cit., p. 906.

39. "the judges' greater experience in making legal judgments made them less susceptible than the mock-jurors to hindsight biases". Cit., p. 907.

que se supõe denotar a maior irracionalidade. Pelo contrário, os jurados não parecem sensíveis a relações de custo-benefício"[40]. Em conclusão, afirmam Hastie e Viscusi[41]:

> "Os resultados dos estudos envolvendo nossa amostra de juízes e cidadãos indica que os juízes são mais capazes de lidar com julgamentos relacionados a risco, feitos em retrospectiva, do que os cidadãos comuns. (...) Em termos de indicação de política legislativa, esses resultados sugerem que mais confiança na autoridade dos juízes melhoraria a atividade jurisdicional. (...) Possivelmente, o que é mais significativo é a nossa constatação de que os juízes exibem um viés de retrospectiva muito menor [do que as pessoas comuns] quando são solicitados a tomar decisões idênticas".

Ao final, os autores especulam as razões pelas quais os juízes se saíram melhor no teste. Na sua opinião, diversos fatores que cercam a experiência judicial são responsáveis pela menor sujeição dos juízes aos vieses cognitivos. Os juízes julgam muitos casos, ouvem argumentos de ambas as partes diversas vezes, tomam decisões repetidamente e são capazes de observar quais decisões são revertidas em grau recursal[42]. Isso significa que a atuação profissional e recorrente, com a consideração de alternativas, que decorrem do exercício do contraditório pelas partes, somada aos feedbacks derivados do conhecimento do resultado dos recursos, faz dos juízes agentes de tomada de decisão melhores que um cidadão comum, como é o caso do jurado, que o faz apenas em caráter eventual e sem acompanhamento do caso, e sem o feedback dos recursos.

No mesmo sentido, Wistrich, Rachlinski e Guthrie propõem que os juízes devem se educar sobre os vieses cognitivos para que possam evitá-los nas decisões que tomam. Por exemplo, eles deveriam cultivar o hábito de ponderar múltiplas perspectivas, de considerar o que fariam se as circunstâncias fossem distintas das que lhe são apresentadas. Por exemplo, eles poderiam comparar parâmetros numéricos com casos similares,

40. "The economic calculations of costs and benefits suggest that judges have a sense of rationality in situations believed to create the most irrationality. In contrast, the citizen, mock-jurors do not appear to be sensitive to benefit-cost relationships". Cit., p. 908.

41. Cit., p. 916.

42. Cit., p. 917.

em vez de definir valores em abstrato[43]. Os autores também encontraram evidências de que os juízes se beneficiam da experiência que têm na análise de provas para evitar serem presas da heurística de disponibilidade. "Da mesma forma que a adequada apreciação das provas pode ser aprendida, ela pode ser ensinada a novos juízes"[44].

Nesses termos, parece inapropriado estender aos juízes as mesmas descobertas sobre vieses cognitivos que se aplicam ao cidadão não treinado. É necessário, como dizem Hastie e Viscusi, confiar mais nos juízes[45] ou, pelo menos, confiar mais em pesquisas específicas, que levem em conta o contexto judicial brasileiro, em vez de tentar fazer uma alteração profunda no sistema processual com base em pesquisas que não foram desenhadas para essa finalidade.

É bom lembrar que a implementação do juiz de garantias, de acordo com levantamento da Associação dos Magistrados do Brasil, tem potencial para custar R$ 1 bilhão por ano[46], em um contexto em que o Poder Judiciário já custa mais de R$ 90 bilhões anuais aos contribuintes brasileiros[47]. O juiz de garantias não é uma espécie de almoço grátis, que só vai melhorar o processo penal. Na verdade, ele é uma inovação potencialmente custosa, sem que haja qualquer indicativo concreto de quais são os resultados que ele será capaz de produzir, ou mesmo de que existe o problema que ele se dispõe a corrigir.

16. OS LITIGANTES REPETITIVOS E O GOVERNO: POR QUE TEMOS 83 MILHÕES DE PROCESSOS EM ANDAMENTO?

A análise econômica da litigância no Brasil passa, necessariamente, pelo estudo dos chamados litigantes repetitivos, isto é, pessoas que litigam reiterada e copiosamente. Embora esse fenômeno exista também

43. WISTRICH, Andrew J.; RACHLINSKI, Jeffrey J.; GUTHRIE, Chris. Inside the Judicial Mind. Cornell Law Review, Vol. 86, No. 4, 2001, p. 1 e ss.

44. Idem, p. 83.

45. "In terms of a policy direction, these results suggest that greater reliance on the authority of judges would improve judicial decision making". Cit., p. 917.

46. O documento produzido pela AMB está referenciado em https://congressoemfoco.uol.com.br/justica/juiz-de-garantias-vai-custar-mais-de-r-1-bilhao-por-ano-diz-amb/. Acesso em 25.5.20.

47. CONSELHO NACIONAL DE JUSTIÇA. *Justiça em números*: 2019, ano-base 2018. Brasília: CNJ, 2019, p. 62.

em outros lugares do mundo[48], no Brasil ele é marcado pela reiterada presença de dois segmentos: os bancos e os entes governamentais. De acordo com o Painel Grandes Litigantes, mantido pelo Conselho Nacional de Justiça, dos 40 maiores litigantes do Brasil, 39 são entes governamentais (da Administração Direta ou Indireta) ou bancos. Se considerarmos os 100 maiores litigantes, todos são entes governamentais, bancos ou empresas de telecomunicações.

O litigante habitual leva muitas vantagens no processo. Como percebeu David Rosenberg, o problema processual das lesões coletivas é que os produtores desfrutam de uma "assimetria estrutural" em seu favor, uma vez que lesam os consumidores coletivamente, enquanto estes experimentam a lesão individualmente. O sistema tradicional de decisão caso a caso permite aos produtores diluir os custos processuais em centenas ou milhares de processos similares.[49]

Logo, para o causador da lesão, sempre existe uma ação coletiva "de fato" quando ele litiga contra um grande número de indivíduos, dada a possibilidade de que contrate apenas um escritório de advocacia, invista na produção de provas aplicáveis a todos os casos, na contratação de pareceres jurídicos que serão reproduzidos exaustivamente e na obtenção de precedentes judiciais favoráveis, que poderão ser explorados com mais facilidade do que pela parte contrária. Em uma situação limite, o réu tem possibilidade de entabular acordos judiciais com os credores que tiverem queixas mais fundadas, acobertando-os com cláusulas de sigilo para, a um só tempo, ocultar as situações individualmente mais graves e fazer com que os tribunais decidam primeiramente os casos menos fundados, potencializando a prolação de decisões em favor de sua tese defensiva[50]. Isso significa que o sistema processual, de modo geral, é favorável ao causador de lesões massificadas, que exerce um controle geral dos processos, enquanto, do lado dos autores, esse controle é fragmentado em diversos advogados.[51]

48. Ver GALANTER, Marc. Por que "quem tem" sai na frente: especulações sobre os limites da transformação no Direito. Trad. Ana Maria Chasin. São Paulo: FGV Direito SP, 2018.

49. ROSENBERG, David. Mass Tort Class Actions: What Defendants Have and Plaintiffs Don`t. *Harvard Journal on Legislation*, vol. 37, 2000, p. 393-431.

50. Ver infra, item 4, um estudo de caso sobre esse tema.

51. Lahav afirma que boa parte da ira despertada contra as *class actions* se deve exatamente ao fato de que elas reequilibram, no processo, a situação das partes, que era materialmente

Um exemplo concreto pode auxiliar a compreensão dessa vantagem. Suponha-se que um réu lesou dez mil consumidores de um produto, espalhados pelo território nacional, causando-lhes prejuízo individual de R$ 5.000,00. A primeira vantagem que ele levaria é a probabilidade de que, conquanto a demanda seja economicamente viável, um percentual das vítimas (digamos, 10%) não ajuizará ação, seja em virtude de desconhecimento, desinteresse ou simples passividade. Logo, de um litígio cujo valor total é de R$ 50 milhões, o réu já teria um ganho inercial de R$ 5 milhões, decorrentes apenas da inércia dos autores, e isso assumindo um altíssimo percentual de 90% de demandas ajuizadas.

Com esses R$ 5 milhões, o réu já teria um bom capital para contratar o seu escritório de advocacia. Na medida em que o dano é igual para todos os consumidores, o trabalho criativo desse escritório é pequeno, já que as teses defensivas podem ser desenvolvidas uma única vez e apenas repetidas. Logo, é provável que o réu consiga um excelente escritório de advocacia, por um valor razoavelmente inferior a reserva de R$ 5 milhões. Da mesma forma, poderão ser contratados laudos técnicos, assistentes periciais e pareceres jurídicos de pessoas de elevado renome, elementos que poderão ser reproduzidos nos diversos processos e que reforçarão os argumentos do réu.

De outro lado, o consumidor individual se apresentará para um advogado com uma demanda de apenas R$ 5 mil. Poucos advogados aceitarão litigar essa causa, certamente nenhum de elevada expertise. O mais provável é que boa parte dessas causas acabe nos juizados especiais, com ajuizamentos sem advogado. Desprovidos de orientação técnica, os consumidores não terão a seu favor um contraditório efetivo, a que se refere o art. 7º do CPC, nem a possibilidade de influir significativamente no convencimento do juiz (art. 10, CPC). Se o réu optar por oferecer-lhes acordos, é provável que aceitem ofertas inferiores ao valor real de seus direitos. De outro lado, aqueles consumidores que optarem por contratar advogado verão o seu potencial de ganho ser reduzido de modo significativo, dado que, de acordo com a tabela de honorários da Ordem dos Advogados do Brasil, o valor mínimo que pode ser licitamente cobrado

---

desigual. LAHAV, Alexandra. Symmetry and class action litigation. *UCLA Law Review*, vol. 60, p. 1494-1522, 2013.

pelo advogado, para atuação em juizado especial, é de R$ 1.049,59, aproximadamente 20% do valor do crédito, nesse exemplo[52].

A única solução para esse problema, no paradigma do processo individual, é uma coletivização privada da demanda, decorrente da captação de parte razoável dessa clientela pelo mesmo advogado. Essa ocorrência, além de depender de fatores eventuais, como a dispersão geográfica das vítimas, a percepção de lucratividade dos advogados e a sua capacidade de atuação no mercado, não incorpora garantias institucionais de boa atuação do advogado, já que, embora ele passe a tratar esses clientes como um grupo, do ponto de vista formal, a relação continua sendo individual. Essa prática, comum na chamada advocacia de massa, permite a centralização de alguns custos e a redução do valor individualmente cobrado pelo advogado, mas implica a repetição automatizada de petições e estratégias processuais, com ampla perda de controle individual do cliente sobre o advogado, sem regulamentação ética específica[53].

No fim das contas, a lógica econômica fará com que não apenas advogados, mas também juízes, promovam uma agregação informal de casos, repetindo petições e decisões.[54] O apego à visão do indivíduo como *dominus litis* representa, nesses casos, a fidelidade nostálgica a um passado não mais existente.[55] Ele serve apenas para sustentar entendimentos

52. Tabela disponível em https://www.oabsp.org.br/servicos/tabelas/tabela-de-honorarios. Acesso em 11.4.21.

53. Sobre esse problema ver RHODE, Deborah et al. Legal ethics. 6. ed. New York: Foundation Press, 2012.

54. ERICHSON, Howard M. Informal aggregation: procedural and ethical implications of coordination among counsel in related lawsuits. *Duke Law Journal*, vol. 50, n. 2, p. 381-471, 2000. O autor afirma que "true litigant autonomy may be unattainable in many situations involving multiple related claims". No mesmo sentido, HENSLER, Deborah R. As times goes by: asbestos litigation after Amchem and Ortiz. *Texas Law Review*, vol. 80, 2002, p. 1898-1924 e ISSACHAROFF, Samuel. Shocked: Mass Torts and Aggregate Asbestos Litigation after Amchem and Ortiz *Texas Law Review*, vol. 80, n. 7, p. 1925-1942, 2002. No Brasil, a leitura de diferentes processos individuais de servidores públicos pleiteando o mesmo reajuste de vencimentos bastaria para comprovar a tese. É fácil verificar que as petições das partes constituem mera reprodução de casos anteriores, do mesmo modo que as decisões judiciais, os recursos e os acórdãos dos Tribunais. Supor a existência de controle individual sobre os litígios de massa, apenas porque a ação é individual, é desconhecer a realidade.

55. No sentido do texto, afirma Erichson: "As long as the economy features mass marketing, mass employment, mass entertainment, mass transportation, mass production of goods, and mass provision of services, disputes will arise in which a mass of claimants seek relief

que privam os lesados do processo coletivo, sem lhes atribuir, concretamente, qualquer vantagem contraposta.

Assim, o causador de uma lesão coletiva é amplamente favorecido pela dispersão das vítimas, permitindo que ele as trate como se fossem uma carteira de ativos, avaliando globalmente o risco de perda, distribuindo os custos entre cada processo e centralizando investimentos que são aproveitáveis para todos os casos. Quanto maior for o número de causas, menor será o seu custo unitário para o litigante habitual. Os lesados, de outro lado, só têm uma chance de vitória, que é a do seu próprio caso, o qual enseja interesse econômico diminuto e, com isso, poucos investimentos no desenvolvimento da causa.

Essa situação já foi percebida concretamente, pelo Superior Tribunal de Justiça. O STJ negou aos consumidores o direito de não pagar a assinatura básica do serviço de telefonia, eliminando, em uma única decisão, a possibilidade de que as empresas de telefonia perdessem uma receita equivalente a R$ 13 bilhões (US$ 3,5 bilhões) por ano. Nessa decisão, o voto vencido do Ministro Herman Benjamin fez duras críticas ao modo como a causa foi processada, com ampla mobilização jurídica das empresas, em detrimento dos consumidores, ilustrando, perfeitamente, as vantagens listadas acima:

> [...] elegeu-se exatamente a demanda de uma consumidora pobre e negra (como dissemos acima, triplamente vulnerável), destituída de recursos financeiros para se fazer presente fisicamente no STJ, por meio de apresentação de memoriais, audiências com os Ministros e sustentação oral. [...] Como juiz, mas também como cidadão, não posso deixar de lamentar que, na argumentação(?) oral perante a Seção e também em visitas aos Gabinetes, verdadeiro monólogo dos maiores e melhores escritórios de advocacia do País, a voz dos consumidores não se tenha feito ouvir. [...] Em síntese, a vitória das empresas de telefonia, que hoje se prenuncia, não

from a common defendant or set of defendants. Lawyers on both sides naturally handle such matters collectively rather than individually. With or without the judicial imprimatur of class certification, multi- claimant disputes routinely are litigated and resolved on a collective basis. The real question is not whether there will be mass litigation, but whether mass litigation will be subject to formal procedural safeguards or will in- stead proceed without clearly defined ethical duties or meaningful judicial supervision". ERICHSON, Howard M. Mississippi class actions and the inevitability of mass aggregate litigation. *Mississippi College Law Review*, vol. 24, p. 285-308, 2005.

> é exclusivamente de mérito; é, antes de tudo, o sucesso de uma estratégia judicial, legal na forma, mas que, na substância, arranha o precioso princípio do acesso à justiça, uma vez que, intencionalmente ou não, inviabiliza o debate judicial e o efetivo contraditório.[56]

Finalmente, o causador do dano tem uma última e significativa vantagem econômica: ele pode repassar seus custos processuais aos próprios lesados, dependendo das condições do mercado em que atua, revertendo o prejuízo em aumento de preços. Empresas que atuam em mercados oligopolizados, como é o caso das companhias aéreas, das telefônicas, dos planos de saúde, dos bancos e das empresas estatais podem deixar as vítimas sem a opção concreta de buscar o serviço de outro prestador e, com isso, embutir no preço cobrado dessas mesmas pessoas, o valor das condenações que eventualmente lhes forem impostas.

Especificamente no caso do governo, há alguns problemas específicos. Primeiro, os advogados públicos, agentes que decidem litigar não são responsáveis pela gestão financeira do ente público. Sua tarefa é litigar. Assim, eles não são estimulados (e, às vezes, são até proibidos) a realizar cálculos de custo-benefício de processos. Em geral, eles seguem regras predeterminadas quanto ao que ajuizar e a quando fazer acordos[57]. Em segundo lugar, embora paguem despesas em caso de sucumbência, os entes públicos são desobrigados de adiantá-las, o que faz com que o problema do custo seja postergado para um futuro distante e incerto, provavelmente, a cargo do próximo gestor público, em outro mandato. Em terceiro lugar, por força do art. 85, §19, do CPC, os advogados públicos recebem honorários sucumbenciais quando vencem, mas não são onerados quando perdem, problema que já foi analisado anteriormente. Finalmente, quando o Estado é réu, por ter causado algum dano, ele também pode litigar para projetar as despesas para o futuro, contando com a morosidade do Poder Judiciário – que ele próprio contribuiu grandemente para causar – e com o pagamento por precatórios.

56. REsp 911.802/RS, Rel. Ministro JOSÉ DELGADO, PRIMEIRA SEÇÃO, julgado em 24/10/2007, DJe 01/09/2008.

57. Esse cenário tem mudado, especialmente na Advocacia-Geral da União, mas ainda segue cercado de incertezas.

Assim, o sistema fomenta que o Estado seja um litigante habitual, tanto como autor, quanto como réu, com muito poucos estímulos para fazer acordo.

17. ANÁLISE ECONÔMICA E TECNOLOGIA: O CASO OFERTA SELETIVA (OU DISCRIMINATÓRIA) DE PROPOSTAS DE ACORDO

O litigante habitual passa a conhecer o tribunal e as chances de vitória de cada um dos seus adversários, dependendo da distribuição. Na era da tecnologia e da jurimetria, essa expertise nem precisa ser desenvolvida, ela pode ser adquirida. Em uma busca online, é possível encontrar empresas que prometem "acesso a informações restritas sobre o Poder Judiciário", o que inclui "encontrar a decisão judicial perfeita para, em poucos segundos, descobrir teses vencedoras, identificar o perfil decisório de um determinado juiz ou tribunal, saber quais são os entendimentos dominantes ou minoritários de tribunais, deter métricas sobre as chances de êxito de em uma demanda judicial são desafios a serem superados com o apoio da exclusiva tecnologia de pesquisa otimizada de jurisprudência e de jurimetria oferecida"[58]. É claro que tudo isso é acessível apenas enquanto serviço pago, cujo custo é baixo para uma grande empresa, mas pode ser inacessível para um advogado isolado, que litiga demandas de baixo valor.

Ciente das chances de êxito de determinada demanda, o litigante habitual pode passar a se comportar de maneira estratégica[59], oferecendo, seletivamente, a celebração de acordos apenas para as vítimas que tenham maiores chances de vitória. Essa conduta lhe acarreta uma dupla vantagem. Primeiro, ele economiza recursos, fazendo acordos apenas nos casos em que potencialmente seria derrotado. Segundo, ele eleva as chances de proliferação de decisões favoráveis a suas teses, fazendo com que, com o tempo, a jurisprudência se incline a seu favor e, com isso, reduza o percentual de casos com chances significativas de vitória. Cria-se

58. A citação contida no texto foi retirada do site de uma empresa de tecnologia jurídica, cujo nome optou-se por omitir, a fim de evitar divulgação da marca.

59. Sobre o conceito de processo estratégico, ver VITORELLI, Edilson. Levando os conceitos a sério: processo estrutural, processo coletivo, processo estratégico e suas diferenças. Revista de Processo, v. 284, p. 333-369, 2018.

uma curva descendente de ofertas de acordo, que tende ao zero, no momento em que os precedentes se estabilizarem em favor do causador do dano.

Esse é um problema concreto, já detectado empiricamente, no Brasil. No início de 2021, o Ministério Público do Trabalho detectou, analisando casos de reclamações ajuizadas por motoristas de aplicativos de transporte, contra as respectivas empresas, em Minas Gerais (TRT da 3ª Região), a ocorrência de ofertas seletivas de acordo. Consta do parecer do MPT o seguinte[60]:

> Constata-se no presente feito típica estratégia de litigância que vem sendo adotada por empresas gestoras de plataformas digitais de transporte, como Uber, Cabify, 99 Pop etc., no âmbito de todos os Tribunais Regionais do Trabalho do país, de celebrarem acordos trabalhistas seletivos em processos distribuídos em grau recursal para turmas e/ou desembargadores relatores cujas posições sejam efetiva ou potencialmente favoráveis ao reconhecimento de vínculo de emprego ou deferimento de direitos trabalhistas em favor de motoristas, com o fim de direcionar os julgamentos de mérito de recursos exclusivamente às turmas e/ou desembargadores com probabilidade de produzir jurisprudência favorável aos seus interesses, com afirmação da natureza autônoma da atividade.

Como se percebe, trata-se, precisamente, da estratégia de atuação aqui descrita. Há uma controvérsia jurídica sobre a configuração ou não de vínculo de emprego entre o aplicativo de transporte e o motorista. Para fomentar a sua própria tese, as empresas oferecem acordos apenas aos reclamantes que têm a "sorte" de terem o seu processo distribuído a uma turma julgadora que tem visão favorável à pretensão. Nos demais casos, não há oferta, embora as situações sejam idênticas. Constrói-se, com isso, uma aparente unanimidade jurisprudencial em desfavor da tese dos reclamantes, uma vez que apenas os casos em que a turma julgadora favorece o réu são julgados. Em Minas Gerais, de acordo com o parecer, foram detectadas ofertas de acordo "de forma sistemática na 1ª, 4ª e 11ª Turmas e ocorreu de modo pontual (excepcional) na 3ª e 7ª Turmas, a depender da composição"[61].

60. O parecer foi exarado nos autos do RORSum 0010696.49-2020.5.03.0111, lavrado pelo procurador do trabalho Helder Santos Amorim.

61. Idem, p. 5.

Nessa mesma linha, pesquisa realizada pela Coordenadoria Nacional de Combate às Fraudes nas Relações de Emprego – CONAFRET, órgão também do Ministério Público do Trabalho, no âmbito do TRT da 2ª Região (São Paulo capital), que se divide em 18 turmas, demonstrou que a plataforma Uber direcionou seus acordos aos recursos ordinários distribuídos à 1ª, 4º, 6º, 8ª, 9ª, 12ª, 13ª, 15ª e 17ª turmas, mas não às demais. Isso denota que o comportamento não é apenas uma coincidência, ou uma estratégia desenvolvida pelo escritório que representa a empresa em Minas Gerais, mas sim uma conduta processual nacionalmente orquestrada, para criar a impressão de que todo o Judiciário trabalhista desfavorece a pretensão dos autores.

Esse tipo de utilização da jurimetria foi o que levou a França a aprovar a Lei 222-2019, que criminaliza a utilização de técnicas preditivas de decisões judiciais, além de determinar a retirada dos nomes das partes e dos juízes dos acórdãos publicados[62]. Embora sujeita a diversas críticas, que derivam de um incremento da opacidade das decisões judiciais, a providência pretende evitar precisamente que os litigantes habituais possam ser favorecidos com estratégias que não estão à disposição da parte contrária.

---

62. Article 33

I.-Au 4° de l'article L. 153-1 du code de commerce, les mots : « la publication » sont remplacés par le mot : « publicité ».

II.-Le titre préliminaire du code de justice administrative est ainsi modifié :

1° Les deuxième et troisième alinéas de l'article L. 10 sont remplacés par trois alinéas ainsi rédigés :

"Sous réserve des dispositions particulières qui régissent l'accès aux décisions de justice et leur publicité, les jugements sont mis à la disposition du public à titre gratuit sous forme électronique.

Par dérogation au premier alinéa, les nom et prénoms des personnes physiques mentionnées dans le jugement, lorsqu'elles sont parties ou tiers, sont occultés préalablement à la mise à la disposition du public. Lorsque sa divulgation est de nature à porter atteinte à la sécurité ou au respect de la vie privée de ces personnes ou de leur entourage, est également occulté tout élément permettant d'identifier les parties, les tiers, les magistrats et les membres du greffe.

Les données d'identité des magistrats et des membres du greffe ne peuvent faire l'objet d'une réutilisation ayant pour objet ou pour effet d'évaluer, d'analyser, de comparer ou de prédire leurs pratiques professionnelles réelles ou supposées. La violation de cette interdiction est punie des peines prévues aux articles 226-18,226-24 et 226-31 du code pénal, sans préjudice des mesures et sanctions prévues par la loi n° 78-17 du 6 janvier 1978 relative à l'informatique, aux fichiers et aux libertés.";

O caso mineiro também foi retratado em artigo de Adriana Goulart de Sena Orsini e Ana Carolina Paes Leme, denominando a conduta de "litigância manipulativa"[63]. As autoras apresentam casos que demonstram que as propostas de acordo foram formuladas dias antes do julgamento pelo Tribunal Regional do Trabalho, por vezes, no dia anterior à sessão de julgamento, sempre após a inclusão do caso em pauta. Elas também apresentam outros indícios que permitem concluir pela tentativa de manipulação da decisão, de maneira a acarretar o resultado de que a "ausência de jurisprudência contrária aos interesses empresariais em 2º grau se dava por uma conciliação seletiva baseada nas pessoas dos julgadores e não, propriamente, na prova dos autos e risco daí decorrente"[64]. Outro problema detectado pelas autoras é a imposição de sigilo sobre o teor dos acordos, contrariando o princípio da publicidade processual.

A solução para esse problema, uma vez identificado, não é simples. No caso do recurso abordado pelo parecer do MPT, antes mencionado, a proposta do Ministério Público foi no sentido de que a conduta das empresas fosse caracterizada como abuso de direito à conciliação, dado que a proposta só é feita em um momento processual muito adiantado, às vésperas do julgamento em 2º grau, precisamente para ampliar a acurácia da predição de perda. As ofertas são feitas em casos pontualmente escolhidos, apesar de as demandas serem repetitivas, sempre às vésperas do julgamento dos órgãos fracionários vistos como contrários às empresas. Isso esvazia os benefícios derivados do consenso, já que não há redução de litigiosidade, de tempo de tramitação, de economia processual e nem ganho de justiça na decisão. O litígio, nesses casos, é coletivo, eis que o causador do dano trata todos os motoristas uniformemente, como grupo, para negar-lhes o direito ao vínculo empregatício. Os processos, por outro lado, são individuais, permitindo ao réu a manipulação do estoque de casos, estratégia que não está disponível para os autores[65].

63. ORSINI, Adriana Goulart de Sena; LEME, Ana Carolina Reis Paes. Litigância manipulativa da jurisprudência e plataformas digitais de transporte: Levantando o véu do procedimento conciliatório estratégico. In: Revisa Eletrônica do Tribunal Regional do Trabalho da 9ª Região, V.10, n.95, 2021, p. 21 e ss.

64. Idem, p. 31.

65. Sobre a não correspondência entre o perfil do litígio e o tipo de processo que o aborda, afirmou-se: "Litígio coletivo é o conflito de interesses que se instala envolvendo um grupo de pessoas, mais ou menos amplo, sendo que essas pessoas são tratadas pela parte contrá-

"Nessa situação, o acordo não visa a prevenir ou a cessar o litígio, como é próprio de sua natureza, mas a induzir a formação de uma jurisprudência regional favorável à tese empresarial", afirmou, no mesmo sentido, o procurador do Trabalho Helder Amorim, no parecer mencionado. Por isso, a solução por ele proposta é que o tribunal não homologasse o acordo e julgasse a causa, intimando as partes, após a decisão, para manifestarem-se sobre o seu conteúdo. Assim, as partes poderiam ratificar os termos do acordo durante o prazo recursal, resguardando-se a autonomia do reclamante ao qual a proposta foi feita e, ao mesmo tempo, permitindo a formação do precedente, para frustrar a estratégia processual do litigante habitual.

Em alguma medida, a solução dialoga com o art. 976 do CPC, que também busca evitar que as partes possam impedir a formação de precedente no IRDR valendo-se da desistência do recurso representativo da controvérsia. Aliás, em alguns dos casos identificados pelo MPT, as partes não submetem o acordo a homologação, mas apresentam petição de desistência do recurso, potencialmente para evitar a apreciação do acordo pelo juízo. Nesse sentido, a solução se aproxima ainda mais do propósito do art. 976 do CPC.

O Tribunal Regional do Trabalho da 3ª Região, sob relatoria do Desembargador Luiz Otávio Linhares Renault, ainda não havia julgado o caso a que se refere o parecer, até o início de abril de 2021. No entanto, em abril de 2020, em caso idêntico[66], no qual as partes pediram a retirada do caso de julgamento menos de 24 horas antes da respectiva sessão, o TRT indeferiu o pedido, afirmando:

> este Relator tem a ponderar que a reclamada tem dado sinais de uso estratégico do processo com o objetivo de fazer transparecer uma visão distorcida do estado da arte da jurisprudência acerca da questão relativa à existência ou não de vínculo empregatício entre os motoristas e as empresas que se utilizam de plataformas virtuais na conexão entre clientes de

ria como um conjunto, sem que haja relevância significativa em qualquer de suas características estritamente pessoais. É isso que distingue o litígio coletivo dos litígios individuais. Dessa forma, o litígio coletivo ocorre quando um grupo de pessoas é lesado enquanto sociedade, sem que haja, por parte do adversário, atuação direcionada contra alguma dessas pessoas em particular, mas contra o todo". VITORELLI, Edilson. Processo Civil Estrutural: Teoria e Prática. 5.ed. São Paulo: Juspodivm, 2024.

66. 0010258-59.2020.5.03.0002 (RORSum), rel. Des. Antonio Gomes de Vasconcelos, j. 13.4.2020.

serviços de transporte de pessoas e motoristas, como é o caso da recorrente. Isto ocorre na medida em que em número considerável de demandas a reclamada tem se disposto a celebrar acordo apenas nos casos em que se visualizam razões suficientes para se supor que o órgão julgador irá decidir em sentido contrário ao seu interesse. Tal postura deixa transparecer uma possível estratégia de se evitar a formação de jurisprudência no sentido do reconhecimento de vínculo empregatício, interferindo, desta maneira, que os Tribunais cumpram sua missão de unificar a jurisprudência por intermédio dos instrumentos processuais destinados a esse fim. A estratégia compromete de modo peremptório o cumprimento da função do Poder Judiciário de realizar a justiça, impedindo o fluxo natural da jurisprudência e a configuração da pluralidade de entendimentos para que, enfim, as instâncias competentes possam consumar o posicionamento definitivo sobre a matéria.

Assim, parece bastante plausível que, ao se disporem a fazer acordo em casos tais, busca se evitar decisões que reconheçam a existência de vínculo de emprego entre as partes. Se configurada a estratégia, ela concorre para que a comunidade jurídica e os trabalhadores desse setor de atividade tenham a impressão de que a jurisprudência é, por princípio e em quaisquer circunstâncias, uníssona em uma direção (...) acaba por desestimular trabalhadores que tenham fortes razões para levar seu caso à apreciação do Poder Judiciário, deixando de fazê-lo por absorver a existência de higidez da jurisprudência – dissimulada pela estratégia adotada pela reclamada – no sentido da inexistência de vínculo empregatício nesse tipo de relação de trabalho medida por algoritmos.

Nesse caso, o relator ainda aponta que o teor do acordo contempla não uma transação, mas sim a renúncia, pelo autor, às pretensões formuladas na petição inicial. Por essa razão, o acordo impede não apenas a configuração adequada da jurisprudência do tribunal, como também implica a renúncia ao direito material da parte, em troca do pagamento da quantia. Isso também seria uma fraude à lei trabalhista. O TRT seguiu com o julgamento e reconheceu o vínculo de emprego entre o motorista e a plataforma.

Esse breve estudo de caso denota, mais uma vez, as vantagens dos litigantes habituais sobre os eventuais. Ao fazer acordo de valores irrisórios[67], os réus criam a aparência de força das suas teses perante os

67. De acordo com o parecer do MPT, os acordos giram em torno de R$ 20 mil. No caso julgado, mencionado no texto, o valor foi de apenas R$ 10 mil.

diversos tribunais do país, reforçando progressivamente a sua própria argumentação, diante dos juízes de 1º grau e diante dos trabalhadores, em geral. Ampliam, com isso, a heurística de disponibilidade, permitindo a formação de uma cascata de disponibilidade, em virtude da qual o discurso público passa a ser ocupado apenas pela ideia de que não há vínculo de emprego entre motorista e plataforma[68]. Não fosse o olhar atento do Ministério Público do Trabalho, essa vantagem teria passado despercebida, uma vez que os autores, representados por advogados distintos, não têm percepção do fato e, ainda que tivessem, têm pouco interesse em militar contra ele, já que seus clientes estão obtendo os acordos que individualmente lhes interessam.

A solução proposta no parecer do MPT parece adequada para dar conta da controvérsia. Ela não veda a celebração do acordo, dado que ele ainda permanece viável, após a decisão, no curso do prazo recursal, mas permite que o entendimento do tribunal seja conhecido e retrate a divergência acerca da matéria. Inibe-se, por outro lado, a oferta de um acordo que não é apenas seletiva, é discriminatória, uma vez que não está fundada nas peculiaridades fáticas do caso de cada litigante, mas sim no abuso da posição processual dominante da empresa.

É de se cogitar se essa oferta discriminatória de acordo também não seria passível de punição por litigância de má-fé, uma vez que, quando o acordo é submetido a homologação, o réu omite do tribunal informação juridicamente relevante, no sentido de que, embora esteja envolvido em milhares de processos idênticos, ou seja, em um litígio coletivo, seu critério de oferta de acordos, nos processos individuais, inclui uma avaliação do risco de derrota daquela causa específica, em razão da composição da turma julgadora. Mesmo que a utilização desse critério de análise não seja explicitamente vedada, ela certamente deveria ser levada ao conhecimento do tribunal, por força do art. 80, II, do CPC.

Também é possível indagar se, no contexto específico do Direito do Trabalho, tal conduta não configuraria discriminação vedada, eis que fundada em um motivo não legalmente amparado para o tratamento diferenciado de trabalhadores. Se assim for, o que parece razoável, a oferta

68. KURAN, Timur; SUSTEIN, Cass. Availability cascades and risk regulation. *Stanford Law Review*, v. 51, p. 683-768, 1999; TVERSKY, Amos; KAHNEMAN, Daniel. Judgment under uncertainty: heuristics and biases. *Science*, v. 185, n. 4157, p. 1124-1131, 1974.

discriminatória de acordos implica dano moral em favor dos trabalhadores que, estando nas mesmas condições materiais, não receberam a mesma oferta de acordo.

Tratar esse problema como uma questão meramente privada – se a empresa e o trabalhador querem fazer acordos individuais, não há nada de errado nisso – é desconhecer a realidade, fechando-se os olhos ao fato de que o acordo, aqui, pretende apenas dificultar o ajuizamento de demandas futuras, em vez de resolver o litígio coletivo local[69] que embasa a controvérsia. Também não é verdade que o sistema de precedentes vinculantes e a estabilização da jurisprudência possa resolver esse problema. Pelo contrário, é justamente a busca de construção de uma decisão vinculante futura que faz com que o litigante habitual queira construir a impressão de que a jurisprudência lhe é favorável. Quanto mais se valoriza o sistema de precedentes vinculantes, maior é o risco de que esse tipo de comportamento se dissemine.

18. CONCLUSÃO

Esta introdução procurou fornecer ao leitor os elementos essenciais para conhecer a análise econômica do processo e a sua derivação para os aspectos comportamentais. Na sequência, os coautores desta obra apresentam os conceitos centrais do processo civil, repensados à luz da análise econômica e comportamental.

Essa discussão e a incidência de novas luzes sobre os conceitos processuais tradicionais são centrais para que se possa compreender como o processo civil estimula comportamentos nos sujeitos envolvidos. Se pretendemos mudar o processo brasileiro, precisamos entender não só como gostaríamos que ele fosse, mas, muito especialmente, por que ele é como é. Não somos prisioneiros de um sistema jurídico imutável. Ele é resultado do comportamento de diversos sujeitos e do modo como eles enxergam e promovem seus próprios interesses.

69. Essa classificação está desenvolvida em VITORELLI, Edilson. O devido processo legal coletivo: dos direitos aos litígios coletivos. São Paulo: RT, 2019.

REFERÊNCIAS

ALTMAN, Morris (org.). *Real-World Decision Making*: An Encyclopedia of Behavioral Economics. Santa Barbara: Greenwood, 2015.

ARKES, Hal R. Eliminating the Hindsight Bias. *Applied Psychology*, vol. 73, 1988, p. 305 e ss.

BAKER, Tom; SIEGELMAN, Peter. The law and economics of liability insurance: A theoretical and empirical review. In: ARLEN, Jennifer. Research Handbook on the Economics of Torts. Cheltenham: Edward Elgar, 2013.

BENTHAM, Jeremy. An Introduction to the Principles of Morals and Legislation. London: Claredon, 1789.

FIANI, Ronaldo. Teoria dos Jogos. 4. ed. Rio de Janeiro: Gen, 2015.

CARROLL, J. S. The Effect of Imagining an Event on Expectations for the Event: An Interpretation in Terms of the Availability Heuristic. *Journal of Experimental Social Psychology*, vol. 14, n. 1, 1978, p. 88–96.

CONSELHO NACIONAL DE JUSTIÇA. *Justiça em números*: 2019, ano-base 2018. Brasília: CNJ, 2019.

ERICHSON, Howard M. Informal aggregation: procedural and ethical implications of coordination among counsel in related lawsuits. *Duke Law Journal*, vol. 50, n. 2, p. 381-471, 2000.

ERICHSON, Howard M. Mississippi class actions and the inevitability of mass aggregate litigation. *Mississippi College Law Review*, vol. 24, p. 285-308, 2005.

FOOT, Philippa. The Problem of Abortion and the Doctrine of the Double Effect. In: FOOT, Philippa. Virtues and Vices. Oxford: Basil Blackwell, 1978.

FOOT, Philippa. Moral Dilemmas: and other topics in moral philosophy. London: Clarendon Press, 2003.

GALANTER, Marc. Por que "quem tem" sai na frente: especulações sobre os limites da transformação no Direito. Trad. Ana Maria Chasin. São Paulo : FGV Direito SP, 2018.

GICO JR., Ivo. A tragédia do Judiciário. *Revista de Direito Administrativo*, vol. 267, p. 163–198, 2014.

GIGERENZER Gerd; HOFFRAGE, Ulrich. How to Improve Bayesian Reasoning without Instruction: Frequency Formats. *Psychology Review*, vol 102, 1995, p. 684 e ss.

HASTIE, Reid; VISCUSI, W. Kip. What Juries Can't do Well: the Jury's Performance as a Risk Manager. *Arizona Law Review*, vol. 40, 1998, p. 901-921.

HENSLER, Deborah R. As times goes by: asbestos litigation after Amchem and Ortiz. *Texas Law Review*, vol. 80, 2002, p. 1898-1924.

HODGES, Christopher; VOET, Stefaan. Delivering Collective Redress. New Technologies. Oxford: Hart, 2018.

ISSACHAROFF, Samuel. Shocked: Mass Torts and Aggregate Asbestos Litigation after Amchem and Ortiz *Texas Law Review*, vol. 80, n. 7, p. 1925-1942, 2002.

JONES, Craig. *Theory of class actions*. Toronto: Irwin Law, 2003.

KAHNEMAN, Daniel; SLOVIC, PAUL (org.). *Judgment under uncertainty*: heuristics and biases. Cambridge: Cambridge University Press, 1982.

KURAN, Timur; SUSTEIN, Cass. Availability cascades and risk regulation. *Stanford Law Review*, v. 51, p. 683-768, 1999

LAHAV, Alexandra. Symmetry and class action litigation. *UCLA Law Review*, vol. 60, p. 1494-1522, 2013.

LORD, Charles G; LEPPER, Mark R.; PRESTON, Elizabeth. Considering the Opposite: A Corrective Strategy for Social Judgment. *Journal of Personality and Social-Psychology*, vol. 47, 1984, p. 1.231 e ss.

NAGAREDA, Richard A. Mass torts in a world of settlement. Chicago: The University of Chicago Press, 2007.

NISBET, Richard E.; ROSS, Lee. *Human inference*: strategies and shortcomings of social judgment. Englewood Cliffs, NJ: Prentice-Hall, 1980.

ORSINI, Adriana Goulart de Sena; LEME, Ana Carolina Reis Paes. Litigância manipulativa da jurisprudência e plataformas digitais de transporte: Levantando o véu do procedimento conciliatório estratégico. In: Revisa Eletrônica do Tribunal Regional do Trabalho da 9ª Região, V.10, n.95, 2021, p. 21 e ss.

POHL, Rüdiger F. *Cognitive Illusions*: A Handbook on Fallacies and Biases in Thinking, Judgement and Memory, Hove: Psychology Press, 2004.

POSNER, Richard A. Economic analysis of law. 9. ed. Austin: Wolters Kluwer, 2014.

POUNDSTONE, William. *Priceless*: the myth of fair value. New York: Hill and Wang, 2010.

RACHLINSKI, Jeffrey J. Entrevista disponível em https://research.cornell.edu/news-features/investigating-judicial-decision-making#highlight-1509551924260. Acesso em 13.3.20.

RHODE, Deborah et al. Legal ethics. 6. ed. New York: Foundation Press, 2012.

ROSENBERG, David. Mass Tort Class Actions: What Defendants Have and Plaintiffs Don't. *Harvard Journal on Legislation*, vol. 37, 2000, p. 393-431.

RUTHERGLEN, George. Future claims in mass tort cases: deterrence, compensation, and necessity. *Virginia Law Review*, vol. 88, p. 1989-2007, 2002.

SHAVEL, Steven. The fundamental divergence between the private and the social motive to use the legal system. The Journal of Legal Studies, vol. 26, 1997, p. 575-612. Ver também SHAVEL, Steven. Economic analysis of accident law. Cambridge: Harvard University Press, 2007.

SCHWARTZ, Gary T. The Myth of the Ford Pinto Case. Rutgers Law Review, vol. 43, p. 1013–1068, 1991.

Sen, Amartya. Utilitarianism and Welfarism, Journal of Philosophy, vol. 76, p. 463–89, 1979.

SRULL, Thomas; WYER, Robert. The Role of Category Accessibility in the Interpretation of Information About Persons: Some Determinants and Implications. *Journal of Personality and Social Psychology*, vol. 37, n. 10, 1979, p. 1660–1672.

THALER, Richard; SCHLESINGER, George. *Misbehaving*: a construção da economia comportamental. Rio de Janeiro: Objetiva, 2019.

THALER, Richard; SUNSTEIN, Cass. Nudge: improving decisions about health, wealth and happiness. Nova York: Penguin Books, 2008.

THOMSON, Judith. Killing, Letting Die, and the Trolley Problem. In: The Monist vol. 59, 1976, p. 204-17.

THOMSON, Judith. The Trolley Problem. In: Yale Law Journal, vol. 94, 1985, p. 1395-1415; UNGER, Peter. Living High and Letting Die. Oxford: Oxford University Press, 1996.

TVERSKY, Amos; KAHNEMAN, Daniel. Availability: A heuristic for judging frequency and probability. In: *Cognitive Psychology*, n. 5, vol. 2, 1973, p. 207–232.

TVERSKY, Amos; KAHNEMAN, Daniel. Extensional versus intuitive reasoning: The conjunction fallacy in probability judgment. *Psychological Review*, vol. 90, n. 4, 1983, p. 293–315.

VITORELLI, Edilson. Processo Civil Estrutural: Teoria e Prática. 5.ed. São Paulo: Juspodivm, 2024.

WISTRICH, Andrew J.; RACHLINSKI, Jeffrey J.; GUTHRIE, Chris. Heart Versus Head: Do Judges Follow the Law or Follow Their Feelings?. *Texas Law Review* vol. 93, 2015, p. 855 e ss.

WISTRICH, Andrew J.; RACHLINSKI, Jeffrey J.; GUTHRIE, Chris. Can Judges Make Reliable Numeric Judgments? Distorted Damages and Skewed Sentences, *Indiana Law Journal*, vol. 90, 2015, p. 695 e ss.

WISTRICH, Andrew J.; RACHLINSKI, Jeffrey J.; GUTHRIE, Chris. Altering Attention in Adjudication. UCLA Law Review, vol. 60, 2013, p. 1586 e ss.

WISTRICH, Andrew J.; RACHLINSKI, Jeffrey J.; GUTHRIE, Chris. Inside the Judicial Mind. Cornell Law Review, Vol. 86, No. 4, 2001, p. 1 e ss.

WRIGHT, Charles A. Class Actions. Federal Rules Decisions, vol. 47, § 169-185, 1970.

ZAMIR, Eyal; TEICHMAN, Doron. *Behavioral Law and Economics*. London: Oxford, 2018.

CAPÍTULO II

A FUNÇÃO DO PODER JUDICIÁRIO

ALESSANDRA ALVARENGA SPADINGER[1]

SUMÁRIO: 1. Conceito geral; 2. A função do Poder Judiciário pela análise econômica e comportamental; 3. Referência prática; 4. Leituras complementares; Referências.

1. CONCEITO GERAL

Conforme a concepção tradicional, o Estado é composto por três poderes, que se consubstanciam em segmentos estruturantes, entre os quais se divide o seu poder geral e abstrato, oriundos da sua soberania. Tais poderes são organizados como estruturas destinadas a cumprir certas funções, conforme concebido por MONTESQUIEU na sua obra principal[2].

As funções estatais de legislar (criar o direito positivo), administrar (concretizar o direito e prestar serviços públicos) e julgar (aplicar o direito nas hipóteses de conflito) são atribuídas a órgãos distintos, especializados e independentes e, de acordo com o filósofo, entre tais poderes deve haver equilíbrio, sem supremacia de um sobre o outro. Com o constitucionalismo moderno, essa divisão de poder veio como um meio de prevenção de abuso e arbitrariedades, aplicando-se a célebre fórmula do

---

1. Graduada em Direito pela UFMG; Pós-graduada em Direito de Família e Sucessões pela PUC/MINAS; Pós-graduada em Direito Privado pela UCAM/RJ; Mediadora de Conflitos pelo IMAB/SP, Psicanalista membro da Escola Freudiana de Belo Horizonte/ IEPSI; Servidora Pública Estadual – NUGEPNAC/TJMG. Lattes: http://lattes.cnpq.br/3394898632998003.
2. O Espírito das Lei, 1748. No original De L'Esprit des Lois.

poder limitar o próprio poder através de um sistema de freios e contrapesos, ou seja, a limitação do poder pela sua divisão.

Tais poderes encontram previsão expressa no art. 2º da nossa Constituição Federal, vedada a abolição de sua separação, conforme cláusula pétrea prevista no art. 60, §4º, III, do mesmo diploma, eis que essencial à manutenção do Estado Democrático de Direito. *In verbis*:

> Art. 2º São Poderes da União, independentes e harmônicos entre si, o Legislativo, o Executivo e o Judiciário.
>
> Art. 60. A Constituição poderá ser emendada mediante proposta:
>
> (...)
>
> § 4º Não será objeto de deliberação a proposta de emenda tendente a abolir:
>
> (...)
>
> III – a separação dos Poderes;

Nesta perspectiva, a cada um dos poderes é atribuída uma função, sendo certo que não há exclusividade pura no exercício de tais funções, mas sim uma preponderância (função típica) e, é justamente nesse contexto que podemos entender a independência e harmonia entre eles porquanto, se de um lado têm sua própria estrutura, não se subordinando a qualquer outro, de outro, todos devem atuar para realizar os fins coligidos pela Constituição.

Nos interessa aqui a função do Poder Judiciário, que é a função jurisdicional típica, ou jurisdição, e que pode ser definida como aquela por meio da qual os conflitos de interesses são resolvidos, em um procedimento pré-definido, que culmina em decisões que carregam a potencial qualidade de definitividade (*res iudicata*). Tal função é exercida pelo Poder Judiciário quase em monopólio, sendo excepcionalmente delegada a outros órgãos e instâncias, sendo exercida também por meio da arbitragem e da justiça multiportas, porém, em escala muito reduzida em relação à jurisdição estatal.

O termo jurisdição origina-se do latim *jurisdictio* e significa literalmente prerrogativa de dizer o direito, é basicamente a capacidade que o

Estado tem de decidir imperativamente e impor decisões, sendo a pacificação o seu escopo maior. Segundo GRINOVER[3]:

> "Que ela é uma função do Estado e mesmo um monopólio estatal, já foi dito; resta agora, a propósito, dizer que a jurisdição é, ao mesmo tempo, poder, função e atividade. Como poder, é manifestação do poder estatal, conceituado como capacidade de decidir imperativamente e impor decisões. Como função, expressa o encargo que têm os órgãos estatais de promover a pacificação de conflitos interindividuais, mediante a realização do direito justo e através do processo. E como atividade ela é o complexo de atos do juiz no processo, exercendo o poder e cumprindo a função que a lei lhe comete. O poder, a função e a atividade somente transparecem legitimamente através do processo devidamente estruturado (devido processo legal)."

Neste conceito clássico, cabe destacar que a jurisdição possui características próprias, que lhes dão suas propriedades distintivas. Dentre elas a existência de uma lide, em geral deduzida perante os órgãos estatais, pedindo um provimento a respeito. Assim, a existência de uma lide é tradicionalmente uma constante na atividade jurisdicional, pois são as pretensões resistidas e a existência de um conflito de interesses que levam a parte a se dirigir ao juiz e lhe pedir uma solução, sendo precisamente essa contraposição de interesses em conflito que gera a substituição da vontade dos sujeitos pelo Estado.

Vale dizer, o Estado substitui os titulares dos interesses em jogo para, imparcialmente, buscar a pacificação do conflito entre eles. Esse direito, posto no caso concreto, deriva do direito objetivo previsto no ordenamento, o qual rege abstratamente a matéria posta a debate, sendo que o Estado desempenha essa função sempre através do processo, que culmina com a expressão imperativa do preceito (por uma sentença de mérito), ou com a realização do preceito no mundo das coisas (por uma execução forçada).

Com efeito, não é dado aos particulares invadir a esfera jurídica alheia para se satisfazer, a não ser em raras exceções legais, cabendo ao Estado, através de seus agentes e órgãos, exercer a jurisdição e impor suas decisões, o que lhe é garantido pelo monopólio da força.

3. GRINOVER, Ada Pellegrini. Teoria Geral do Processo, São Paulo: Malheiros. 2010, p. 149.

Assim, classicamente, os órgãos jurisdicionais são inertes, ou seja, necessitam de provocação qualificada para atuar (*nemo judex sine actore, ne procedat judex ex officio*). Os órgãos da jurisdição ficam entregues ao poder dispositivo da parte interessada, sendo que atuações de ofício são previstas em raras exceções legais, notadamente quando se tratam de questões de interesse público, reguladas por normas cogentes, ou direitos indisponíveis.

Nunca é demais lembrar que a atividade do Magistrado no exercício da jurisdição ainda é indelegável, por força da competência que lhe é imputada pela Constituição, e indeclinável, pois este não pode abster-se de julgar, nem mesmo diante da lacuna na lei.

Outra característica dos atos jurisdicionais é que só eles são suscetíveis a se tornar imutáveis, não podendo mais ser revistos ou alterados (CF, art. 5º, XXXVI). A chamada coisa julgada é a imutabilidade dos efeitos de uma decisão judicial, em razão da qual as partes não podem propor nova demanda, nem o Estado pode voltar a decidir a mesma questão, nem o legislador pode emitir preceitos que violem o que já ficou definitivamente julgado: a última palavra cabe ao Judiciário.

Em suma, segundo ABELHA, a jurisdição é a "*função do Estado de, quando provocado, substituindo a vontade das partes, e mediante um processo democrático e justo, reconhecer e efetivar a tutela jurisdicional realizando assim a paz social*".[4]

2. A FUNÇÃO DO PODER JUDICIÁRIO PELA ANÁLISE ECONÔMICA E COMPORTAMENTAL

Falar em análise econômica do direito ou do processo é falar em estratégia.

Atualmente, o Poder Judiciário vem sendo convocado a trabalhar com a perspectiva de olhar para a litigiosidade de uma forma mais ampla e sistêmica, e não apenas no modo reativo e repressivo, que é o modo tradicional de, passivamente, receber a distribuição cada vez mais elevada de demandas e tentar produzir decisões o mais rápido possível, de maneira individual. Hoje precisamos entender preventivamente o que

4. ABELHA, Marcelo. Manual de Direito Processual Civil, Rio de Janeiro: Ed. Forense. 2016.

gera a litigiosidade, o que implica numa análise mais profunda de seus estímulos e desestímulos, incentivos e desincentivos, custos e benefícios, sejam judiciais ou extrajudiciais, e a atuar sobre ela de forma estratégica, com inteligência, o que vem gerando uma mudança profunda no exercício da função jurisdicional.

A explosão de litigiosidade, causada por uma variada gama de fatores – notadamente após a Constituição Federal de 1988, que regulou com detalhes vários aspectos da vida em sociedade e proporcionou o amplo acesso dos jurisdicionados à justiça –, vem provocando reflexões teóricas sobre o significado do papel do Poder Judiciário, que vai se expandindo para além de sua função precípua, e modificando inclusive as características tradicionais da jurisdição. Constatamos que, infelizmente, não estamos conseguimos impedir o aumento exponencial do congestionamento dos processos que tramitam em nosso sistema de justiça, o que viola a efetividade do direito e a duração razoável do processo, abrindo a perspectiva de que, mais que dizer o direito, vem se impondo uma atuação mais ativa e diferenciada do Poder Judiciário, embasada em gestão de dados, inteligência, e análise econômica das variáveis envolvidas nos conflitos que recebe.

Encontra-se aí um paradoxo, bem exposto por GICO[5], que o definiu como a tragédia do judiciário:

> "Em suma, uma vez que políticas de acesso irrestrito à justiça estejam em vigor, é trivial reconhecer que o Judiciário se tornará um bem não excludente e maus usuários acessarão o sistema. No entanto, como os sistemas adjudicatórios são rivais por natureza, o resultado esperado será a superexploração do sistema, levando à substancial degradação dos serviços fornecidos. Todos queremos que cada um tenha acesso aos serviços adjudicatórios, pois a capacidade de reivindicar seus direitos é um requisito essencial para poder exercê-los. No entanto, uma vez concedido o acesso irrestrito aos tribunais, o sistema em si se sobrecarregará de casos e, embora o acesso ao sistema seja garantido, o serviço adjudicatório não será prestado em tempo hábil, ou será fornecido em uma qualidade muito menor; este resultado é exatamente a Tragédia do Judiciário.
>
> (...)

5. GICO JR., Ivo Teixeira. Análise Econômica do Processo Civil. 2. ed. Indaiatuba: Editora Foco, 2023. E-book, p. 405.

> Pode-se notar a ironia e a clara contradição entre a defesa incondicional de Cappelletti e outros do livre acesso à justiça, enquanto ao mesmo tempo, defendem que o congestionamento de um tribunal é, na verdade, justiça inacessível. Semelhante aos modernos defensores do acesso irrestrito à justiça, Cappelletti, simplesmente, não conseguiu perceber que esses dois objetivos são claramente contraditórios. Os objetivos de maior acesso e maior velocidade são, em grande medida, incompatíveis. Se o número de casos exceder substancialmente a capacidade de análise e processamento do Judiciário, cada caso levará mais e mais tempo para ser resolvido, e a análise de cada caso será cada vez mais e mais superficial, pois os magistrados não terão tempo suficiente para passar cuidadosamente por cada caso. Essa condição diminui a qualidade das decisões e, no limite, enfraquece a razão de se ter um Judiciário."

Conforme o Relatório Justiça em Números 2024 do CNJ[6], fechamos 2023 com 84,6 milhões de ações ativas em todo o Poder Judiciário, incluídas a Justiça Comum, Federal, do Trabalho, Eleitoral e Militar. Foram distribuídos 37 milhões de casos novos, um aumento de mais de 10 em relação a 2022, o que resultou num aumento de 7,3 milhões de ações, a despeito dos 36,8 milhões de processos julgados e baixados, também um aumento de mais de 10% em relação a 2022. Contamos com 18.265 magistrados, cujo índice de produtividade teve aumento de mais de 10%, com média de 2.063 processos baixados no ano/juiz, cuja carga de trabalho líquida foi apurada em 6.121 processos para cada, número também ascendente. Nos processos pendentes, o tempo de espera foi de 4 anos em média, variando para mais nos autos físicos, e para menos nos eletrônicos. O total de despesas geradas pelo Poder Judiciário foi de R$132,8 bilhões, significando um custo de R$653,70 por habitante – um aumento que, segundo o CNJ, foi ocasionado pela variação em algumas rubricas como despesas de pessoal e de capital, e pelo deflacionamento dos anos anteriores pelo IPCA, mas cujo percentual se manteve estável em relação ao PIB do ano anterior (1,2%). Em verdade os valores gastos em relação ao PIB de 2023 são próximos dos verificados há quase uma década, em 2014.

Analisando esses números, que estão em consonância com as curvas dos relatórios anteriores, a conclusão a que se chega é que a distribuição

6. Conselho Nacional de Justiça. Justiça em números 2024. Brasília: CNJ, 2024. (dados acessados no portal https://justica-em-numeros.cnj.jus.br/)

de processos aumenta, a produtividade dos magistrados aumenta, a celeridade proporcionada pela tecnologia aumenta, os custos diminuem, entretanto, ainda assim, o acervo processual ainda é maior que o do ano anterior.

Como observado por SHAVELL[7], o propósito do sistema judicial não deve ser a simples realização de julgamentos, mas também o incentivo a que cada vez menos julgamentos ocorram: as decisões proferidas pelos órgãos judiciais não devem servir apenas para o conflito julgado, mas para dar força e induzir o tratamento consensual e extrajudicial dos conflitos, bem como moldar comportamentos.

Este efeito dissuasório, porém, não se concretiza ao longo do tempo, quando se observa a curva teratológica entre o aumento de produtividade do Judiciário e o correlato aumento da distribuição e do acervo de processos pendentes. Era de se esperar que, com um aumento de mais de 10% de produtividade ao ano, nos últimos dois anos, o acervo de processos pendentes tivesse diminuído. Contudo, bateu-se o espantoso recorde de 84,6 milhões de ações, o que revela que forças e interesses de outra ordem provavelmente atuam no sistema, o que precisa ser identificado e adequadamente tratado. A jurisdição, como tradicionalmente entendida, não comporta mais o avanço, a velocidade, o volume e a complexidade das relações travadas no mundo contemporâneo.

Sob a perspectiva comportamental, devemos destacar a importância da função jurisdicional através dos escopos do processo, sendo o primeiro e mais importante deles o de promover a educação, tanto para o exercício dos próprios direitos como para o respeito aos direitos alheios, o que configura um escopo social. Em segundo lugar há um escopo político quando se fala em preservação da liberdade, na participação nos destinos do Estado, e na preservação do próprio ordenamento jurídico e sua autoridade. E, por fim, um escopo estritamente jurídico, quando a jurisdição proporciona a concretização da vontade do direito.

7. "Hence, it may be said that an important justification for society's having established the legal apparatus for the holding of trials is, paradoxically, not actually to have trials occur. Rather, it is to provide victims with the threat necessary to induce settlements.". SHAVEL, Steven. Economic Analysis of Litigation and the legal process. NBER Working Papers. N. 9697, 2003, Chapter 17, p. 18.

Neste contexto, a análise do comportamento dos diversos atores que atuam no sistema de justiça pode ser modelada, quantitativa e qualitativamente, e medida estatisticamente. Não se olvida que o modo como o modelo é desenhado e a metodologia estatística é formulada pode impregnar os resultados de vieses, nem sempre refletindo a realidade, contudo, o *design* de modelos econômicos e comportamentais sobre determinadas situações pode trazer clareza sobre fatores até então invisíveis, não percebidos como relevantes, e que poderão então ser tratados com as técnicas processuais cabíveis, e gerar grande impacto no sistema.

Nesta linha, por certo que a concretização de estratégias que otimizam o fluxo dos processos, previnem a judicialização e estimulam a aplicação previsível, uniforme e coerente da lei, são atuações jurisdicionais que moldam comportamentos, já que podem representar efetivos incentivos ou desincentivos de certas condutas.

É importante ressalvar que a postura estratégica que o Poder Judiciário vem assumindo, e que se concretiza principalmente por meio do tratamento e estruturação de dados minerados dos sistemas de processo eletrônico, além da atuação dos Centros de Inteligência e dos seus diversos núcleos administrativos (especializados na gestão de ações coletivas, no gerenciamento de precedentes, na cooperação, nos métodos extrajudiciais de resolução de conflitos e no monitoramento de demandas), serve de base para maior qualidade das decisões judiciais e para integridade do sistema.

Segundo o Ministro RAUL ARAÚJO[8]:

> "Essa missão requer do julgador moderno uma mudança na postura tradicional de permanecer restrito ao mundo dos autos processuais, passando a transitar no meio social, buscando contatos institucionais que solucionem, com maior alcance, inúmeras lides. Deve preocupar-se em avaliar o impacto das demandas repetitivas no desempenho das atividades judiciárias, procurando identificar tensões sociais e as lides que geram, afetando número relevante de cidadãos atingidos por um mesmo problema jurídico. A partir daí, caberá ao juiz conceber solução coletiva e uniforme, ao invés daquelas adotadas caso a caso, com reduzida produtividade relativa."

8. ARAÚJO, Raul. Prefácio. In Conselho da Justiça Federal (Brasil). Centro Nacional de Inteligência da Justiça Federal. Estratégias de prevenção de conflitos, monitoramento e gestão de demandas e precedentes. Brasília: Centro de Estudos Judiciários, v.1, 2018, Série CEJ, p. 9-10.

Componente relevante para se realizar uma melhor análise econômica e comportamental da função exercida pelo Poder Judiciário é relacionado à promoção de estabilidade e uniformidade das decisões e consequente segurança jurídica, o que gera previsibilidade, arcabouço necessário para estimular o desenvolvimento das relações sociais, econômicas, de produção e, consequentemente, do país como um todo, o que demonstra a importância dessa ampliação do exercício da jurisdição.

Vale dizer, o tratamento otimizado, integrado e isonômico dos processos; a identificação das origens da litigiosidade; a aplicação técnica do nosso sistema de precedentes e a uniformidade das decisões; a utilização da tecnologia, da inteligência artificial, e da coleta e tratamento de dados; o tratamento coletivo ou estrutural de problemas multitudinários; a organização e ampliação de métodos extrajudiciais de resolução de conflitos; o monitoramento de demandas repetitivas e de massa, por vezes distribuídas de forma abusiva; a cooperação judiciária institucional e interinstitucional; a atuação conjunta e concatenada dos magistrados; todas essas estratégias servem, evidentemente, como eficientes mecanismos de incentivo a um enxugamento do nosso sistema de justiça, com melhora qualitativa da jurisdição, resultado desejado pelo ordenamento jurídico.

3. REFERÊNCIA PRÁTICA

Exemplos claros da postura institucional diferenciada do Poder Judiciário nos últimos anos, em relação aos graves problemas enfrentados pelo nosso sistema de justiça, são os massivos investimentos em inovação e tecnologia, a criação dos Centros de Inteligência, bem como dos núcleos administrativos especializados, dentro da estrutura dos Tribunais.

Sobre o uso da tecnologia, além da disseminação do processo judicial eletrônico, e da virtualização em massa dos processos físicos, atualmente vários Tribunais já possuem Núcleos de Justiça 4.0, programa que impulsiona a transformação digital do Judiciário para garantir serviços mais rápidos, eficazes e acessíveis. Ao promover soluções digitais colaborativas que automatizam as atividades dos Tribunais, o Poder Judiciário otimiza o trabalho dos magistrados, servidores e advogados e garante, assim, mais produtividade, eficiência, celeridade e governança do acervo de processos. A Inteligência Artificial está transformando a profissão jurídica como um todo, de diversas formas. Essa transformação está sendo feita por meio da melhoria da eficiência do processo de pesquisa, de tramitação de ações, de análise e expedição de documentos, análise de peças e classificação de dados, sistematização da revisão de doutrina, jurisprudência e precedentes, minimização de erros nos processos, produção de relatórios e documentos e, em geral, por meio do auxílio na redução da quantidade de tempo e recursos dedicados a tarefas de natureza mecânica e repetitiva.

Os citados Centros de Inteligência foram formalmente criados pela Resolução CNJ nº 349/2020 tendo por objetivo identificar e propor tratamento adequado de demandas estratégicas, repetitivas ou de massa no Poder Judiciário brasileiro. De forma resumida, são grupos de trabalho formados por magistrados e servidores, dedicados basicamente ao controle da litigiosidade, ou seja, tem como objetivo monitorar a litigiosidade em todo o Judiciário. Sua atuação tem se mostrado determinante no desenvolvimento de ferramentas adequadas ao monitoramento de demandas, notadamente promovendo a sinergia entre os núcleos administrativos que também estão sendo criados no âmbito de todos os Tribunais. Alguns em particular merecem especial menção, devido ao grande impacto que podem gerar na gestão do sistema de justiça, são eles o NUGEPNAC – Núcleo de Gerenciamento de Precedentes e de Ações Coletivas, o NUMOPEDE – Núcleo de Monitoramento do Perfil de Demandas, o NUPEMEC – Núcleo Permanente de Métodos Consensuais de Solução de Conflitos, e o NUCOP – Núcleo de Cooperação Judiciária. Cada qual, no seu campo de atuação, é uma porta aberta para o desenvolvimento e implementação de ações estratégicas e institucionais, que podem ter grande impacto na gestão do sistema de justiça, e serão descritos a seguir.

Importante destacar que, dentre as missões dos Centros de Inteligência, uma é auxiliar no gerenciamento do modelo de precedentes, identificando situações que estão exigindo afetação de temas, identificando eventuais problemas na aplicação e interpretação de precedentes, e fazer a interlocução com os Tribunais Superiores. Além disso, ajudam as corregedorias regionais no monitoramento de demandas repetitivas, da advocacia predatória e de litigantes contumazes, apurando através da colheita de dados se há ilegalidades que mereçam o enfrentamento estratégico da instituição.

Nesse esteio, a Resolução CNJ nº 235/2016 dispôs sobre a padronização de procedimentos administrativos decorrentes de julgamentos de repercussão geral, de casos repetitivos e de incidente de assunção de competência previstos no CPC, nos tribunais superiores, regionais e estaduais e, dentre outras providências, determinou a criação dos NUGEPs – Núcleos de Gestão de Precedentes.

Posteriormente, a Resolução CNJ n° 339/2020 determinou a criação dos NACs – Núcleos de Ações Coletivas, ou sua implantação dentro da estrutura dos NUGEPs, sob a denominação NUGEPNAC. Atualmente, as principais atribuições do núcleo são: uniformizar o gerenciamento dos procedimentos administrativos decorrentes da aplicação da repercussão geral, de julgamentos de casos repetitivos, de incidentes de assunção de competência e dos procedimentos decorrentes das ações coletivas; acompanhar os processos submetidos à técnica dos casos repetitivos e da assunção de competência, alimentando o banco nacional de precedentes; controlar os dados referentes aos grupos de representativos, disponibilizando informações para as áreas técnicas sobre alteração e admissão como controvérsia ou tema; acompanhar a tramitação dos recursos selecionados como representativos da controvérsia encaminhados ao STF e STJ, subsidiando os órgãos jurisdicionais competentes pela admissibilidade e sobrestamento de feitos; auxiliar os órgãos julgadores na gestão do acervo sobrestado e do acervo de ações coletivas; informar a publicação e o trânsito em julgado dos acórdãos dos paradigmas; receber e compilar os dados dos recursos sobrestados na unidade no estado, nas turmas e colégios recursais e nos juízos singulares; realizar estudos e levantamentos de dados para subsidiar as políticas de gestão das ações coletivas; implementar sistemas e protocolos voltados ao aprimoramento da prestação jurisdicional; manter atualizados o banco nacional de precedentes e o cadastro nacional de ações coletivas, e os seus respectivos sistemas de busca.

Tais funções ampliam a segurança jurídica das respostas que o Poder Judiciário oferece à sociedade e aperfeiçoa as condições de trabalho, permitindo otimizar o tempo gasto por Juízes em questões já acobertadas por precedentes, ou com tratamento coletivo, permitindo que possam se dedicar à apreciação cuidadosa de casos singulares e complexos. Assim, fomentando a efetividade das ações coletivas, e uniformizando os procedimentos decorrentes do sistema de precedentes judiciais, tal núcleo amplia a celeridade, a uniformidade e a previsibilidade dos provimentos judiciais.

Já o NUMOPEDE – Núcleo de Monitoramento do Perfil de Demandas – encontra sua origem na recomendação do Colégio Permanente dos Corregedores-Gerais dos Tribunais de Justiça (CCOGE), lançada no 75º ENCOGE – Encontro do Colégio Permanente de Corregedores-Gerais dos Tribunais de Justiça do Brasil. O primeiro NUMOPEDE foi criado no TJSP e, inspirado na mesma estrutura, a Portaria nº 5.029/CGJ/2017 do TJMG instituiu o núcleo dentro da estrutura da Corregedoria-Geral de Justiça do Estado de Minas Gerais. As atribuições definidas são, de forma sintética: monitorar demandas dos serviços judiciais, notariais e de registro; identificar demandas fraudulentas e outros eventos atentatórios à dignidade da justiça; identificar boas práticas; identificar eventos que possam comprometer a funcionalidade, a eficiência e correção dos serviços judiciários; realizar a extração e tratamento de dados disponibilizando informações aos magistrados e servidores; elaborar e publicar subsídios técnicos que permitam aos servidores identificar demandas predatórios, fraudulentas ou repetidas; propor o encaminhamento de apuração de condutas ilícitas às autoridades competentes.

O NUPEMEC – Núcleo Permanente de Métodos Consensuais de Solução de Conflitos – teve sua criação embasada na Resolução CNJ nº 125/2010, que procurou tratar da política judiciária nacional de tratamento adequado dos conflitos. Parte-se do pressuposto de que cabe ao Poder Judiciário fornecer não só a solução adjudicada para lides ajuizadas, mediante uma sentença de caráter impositivo, mas também fomentar outros mecanismos para a solução de conflitos, especialmente consensuais, tais como a conciliação e a mediação, além de serviços de cidadania, propiciando o acesso a uma justiça efetiva e a gestão consensual da litigância, o que desonera sobremaneira o sistema de justiça.

Já o NUCOP – Núcleo de Cooperação Judiciária – teve sua semente na Recomendação nº 38/2011 do CNJ, antes mesmo da vigência do CPC de 2015, diploma que trouxe expressamente em seu art. 67 o dever de cooperação para todos os atores do processo. A Resolução CNJ nº 350/2020 trouxe então as diretrizes e procedimentos sobre a cooperação judiciária nacional, entre os órgãos do Poder Judiciário e outras instituições, concretizando a função de planejamento estratégico do Conselho.

O trabalho do núcleo e dos magistrados designados como cooperadores possibilita a desburocratização e o ágil cumprimento de atos judiciais, a solução rápida para questões de competência, a facilidade de comunicação, a harmonização de rotinas e procedimentos, a realização de programas internos de cooperação para melhora do congestionamento de unidades judiciárias, e o fomento de boas práticas. Os núcleos interagem para a coordenação de atos, com base nos princípios da cooperação, descentralização, colaboração, eficiência e razoável duração do processo, quebrando o paradigma de um judiciário muito engessado e hierarquizado, propiciando a atuação estratégica na resolução de problemas, e não somente das demandas.

Como se vê, os Centros de Inteligência e os núcleos administrativos, através do amplo uso da tecnologia, permitem a concretização de ações com caráter claramente estratégico, configurando-se como estruturas administrativas das Cortes de Justiça que permitem, através de análises de dados, de caráter econômico e comportamental, uma postura mais ativa do Poder Judiciário no gerenciamento e tratamento do acervo processual depositado sob sua custódia, gerando grande impacto para a sociedade. As características tradicionais da jurisdição devem sofrer uma releitura quando confrontadas com a necessidade de um tratamento racional dos conflitos e da litigiosidade, desde a sua origem, contribuindo para a integridade e unidade do direito.

Certo é que não é mais possível apenas aumentar a estrutura do Poder Judiciário, a fim de fazer frente à crescente demanda pelos serviços que presta, utilizando-se dos mesmos métodos tradicionais. Imperioso que entregue a jurisdição de forma inovadora e criativa, melhorando seus processos de trabalho e implementando estratégias eficientes na gestão adequada da litigiosidade e dos conflitos.

4. LEITURAS COMPLEMENTARES

FERRAZ, Taís Schilling. *Problemas complexos são organismos vivos: a adoção da perspectiva sistêmica na atuação dos Centros de Inteligência*. In: LUNARDI, Fabrício Castagna; CLEMENTINO, Marco Bruno Miranda (coord.). *Inovação judicial: fundamentos e práticas para uma jurisdição de alto impacto*. Brasília: Escola Nacional de Formação e Aperfeiçoamento de Magistrados – Enfam, 2021, p. 413-437.

ZANONI, Luciana Ortiz Tavares Costa. A mudança cultural da gestão judicial: inovação como base da busca da excelência do serviço público. In: GREGÓRIO, Alvaro; ZANONI, Luciana Ortiz Tavares Costa; NEVES JÚNIOR, Paulo Cezar: Inovação no Judiciário: conceito, criação e práticas do primeiro Laboratório de Inovação do Poder Judiciário. São Paulo: Blucher, 2019, p. 41-58.

REFERÊNCIAS

ABELHA, Marcelo. Manual de Direito Processual Civil, Rio de Janeiro: Ed. Forense. 2016.

ALVES, Clara da Mota Santos Pimenta. Centro Nacional de Inteligência e uma abordagem bottom-up para a política de gerenciamento de precedentes. Estratégias de prevenção de conflitos, monitoramento e gestão de demandas e precedentes. Brasília, Conselho da Justiça Federal, v.2, p.19-31, 2019. Série CEJ.

CONSELHO NACIONAL DE JUSTIÇA. Justiça em números 2022. Brasília: CNJ, 2022.

ARAÚJO, Raul. Prefácio. Estratégias de prevenção de conflitos, monitoramento e gestão de demandas e precedentes. Brasília, Conselho da Justiça Federal, v.1, p.9-10, 2018, Série CEJ.

CAPPELLETTI, Mauro; GARTH, Briant. *Acesso à Justiça.* Porto Alegre: Fabris, 1988.

CLEMENTINO, Marco Bruno de Miranda. *Centros de Inteligência da Justiça Federal: legitimação pelo procedimento, fluxo de trabalho e diálogo aberto.* Estratégias de prevenção de conflitos, monitoramento e gestão de demandas e precedentes. Brasília, Conselho da Justiça Federal, v.1, p. 22-34, 2018. Série CEJ.

DIDIER JR., Fredie; ZANETI JR., Hermes. *Curso de direito processual civil.* Processo coletivo. Salvador: Ed. Juspodivm, 2017.

DOURADO, Gabriela. *Design thinking*: por que utilizar? In: GREGÓRIO, Alvaro. ZANONI, Luciana Ortinz Tavares Costa. NEVES JÚNIOR, Paulo Cezar. Inovação no Judiciário: conceito, criação e práticas do primeiro Laboratório de Inovação do Poder Judiciário. São Paulo: Blucher, 2019, p. 79-93.

DWORKIN, Ronald. *Taking Rights Seriously*. Harvard University Press, 1977. Na tradução para o português: DWORKIN, Ronald. *Levando os direitos a sério*. Trad. de Nelson Boeira. São Paulo: Martins Fontes; 2002.

DWORKIN, Ronald. *Law's Empire*. Harvard University Press, 1986. Na tradução para o português: DWORKIN, Ronald. *O império do direito*. Trad. de Jefferson Luiz Camargo. São Paulo: Martins Fontes; 2007.

FERRAZ, Taís Schilling; MÜNCH, Luciane Amaral Corrêa. *Inovação a serviço de um Judiciário transformador: uma perspectiva sistêmica*. Revista Judicial Brasileira, vol. 1, n. 1, jul./dez. 2021, p. 11-36.

FERREIRA FILHO, Manoel Gonçalves. *As Origens do Estado de Direito*, in RDA 168, 1987.

GICO JR., Ivo Teixeira. *Análise Econômica do Processo Civil*. 2. ed. Indaiatuba: Editora Foco, 2023. *E-book*

GICO JR., Ivo Teixeira. *A Tragédia do Judiciário*. In RDA – revista de Direito Administrativo, Rio de Janeiro, v. 267, p. 163-198, set./dez. 2014.

GRINOVER, Ada Pellegrini; DINAMARCO, Cândido Rangel; CINTRA, Antônio Carlos de Araújo. *Teoria Geral do Processo*, São Paulo: Malheiros, 2010.

KUZNIETZ, G. *Inteligência artificial no Direito chegou para ficar*. Disponível em: https://www.jota.info/opiniao-e-analise/colunas/coluna-do-demarest/inteligencia-artificial-no-direito-chegou-para-ficar-05122018 . Acesso em: 30 de junho 2023.

MARCATO, A. C.; CUEVA, R. V. B.; SALLES, C. A.; VITORELLI, EDILSON; FRANCISCO, J. C.; REICHELT, L. A.. Participação em banca de Raul Mariano Jr. *O acesso à justiça na era da automação, da inteligência artificial e da mineração de dados. O nascimento do devido processo digital (e-due process of law)*. 2021. Tese (Doutorado em Direito) – Faculdade de Direito da USP.

MONTESQUIEU. *De L'Esprit des Lois*, Paris. 1748.

SALAMA, Bruno Meyerhof. *Estudos em direito e economia: micro, macro e desenvolvimento*. 1ª ed. Curitiba: Editora Virtual Gratuita – EVG, 2017.

SHAVELL, Steven. *Economic Analysis of Litigation and the Legal Process.* Cambridge: National Bureau of Economic Research, 2003. Capítulos 17, 18 e 19.

SHAVELL, Steven. *Foundations of Economic Analysis of Law.* Cambridge: Belknap Press, 2004. Capítulo 19.

VIEIRA, Mônica Silveira. *A Missão Estratégica do Poder Judiciário e os Precedentes Qualificados,* in Revista de Precedentes Qualificados do TJMG, 2019.

VITORELLI, Edilson; BORTOLAI, Luís Henrique. *(In)devido Processo: Precedentes e Tecnologia em um Sistema Judiciário Sobrecarregado.* In Revista Novos Estudos Jurídicos – NEJ Eletrônica, vol. 26, nº 1 – Jan-Abr 2021, p.375-405.

ZAMIR, Eyal. TEICHMAN, Doron. *Behavioral Law and Economics. New York: Oxford University Press,* 2018.

CAPÍTULO III

LITIGÂNCIA DESEJÁVEL DO PONTO DE VISTA INDIVIDUAL

ELISA SANTOS COELHO SARTO[1]

SUMÁRIO: 1. Conceito geral; 2. Visão da litigância pela Análise Econômica do Direito; 3. Visão da litigância pela análise comportamental; 4. Referência prática; 5. Leitura complementar; 6. Referências.

1. CONCEITO GERAL

A teoria tradicional do Direito entende que a causa da litigância é a lesão ou ameaça a um direito. Como os bens são limitados, as pessoas passam a ter conflitos sobre eles, gerando, assim, as disputas. Pode haver o caso em que duas pessoas querem o mesmo bem ou uma quer o bem e outra não quer cedê-lo. O litígio seria, então, uma pretensão resistida[2]. Esse mesmo conceito pode ser verificado na legislação, que prevê a inafastabilidade da jurisdição em casos de ameaça ou lesão a direito, conforme artigo 3º do Código de Processo Civil Brasileiro e artigo 5º, inciso XXXV, da Constituição Federal.

Inicialmente, o homem resolvia seus problemas de forma intuitiva e com o uso da força. A partir de uma evolução, este papel de dirimir conflitos passou a ser do Estado, através de sua função jurisdicional. As pessoas podem resolver os problemas entre elas mesmas, sem o uso da

1. Graduada em Direito pela UFMG e em Ciências Econômicas pela PUC Minas. Mestra e Doutoranda em Direito pela UFMG. E-mail: elisasarto@hotmail.com.
2. WAMBIER, Luiz Rodrigues; TALAMINI, Eduardo, **Curso Avançado Processo Civil [livro eletrônico]**, 5. ed. ebook. São Paulo: Editora Revista dos Tribunais, 2016.

força, ou recorrer ao Judiciário, com a possibilidade de utilização da força pelo Estado[3].

Há poucos estudos que se dedicam a explicar o nível desejável de litigância na esfera individual na literatura tradicional. Destaca-se Ihering[4], que dedicou em sua obra "A Luta pelo Direito", um capítulo para discutir "A luta pelo direito na esfera individual". Segundo o autor, aquele que tem seu direito atacado tem um dever consigo mesmo de resistir:

> Temos, pois, o dever de defender nosso direito, porque nossa existência moral está direta e essencialmente ligada à sua conservação; desistir completamente da defesa, o que atualmente não é muito prático, porém que poderia ter lugar, equivaleria a um suicídio moral.
>
> Do que vem de ser dito se depreende que o direito não é mais que o conjunto dos diferentes tratados ou títulos que o compõem e, em cada um deles se reflete uma condição particular da existência moral; na propriedade, como no matrimônio, no contrato como nas questões de honra, em tudo isto, é legalmente impossível renunciar a uma só dessas condições sem renunciar a todo o direito.[5]

Com uma posição rígida e que liga o direito à moral humana, é possível perceber que Ihering defende que a litigância desejável seria aquela absoluta, em que todas as pretensões resistidas seriam defendidas perante o Judiciário, sem qualquer renúncia das partes, mesmo que os custos incorridos na defesa fossem significativos. No entanto, nem todas as pretensões são de fato levadas ao Judiciário.

Ivo Gico Júnior[6] argumenta que a Teoria Geral do Processo tradicional não foca em uma teoria do comportamento humano e, por isso, é incapaz de prever as consequências ou causas de uma forma mais ampla.

> Dito de outra maneira, a TGP, tal como tradicionalmente construída, explica e descreve muito bem, por exemplo, que uma lide é instaurada quando uma pretensão é resistida, mas não explica por que essa pretensão foi

3. *Ibid.*
4. IHERING, Rudolf von, **A Luta pelo Direito [livro eletrônico]**, [s.l.]: Montecristo Editora, 2020.
5. *Ibid.*, p. 33.
6. GICO JUNIOR, Ivo Teixeira, **Análise econômica do processo civil [livro eletrônico]**, Indaiatuba, SP: Editora Foco, 2020.

resistida, nem por que a parte optou pelo ajuizamento da ação em vez de renunciar à pretensão.[7]

Dessa forma, o autor defende a adoção de uma teoria do comportamento humano para diagnóstico e prognóstico das regras jurídicas no mundo fático, propondo, para tanto, a utilização da Análise Econômica do Direito, ramo que emprega ferramentas teóricas e empíricas da Economia para compreender as implicações do ordenamento jurídico, conforme será visto no próximo tópico.

2. VISÃO DA LITIGÂNCIA PELA ANÁLISE ECONÔMICA DO DIREITO

Diferentemente da abordagem tradicional, que pouco se dedica a entender as motivações dos indivíduos para litigar, esse é um dos pontos centrais da Análise Econômica do Direito (AED), especialmente da AED processual. Apesar de parecer, a Análise Econômica do Processo não é recente. Autores como Landes e Posner discutem o assunto há algum tempo, desde a década de 1970.

Landes[8] foi um dos pioneiros do ramo, em 1971, ao desenvolver um modelo teórico com o objetivo de identificar as variáveis que faziam com que os indivíduos optassem por um acordo ou por um processo na seara penal. Ele identificou que a decisão ocorria através de uma ponderação do indivíduo de fatores como a probabilidade de condenação, severidade do crime, custos das duas vias, disponibilidade de recursos financeiros e a atitude frente ao risco.

Posner[9], em 1973, também passa a aplicar ferramentas da teoria econômica na compreensão do processo e para previsão de efeitos e alterações no comportamento frente a mudanças no sistema. Ele dedica uma parte do seu artigo "An Economic Approach to Legal Procedure and Judicial Administration" para entender os fatores que influenciam o comportamento dos litigantes.

---

7. *Ibid.*, p. 25.
8. LANDES, William M., An Economic Analysis of the Courts, **JL & Econ.**, v. 14, p. 61, 1971.
9. POSNER, Richard A., An Economic Approach to Legal Procedure and Judicial Administration, **The Journal of Legal Studies**, v. 2, n. 2, p. 399–458, 1973.

Shavell[10], ao discutir a litigância individual, inicia definindo o que pode ser considerado litígio. Segundo ele, um indivíduo passa a litigar a partir do momento que ele dá um passo inicial em direção a um processo, sendo este passo um pré-requisito para novos procedimentos legais que serão concluídos com um julgamento, podendo ser interpretado como o ajuizamento de uma petição inicial ou simplesmente a contratação de um advogado. Este movimento necessariamente envolve custos, que podem ser financeiros, como os honorários advocatícios e custas processuais iniciais, bem como de outra natureza, como tempo e energia.

Zamir e Teichman[11] indicam a necessidade de se considerar também a presença de outros custos indiretos, não necessariamente econômicos, como o aborrecimento de ter que enfrentar o judiciário, eventuais danos à reputação, publicidade, pressão indireta em terceiros, estabelecimento de um precedente favorável ou simplesmente o desejo de contar seu lado da história.

Um indivíduo tomará a iniciativa de litigar quando o seu custo for menor que sua vantagem esperada[12]. Sendo assim, há três elementos capazes de influenciar essa decisão: os custos, que quanto menores, maiores serão as chances de litigar; a probabilidade de êxito, que afetará a probabilidade de litigar de forma diretamente proporcional; e a grandeza da recompensa que o indivíduo obterá caso tenha sucesso, também diretamente proporcional.

Esses três elementos são indicados na maior parte das obras voltadas para a compreensão do comportamento dos litigantes frente ao processo[13]. Segundo Posner:

> [...] o litígio ocorre apenas quando a oferta mínima do autor é maior do que a oferta máxima do réu. A oferta mínima do autor é o valor esperado do litígio para ele, somado aos custos de acordo, sendo o valor esperado

10. SHAVELL, Steven, Economic Analysis of Litigation and the Legal Process, **NBER Working Paper**, n. w9697, 2003.
11. ZAMIR, Eyal; TEICHMAN, Doron, **Behavioral law and economics**, [s.l.]: Oxford University Press, 2018.
12. SHAVELL, Economic Analysis of Litigation and the Legal Process.
13. POSNER, An Economic Approach to Legal Procedure and Judicial Administration; PRIEST, George L.; KLEIN, Benjamin, The selection of disputes for litigation, **The journal of legal studies**, v. 13, n. 1, p. 1–55, 1984.

> do litígio o valor presente do julgamento se ele vencer, multiplicado pela probabilidade (conforme estimada por ele) de sua vitória, menos o valor presente de suas despesas com o litígio[14].

Importante ressaltar que a probabilidade de êxito pode não ser calculada da mesma forma pelas partes envolvidas no processo. Ou seja, o autor pode achar que tem 80% de chances de ganhar e o réu achar que tem 70% de chances de ganhar, por exemplo. Isso acontece porque há assimetria de informações, uma parte possui informações privadas não acessíveis à outra, o que vai afetar diretamente a forma como elas calculam a própria probabilidade de êxito. Isso pode desequilibrar o cálculo referente ao custo-benefício de realizar um acordo, dificultando a sua realização. Esse efeito foi identificado por Bebchuk[15], em 1984 e o autor indica que regras e instituições que aumentam a assimetria de informações podem acabar aumentando também o nível de litigância.

> A principal razão pela qual as pessoas ajuízam ações é a incerteza com relação ao resultado esperado. Se não houvesse incerteza, ou seja, em um mundo do direito e do Judiciário perfeitos, o comportamento esperado das partes seria quase sempre a celebração de acordo, pois não haveria como ganhar mais por meio do litígio.[16]

Outro fator que influencia na decisão dos agentes é a precisão das decisões, que garante parâmetros claros e estáveis. Assim, é possível que os indivíduos façam seus cálculos de probabilidade de êxito e até mesmo da recompensa esperada com menos incerteza. Machado e Dias indicam efeitos maléficos da imprecisão, com uma crítica ao Judiciário brasileiro:

> O sistema judicial brasileiro está longe de ofertar aos jurisdicionados litigantes uma adequada capacidade de calcular o resultado de suas ações e/

14. POSNER, An Economic Approach to Legal Procedure and Judicial Administration, p. 417–418 Texto original: [...] litigation occurs only when the plaintiff's minimum offer is greater than the defendant's maximum offer. The plaintiff's minimum offer is the expected value of the litigation to him plus his settlement costs, the expected value of the litigation being the present value of the judgment if he wins, multiplied by the probability (as he estimates it) of his winning, minus the present value of his litigation expenses.
15. BEBCHUK, Lucian Arye, Litigation and settlement under imperfect information, **The RAND Journal of Economics**, p. 404–415, 1984.
16. GICO JUNIOR, **Análise econômica do processo civil [livro eletrônico]**, p. 151.

> ou de seus recursos. Ao contrário, é indiscutível que se tem um elevado grau de divergência jurisprudencial, não sendo incomum ocorrer de uma idêntica questão fática e jurídica ser decidida de modo diverso pelo mesmo tribunal, situação que ocorre inclusive nos tribunais superiores. E este cenário brasileiro traz consequências importantes, quando analisado à luz da análise econômica do processo.[17]

Ademais, outro ponto que merece atenção é a diferença entre incentivos individuais e sociais para litigar. Shavell[18] enfatiza que os incentivos individuais divergem significativamente dos incentivos sociais, havendo níveis diferentes de litigância desejável. É possível que os incentivos privados levem a um nível de litigância muito maior que o socialmente desejável, uma vez que o indivíduo só leva em consideração seus próprios custos, excluindo do cálculo os custos do réu ou do Estado. Essa mesma situação também ocorre em relação à recompensa: o litigante não irá calcular os benefícios que seu processo pode gerar para a sociedade, como, por exemplo, o efeito dissuasório de uma condenação de indenização de alguém que está causando danos, mas apenas os seus próprios benefícios. Com isso, é possível que haja um número menor de litígios do que seria o socialmente adequado.

Posner[19] também identificou essa divergência de interesses do indivíduo e da sociedade. Ele indica que, caso os custos para litigar sejam reduzidos, os processos judiciais ficarão mais atrativos para as partes, que deixarão de fazer acordos. No entanto, isso gerará, como consequência, maiores custos totais relativos à resolução de conflitos, uma vez que os processos são mais caros. O indivíduo não leva em consideração essa consequência para tomar sua decisão.

Alguns autores também se dedicaram a entender quando a litigância é desejável a nível individual, mas considerando tipos diferentes de agentes. Adam e outros[20], por exemplo, analisaram as motivações de litigân-

17. MACHADO, Rafael Bicca; DIAS, Jean Carlos, Análise Econômica do Processo, *in*: TIMM, Luciano Benetti (Org.), **Direito e Economia no Brasil**, 2. ed. São Paulo: Editora Atlas S.A., 2014, p. 402.
18. SHAVELL, Economic Analysis of Litigation and the Legal Process.
19. POSNER, An Economic Approach to Legal Procedure and Judicial Administration.
20. ADAM, Christian *et al*, Motivations: When Conflict Leads to Litigation, *in*: ADAM, Christian *et al* (Eds.), **Taking the EU to Court**, Cham: Springer International Publishing, 2020, p. 83–125.

cia dos países-membros da União Europeia em relação ao ajuizamento de ações anulatórias de atos administrativos e legislativos no Tribunal de Justiça da União Europeia. Eles identificaram que as motivações vão além da questão puramente legal, com quatro principais motivos. O primeiro deles seria a maximização de ganhos financeiros, quando as chances de sucesso fariam com que o país pudesse evitar uma grande despesa ou maximizar uma receita, muito próxima dos motivos identificados pelos autores da AED processual. No entanto, eles também identificaram fatores não econômicos: busca de uma melhoria significativa nas competências institucionais e de tomada de decisão do litigante uma vez que o Tribunal interprete conceitos legais que antes eram obscuros; defesa de algum aspecto ideológico ou posição política; sinalização de uma capacidade de resposta e de confiabilidade a parceiros políticos.

Importante também destacar que um fator que determinará a decisão dos indivíduos sobre litigar ou não é sua atitude diante do risco. Como explica Gigo Júnior, "uma decisão com risco será aquela em que pelo menos uma das alternativas não seja determinística. Logo, há pelo menos uma decisão que o decisor acredita ter uma probabilidade de ocorrência inferior a 100%, ou seja, pode não ocorrer, mesmo se escolhida"[21]. Os agentes podem ter três comportamentos diferentes diante do risco. Se o agente não ganha e nem perde utilidade diante do fato de estar correndo risco, diz-se que ele é neutro ao risco. Se o agente prefere se expor à incerteza, valorizando mais a aposta do que o ganho esperado, ele é considerado propenso ao risco. O caso contrário, quando ele perde em situações de incerteza, dando menos valor à aposta do que ao ganho esperado, ele é considerado averso ao risco.

Como o processo judicial é claramente uma situação de risco, em que há incerteza do resultado por não haver 100% de probabilidade de ganhos, ainda que o indivíduo esteja muito confiante do seu direito, é possível aplicar estes conceitos também na sua análise. Segundo Shavell[22], o risco afeta o comportamento das partes. Quanto mais aversas ao risco, maiores as chances de acordo.

---

21. GICO JUNIOR, **Análise econômica do processo civil [livro eletrônico]**, p. 154.
22. SHAVELL, Economic Analysis of Litigation and the Legal Process.

3. VISÃO DA LITIGÂNCIA PELA ANÁLISE COMPORTAMENTAL

Além da análise econômica do direito, há também a abordagem da economia comportamental do processo. Enquanto a primeira se baseia na Teoria da Escolha Racional, a segunda admite que os indivíduos são irracionais em alguma medida, sofrendo alguns vieses no momento de tomada de decisão. Alguns elementos comportamentais que influenciam no comportamento dos litigantes foram identificados por Zamir e Teichman[23].

O primeiro elemento apresentado pelos autores que pode impedir a realização de acordos e favorecer a litigância são os vieses em relação à informação. O viés de confirmação é um exemplo: as partes tendem a buscar informações que confirmam suas próprias crenças e, com isso, reforçam as suas decisões iniciais. Há também vieses na interpretação: ambas as partes, mesmo tendo acesso à mesma informação, podem interpretá-la de forma favorável a si mesmas. Isso aumenta o otimismo e a confiança das partes, fazendo com que tenham previsões imprecisas da probabilidade de êxito no processo, afastando-as cada vez mais de um possível acordo.

Outro elemento identificado são os vieses relativos à posição adversarial das partes em um litígio. As pessoas têm a tendência a imputar ao outro a visão enviesada, ignorando que seu próprio comportamento também pode estar enviesado. Isso pode acabar gerando um comportamento menos cooperativo entre as partes.

Há outros fatores que também afetam a racionalidade dos indivíduos, como a heurística da disponibilidade.

> Dependendo das circunstâncias específicas da negociação, ofertas de acordo que seriam vantajosas de outra forma podem ser rejeitadas porque são consideradas piores do que algum referencial percebido. Por exemplo, os autores podem comparar a soma dos danos oferecidos a eles em um acordo com os valores de indenizações divulgados pela mídia. Como os relatos da mídia geralmente focam em valores extremos e superestimam o sucesso dos autores, e como até mesmo os referenciais propostos pelos advogados dos litigantes podem não ser representativos devido à heurística

23. ZAMIR; TEICHMAN, **Behavioral law and economics**.

da disponibilidade, tais comparações podem levar a rejeições imprudentes de ofertas de acordo.[24]

Brevemente, é possível perceber que há efeitos econômicos e não econômicos na tomada de decisão dos indivíduos, o que afetará diretamente o nível de litigância desejável no âmbito individual.

4. REFERÊNCIA PRÁTICA

Para melhor entendimento dos conceitos expostos anteriormente, exemplifica-se com o trabalho elaborado pelos autores Arake e Gico Júnior[25] sobre a análise de custo-benefício realizada pelos litigantes e sobre como a concessão irrestrita da gratuidade de Justiça afeta a estrutura de incentivos dos agentes privados. Em breve síntese, os autores modelaram o comportamento de um agente considerando o benefício esperado, o custo esperado e a probabilidade de êxito, com base na seguinte equação[26]:

$$P_A . U_A - (1 - P_A) . C_s - C_A \geq 0$$

Esta equação representaria um autor hipotético, A. P seria a probabilidade de êxito que o autor considera ter; U seria o benefício esperado; CS o custo sucumbencial esperado; e CA os custos de ajuizamento. Para entender melhor a análise individual, é possível reescrever a equação de outra forma:

$$P_A . U_A \geq (1 - P_A) . C_s + C_A$$

Assim, o autor só dará o passo inicial para litigância, o que os autores denominam de "condição de ajuizamento da ação" se o benefício

24. *Ibid.*, p. 502- Texto original: Depending on the particular circumstances of the negotiation, otherwise beneficial settlement offers may be rejected because they are worse than some perceived benchmark. For instance, plaintiffs may compare the sum of damages offered to them in settlement to damages awards reported in the media. Since media reports typically focus on outlier awards and overrepresent successes by plaintiffs, and since even the benchmarks proposed by litigants' attorneys may be unrepresentative due to the availability heuristic, such comparisons may lead to unwise rejections of settlement offers.

25. ARAKE, H.; GICO JUNIOR, I.T., De Graça, até Injeção na Testa: Análise Juseconômica da Gratuidade de Justiça, **Economic Analysis of Law Review**, v. 5, n. 1, p. 166–178, 2014.

26. *Ibid.*, p. 169.

esperado (PA . UA) for maior que os custos totais, compostos pela probabilidade de perda multiplicado pelos custos sucumbenciais somados ao custo de ajuizamento da demanda.

Em um segundo momento, os autores verificaram o impacto da introdução no ordenamento jurídico da gratuidade de justiça, caso seja aplicada de forma irrestrita e sem instrumentos que possam desestimular sua utilização de má-fé, por aqueles que não precisariam de fato deste benefício. A inclusão da gratuidade atinge diretamente a denominada condição de ajuizamento, que passa a ser a seguinte equação[27]:

$$P_A . U_A \geq C_A$$

Isso ocorre porque os custos sucumbenciais não serão mais arcados pelo autor quando este for beneficiário da gratuidade de justiça. Assim, a condição de ajuizamento fica mais fácil de ser atingida, pois o autor compara seus ganhos esperados apenas com o custo do ajuizamento.

Os autores concluem o estudo indicando que, como o benefício é concedido virtualmente a qualquer pessoa que o pedir, seria irracional não o solicitar. Em uma análise para além do âmbito privado, eles indicam que a gratuidade de justiça não amplia o acesso ao Judiciário, mas apenas reduz o risco de sucumbência das ações, o que faz com que haja estímulo para ações frívolas.

Apesar de a análise focar apenas nos "malefícios" da concessão irrestrita da gratuidade de justiça, sem uma análise mais ampla sobre eventuais "malefícios" da sua não-concessão àqueles que não possuem condições financeiras para ajuizar ações judiciais, o estudo é um exemplo de utilização de ferramentas da Análise Econômica, de forma prática, para analisar o nível de litigância desejável do ponto de vista individual.

27. *Ibid.*, p. 177.

5. LEITURA COMPLEMENTAR

POSNER, Richard A. An Economic Approach to Legal Procedure and Judicial Administration. **The Journal of Legal Studies**, v. 2, n. 2, p. 399–458, 1973.

SHAVELL, Steven. Economic Analysis of Litigation and the Legal Process. **NBER Working Paper**, n. w9697, 2003.

ZAMIR, Eyal; TEICHMAN, Doron. **Behavioral law and economics**. [s.l.]: Oxford University Press, 2018.

6. REFERÊNCIAS

ADAM, Christian; BAUER, Michael W.; HARTLAPP, Miriam; *et al.* Motivations: When Conflict Leads to Litigation. *In*: ADAM, Christian; BAUER, Michael W.; HARTLAPP, Miriam; *et al* (Eds.). **Taking the EU to Court**. Cham: Springer International Publishing, 2020, p. 83–125. (Palgrave Studies in European Union Politics). Disponível em: <http://link.springer.com/10.1007/978-3-030-21629-0_5>. Acesso em: 5 jul. 2023.

ARAKE, H.; GICO JUNIOR, I.T. De Graça, até Injeção na Testa: Análise Juseconômica da Gratuidade de Justiça. **Economic Analysis of Law Review**, v. 5, n. 1, p. 166–178, 2014.

BEBCHUK, Lucian Arye. Litigation and settlement under imperfect information. **The RAND Journal of Economics**, p. 404–415, 1984.

GICO JUNIOR, Ivo Teixeira. **Análise econômica do processo civil [livro eletrônico]**. Indaiatuba, SP: Editora Foco, 2020.

IHERING, Rudolf von. **A Luta pelo Direito [livro eletrônico]**. Trad. José Tavares Bastos. [s.l.]: Montecristo Editora, 2020.

LANDES, William M. An Economic Analysis of the Courts. **JL & Econ.**, v. 14, p. 61, 1971.

MACHADO, Rafael Bicca; DIAS, Jean Carlos. Análise Econômica do Processo. *In*: TIMM, Luciano Benetti (Org.). **Direito e Economia no Brasil**. 2. ed. São Paulo: Editora Atlas S.A., 2014, p. 391–403.

POSNER, Richard A. An Economic Approach to Legal Procedure and Judicial Administration. **The Journal of Legal Studies**, v. 2, n. 2, p. 399–458, 1973.

PRIEST, George L.; KLEIN, Benjamin. The selection of disputes for litigation. **The journal of legal studies**, v. 13, n. 1, p. 1–55, 1984.

SHAVELL, Steven. Economic Analysis of Litigation and the Legal Process. **NBER Working Paper**, n. w9697, 2003.

WAMBIER, Luiz Rodrigues; TALAMINI, Eduardo. **Curso Avançado Processo Civil [livro eletrônico]**. 5. ed. ebook. São Paulo: Editora Revista dos Tribunais, 2016.

ZAMIR, Eyal; TEICHMAN, Doron. **Behavioral law and economics**. [s.l.]: Oxford University Press, 2018.

CAPÍTULO IV

LITIGÂNCIA DESEJÁVEL DO PONTO DE VISTA SOCIAL: EXTERNALIDADES POSITIVAS E NEGATIVAS

Felipe Frasson Zebende[1]

SUMÁRIO: 1. Conceito geral; 2. Visão pela análise econômica e comportamental; 3. Referência prática; 4. Leituras complementares; Referências.

1. CONCEITO GERAL

A vida em sociedade pressupõe a existência de conflitos que, por vezes, necessitam da atuação do Poder Judiciário para solucioná-los e restabelecer a paz social. Assim, ao submeter uma pretensão ao crivo do judiciário, os titulares dos direitos litigiosos passam a se posicionar como partes de um processo.

Uma vez estabelecido o litígio entre as partes, o trâmite processual deve ser pautado pela cooperação, de modo que: "todos os sujeitos do processo devem cooperar entre si para que se obtenha, em tempo

1. Advogado. Graduado em Direito pela Pontifícia Universidade Católica de Minas Gerais. Pós-graduado em Direito Processual (Pontifícia Universidade Católica de Minas Gerais) e em Direito Penal e Processual Penal (Faculdade Padre Arnaldo Janssen). Contato: felipezebende@gmail.com.

razoável, decisão de mérito justa e efetiva"; conforme consagra o art. 6º do Código de Processo Civil (CPC)[2].

Em consequência da positivação do princípio da cooperação como norma fundamental de direito processual, o CPC traduziu a tentativa de, por meio da união de esforços em prol de um bem comum, prover o bom funcionamento do sistema de justiça como um todo[3].

Destarte, verifica-se que a adoção do modelo cooperativo de justiça em âmbito pátrio demonstra empenho em direção à melhoria do funcionamento da justiça, essencial para que possamos ter uma litigância socialmente desejável. Afinal, a percepção geral é de que o sistema judiciário pátrio está em crise, sendo considerado ineficaz e moroso[4].

Reconhecendo o problema da morosidade que assola o nosso sistema judiciário, a Emenda Constitucional 45/2004 incluiu o princípio da razoável duração do processo (art. 5º, LXXVIII da Constituição Federal) como direito fundamental. Além disso, a prestação jurisdicional mais célere foi objeto central de discussão durante a elaboração do CPC, tendo o seu anteprojeto enunciado que "levou-se em conta o princípio da razoável duração do processo. Afinal a ausência de celeridade, sob certo ângulo, é ausência de justiça"[5].

Desse modo, o modelo cooperativo de justiça civil, adotado pelo Brasil, pressupõe uma concepção de devido processo legal pautada pelo princípio do contraditório como direito de influência[6]. Isso significa que, a fim de se garantir um contraditório efetivo, as partes possuem

---

2. BRASIL. **Lei nº 13.105 de 16 de março de 2015. Código de Processo Civil**. Brasília: Senado Federal, 2015.
3. WOLKART, Erik Navarro. **Análise econômica e comportamental do processo civil: como promover a cooperação para enfrentar a tragédia da Justiça no processo brasileiro**. Orientador: Paulo Cezar Pinheiro Carneiro. Coorientadora: Tereza Arruda Alvim. 2018. Tese (Doutorado em Direito) – Faculdade de Direito, Universidade do Estado do Rio de Janeiro, Rio de Janeiro, 2018.
4. GICO JUNIOR, Ivo Teixeira. **A tragédia do judiciário**. Revista de Direito Administrativo – RDA. Rio de Janeiro, v. 276, p. 163 – 198, set./dez. 2014.
5. BRASIL. Senado Federal. **Código de Processo Civil: anteprojeto**. Congresso Nacional, Comissão de Juristas Responsável pela Elaboração de Anteprojeto de Código de Processo Civil. Brasília: Senado Federal, 2010, p. 16.
6. WOLKART, Erik Navarro. 2018, *op. cit.*

ampla participação no processo e influenciam nos resultados, de modo que esses elementos contribuem com a ideia de processo justo[7].

Em suma: a celeridade e a eficiência do processo, pautado pelo modelo cooperativo de justiça civil, são os pilares do que se entende como a litigância desejável do ponto de vista social.

2. VISÃO PELA ANÁLISE ECONÔMICA E COMPORTAMENTAL

A compreensão do direito sob as lentes da análise econômica e comportamental gravitam em torno do estudo do comportamento humano à luz dos ensinamentos advindos das ciências econômicas e da psicologia, conforme lecionam Luciana Yeung e Bradson Camelo[8]:

> Apesar de utilizarem abordagens distintas, tanto a economia quanto a psicologia estudam o comportamento humano. A economia busca construir modelos que representem de modo simplificado o comportamento, ao mesmo passo que a psicologia busca respostas para as atitudes humanas. A Economia Comportamental (EC) reside exatamente nesse encontro de análises sobre o comportamento humano.
>
> A EC usa elementos cognitivos, sociais e emocionais para entender o comportamento socioeconômico dos indivíduos no mundo real, combinando recursos da economia e da psicologia.

Nesse cenário, as problemáticas enfrentadas pelo direito passam a ser analisadas sob uma nova perspectiva. Em vista disso, surge interessante análise acerca da litigância desejável do ponto de vista social e suas externalidades positivas e negativas.

Nesse toar, impõe consignar que há um descompasso entre os incentivos da litigância privada e os incentivos da litigância socialmente desejável[9]. Isso porque o litigante privado se preocupa, tão somente,

---

7. *Ibidem.*
8. CAMELO, Bredson; YEUNG, Luciana. **Introdução à Análise Econômica do Direito**. São Paulo: Editora Juspodivm, 2023, p. 156.
9. "The main point that will be made is that the private incentive to bring suit is fundamentally misaligned with the socially optimal incentive to do so, and the deviation between them could be in either direction". SHAVELL, Steven. **Economic Analysis of litigation and the legal process**. NBER Working Paper No. w9697, 2003.

com os próprios benefícios que pode auferir[10]; enquanto o incentivo social para litigar reside na repressão de condutas inadequadas, buscando compreender a influência do processo no grau de cuidado adotado pelos causadores de danos[11].

Essa dicotomia propicia o ajuizamento de diversas ações consubstanciadas no mero desejo individual de ser reparado por um dano sofrido, o que nem sempre reflete o objetivo socialmente desejado da litigância.

Nesse ponto, há de se registrar que, atrelada à propositura de uma ação judicial, tem-se a ocorrência de efeitos externos, que podem ser positivos ou negativos. Salienta-se que a divergência dos incentivos privados e sociais para litigar é atribuída aos mencionados efeitos, que são desconsiderados pelo autor ao propor uma ação, de maneira que: a externalidade negativa diz respeito aos custos totais do processo, que recaem sobre as partes e o Estado; enquanto a externalidade positiva proporciona a dissuasão de comportamentos indesejados[12].

Embora apresentem elevado grau de abstração, tratam-se de conceitos que podem ser facilmente contemplados à luz da tradição jurídica brasileira.

A parte externalizada negativa é manifesta. Basta observar que o total de despesas geradas pelo Poder Judiciário em 2022 foi de R$ 116 bilhões[13], o que corresponde a 1,2% do Produto Interno Bruto (PIB)[14] e significa um custo de R$ 540,06 por habitante[15]. As altas cifras que

10. "Specifically, when a plaintiff contemplates bringing suit, he bears only his own costs; he does not take into account the defendant's costs or the state's costs that his suit will engender". SHAVELL, Steven. 2003, op. cit.

11. "(...) the social benefit of suit resides in its deterrent effect, its influence on the degree of care that injurers exercise to lower the risk of harm". SHAVELL, Steven. **The level of litigation: private versus social optimality**. Harvard Law School, Discussion Paper No. 184, 1996.

12. "The private-social divergence is attributable to two externalities: when a party makes a litigation decision, he does not take into account the legal costs that he induces others to incur (a negative externality), nor does he recognize associated effects on deterrence and certain other social benefits (a positive externality)". SHAVELL, Steven. **The fundamental divergence between the private and the social motive to use the legal system**. Journal of Legal Studies, vol. XXVI, 1997, p. 575–612.

13. Conselho Nacional de Justiça. **Justiça em números 2023**. Brasília: CNJ, 2023. p. 56.

14. *Ibidem*, p. 57.

15. *Ibidem*, p. 58.

envolvem a atividade judiciária são, em grande medida, subsidiadas por toda a sociedade, porém, em diversos casos, os ganhos são internalizados integralmente pelos autores, que litigam apenas para obter uma reparação pelos danos sofridos.

Por outro lado, como exemplo de externalidades positivas, pode-se mencionar: a criação de precedentes, que estimularão positivamente comportamentos futuros e, por consequência, resultarão na repressão de comportamentos socialmente indesejáveis[16].

3. REFERÊNCIA PRÁTICA

Arrematada a análise teórica da litigância desejável do ponto de vista social, passaremos a utilizar de referências práticas para ilustrar o tema. Nessa sessão do trabalho abordaremos o tema estudado à luz de um modelo embasado na literatura de Steven Shavell[17].

O citado modelo econômico parte da premissa que o autor tenha sofrido um dano de R$ 1.000,00. Na hipótese, os encargos legais são estipulados nos seguintes valores: R$ 300,00 para o autor; R$ 200,00 para o réu e R$ 100,00 para o Estado; de forma que o custo do processo, dado pela soma desses importes, totaliza R$ 600,00.

Destarte, os causadores de dano sabem que, ao serem processados, terão que arcar com R$ 1.200,00: referentes à soma da indenização de R$ 1.000,00 e R$ 200,00 de encargos legais. Assim, os requeridos podem se sentir estimulados a realizar atividades para prevenir a ocorrência do dano, mormente se as precauções necessárias forem baratas e eficientes, possivelmente resultando num declínio significativo na incidência de danos. Em contrapartida, quando os causadores de dano pouco puderem fazer para minimizar o risco de danos, ao menos a um custo razoável, eles tomarão poucas precauções, de modo que o volume de processos judiciais pouco alterará a frequência dos danos.

16. "If, however, the determination about negligence establishes a precedent, then it would have social value because it would beneficially affect behavior in the future". SHAVELL, Steven. 1997, op. cit.
17. SHAVELL, Steven. 1997, *op. cit.*

Assim, resta evidente que os benefícios sociais do processo são diretamente impactados pelo custo e eficácia das atividades de prevenção ao dano.

Voltando ao modelo de litigância socialmente desejável: suponhamos que as precauções a serem tomadas para minimizar o risco de dano sejam de R$ 150,00 e, ao decidir por adotar essas medidas, um risco certo teria a sua probabilidade de ocorrência reduzida para 50%. Nessa situação, caso demandas fossem ajuizadas, os causadores de dano seriam induzidos a se precaver, pois o custo social do processo seria de R$ 950,00[18]. Em se verificando que R$ 950,00 é um montante menor em comparação ao dano de R$ 1.000,00, estamos diante de uma hipótese de litigância socialmente desejável para a análise econômica e comportamental do direito.

Transportando o modelo para um exemplo comum da realidade brasileira, podemos pensar na venda de um carro seminovo.[19] Suponhamos que o automóvel tenha custado R$ 20.000,00 e que a probabilidade de apresentar vícios ocultos seja de 20%.

Hipoteticamente, atribuiremos os encargos legais nos seguintes importes: R$ 3.000,00 para o autor; R$ 2.000,00 para o réu e R$ 2.000,00 para o Estado; somando um custo de R$ 7.000,00. Nesse caso, o comprador, com o objetivo de minimizar o seu prejuízo (advindo da manifestação de um vício oculto no veículo), provavelmente ajuizará uma ação, visto que o seu ganho esperado de R$ 4.000,00[20] superam os encargos legais que deverá pagar. Proposta a ação, os gastos do réu seriam de R$ 6.000,00[21].

Seguindo a análise, suponhamos que os riscos de o réu incorrer em algum dano fossem reduzidos a 5%, caso, em momento anterior à venda, realizasse a revisão do carro numa oficina mecânica por R$ 1.000,00.

---

18. O valor de R$ 950,00 é obtido por meio do seguinte cálculo aritmético: R$ 150,00 (referente às precauções adotadas) + 50% (probabilidade de ocorrência do dano) * R$ 1.600,00 (valor do dano somado ao custo social do processo).

19 Exemplo baseado em: WOLKART, Erik Navarro. 2018, op. cit.

20. 20% * R$ 20.000,000 = R$ 4.000,00.

21. R$ 4.000,00 referentes à indenização esperada + R$ 2.000,00 de encargos legais = R$ 6.000,00.

Assim, o réu teria incentivos para realizar a atividade preventiva, visto que, dessa forma, arcaria com um custo de R$ 2.000,00[22].

Nesse contexto, ao realizar a atividade de prevenção ao dano, o custo social do processo seria de R$ 2.350,00[23], que significa um custo bastante inferior quando comparado ao esperado dano observado nas situações em que o veículo não é vistoriado (R$ 4.000,00).

Trata-se, portanto, de uma hipótese de um processo socialmente desejável à luz da análise econômica e comportamental do direito, que pode tranquilamente ser vislumbrada no contexto brasileiro.

4. LEITURAS COMPLEMENTARES

SHAVELL, Steven. **The social versus the private incentive to bring suit in a costly legal system**. Journal of Legal Studies, vol. 11, n. 2, 1982, p. 333–39.

SHAVELL, Steven. **The fundamental divergence between the private and the social motive to use the legal system**. Journal of Legal Studies, vol. XXVI, 1997, p. 575–612.

REFERÊNCIAS

BRASIL. Senado Federal. **Código de Processo Civil: anteprojeto**. Congresso Nacional, Comissão de Juristas Responsável pela Elaboração de Anteprojeto de Código de Processo Civil. Brasília: Senado Federal, 2010.

BRASIL. Conselho Nacional de Justiça. **Justiça em números 2023: ano-base 2022**. – Brasília: CNJ, 2023. Disponível em: < https://www.cnj.jus.br/wp-content/uploads/2023/09/justica-em-numeros-2023-010923.pdf> Acesso em: 19 out. 2023.

BRASIL. **Lei nº 13.105 de 16 de março de 2015. Código de Processo Civil**. Brasília: Senado Federal, 2015.

22. R$ 1.000,00 referente às precauções adotadas + 5% * R$ 20.000,00 = R$ 2.000,00.
23. O valor de R$ 2.350,00 é obtido da seguinte maneira: R$ 1.000,00 (referente às precauções adotadas) + 5% (probabilidade de ocorrência do dano) * R$ 27.000,00 (valor do dano somado ao custo social do processo).

CAMELO, Bredson; YEUNG, Luciana. **Introdução à Análise Econômica do Direito**. São Paulo: Editora Juspodivm, 2023, p. 156.

GICO JUNIOR, Ivo Teixeira. **A tragédia do judiciário**. Revista de Direito Administrativo – RDA. Rio de Janeiro, v. 276, p. 163 – 198, set./dez. 2014.

SHAVELL, Steven. **Economic analysis of litigation and the legal process**. NBER Working Paper No. w9697, 2003.

SHAVELL, Steven. **The fundamental divergence between the private and the social motive to use the legal system**. Journal of Legal Studies, vol. XXVI, 1997, p. 575–612.

SHAVELL, Steven. **The level of litigation: private versus social optimality**. Harvard Law School, Discussion Paper No. 184, 1996.

WOLKART, Erik Navarro. **Análise econômica e comportamental do processo civil: como promover a cooperação para enfrentar a tragédia da Justiça no processo brasileiro**. Orientador: Paulo Cezar Pinheiro Carneiro. Coorientadora: Tereza Arruda Alvim. 2018. Tese (Doutorado em Direito) – Faculdade de Direito, Universidade do Estado do Rio de Janeiro, Rio de Janeiro, 2018.

CAPÍTULO V

HEURÍSTICAS E VIESES COGNITIVOS NO PROCESSO

LUCAS TADEU PRADO RODRIGUES[1]

1. CONCEITO GERAL

Heurísticas e vieses cognitivos são termos estudados e conceituados, em especial, pela Economia Comportamental e que, mesmo possuindo diferença entre si, são intrinsecamente relacionados.

Em verdade, para efeitos da presente exposição, defende-se que os vieses decorrem das heurísticas, ou, em outras palavras, que os vieses cognitivos possuem em sua estrutura as heurísticas.

Por sua vez, o Direito, em sua interdisciplinaridade, utiliza desses estudos e conceitos a fim de esclarecer o processo de tomada de decisões no âmbito do processo.

Basicamente, entende-se por **heurística** a estratégia que a mente emprega, muitas vezes de forma automática e inconsciente, para simplificar o processo de tomada de decisões que visem à resolução de problemas

---

1. Advogado (OAB/MG 132.070). Graduado em Direito pela Pontifícia Universidade Católica de Minas Gerais. Pós-graduado em Advocacia Tributária pela Escola Superior de Advocacia de Minas Gerais. Mestre em Direito Empresarial pela Faculdade de Direito Milton Campos. Contato: lucas@pradorodrigues.com e www.pradorodrigues.com

(complexos), sobre os quais pendem incertezas em suas causas, efeitos e particularidades.

Autores clássicos como Amos Tversky e Daniel Kahneman[2] acreditam que a heurística se apresenta em três tipos básicos, quais sejam:

a) heurística da disponibilidade: predisposição da mente do indivíduo em decidir dando maior importância ou probabilidade a eventos ou situações que lhe são mais facilmente lembrados ou que lhe vêm à mente com mais facilidade;

b) heurística da representatividade: predisposição da mente do indivíduo em decidir classificando algo com base em sua similaridade ou representatividade com um protótipo ou estereótipo, ignorando informações estatísticas relevantes.

c) heurística da ancoragem e ajuste: predisposição da mente do indivíduo em decidir dependendo excessivamente de informações iniciais ao fazer uma estimativa ou julgamento, mesmo que essas informações sejam irrelevantes ou pouco confiáveis.

E, além desses 3 tipos de heurísticas, haveria uma quarta, conforme defendido Paul Slovic *et al.*[3], qual seja:

d) heurística do afeto: predisposição da mente do indivíduo em decidir com base em suas simpatias, preferências pessoais, antipatias, emoções e sentimentos atuais, tudo em detrimento de critérios lógicos e objetivos.

Por sua vez, **vieses cognitivos** são decisões reiteradamente tomadas com base em heurística, ou seja, são decisões tomadas pelo indivíduo com base na estratégia que a sua mente usa para simplificar o processo de tomada de decisão.

---

2. KAHNEMAN, Daniel; TVERSKY, Amos. Judgment under uncertainry: heurisrics and biases. Science, v. 185, Cambridge: Cambridge University Press, 1974.
3. SLOVIC, Paul et al. The Affect Heuristic. In: GILOVICH, Thomas; GRIFFIN, Dale; KAHNEMAN, Daniel (Eds.). Heuristics and biases: the psychology of intuitive judgment. New York: Cambridge University Press, 2002. p. 397-420.

Em outras palavras: heurística é o método, é a estratégia para a tomada de decisão; viés cognitivo é o fim desse método, seria o seu objetivo: a decisão propriamente dita. A decisão enviesada é, assim, a materialização do viés cognitivo.

E, ainda com base nas obras de Amos Tversky e Daniel Kahneman[4], pode-se depreender que viés cognitivo refere-se a desvios sistemáticos e tendenciosos que ocorrem no processamento de informações pelo raciocínio humano. Esses desvios, materializados na decisão enviesada, são o resultado de atalhos mentais (heurísticas) que podem levar a julgamentos muitas vezes incorretos ou irracionalidades em situações de incerteza ou tomada de decisões complexas.

Vejam-se os seguintes exemplos:

Exemplo 1 – cotidiano:

> Dona Maria é uma avó que nutre um amor imenso pelo seu neto, o Joãozinho, sempre estando, por isso, predisposta a superprotegê-lo: esse é um comportamento heurístico de afeto: a mente da Dona Maria usa da estratégia imbuída de afeto pelo neto a fim de tomar decisões a favor deste, mesmo em detrimento de critérios lógicos e objetivos.
>
> Joãozinho, por sua vez, vê-se sempre protegido dos efeitos de suas traquinagens, pois nesses momentos recorre a sua avó, Dona Maria, que tendo a mente predisposta pela heurística de afeto, toma a decisão enviesada de sempre "não ver" que o netinho precisa de uma boa correção moral e educacional; muitas vezes até defende como correta a atitude do neto, e vê como exagerada a atitude corretiva dos pais: essa decisão final revela e materializa o viés cognitivo.

Exemplo 2 – processo:

> Ainda seguindo a lógica da heurística do afeto, tem-se aquele juiz predisposto a aceitar teses jurídicas, mesmo as mais estapafúrdias, defendidas pelo escritório de advocacia que leva o nome

4. TVERSKY, Amos; KAHNEMAN, Daniel. Extensional versus intuitive reasoning: the conjunction fallacy in probability judgment. Psychological Review, v. 90, n. 4, p. 293-315, 1983.

de doutrinador o qual foi muito estudado pelo juiz na graduação e no preparatório para o concurso de magistratura. Considera-se aqui que o Juiz é "fã" do doutrinador. Ou seja, há mais do que simples sentimento de deferência pela autoridade intelectual do doutrinador.

Veja-se que esse comportamento predisposto é regido pela estratégia heurística de afeto. Por sua vez, aceitar a tese jurídica e deferir os pedidos neste contexto é uma decisão enviesada, ou seja, é a materialização do viés cognitivo obtido através do artifício da heurística (e se o nome e assinatura do doutrinador apenas constar na petição, isso se torna ainda mais provável).

Os exemplos acima foram baseados no sentimento de simpatia, mas nada impede, claro, que o indivíduo use da heurística de afeto (sentimento) por antipatia: o juiz que está sempre predisposto a indeferir pedidos de clientes representados por advogado o qual, há alguns anos, formulou denúncia à corregedoria do tribunal por ato supostamente irregular praticado pelo juiz.

Ressalte-se, ainda, que nem sempre uma decisão enviesada é ruim; a questão é que muitas vezes essa decisão é, mesmo, ruim.

2. VISÃO DO CONCEITO PELA ANÁLISE ECONÔMICA E COMPORTAMENTAL

Do ponto de vista da Análise Comportamental, tem-se que, ao estudar heurísticas e vieses cognitivos pode-se concluir que o indivíduo tem grande dificuldade de tomar decisões ótimas, ou seja, as mais racionais possíveis (processuais e não processuais), o que vai contra o defendido pelos adeptos da teoria racionalista.

É que a teoria racionalista defende a existência do *Homo economicus*, que seria aquele homem, aquele indivíduo infalível, de notável inteligência e saber, que tem conhecimento de todas as informações e que consegue analisá-las em sua completude, para, ao final, tomar a decisão mais correta dentre todas as opções disponíveis.

Mas a Análise Comportamental defende que o *Homo economicus* é um ser ideal, mas irreal, e em vez de *Homo economicus* prefere o *Homo sapiens*, e nesse sentido Mankin[5] explica que:

> A teoria econômica é povoada por uma espécie de indivíduos às vezes chamada de *Homo economicus*. Os membros dessa espécie são sempre racionais [...]. Dadas as restrições a que estão sujeitos, ponderam racionalmente os custos e os benefícios e sempre escolhem o melhor curso de ação possível.
>
> As pessoas reais, contudo, são *Homo sapiens*. Embora lembrem de muitas maneiras os habitantes racionais e calculistas da teoria econômica, elas são muito complexas. Podem ser esquecidas, impulsivas, confusas, emotivas e de horizontes curtos.

Vê-se, assim, para o âmbito do Direito, o quão importante são os estudos da Análise Comportamental, e, no caso, das heurísticas e dos vieses que daí decorrem, já que o Direito não existe sem as pessoas: não existe direito seu respectivo titular. E o exercício do direito exige de seu titular a tomada de decisões; por sua vez, aquele que julga, o juiz - uma pessoa como qualquer outra, é dizer, um *Homo sapiens* - decide, e decide de forma grave, pois sua decisão interfere na esfera de direitos de terceiros.

E como todos (sujeitos de direitos: partes e juiz) precisam decidir da melhor forma possível, conclui-se facilmente pela importância da Análise Comportamental: ainda mais no Direito, frente ao imperativo constitucional do artigo 93, inciso IX, da Constituição Federal de 1988 e do artigo 489, da Lei Federal n.º 13.105/2015 (Código de Processo Civil).

Já do ponto de vista da Análise Econômica do Direito, tem-se que o estudo da heurística e dos vieses cognitivos auxiliam o intérprete a entender como as decisões, no âmbito do direito, são tomadas frente a situações de grande complexidade (*hard cases*), ou que, por exemplo, dependam de interpretação e aplicação de normas aparentemente antinômicas, ou que apresentem lacunas.

---

5. MANKIN, N. Gregory. Introdução à economia. Tradução Allan Vidigal Hastings, Elisete Paes e Lima, Ez2 Translate; revisão técnica Manuel José Nunes Pinto – São Paulo: Cengage Learning, 2015, p. 453.

É que, partindo da premissa que as decisões jurídicas são tomadas em contexto de incertezas[6], e de que o juiz é um indivíduo como qualquer outro – um *Homo sapiens* –, necessariamente suas decisões poderão ser enviesadas, já que obtidas através do artifício das heurísticas, gerando efeitos econômicos (desejáveis ou indesejáveis), a exemplo de externalidades negativas e maiores custos de transação.

A grande problemática, como explicado por Thaler e Sustein[7], é que pode ocorrer que decisões enviesadas – aquelas obtidas através do artifício heurístico – são muitas vezes bem ruins, quer dizer, bem distantes do conceito de uma decisão ótima. Nesse sentido, transplantando essa problemática para o âmbito do processo, vê-se o quão é necessário e importante estar atento ao papel da heurística e vieses.

Por fim, vê-se o quão é importante aos sujeitos dos processos estarem conscientes da existência da heurística e dos vieses cognitivos, pois é a partir disso que se pode tentar adotar medidas para mitigar seus efeitos deletérios, sempre visando a tomada de decisões fundamentada: imparcial e equilibrada.

3. REFERÊNCIA PRÁTICA

No âmbito do processo, pode-se indicar os seguintes exemplos de vieses cognitivos (decisões obtidas com base na heurística) que afetam a tomada de decisão:

Exemplo 1 – Viés de confirmação:

> Esse viés ocorre quando os sujeitos do processo dão maior importância às informações que confirmam suas crenças pré-existentes, ignorando ou desconsiderando informações contrárias. Isso pode levar a uma interpretação tendenciosa das evidências e à tomada de decisões injustas.

6. Nesse sentido, vide KAHNEMAN, Daniel; TVERSKY, Amos. Judgment under uncertainry: heurisrics and biases. Science, v. 185, Cambridge: Cambridge University Press, 1974.
7. THALER, Richard H.; SUNSTEIN, Cass R. Nudge: o empurrão para a escolha certa: aprimore suas decisões sobre riqueza, saúde e felicidade. Trad. Marcello Lino. Rio de Janeiro: Elsevier, 2009, p. 5.

É o caso clássico do juiz trabalhista que, já tendo condenado uma empresa em diversos processos, passa adotar postura enviesada – contrária à empresa – no demais processos, mesmo que, nestes novos processos, a empresa "possa" estar legalmente correta.

Exemplo 2 – Viés de ancoragem:

Esse viés ocorre quando uma decisão judicial é influenciada por uma informação inicial, mesmo que essa informação não seja relevante para o caso em questão.

Por exemplo, um juiz pode ser influenciado por uma oferta inicial feita por uma das partes, mesmo que essa oferta não reflita a realidade do caso.

É o caso de, por algum motivo, o juiz vir a saber que, na audiência de tentativa de conciliação, a parte ré propôs, por liberalidade, determinado valor a título de transação, que não foi aceita pela parte autora. O processo segue seu rito, com apresentação de contestação, a qual passa a sofrer cognição enviesada pelo juiz: a contestação passa a ser vista como cumprimento de mera formalidade processual: "se a parte propôs acordo, é porque tem responsabilidade sobre os fatos narrados pelo autor", seria esse o pensamento enviesado.

Exemplo 3 – Viés de disponibilidade:

Esse viés ocorre quando os sujeitos do processo baseiam suas decisões em informações prontamente disponíveis ou facilmente lembradas, em vez de considerar todas as informações relevantes.

Por exemplo, um juiz pode dar mais peso a um precedente recente e amplamente divulgado, ignorando outros precedentes igualmente importantes.

4. LEITURAS COMPLEMENTARES

KAHNEMAN, Daniel; SLOVIC, Paul; TVERSKY, Amos (Eds.). Judgment under uncertainty: heuristics and biases. New York: Cambridge University Press, 1982

LIMA, G. S., & NASCIMENTO, E. B. (2019). Heurísticas e vieses cognitivos na tomada de decisão judicial: uma revisão sistemática da literatura. Revista de Estudos Empíricos em Direito, 6(1), 29-49.

TONETTO, Leandro Miletto, et al. O papel das heurísticas no julgamento e na tomada de decisão sob incerteza. Estudos de Psicologia, Campinas, v. 23, n. 2, p. 181-189, abr.-jun. 2006.

REFERÊNCIAS

KAHNEMAN, Daniel; TVERSKY, Amos. Judgment under uncertainry: heurisrics and biases. Science, v. 185, Cambridge: Cambridge University Press, 1974.

MANKIN, N. Gregory. Introdução à economia. Tradução Allan Vidigal Hastings, Elisete Paes e Lima, Ez2 Translate; revisão técnica Manuel José Nunes Pinto – São Paulo: Cengage Learning, 2015, p. 453.

SLOVIC, Paul et al. The Affect Heuristic. In: GILOVICH, Thomas; GRIFFIN, Dale; KAHNEMAN, Daniel (Eds.). Heuristics and biases: the psychology of intuitive judgment. New York: Cambridge University Press, 2002. p. 397-420.

THALER, Richard H.; SUNSTEIN, Cass R. Nudge: o empurrão para a escolha certa: aprimore suas decisões sobre riqueza, saúde e felicidade. Trad. Marcello Lino. Rio de Janeiro: Elsevier, 2009, p. 5.

TVERSKY, Amos; KAHNEMAN, Daniel. Extensional versus intuitive reasoning: the conjunction fallacy in probability judgment. Psychological Review, v. 90, n. 4, p. 293-315, 1983.

CAPÍTULO VI

DESPESAS PROCESSUAIS, FINANCIAMENTO PROCESSUAL PELAS PARTES E POR TERCEIROS E HONORÁRIOS ADVOCATÍCIOS

LUCIANA SILVA CRISTINA DE JESUS SILVA[1]

SUMÁRIO: 1. Despesas processuais e Honorários advocatícios; 1.1. Conceito geral; 1.2. Visão das despesas processuais e honorários advocatícios pela análise econômica e comportamental; 2. Financiamento processual pelas partes e por terceiros; 2.1. Conceito geral; 2.2. Visão do Financiamento processual pelas partes e por terceiros pela análise econômica e comportamental; 3. Leituras complementares.

1. DESPESAS PROCESSUAIS E HONORÁRIOS ADVOCATÍCIOS

1.1. Conceito geral

Despesas, nos termos do art. 84 do Código de Processo Civil, abrangem custas dos atos de processo, indenização de viagem, remuneração do assistente técnico e diária da testemunha. Os honorários advocatícios, por sua vez, correspondem a um percentual do valor total do benefício econômico auferido que é somado à condenação total, também devido pelo vencido ao advogado que patrocina a causa do vencedor.

---

1. Doutoranda e Mestra em Direito Processual Civil – UFMG. Professora. Advogada Sênior no Aroeira Salles Advogados. Diretora Científica do IDPro – Instituto de Direito Processual e da Comissão de Direito da Infraestrutura da OAB/MG.

A disciplina dos custos e despesas processuais permeia todo o Código de Processo Civil de 2015, muito embora haja concentração dessa sistematização entre os seus artigos 82 a 102. De modo resumido, incumbe às partes prover antecipadamente as despesas dos atos que requeiram ou realizam no processo, desde o seu início até a satisfação plena do direito reconhecido no título executivo judicial, cabendo ao Autor adiantar despesas determinadas de ofício pelo Juiz ou requeridas pelo Ministério Público.

Muito embora a antecipação caiba às partes, ao final, a sentença condena o vencido a ressarcir as despesas antecipadas pelo vencedor, e, portanto, esse montante compõe a condenação final do vencido, somando-se à indenização pecuniária imposta. Na hipótese de perda de objeto, os honorários e despesas são devidos por quem dá causa o processo, analisando-se, assim, a cadeia de causalidade prévia à propositura da demanda. Acaso haja sucumbência recíproca, vencedor e vencido são responsáveis proporcionalmente pelas despesas e pelos honorários sucumbenciais do advogado.

A mesma proporcionalidade é observada na hipótese em que há litisconsórcio ativo ou passivo, ou seja, quando há a multiplicidade de partes nos polos da demanda e, assim, os valores são divididos na proporção determinada em decisão de mérito, com ou sem a sua resolução, pelo juízo. Na hipótese da Fazenda Pública, Defensoria Pública ou Ministério Público, as despesas são pagas ao final do processo pelo vencido.

Ainda na hipótese dos honorários e despesas, é interessante a vedação contida no parágrafo segundo o art. 485, que impede a repropositura de demandas julgadas sem resolução de mérito quando não regularizadas custas e honorários da demanda originária (art. 485, §2º).

Lado outro, ainda na sistemática dos recursos repetitivos, a parte, se desistir da ação em curso no primeiro grau de jurisdição e antes da contestação que contenha questão idêntica à resolvida no recurso representativo da controvérsia, está isenta de custas e honorários de sucumbência (art. 1.040, §1º, CPC).

A regra é de que sejam fixados, para demandas privadas, entre 10% e 20% do valor total da causa, sendo devidos tanto nos procedimentos comuns e especiais quanto na reconvenção, cumprimento provisório ou definitivo de sentença, na execução e nos recursos interpostos, nesse caso na forma de majoração dos honorários inicialmente fixados.

Para demandas contra a Fazenda Pública, os percentuais oscilam entre 1% e 20% do valor da causa, a depender das faixas estabelecidas no parágrafo segundo do art. 85, e não se aplicam ao cumprimento de sentença que enseje a imediata expedição do precatório. Os percentuais de honorários fixados na execução por quantia certa, em regra de 10%, podem reduzidos pela metade (5%) acaso o pagamento integral ocorra no prazo de 5 dias. Os honorários podem ser majorados quando as partes acessarem as instâncias recursais.

Há também, quando se fala em despesas do processo, a possibilidade de somar-se o montante equivalente a multas e sanções processuais, na hipótese de prática de atos atentatórios à dignidade da justiça, atuação em má-fé, propositura de recursos protelatórios ou resistência injustificada ao andamento do processo, valores que também devem ser incorporados ao custo do processo (arts. 80 e 81, CPC).

A imputação das despesas processuais aos litigantes como condição de acesso ao Poder Judiciário, contudo, é mitigada, na medida em que a Constituição da República assegura a assistência judiciária gratuita àqueles que não possuam recursos suficientes para cobrir os custos processuais.

Não sem razão, também por determinação contida no art. 5º da Constituição, o Estado deve prestar assistência jurídica integral e gratuita aos que comprovarem insuficiência de recursos, além de atribuir à Defensoria Pública a qualidade de instituição permanente, essencial à função jurisdicional, destinada à proteção de direitos em todos os graus e de forma integral e gratuita aos necessitados (art. 134, CF/88).

A previsão deriva de outra premissa, a da garantia constitucional de inafastabilidade da jurisdição, pela qual não se permite que lei inviabilize o acesso ao Poder Judiciário na hipótese de ameaça ou lesão a direitos.

Neste sentido, o art. 98 do Código de Processo Civil viabiliza a gratuidade de justiça para pessoas naturais ou jurídicas, brasileiras ou estrangeiras, que comprovadamente não tenham recursos para pagar custas, despesas processuais e honorários. A alegação de insuficiência de recursos pela pessoa natural é suficiente para a sua concessão, pois se presume a sua veracidade. O pedido deve ser formulado a qualquer tempo no processo, mas pode ser impugnado pela parte contrária no prazo de 15 dias da sua intimação.

A concessão de gratuidade não afasta a responsabilidade do beneficiário pelas despesas processuais e pelos honorários advocatícios decorrentes de sua sucumbência, bem como o dever de pagar multas processuais que lhe sejam impostas. Também pode ser concedida circunstancialmente, ou seja, para ato específico do processo, ou pode constituir na redução das despesas processuais ou no seu parcelamento.

Portanto, o custeio por meio de taxas, emolumentos e honorários advocatícios é a regra, estando a concessão do benefício de justiça gratuita sujeita à requerimento, comprovação e deferimento pelo juízo responsável pela demanda, podendo, inclusive, ser impugnada pelo Réu.

Sem a pretensão de esgotar o tema nas legislações processuais esparsas, é importante que se ressalte a sistemática da gratuidade de justiça para os casos afetos submetidos à legislação dos Juizados Especiais Estaduais e Federais (Lei Federal n. 9.099/1995 e Lei Federal 10.259/2001), nos quais a gratuidade de justiça é a regra e independe de prévia declaração, comprovação ou deferimento pelo juízo e tampouco está sujeita à impugnação pela parte contrária (art. 54, Lei 9099/1995, aplicável subsidiariamente à Lei 10.259/2001 por força do seu art. 1º).

Todavia, a gratuidade só se refere à primeira instância. Na hipótese de recurso às Turmas Recursais, o recorrente deve recolher o preparo e, caso vencido, é responsável por custas e honorários de advogados nos percentuais do art. 85 do CPC. No caso de acesso às turmas recursais, de todo modo, é possível o pedido de justiça gratuita, na forma do art. 98 do CPC. Nas causas afetas aos Juizados Especiais Federais e Estaduais, não se demanda a atuação do advogado, exceto para o acesso à Turma Recursal e, neste caso, há a perspectiva de condenação em honorários sucumbenciais e despesas processuais.

Do ponto de vista jurisprudencial, há que se fazer um aparte para o que se refere à concessão de gratuidade de justiça para pessoas naturais. Recentemente, o Superior Tribunal de Justiça afetou à sua Corte Especial a discussão sobre a legitimidade do estabelecimento de critérios objetivos para a sua concessão ao rito dos Recursos Repetitivos, estabelecendo, no Tema 1178, a discussão para

> "definir se é legítima a adoção de critérios objetivos para aferição da hipossuficiência na apreciação do pedido de gratuidade de justiça formulado por pessoa natural, levando em conta as disposições dos arts. 98 e 99, § 2º, do Código de Processo Civil".

Inclusive, a tramitação de todos os recursos especiais e agravos em recursos especiais em segunda instância ou no Superior Tribunal de Justiça fundados em questão idêntica de direito foi suspensa.

A disciplina não se circunscreve aos limites dos artigos acima citados. Assim, nos termos do art. 339, responde pelas despesas processuais o réu que alega a sua ilegitimidade e não indica o sujeito passivo da relação jurídica, sempre que tiver conhecimento. Na propositura de ação monitória, o réu está isento de custas processuais acaso cumpra voluntariamente a obrigação constituída no mandado de pagamento (art. 701, CPC). Também há isenção de custas processuais no incidente de resolução de demandas repetitivas (art. 976, §5º, CPC/2015). Por fim, por disposição expressa do CPC, verbas de sucumbência, inclusive honorários advocatícios, estão compreendidos no pedido principal, conforme art. 332, §1º, CPC.

Também devem estar inclusos no cômputo dos custos e despesas processuais os chamados juros legais, ou seja, a atualização do valor econômico do pedido desde a sua propositura a realização do título executivo que materializa a condenação contida na decisão de mérito, já que tais valores também estão compreendidos no pedido principal.

A esse respeito, inclusive, outro exemplo da discussão dos custos judiciários junto ao Superior Tribunal de Justiça é a atual discussão sobre a taxa dos juros legais que, historicamente, vinha sendo fixada com base na SELIC, mas, recentemente, foi afetada à Corte Especial a redefinição e discussão de outros índices que representem a perda financeira causada pelo tempo do processo civil.

1.2. Visão das despesas processuais e honorários advocatícios pela análise econômica e comportamental

A análise econômica do direito trabalha com a perspectiva de que a decisão por litigar está associada ao seu benefício imediato, resultante de uma equação em que o custo da litigância deve ser inferior ao benefício auferido. A decisão pela litigância se distribui em três momentos de decisão: a decisão de propor uma demanda, a de se submeter a uma eventual transação e a de investir valores na condução desta demanda.

Os benefícios se referem ao bem pretendido com a tutela jurisdicional e a ponderação dos malefícios processuais aponta para o tempo do processo, natural para que a demanda se desenvolva, e o investimento na propositura da demanda, como custos com advogados, custas judiciais, despesas processuais, produção de provas técnicas e perícias, dentre outros.

Todos esses aspectos podem ser associados às análises de custos e despesas processuais, na medida em que o valor total da litigância, quando maior, pode incentivar transações extrajudiciais ou judiciais e desestimular a propositura de demandas, em razão da baixa capacidade econômica dos agentes para suportar o investimento inicial na demanda ou o tempo de restrição do capital discutido no processo até que seja proferida decisão final com plena exequibilidade.

Do mesmo modo, a alta capacidade financeira dos litigantes pode representar a melhora da sua defesa técnica, mediante a contratação de advogados, peritos e assistentes mais bem qualificados para a condução dos seus interesses, levando à apresentação de argumentos jurídica e tecnicamente refinados, bem como, no caso de uma baixa capacidade financeira, à contratação destes auxiliares com menor qualidade ou que apliquem um menor esforço no tratamento da demanda.

A análise econômica não se detém ao olhar puramente individual para o custo do litígio, mas, ainda, o associa aos incentivos sociais para que as demandas sejam propostas, e, deste modo, a decisão de política legislativa e política judiciária por recrudescer ou facilitar o acesso à justiça também pode ser analisada pelos seus estudos e conclusões. Neste sentido, os benefícios sociais auferidos seriam a concretização do direito positivado e a prevenção de atos ilícitos, por meio da ciência prévia de que o comportamento antijurídico é vedado junto aos Tribunais.

Ao Estado, portanto, caberia majorar os custos e despesas processuais na hipótese de buscar desafogar o Poder Judiciário ou de gerenciar racionalmente seus recursos ou minorá-los quando as características socioeconômicas dos litigantes representarem um entreve ao acesso à Justiça. No caso do Brasil, em específico, não se deve descurar que o acesso à justiça é uma garantia constitucional pétrea, prevista no art. 5º da Constituição Federal, de modo que a instituição de uma política legislativa ou judiciária que impeça, em sua totalidade, o acesso ao Poder Judiciário, é considerada manifestamente inconstitucional.

A análise econômica do direito é um tema ainda em desenvolvimento no âmbito da pesquisa do Direito Processual Civil, muito embora os custos judiciários sejam um elemento relevante para o direito de ação, condicionando o acesso ao Poder Judiciário.

De todo modo, muito embora sujeita a críticas, a análise econômica do Direito Processual aponta algumas funções de aprimoramento para a disciplina processual, sendo elas o auxílio na aplicação normativa, o aprimoramento da política legislativa e um mecanismo de legitimação na atuação administrativa[2].

Dentro desta perspectiva, de aprimoramento da política legislativa, o que se sugere é o melhor tratamento legal para a disciplina da gratuidade da justiça para pessoas jurídicas. Do ponto de vista da aplicação normativa, a uniformização dos entendimentos jurisprudenciais das limitações da concessão de gratuidade de justiça para pessoas físicas, que, a rigor, apenas declaram a sua hipossuficiência, a qual é presumida, atribuindo ao Réu o ônus da sua impugnação. Para fins de atuação administrativa, a consolidação da Defensoria Pública, mediante a estruturação das carreiras, interiorização das unidades de atendimento para além dos grandes centros, com o progressivo apoio da advocacia dativa como meio de suplantar as deficiências do acesso à justiça gratuito, na forma da Constituição Federal.

Muito embora não haja estudos sistêmicos sobre a análise econômica do direito associada à gratuidade de justiça, é possível inferir que a temática, empiricamente, permeia o processo civil. Um exemplo disso é o próprio Tema 1178 do Superior Tribunal de Justiça, o que representa a tentativa de limitação, por meio de atuação judiciária, da concessão da gratuidade de justiça para pessoas físicas, mesmo sem haver critérios legais expressos que tratem dos seus limites. Outro exemplo é o estímulo

2. JORDÃO, Eduardo Ferreira e ADAMI, Mateus Piva. Steven Shavell e o preço do processo: notas para uma análise econômica do direito processual. Nomos Revista do Programa de Pós-Graduação em Direito da UFC. v.39, n. 2. p. 199-200.

ao adimplemento de títulos executivos em execuções ou no caso das ações monitórias, hipótese em que o total e célere adimplemento do crédito representa uma minoração dos custos totais do processo.

Ainda, há a imposição dos juros legais, o que pode incentivar as partes a tramitarem um processo mais célere, para minorar o seu acréscimo ao longo do tempo, ou, até mesmo, a prolongarem o processo, na hipótese de uma demanda bem-sucedida do ponto de vista jurídico que possa render maiores valores ao longo do tempo, como, por exemplo, que envolvam temáticas já consolidadas pela sistemática dos precedentes judiciais vinculantes.

E, como visto, se processa atualmente no Superior Tribunal de Justiça qual seria o melhor índice monetário que reflete a atualização monetária e a penalização pela mora subjacente ao processo, o qual, se definido por uma taxa de atualização agressiva, pode incentivar demandas pelo autor, que aufere ganhos em um investimento desassociado de oscilações econômicas e desestimular a resistência pelo Réu, que assistirá o progressivo aumento do seu débito junto ao Autor durante o curso do feito.

Pode-se vislumbrar, outrossim, a sistemática das multas e sanções processuais, bem como da majoração dos honorários recursais e da imposição de multas por embargos e recursos manifestamente protelatórios ou infundados como uma medida de política legislativa para sobrestar litigâncias frívolas ou lastreadas na intenção de se protelar indefinidamente o processo por meio da majoração dos custos e despesas processuais.

A análise comportamental do direito, que se desvincula da avaliação racional do peso do litígio, associada a custos e benefícios, e se volta para o estudo dos incentivos e preferências dos litigantes, por meio de incentivos, atalhos mentais ou vieses cognitivos, oferta novo olhar para a matéria dos custos e despesas processuais.

Listam-se, como vieses cognitivos, o excesso de confiança, efeitos de dotação e teoria da perspectiva, podem estar associados à decisão de litigar mesmo com o peso dos custos processuais. O excesso de confiança, qualificado como o ato de superestimar a probabilidade do êxito em detrimento da sua perda sem uma análise racional subjacente, pode fazer com que Réu e Autor se arrisquem em demandas naturalmente dúbias, como forma de testar o seu direito junto ao Poder Judiciário. Tal excesso tende a ser majorado pela assessoria de advogados também igualmente confiantes ou extremamente especialistas na matéria em discussão ou, ainda, pela insegurança jurídica sobre o tema em discussão, o que majora o ímpeto pelo teste da tese junto ao Poder Judiciário.

O efeito de dotação, associado ao padrão em que para a renunciar a um determinado bem de vida, os seus titulares exigem mais garantias do que o fariam acaso não possuíssem este bem, também pode estar aplicado. Neste caso, a correlação que deve ser feita é entre a probabilidade de um acordo que impeça o litígio e, portanto, o encaixe inicial das verbas de despesas processuais, as quais devem ser adiantadas na forma do CPC/2015 e a decisão de litigar. Assim, é mais provável que o titular do direito se arvore na decisão de custear o processo acaso as propostas de acordo sejam tímidas ou pouco agressivas.

Por fim, tem-se a teoria da perspectiva, em que perdas e danos são analisadas no momento de se litigar, sem avaliar o ganho progressivo que o litígio pode trazer. A perspectiva é interessante na medida em que, se no momento da decisão de se litigar, o valor total envolvido no processo é favorável ao autor, os custos associados que serão acrescidos ao longo do processo podem diminuir, paulatinamente, o valor total empregado, como, por exemplo, honorários contratuais, futuros honorários sucumbenciais, custas, honorários com perito e valores de preparos.

Verifica-se que a análise comportamental não afeta a decisão de custear o litígio, pois tais valores não estão sujeitos à prévia fixação ou decisão dos litigantes, com exceção dos custos com honorários contratuais. Quando se pensa na análise comportamental, deve estar associada, na verdade, à análise da própria perspectiva de êxito do direito litigado, assim, afetado pelos padrões acima discutidos e, neste caso, independente do volume envolvido no desembolso para custear o litígio, as escolhas são realizadas com vistas ao sucesso e percepção de êxito subjetivo pelos litigantes.

2. FINANCIAMENTO PROCESSUAL PELAS PARTES E POR TERCEIROS

2.1. Conceito geral

O financiamento dos litígios tem como origem o dimensionamento de negócios jurídicos válidos e eficazes que tem por objeto o custeio de despesas e custos processuais por uma parte que, por motivos diversos, não tenha capital próprio para fazê-lo ou, lado outro, não o deseje. Como contrapartida, o responsável pelo financiamento ("financiador") aufere benefícios ao final da demanda judicial, caso resulte em condenação pecuniária, o que pode ser uma parte ou a totalidade do direito vindicado.

Em ordenamentos estrangeiros, a busca por alternativas à diminuição do impacto do custo processual revelou a figura do financiamento de litígios por terceiros. Há relatos deste tipo de arranjos nos Estados Unidos da América, Reino Unido, Portugal, Austrália, Suíça, Alemanha, Hong Kong, Cingapura e Itália[3].

Tal formatação, denominada "*alternative legal financing*" ou '*third-party litigation funding*', tem como definição o interesse de pessoas, terceiros alheios ao litígio, em financiar o litígio, antes ou durante de uma demanda, mediante a promessa de auferir os benefícios do litígio ao seu final, assumindo o risco para tanto.

A hipótese clássica de financiamento de litígios é aquela em que o financiador oferece os recursos para o custeio das despesas do processo, como honorários de advogados, árbitros e peritos, e, se houver sucesso, é reembolsada desses custos ao fim do processo, com o acréscimo de mais uma proporção do ganho auferido pela parte.

Logo, a primeira modelagem é o custeio das despesas processuais iniciais e indicadas ao curso do processo por um terceiro, não titular da demanda, sob a garantia ou a perspectiva de auferir parcela ou a totalidade dos valores da condenação ao final da demanda[4].

Contudo, não há um arranjo único para o financiamento[5] em suas perspectivas negociais. As formatações para o negócio jurídico subjacente ao financiamento de litígios são múltiplas, sendo o contrato

3. DUARTE, Gorjão Henriques. **Third party funding ou o financiamento de litígios por terceiros em Portugal**. Revista de Arbitragem e Mediação. Vol. 51/2016. p. 295 – 336. Out – Dez / 2016.

4. A pesquisadora Marcela Kohlbach denominou essa formação de "financiamento de litígios típico", conforme consignado no evento KOHLBACH, Marcela; DIDIER JR., Fredie. **Financiamento de litígios #LiveJurídica**. Youtube, 21.08.2020. Disponível em https://www.youtube.com/watch?v=GCWPzV3He0Q. Acesso em 16.08.2021.

5. "Os modelos de negócio do financiamento de litígios por terceiros são tudo menos homogéneos e a dinâmica imposta pelos respectivos agentes está longe de se encontrar em marcha lenta de modo que, para o que agora nos interessa; decorre a conclusão de que existe uma multiplicidade de formas de financiamento e do tipo de Financiadores". DUARTE,

considerando na sua forma atípica, encontrando limitações apenas nas previsões de validade, existência e validade do Código Civil e demais legislações pertinentes, de modo que não há um conceito unívoco da tipologia de negócio jurídico que envolve o financiamento de litígios.

Existem outras modalidades de negócio em que o financiador dá suporte ao litígio ou gera liquidez para o financiado. Tal operação pode equivaler à compra da expectativa dos valores envolvidos no litígio, com ou sem o financiamento das custas da demanda, como forma de antecipar a sua liquidez ao litigante demandante. Também se anota a figura do financiador filantrópico[6], que se limita a fornecer fundos, sem perquirir benefícios financeiros imediatos; ou o financiador que tem interesse em outros aspectos da demanda, como a defesa de uma tese jurídica ou de um valor que lhe é relevante[7].

São outros exemplos: o patrocínio da causa por um advogado, quem trabalha exclusivamente pelo êxito da demanda; a cessão do direito litigioso, a compra de um precatório ainda pendente de pagamento pelos entes públicos[8], dentre outros arranjos destacados na doutrina já analisada.

Costuma-se associar o financiamento de litígios a uma melhora do acesso à justiça, ideia que tem sido incorporada pelo Brasil, integrando partes que, naturalmente, não teriam condições de litigar ou o fariam em condições de grandes restrições financeiras[9]. Assim, desenhos negociais

---

Gorjão Henriques. **Third party funding ou o financiamento de litígios por terceiros em Portugal**. Revista de Arbitragem e Mediação. Vol. 51/2016. p. 295 – 336. Out – Dez / 2016.

6. DUARTE, Gorjão Henriques. **Third party funding ou o financiamento de litígios por terceiros em Portugal**. Revista de Arbitragem e Mediação. Vol. 51/2016. p. 295 – 336. Out – Dez / 2016.

7. Como anotou o prof. Fredie Didier em evento sobre o tema. KOHLBACH, Marcela; DIDIER JR., Fredie. **Financiamento de litígios #LiveJurídica**. Youtube, 21.08.2020. Disponível em https://www.youtube.com/watch?v=GCWPzV3He0Q. Acesso em 16.08.2021.

8. Para litigantes contra a Fazenda Pública abre-se outro longo caminho para o recebimento dos valores, denominados de precatórios judiciais. Se cumpridos os requisitos previstos na Constituição Federal, a inscrição de um precatório até 01.07 do ano corrente garante o recebimento dos valores apenas no curso do ano subsequente, o que, na prática, implica a suspensão da mora do poder público por, no mínimo, 18 meses (inclusive, não há cômputo de juros neste interregno).

9. Há o alerta, na doutrina preliminar pesquisada, que o financiamento pode também incentivar demandas frívolas ou temerárias. **Third party funding ou o financiamento de liti-**

desta ordem já vêm sendo utilizados como forma de suprir este "vácuo" no acesso à justiça, por meio da antecipação e suporte de custas e honorários e da antecipação da atividade satisfativa que se busca pelo processo civil, especialmente em demandas que possuem valor econômico, quando há a aquisição do direito sobre o qual se litigia.

O financiamento de litígios também é identificado como uma possível solução para a melhora do ambiente do acesso à justiça, permitindo o equilíbrio entre as partes e, em alguns casos, a melhora da qualidade do contraditório e da ampla defesa.

Já há o alerta de que o financiamento é um mecanismo que pode ser utilizado a qualquer tempo, constituindo uma forma de enfrentar eventuais crises que venham a ser sofridas pelas partes ao longo do processo. Como se sabe, um processo se inicia por impulso da parte, mas se desenvolve por impulso oficial. Uma vez dentro do Poder Judiciário, o litigante, salvo antes da citação, não se esquiva de continuar litigando, e pode até mesmo sofrer com a sanção de um julgamento do processo do mérito conforme a prova produzida, nos casos de julgamento pelo ônus da prova; ou o julgamento sem a resolução de mérito, caso não promova os expedientes para a sua continuidade.

No Brasil, se reconhece que o estudo do tema é recente e restrito ao ambiente da arbitragem[10], com alertas de que há dificuldades até mesmo para se compreender o que é o financiamento e como esse terceiro seria qualificado no processo civil, quais as suas responsabilidades, quais os efeitos das decisões judiciais sobre as suas esferas de deveres e responsabilidades, entre outros.

As Câmaras Arbitrais já estabeleceram as regras aplicáveis em seus regulamentos, especialmente o dever de revelação do financiador ao procedimento arbitral. Há também uma tendência em "autorregulação" por meio de boas práticas internacionais, o que tem funcionado bem no

---

gios por terceiros em Portugal. Revista de Arbitragem e Mediação. Vol. 51/2016. p. 295 – 336. Out – Dez / 2016.

10. DE FARIA, Marcela Kohlbach. Participação de terceiros na arbitragem. São Paulo: Editora Quartier Latin, 2019. TEMER, Sofia. Participação no processo civil: repensando litisconsórcio, intervenção de terceiros e outras formas de atuação. São Paulo: Editora Juspodivm, 2020.

Brasil, bem como as regras de ouro para garantir que o financiamento de litígios se desenvolva com segurança e ética.

A única certeza sobre o tema, portanto, é a sua a falta de regulamentação no processo civil brasileiro, o que se reflete em outros ordenamentos jurídicos estrangeiros. A falta de regulamentação e limites é considerada, inclusive, um fator de insegurança para o financiamento de litígios[11].

Trata-se de uma nova forma de ver os polos de uma demanda em discussão e circulação, que certamente encontra um terreno fértil no CPC/2015, dada a sua adaptabilidade procedimental e, além disso, a abertura para novas formas de intervenções de terceiros, inclusive negociadas[12]. Também para litígios judiciais, à falta de regulamentações específicas, há associação à previsão para aquisição de direito litigioso, previsto no art. 109; os benefícios trazidos pelas cláusulas gerais de negócios jurídicos processuais e as limitações da disciplina da boa-fé processual como meios de melhor compreender o fenômeno.

Trata-se de uma ferramenta que pode ser associada ao amplo acesso à justiça e à melhora do ambiente do contraditório, da ampla defesa e da célere realização do direito discutido. Também, porque a prática vem se instalando no mercado, e, em um processo civil intimamente ligado às alterações e adversidades do direito material, não há como mantê-lo neutro e hermético às mudanças do tempo e às necessidades dos litigantes.

11. O autor, inclusive, indica que a ausência de regulamentação é um desejo de grandes financiadores: "Os terceiros financiadores, como se pode antever facilmente, não pretendem regulação alguma ou, pelo menos, não pretendem regulação que não se aplique ao que por eles é referido como uma categoria indiscriminada de financiadores, como accionistas, filantropos etc., e ainda assim reivindicam não mais que uma regulamentação limitada a aspectos mínimos. Muito provavelmente ainda não estão criadas as condições de desenvolvimento da ciência jurídica para apontar um caminho seguro quanto a determinados aspectos relevantes". DUARTE, Gorjão Henriques. **Third party funding ou o financiamento de litígios por terceiros em Portugal**. Revista de Arbitragem e Mediação. Vol. 51/2016. p. 295 – 336. Out – Dez / 2016.

12. A legitimação extraordinária, por outro lado, há de se dar apenas por previsão expressa do ordenamento jurídico e, apenas recentemente, passou-se a discutir formas de legitimidade extraordinária negocial.

2.2. Visão do Financiamento processual pelas partes e por terceiros pela análise econômica e comportamental

Do ponto de vista da análise econômica do direito, a existência do financiamento de litígios pode ser considerada um fator apto a catalisar a decisão de se litigar no Poder Judiciário, especialmente nas hipóteses em que o demandante ou o demandado não seriam, naturalmente, abrangidos pelo benefício da gratuidade de justiça ou pelo patrocínio pela Defensoria Pública, ou não estariam dispostos a arcar com os custos de tal decisão que, invariavelmente, trazem uma justiça mais lenta e morosa para os processos.

Afinal, o desencaixe dos recursos, tanto na propositura quanto na condução do processo, inclusive o custeio de peritos, prova técnicas qualificadas e assistentes técnicos, seria proveniente dos terceiros investidores. Assim, o peso da análise empreendida economicamente para se litigar que, como visto acima, envolve os custos totais da litigância em detrimento do benefício auferido ao final sofreriam uma redução imediata, correspondente à assunção dos custos pelo terceiro financiador.

A opção pelo financiamento de litígios, quando revelada no processo judicial, também pode impactar a decisão de se manter litigando pelo réu. Neste caso, ciente de que há um investidor com maior capacidade de suportar o tempo do processo ou investir em profissionais, jurídicos e técnicos, mais bem qualificados, pode afetar a decisão do réu em oferecer acordos, minorar o tempo do processo ou, a depender da sua análise de êxito da demanda, em investir maiores valores na contratação de advogados, técnicos e especialistas para fazer frente à qualidade técnica que esses investidores trazem para o processo.

Do ponto de vista de política judiciária, o financiamento pode representar um aumento na litigância corrente, o que pode recrudescer o volume de processos em tramitação na Justiça. Todavia, tal afirmativa é especulativa, ou seja, que carece de dados, haja vista que o fenômeno é extremamente recente.

De todo modo, as principais discussões afetas à admissibilidade do financiamento de litígios perpassam pela boa-fé, dever de revelação e suporte das custas e despesas processuais por aquele que, efetivamente, interfere nos litígios, sendo que estas três variáveis podem ser associadas à análise econômica do direito.

De fato, a resposta processual pela lesão aos ditames da boa-fé, em regra, é a imposição de multas e sanções processuais, nos termos do art. 77 e o 80 do CPC, bem como nas disposições associadas à interposição de recursos protelatórios ou meramente infundados.

O dever de revelação do financiador nos autos, por sua vez, interfere no conhecimento do réu que, conforme acima indicado, pode se reposicionar estrategicamente no litígio, seja para buscar um acordo que encerre o processo ou para decidir empregar maiores recursos na litigância, haja vista o recrudescimento da qualidade técnica da parte contrária.

Por fim, a extensão do dever suporte dos custos e despesas processuais, no caso de sucumbência do financiado, pelo financiador, acaso seja qualificado como parte pelo sistema processual civil, pode trazer novas nuances para o fenômeno do financiamento dos litígios, mais uma vez, pelas perspectivas associadas à cobrança dos valores resultantes do processo, cuja expressão econômica, como visto, envolve o valor principal, juros, custas e despesas processuais.

No caso da análise comportamental, a avaliação, para fins deste estudo, se circunscreve à decisão do financiado de tomar o financiamento do litígio, já que, como visto, ele acaba por dispor de parcela do seu direito para vislumbrar um ganho futuro. O que se consigna, neste caso, são alguns vieses que podem influenciar na decisão de dispor de um direito para ir ao Poder Judiciário.

A entrada de um parceiro financiador, com maior volume de recursos financeiros e técnicos e capacidade de suportar o tempo do processo, que, costumeiramente, realiza um grande processo de *due diligence* para avaliar as perspectivas de êxito do caso concreto e a capacidade de suporte de uma futura condenação por parte do réu, pode reforçar o chamado viés de confirmação, nos quais indivíduos tendem a interpretar informações de acordo com prévias concepções.

Também se associa ao viés da representatividade, que leva indivíduos a conferir maior relevância a decisões de autoridade ou estereótipos e, neste caso, o financiador representaria esta nova autoridade independente e alheia ao direito discutido, pois dele não é inicialmente titular, com grande capacidade para analisar e produzir conclusões sobre o estudo do processo.

Por fim, a decisão de se financiar um litígio seria catalisada pelo viés da disponibilidade, que envolve a tendência de conferir maior importância a dados disponíveis ou presentes na memória do que futuras projeções, ainda que racionais. Neste caso, o viés pode ser uma forma de desestimular o financiamento, na medida em que a sindicância do caso concreto, pelo financiador, pode trazer às claras informações que se tornaram obscuras, foram suprimidas ou às quais não foi dada a importância necessária na avaliação inicial da decisão de propor o litígio.

3. LEITURAS COMPLEMENTARES

AGUIAR, Bernardo Augusto Teixeira de. A análise econômica do direito: aspectos gerais. Conteúdo Jurídico, Brasília-DF: 11 dez. 2012.

BENEDUZI, Renato Rezende. Legitimidade Extraordinária de origem negocial. In TALAMINI, Eduardo et al. **Partes e terceiros no processo civil**. Coleção Grandes Temas do Novo CPC. São Paulo: Editora Juspodivm, 2020.

BRASIL. **Lei nº 13.105, de 16 de março de 2015.** Código de Processo Civil. Disponível em: http://www.planalto.gov.br/ccivil_03/_ato2015-2018/2015/lei/l13105.htm#art485. Acesso em: 4 de julho de 2023.

BRASIL. **Lei nº 9.099, de 26 de setembro de 1995.** Disponível em: https://www.planalto.gov.br/ccivil_03/leis/l9099.htm. Acesso em: 4 de julho de 2023.

BRASIL. **Lei nº 10.529, de 12 de julho de 2001.** Disponível em: https://www.planalto.gov.br/ccivil_03/leis/leis_2001/l10259.htm . Acesso em: 4 de julho de 2023.

CABRAL, Antônio do Passo. **Convenções sobre os custos da litigância (II): Introdução ao seguro e ao financiamento processuais**. Revista de Processo, v. 277/2048, p. 47-78, 2018.

CAMARB. **Resolução Administrativa N° 14/20: recomendações sobre financiamento de terceiros em arbitragens administradas pela CAMARB**. 28.08.2020.

CAM-CCBB – Centro de Arbitragem e Mediação da Câmara de Comércio Brasil-Canada. **Resolução Administrativa n. 18/2016: financiamento de terceiros em arbitragens na CAM-CCBB**. 20.07.2016.

CARDOSO, Marcel Carvalho Engholm. **Arbitragem e financiamento por terceiros**. São Paulo: Editora Almedina, 2020.

CASADO FILHO, Napoleão. **Arbitragem e acesso à justiça: o novo paradigma do third party funding**. Editora SaraivaJur, 2017.

DE FARIA, Marcela Kohlbach. **Participação de terceiros na arbitragem**. São Paulo: Editora Quartier Latin, 2019.

DIDIER JR, Fredie. **Fonte normativa da legitimação extraordinária no novo Código de Processo Civil: a legitimação extraordinária negocial**. In TALAMINI, Eduardo et al. Partes e terceiros no processo civil. Coleção Grandes Temas do Novo CPC. São Paulo: Editora Juspodivm, 2020.

EID, Elie Pierre. **Multilateralidade no processo civil: divergência de posições jurídicas**. In TALAMINI, Eduardo et al. Partes e terceiros no processo civil. Coleção Grandes Temas do Novo CPC. São Paulo: Editora Juspodivm, 2020.

GADOTTI, Thais Cristina. **Vantagens e desvantagens do financiamento da arbitragem por terceiros**. Revista dos Tribunais | vol. 981/2017 | p. 39 – 54 | Jul / 2017.

HENRIQUES, Duarte Gorjão. **Third party funding ou o financiamento de litígios por terceiros em Portugal**. Revista de Arbitragem e Mediação | vol. 51/2016 | p. 295 - 336 | Out - Dez / 2016.

JUSTIÇA, Conselho Nacional. **Justiça em Números**: 2020. Brasília: CNJ, 2020.

JORDÃO, Eduardo Ferreira e ADAMI, Mateus Piva. **Steven Shavell e o preço do processo**: notas para uma análise econômica do direito processual. Nomos Revista do Programa de Pós-Graduação em Direito da UFC. v. 39, n. 2.

LEROY, Guilherme Costa. Custas, multas e honorários: o preço da litigância no CPC/2015. In PERUCCI, Felipe Falcone et al. **Impactos do Novo CPC no Direito Empresarial.** Belo Horizonte: Editora Del Plácido, 2017.

MANNHEIMER, Sergio Nelson. **Arbitragem, third-party funding e a proteção dos documentos enviados pela parte financiada ao financiador**. Revista de Arbitragem e Mediação | vol. 67/2020 | p. 143 - 160 | Out - Dez / 2020.

REBELO, Diogo Morais da Cunha. **Virtudes e problemas do financiamento de litígios por terceiros: um olhar sobre a possível utilização no contencioso judicial português**. Dissertação no âmbito do Mestrado de Ciências Jurídico-Forenses, no Ramo de Direito Processual Civil, orientada pela Professora Doutora Maria José Oliveira Capelo Pinto de Resende e apresentada à Faculdade de Direito da Universidade de Coimbra. Fevereiro, 2021.

TEMER, Sofia. **Participação no processo civil: repensando litisconsórcio, intervenção de terceiros e outras formas de atuação**. São Paulo: Editora Juspodivm, 2020.

TEMER, Sofia. Third-party funding: **financiamento de litígios por 'terceiros' (ou 'third-party' funding): o financiador é um sujeito processual? Notas sobre a participação não aparente**. Revista de Processo | vol. 309/2020 | p. 359 - 384 | Nov / 2020.

SHAVELL, Steven. ***Foundations of Economic Analysis of Law***. Cambridge, Belknap Press, 2004.

SHAVELL, Steven. **The Appeals Process as a Means of Error Correction**, The Journal of Legal Studies, v. 24, n. 2, 1995, p. 379-426.

SILVEIRA, Ricardo Geraldo Rezende. **Acesso à justiça**: o direito fundamental em um ambiente de recursos escassos. São Paulo: Editora Almedina, 2020.

KAHNEMAN, Daniel; KNETSCH, Jack L.; THALER, Richard H. **Anomalies**: The endowment effect, loss aversion, and status quo bias. The Journal of Economic Perspectives, v. 5, n.1, 1991.

VOLSKY, Max. **Investing in justice**: an introduction to legal finance, lawsuit advances and litigation funding. New Jersey: The Legal Finance Journal, 2013.

CAPÍTULO VII

GRATUIDADE JUDICIÁRIA

Márcio Bulgarelli Guedes[1]

SUMÁRIO: 1. Conceito Geral; 2. Do Critério em Recursos Repetitivos; 3. Referência prática; 4. Referência bibliográfica; Leitura complementar.

1. CONCEITO GERAL

O presente capítulo visa avaliar o estímulo comportamental esperado com as regras da justiça gratuita, apresentando, para tanto, a legislação processual civil, os critérios e a análise econômica[2].

Para a fixação do objeto no tempo, a Lei n. 1.060/1.950 regulava o instituto da assistência judiciária. Porém, com o advento da Lei n. 13.105/2.015, o Código de Processo Civil revogou boa parte daquela lei.

Desde então, a justiça gratuita passou a ser regulada no Capítulo II, Seção IV, Da Gratuidade da Justiça, pelos artigos 98 a 102, do Código de Processo Civil, e pelos dispositivos da assistência judiciária não revogados da Lei n. 1.060/1.950.

Fixe-se, desde já, em conceito geral, que é condição da lei que a pessoa não tenha recursos para prover as despesas do processo. Se houver

1. Mestre e Doutorando em Direitos Coletivos e Cidadania, pela UNAERP (Universidade de Ribeirão Preto). Advogado e Pesquisador do CNPq (Grupo de Trabalho Contemporaneidade e Trabalho, da Universidade de Ribeirão Preto). Currículo Lattes: http://lattes.cnpq.br/9233172054910808.
2. O artigo é uma contribuição para a Disciplina "Análise Econômica do Direito", do Curso de Pós-Graduação de Doutorado em Direito, da Universidade de Ribeirão Preto (UNAERP). Site: www.unaerp.br (visitado em 22-12-2023).

prejuízo para o sustento da família e para o próprio sustento, a justiça gratuita isentará o beneficiário do pagamento das despesas processuais.

As despesas abrangidas pela isenção englobam as taxas ou custas judicias, os selos postais, as despesas com as publicações na imprensa oficial, a indenização devida à testemunha, as despesas com a realização de exames, os honorários de advogado, perito, intérprete ou tradutor, os custos para a realização dos cálculos, os depósitos recursais, o ajuizamento de ação e as práticas de atos processuais, os emolumentos devidos a notários ou registradores.

O fato de conceder a justiça gratuita não significa que o processo não terá um custo. Ao contrário. Existe um custo para o autor, para o réu e para o Estado. Para saber o valor e a forma para recolher as custas, deve-se atentar aos regimentos de custas, regulados por leis estaduais, na Justiça Estadual, e leis federais, na Justiça Federal e Justiça Especializada.

Pela sistemática, com base no princípio da sucumbência, as despesas relativas a atos deverão ser adiantadas pelas partes e, no final, pagas pelo vencido. Assim, o recolhimento das custas iniciais pelo autor constitui um pressuposto processual. Nos atos subsequentes à propositura da ação, as custas devidas pelo réu ou pelo autor constituem ato de validade do ato[3].

Em outras palavras, as partes devem custear as despesas dos atos que praticam ou que pleiteiam, antecipando-lhes o recolhimento desde o início até a sentença final e, no cumprimento de sentença, até a plena satisfação do direito declarado pela sentença. As custas também são devidas em incidentes com natureza de ação (reconvenção, intervenção de terceiros, jurisdição voluntária etc).[4].

A concessão da justiça gratuita não afasta a responsabilidade pelas despesas processuais, na verdade, suspende a exigibilidade por prazo certo, de cinco anos, após o trânsito em julgado da sentença condenatória. Transcorrido o prazo, sem que haja a modificação econômica,

3. MARQUES, José Frederico. Manual de Direito Processual Civil, volume III, 2ª parte, 5ª edição revista. São Paulo: Saraiva, 1980-1981, fls. 265.
4. GRECO FILHO, Vicente. Direito Processual Civil Brasileiro. 7ª edição atual e ampliada. São Paulo: Saraiva, 1989-1993, p. 106-112.

extingue-se a obrigação. Se comprovar que, neste interim, porém, sobreveio a cessação do estado de hipossuficiência, poder-se-á revogar o benefício da justiça gratuita e exigir a obrigação.

A justiça gratuita pode ser deferida às pessoas físicas, brasileiras ou estrangeiras, independentemente de residirem ou não no país, e as pessoas jurídicas. Houve uma adequação do rol de beneficiários na legislação processual, com a inclusão dos estrangeiros não residentes no país e das pessoas jurídicas como beneficiários da justiça gratuita. Este tratamento igualitário para as pessoas jurídicas já tinha sido objeto de súmula n. 481, do Superior Tribunal de Justiça[5].

Para as pessoas naturais, há a presunção ("juris tantum") da falta de recursos, basta a declaração do estado de pobreza. Em se tratando de pessoa jurídica, porém, não se presume a insuficiência dos recursos. Assim, o pedido deve vir acompanhado de provas, sob pena de indeferimento.

A gratuidade da justiça não é condicionada ao patrocínio da defensoria pública ou da procuradoria de assistência judiciária. Em distinção, a justiça gratuita é a isenção as despesas processuais; enquanto que a assistência judiciária é a representação do assistido em juízo[6]. Todavia, ainda que representado por advogado particular, a justiça gratuita pode ser concedida.

Não há um momento para o pedido de gratuidade de justiça. O ideal é que o pedido ocorra no primeiro momento que a parte se manifestar no processo, isto é, o autor deve pedir na petição inicial, o réu, na contestação, o terceiro, na petição de ingresso de terceiro no processo, mas, não há preclusão e, por isso, pode ser feita a qualquer momento, por simples petição, ou em recurso.

Com o deferimento do pedido, a justiça gratuita pode ser impugnada pela parte contrária na contestação, na réplica, nas contrarrazões

---

5. ENUNCIADO: *Faz jus ao benefício da justiça gratuita a pessoa jurídica com ou sem fins lucrativos que demonstrar sua impossibilidade de arcar com os encargos processuais.* (SÚMULA 481, CORTE ESPECIAL, julgado em 28/06/2012, DJe 01/08/2012). Site: https://scon.stj.jus.br/SCON/pesquisar.jsp?b=SUMU&sumula=justi%E7a+gratuita (Visitado em 19-12-2023).

6. FONSECA, Antonio Luiz Vinhal. A Gratuidade da Justiça e as Principais Alterações com o Advento do Novo Código de Processo Civil Brasileiro. Revista Jurídica Verb Legis, n. XIV, 2021. Site: https://apps.tre-go.jus.br/internet/verba-legis/2021/Artigos_A-importancia-da-Gratuidade-Judiciaria.php

do recurso, ou, nos casos de pedidos supervenientes, por meio de petição simples, nos próprios autos do processo, no prazo de 15 dias. Se for revogado o benefício, a parte arcará com as despesas processuais e pagará, em caso de má-fé, até o décuplo de seu valor arbitrado a título de multa, revertida para a fazenda pública e inscrição em dívida pública.

As multas processuais não são afastadas pela justiça gratuita. Caso a parte seja condenada a pagar multa, por litigância de má-fé, mesmo que seja beneficiária da justiça gratuita, estará obrigada a pagar. É uma *sanctio iuris*[7]. A parte que age de má-fé, ou por ilicitude, será condenada em multa ou sanção e deverá pagar a indenização à parte contrária, ou, se impostas a servidores públicos, para o Estado.

O juiz pode conceder a gratuidade da justiça em relação a um ou a todos os atos processuais, reduzir ou parcelar em caso de adiantamento. Na falta dos pressupostos legais, todavia, após a concessão de prazo para complementação de provas, o juiz pode indeferir o pedido.

2. DO CRITÉRIO EM RECURSOS REPETITIVOS

A legislação não fixa os critérios objetivos da renda para a concessão da justiça gratuita, fazendo com que as decisões dos órgãos jurisdicionais divirjam entre si sobre a temática.

Com o indeferimento, a parte poderá recorrer. Se a decisão foi proferida antes da sentença, por ser decisão interlocutória, o recurso adequado será o agravo de instrumento. Se a matéria for apreciada na sentença, apela-se.

No duplo grau de jurisdição, a questão da justiça gratuita mostrou-se divergente nos Tribunais em si. Sob o argumento de que a legislação não disciplina os critérios, cresce o número de recursos no Superior Tribunal de Justiça (STJ).

Os recursos repetitivos se dão quando há uma multiplicidade de recursos com fundamento legal idêntico. Por amostragem, dentre os casos representativos da controvérsia, afeta-se um para julgar e para fixar a

7. MARQUES, Ibid. p 264.

tese. Esta tese será aplicada aos demais que tiverem a mesma discussão de direito[8].

Diante da existência de inúmeros recursos sobre a matéria da justiça gratuita, sob o rito dos recursos repetitivos, houve a afetação de um caso, cadastrado o tema n. 1.178, no Superior Tribunal de Justiça[9]. Desde então, suspendeu-se todos os recursos especiais e agravos de instrumento em recursos especiais, para aguardar o julgamento do critério objetivo da renda para a justiça gratuita.

Considerando a repercussão geral, isto é, a transcendência social e jurídica acerca da gratuidade da justiça, o Superior Tribunal de Justiça ampliou o debate e, atento à adequada representatividade, convidou diversas entidades para participarem do julgamento do recurso repetitivo, na qualidade de *"amici curiae"*[10], oportunizando a apresentação de pontos e contrapontos.

Segundo o estudo sobre gratuidade e custas judiciais, em Seminário de Pesquisas Empíricas Aplicadas e Políticas Judiciárias[11], a hipossufi ciência não é o único critério a ser considerado à concessão. Em análise

8. Tema ou Recurso Repetitivo (RR). Site: https://www.stj.jus.br/sites/portalp/Precedentes/informacoes-gerais/recursos-repetitivos (visitado em 19-12-2023)

9. *1. Tema proposto para afetação ao rito dos recursos especiais repetitivos: Definir se é legítima a adoção de critérios objetivos para aferição da hipossuficiência na apreciação do pedido de gratuidade de justiça formulado por pessoa natural, levando em conta as disposições dos arts. 98 e 99, § 2º, do Código de Processo Civil.* (RESP 1988686-RJ – Proposta de Afetação no RE 2022/0061159-0 - STJ – Ministro Relator OG Fernandes – Corte Especial – Data de Julgamento 6-12-2022). Site: https://processo.stj.jus.br/repetitivos/temas_repetitivos/pesquisa.jsp?novaConsulta=true&tipo_pesquisa=T&sg_classe=REsp&num_processo_classe=1988686 (visitado em 15-12-2023).

10. *"Em razão da relevância e da repercussão social da matéria, da utilidade da ampliação do debate e da necessária observância à adequada representatividade, determino a preparação de convites à Ordem dos Advogados do Brasil - OAB, à Defensoria Pública da União – DPU, à Associação Nacional das Defensoras e Defensores Públicos – ANADEP, ao Conselho Nacional das Defensoras e Defensores Públicos-Gerais – CONDEGE, à Associação dos Magistrados Brasileiros - AMB, à Associação dos Juízes Federais do Brasil – AJUFE, ao Instituto Brasileiro de Direito Processual – IBDP, à Associação Norte e Nordeste de Professores de Processo – ANNEP e à Associação Brasiliense de Direito Processual Civil – ABPC para, caso aceitem a solicitação, ingressarem no feito, na condição de amici curiae."* Site: processo.stj.jus.br/processo/dj/documento/mediado/?tipo_documento=documento&componente=MON&sequencial=181608186&tipo_documento=documento&num_registro=202200611590&data=20230323&formato=PDF (visitado em 13-12-2023).

11. Cláudio Brandão (Ministro do TST), Ricardo Pae Kim (CNJ), Emerson Takase (Depan/TJSP), Luciana Yeung (professora do INSPER), Renata Mota Maciel (Juíza do TJSP), Olívia Pessoa

de dados quantitativos e qualitativos de processos, as respostas indicaram uma ausência de padrão, havendo diferentes valores de causa e justiça gratuita, em relação a competências, classes ou assuntos e variáveis socioeconômicas. No geral, os dados não são homogêneos. As decisões que concedem a gratuidade da justiça nem sempre são fundamentadas e as decisões aparecem mais fundamentadas em caso de indeferimento, com as justificativas de não comprovação da hipossuficiência ou da insuficiência de recurso, a contratação de advogado particular, a natureza ocupacional do autor do pedido e litigância predatória. Neste contexto, pensando no acesso à justiça de forma mais eficiente, propõe a consideração também o custo-benefício do instituto, com a complementação de dados ainda desconhecidos, como o número de vencidos com a justiça gratuita, e que a gratuidade da justiça deve ser analisada diante de um panorama que não é uniforme.

De forma especial, a legislação processual trabalhista regula a matéria nos artigos 789 a 790-A, da CLT. As custas devem ser pagas pelo vencido e correspondem a 2% do valor da causa, do valor da condenação ou do valor estimado pelo juízo. Nas causas sob o rito sumário, a gratuidade é obrigatória. Nos demais ritos, a justiça gratuita pode ser reconhecida, de oficio ou a pedido, para os casos em que a parte receba valor igual ou inferior a 40% do valor do benefício da previdência social, conforme o artigo 790, §3º, da CLT. Assim, pela natureza pessoal e por estar o autor desempregado, é esperado um maior o número de gratuidade da justiça. Porém, o empregador, quando vencido, na mesma proporção, não goza da gratuidade e, por isso, paga as custas no final[12].

A mesma conotação social aparece no processo previdenciário. Os que reclamam o benefício previdenciário são pessoas físicas e não dispõem de condições para pagar as despesas processuais[13].

(pesquisadora DPJ/CNJ), Adriana Meireles Melonio (juíza auxiliar do TST). ***Seminários de Pesquisas Empíricas Aplicadas a Políticas Judiciárias – Gratuidade e Acesso à Justiça***. 27 de setembro de 2023. Site: https://www.youtube.com/watch?v=FBgGdLrOPEA (visitado em 13-12-2023).

12. Múltiplos critérios para a concessão de gratuidade de justiça demandam novos estudos. Site: https://www.cnj.jus.br/multiplos-criterios-para-a-concessao-de-gratuidade-de-justica-demandam-novos-estudos/ (visitado em 11-12-2023).

13. VAZ, Paulo Afonso Brum. Assistência judiciária gratuita e judicialização: sobre a possibilidade de definição jurisprudencial de um parâmetro inicial objetivo para o seu deferimento

Ainda assim, a Corte Especial do Tribunal Regional Federal da 4ª região, em IRDR (índice de resolução de demandas repetitivas), fixou o critério objetivo do valor do maior benefício do Regime Geral da Previdência Social. Acima do teto, a justiça gratuita não se presume e se torna excepcional conforme o caso concreto[14].

Existe o critério dos juizados especiais. Pela legislação mista, por competência, nas causas de pequeno valor e de menor complexidade, assistido por advogado ou atuando em causa própria (*ius postulandi*), a sentença de primeira instância não condenará o vencido em custas e honorários (artigos 54 e 55, da Lei n. 9.099/1.995). Estimula-se o litígio.

Existem dois projetos de leis em tramitação no Congresso Nacional. O projeto de lei 770/2020[15], objetivando a fixação do critério solidário, por motivo de doença grave[16]. E o projeto de lei 6.160/2.019[17], no âmbito

---

no processo previdenciário. https://www.trf4.jus.br/trf4/controlador.php?acao=pagina_visualizar&id_pagina=1416 (Visitado em 18-12-2023).

14. TRF4 - Incidente de Resolução de Demandas Repetitivas (Corte Especial) Nº 5036075-37.2019.4.04.0000 (Processo Eletrônico - E-Proc V2 - TRF) - Originário: Nº 50300419520194047000 (Processo Eletrônico - E-Proc V2 - PR) - Data de autuação: 22/08/2019 - Des. Federal LEANDRO PAULSEN – Corte Especial. Site: https://www.trf4.jus.br/trf4/controlador.php?acao=noticia_visualizar&id_noticia=16311 (visitado em 19-12-2023)

15. Projeto de Lei n. 770, de 2020. Acrescenta o § 9º ao art. 98 da Lei no 13.105, de 16 de março de 2015 (Código de Processo Civil), para prever o direito à gratuidade da justiça aos portadores de doenças graves. § 9º Terá direito à gratuidade da justiça a parte ou o interessado portador de doença grave, assim compreendida qualquer das enumeradas no art. 6º, inciso XIV, da Lei nº 7.713, de 22 de dezembro de 1988." (NR) Site: https://www25.senado.leg.br/web/atividade/materias/-/materia/141123?_gl=1*56x1i3*_ga*MTI5MjExNjg4OC4xNjkzNzExMzMx*_ga_CW3ZH25XMK*MTcwMjc4NDQ0OS44LjAuMTcwMjc4NDQ0OS4wLjAuMA. (visitado em 17-12-2023).

16. *"Artigo 6º. (...). "XIV – os proventos de aposentadoria ou reforma motivada por acidente em serviço e os percebidos pelos portadores de moléstia profissional, tuberculose ativa, alienação mental, esclerose múltipla, neoplasia maligna, cegueira, hanseníase, paralisia irreversível e incapacitante, cardiopatia grave, doença de Parkinson, espondiloartrose anquilosante, nefropatia grave, hepatopatia grave, estados avançados da doença de Paget (osteíte deformante), contaminação por radiação, síndrome da imunodeficiência adquirida, com base em conclusão da medicina especializada".* Lei n. 7.713/1.988. Site https://www.planalto.gov.br/ccivil_03/leis/l7713.htm (visitado em 9-12-2023).

17. Projeto de Lei n. 6.160/2.019. *"Art. 45-A. Terá direito à gratuidade de que trata o art. 45 a pessoa pertencente a família de baixa renda, assim entendida: I - aquela com renda familiar mensal per capita de até meio salário mínimo; ou II - aquela com renda familiar mensal de até três salários mínimos. § 1º A prova da condição de que trata o caput será realizada por meio da apresenta-*

da Justiça Federal e dos Juizados Especiais Federais, criando o critério objetivo de renda; renda *per capita*, até meio salário mínimo, e renda familiar mensal, até três salários mínimos.

A gravidade do tema da justiça gratuita ganha repercussão quando se verifica situações de usurpação da competência legislativa privativa da União. É o caso de leis estaduais criando os critérios para a justiça gratuita. São regras inválidas perante o Supremo Tribunal Federal[18].

Assim, os critérios são variáveis. Podem ser por declaração, por limite de isenção do imposto de renda, por renda *per capita*, por renda mensal baseada em salários mínimos, por 40% do teto do benefício da RGPS e até mesmo por necessidade do caso concreto.

3. REFERÊNCIA PRÁTICA

Em metodologia, quis-se confirmar a hipótese das regras da gratuidade da justiça, com a isenção das despesas, por fatores econômicos, transformarem o processo em mecanismo de controle social.

A motivação decorre dos encontros favorecidos pela disciplina *"análise econômica do direito"*[19], e da adoção do referencial teórico a obra *"Economic Analysis of Litigation and the Legal Process"*[20].

Quando se pretende ajuizar uma ação, a parte deve levar em consideração os possíveis ganhos e perdas. Existem ganhos e perdas para o autor, para o réu e para o Estado. Todavia, quando do ajuizamento da ação, o autor leva em consideração os interesses próprios, desconsiderando os demais.

ção pelo autor do comprovante de habilitação em cadastro oficial do Governo federal instituído para programas sociais". Site: https://www.camara.leg.br/proposicoesWeb/prop_mostrarintegra?codteor=1837461&filename=PL%206160/2019 (Visitado em 18-12-2023).

18. ADI 7063 – STJ – Processo 0112600-0.2022.1.00.0000 – Rio de Janeiro – Min. Edson Fachin - Trânsito em Julgado em 8-2-2023. Site: https://portal.stf.jus.br/noticias/verNoticiaDetalhe.asp?idConteudo=479833&ori=1 (visitado em 19-12-2023).
19. VITORELLI, Edilson. Disciplina "Análise Econômica do Direito". Curso de Pós-Graduação de Doutorado em Direito, da Universidade de Ribeirão Preto (UNAERP). Site: www.unaerp.br (visitado em 22-12-2023).
20. SHAVELL, Steven. ECONOMIC ANALYSIS OF LITIGATION AND THE LEGAL PROCESS. NBER WORKING PAPER SERIES. NBER Working Paper No. 9697 May 2003, capítulo 17.

Para o autor, as perdas a serem consideradas são as despesas processuais. Se for gastar mais do que pode ganhar, o autor não ajuizará a ação. Não haveria motivos raciocinais nesta situação em que não vai ganhar. Se o ganho social for maior do que o ganho pessoal, o autor tenderá a não ajuizar a ação.

Em outras palavras, o autor não ajuizaria a ação se tivesse que antecipar as despesas processuais; ou se tivesse que gastar mais do que poderia ganhar; ou, ainda, se fosse ganhar pouco. A justiça gratuita é um estímulo econômico pela norma ao ajuizamento de ações, ainda que os ganhos sejam baixos ou apenas com o ganho social.

A concessão da justiça gratuita interfere na equação. Diante de isenção das despesas processuais, o autor da ação sentir-se-á estimulado a provocar o poder Judiciário em todos os casos possíveis. Na hipótese de assistência judiciária integral, não haveria outro risco senão a perda do tempo e da psique, favorecendo o ajuizamento da ação.

As pessoas menos favorecidas economicamente passam a experimentar a inclusão social por intermédio processo. Se algumas demandas não chegavam ao poder Judiciário, agora, com a justiça gratuita, chegam. Quando essas ações chegam, muitas vezes, servem para desestimular o comportamento indevido do réu, combatendo, ainda que indiretamente, as ilegalidades.

A gratuidade da justiça traz um ganho pessoal, para o autor, e um ganho social, para o Estado, pois, respectivamente, funciona como um instrumento de acesso ao poder Judiciário e, ao mesmo tempo, um instrumento de controle social. O acesso à justiça é mais amplo do que a gratuidade da justiça, mas a justiça gratuita está entre as ondas de acesso[21], consagrando os princípios do artigo 5º, incisos XXXV, LV e LXXIV, da Constituição Federal.

21. *"a primeira "onda" desse movimento novo – foi a assistência judiciária; a segunda dizia respeito às reformas tendentes a proporcionar representação jurídica para os interesses "difusos", especialmente nas áreas de proteção ambiental e do consumidor. E o terceiro – e mais recente – é o que nos propomos a chamar simplesmente "enfoque de acesso à justiça" porque inclui os posicionamentos anteriores, mas vai além deles, representando, dessa forma, uma tentativa de atacar as barreiras ao acesso de modo mais articulado e compreensivo.* CAPPELLETTI, Mauro. BRYANT, Garth. Acesso à Justiça. Tradução: Ellen Gracie Northfleet. Sergio Antonio Fabris Editor: Porto Alegre, 1998, p. 31. Site: https://www.irib.org.br/app/webroot/publicacoes/diversos003/pdf.PDF (visitado em 24-12-2023).

Existe, ainda, uma situação intermediária. Ocorre quando a parte contrata um advogado particular, ao invés de optar pela assistência judiciária. A legislação permite a justiça gratuita no caso da contratação de advogado particular, todavia, ainda que faça jus à isenção das despesas processuais, persistirão os honorários advocatícios contratados. É um custo oriundo da contratação. Dependendo da forma de contratação, mitiga o estímulo à litigância.

De igual modo, a justiça gratuita pode influenciar o comportamento do réu. Assim como o autor, o réu pode fazer jus à concessão da justiça gratuita. Se não tiver condição de pagar um advogado, beneficiar-se-á ainda da assistência judiciária. Assim, quando houver a isenção das despesas processuais pela justiça gratuita, algumas perdas são relativizadas e tendem a prolongar o litígio, diminuindo as chances de acordo, aumentando os índices de recursos.

De forma negativa, destoa o custo social da litigância é elevado. A justiça gratuita passa a ser um estímulo descompassado à litigância excessiva, afinal, nem toda litigância traz um benefício. Exemplifique-se a litigância predatória. O aumento do número de recursos especiais e de agravos de instrumento em recursos especiais, no Superior Tribunal de Justiça, e os recursos ordinários nos Tribunais de origem, em repetição, acusa o inchaço da máquina judiciária.

A repercussão geral da matéria da justiça gratuita afetou o recurso especial, sob o rito de recursos repetitivos, no tema 1.178, pelo Superior Tribunal de Justiça, em busca de critérios à uniformização. Existem diversos critérios, todavia, de imediato, com o julgamento do tema em recurso repetitivo, a tendência é que haja uma desoneração da máquina do poder Judiciário.

Os fatores econômicos confirmam que as regras da gratuidade da justiça causam um comportamento esperado de inclusão social pelo processo e reflete o estado de necessidade da sociedade, todavia, não se pode deixar de mencionar que o acesso à justiça é muito mais amplo e envolve outras portas de acesso, como defensorias públicas, custas, promotorias legais, assessoria jurídica das universidades, capacitação de líderes comunitários, advogados particulares, ministério público (estaduais e federal), justiça itinerante, meios alternativos, justiça restaurativa, juizados especiais, reformas de organização e gestão dos Tribunais.

4. REFERÊNCIA BIBLIOGRÁFICA

BRANDÃO, Cláudio; KIM, Ricardo Pae; TAKASE, Emerson, YEUNG, Luciana; MACIEL, Renata Mota; PESSOA, Olívia. MELONIO, Adriana Meireles. Gratuidade e Acesso à Justiça. Seminários de Pesquisas Empíricas Aplicadas a Políticas Judiciárias – Gratuidade e Acesso à Justiça. 27 de setembro de 2023. Site: https://www.youtube.com/watch?v=FBgGdLrOPEA.

BRASIL. Lei n. 13.105/2.015, Código de Processo Civil, 26-3-2015. Site: https://www.planalto.gov.br/ccivil_03/_ato2015-2018/2015/lei/l13105.htm (visitado em 5-11-2024).

BRASIL. Lei n. 7.713/1.988. Altera a legislação do imposto de renda e dá outras providências. Site: https://www.planalto.gov.br/ccivil_03/leis/l7713.htm (visitado em 5-11-2024).

BRASIL. Decreto-Lei n. 5.452, de 1º de Maio de 1943. Aprova a Consolidação das Leis do Trabalho - CLT. Site: https://www.planalto.gov.br/ccivil_03/decreto-lei/del5452.htm (visitado em 5-11-2024).

BRASIL. Lei n. 1.060, de 5 de Fevereiro de 1950. Estabelece normas para a concessão de assistência judiciária aos necessitados. Site: https://www.planalto.gov.br/ccivil_03/leis/l1060.htm (visitado em 5-11-2024).

CAPPELLETTI, Mauro. BRYANT, Garth. Acesso à Justiça. Tradução: Ellen Gracie Northfleet. Sergio Antonio Fabris Editor: Porto Alegre, 1998, p. 31. Site: .https://www.irib.org.br/app/webroot/publicacoes/diversos003/pdf.PDF.

CNJ. Múltiplos critérios para a concessão de gratuidade de justiça demandam novos estudos. Site: https://www.cnj.jus.br/multiplos-criterios-para-a-concessao-de-gratuidade-de-justica-demandam-novos-estudos/.

FONSECA, Antonio Luiz Vinhal. A Gratuidade da Justiça e as Principais Alterações com o Advento do Novo Código de Processo Civil Brasileiro. Revista Jurídica Verb Legis, n. XIV, 2021. Site: https://apps.tre-go.jus.br/internet/verba-legis/2021/Artigos_A-importancia-da-Gratuidade-Judiciaria.php.

GRECO FILHO, Vicente. Direito Processual Civil Brasileiro. 7ª edição atual e ampliada. São Paulo: Saraiva, 1989-1993, p. 106-112.

MARQUES, José Frederico. Manual de Direito Processual Civil, volume III, 2ª parte, 5ª edição revista. São Paulo: Saraiva, 1980-1981, fls. 264-265.

SHAVELL, Steven. Economic Analysis of Litigation and the Legal Process. NBER WORKING PAPER SERIES. NBER Working Paper No. 9697 May 2003, capítulo 17.

VAZ, Paulo Afonso Brum. Assistência judiciária gratuita e judicialização: sobre a possibilidade de definição jurisprudencial de um parâmetro inicial objetivo para o seu deferimento no processo previdenciário. https://www.trf4.jus.br/trf4/controlador.php?acao=pagina_visualizar&id_pagina=1416.

LEITURA COMPLEMENTAR

OAB. Nota Pública da OABRS – Projeto de Lei nº 6.160/2019. Site: https://www2.oabrs.org.br/noticia/nota-publica/34563 (visitado em 19-12-2023).

TRF4 - Incidente de Resolução de Demandas Repetitivas (Corte Especial) Nº 5036075-37.2019.4.04.0000 (Processo Eletrônico - E-Proc V2 - TRF) - Originário: Nº 50300419520194047000 (Processo Eletrônico - E-Proc V2 - PR) - Data de autuação: 22/08/2019 - Des. Federal LEANDRO PAULSEN – Corte Especial. Site: https://www.trf4.jus.br/trf4/controlador.php?acao=noticia_visualizar&id_noticia=16311.

STJ. SÚMULA 481, CORTE ESPECIAL, julgado em 28/06/2012, DJe 01/08/2012. Site: https://scon.stj.jus.br/SCON/pesquisar.jsp?b=SUMU&sumula=justi%E7a+gratuita.

STJ. Tema ou Recurso Repetitivo (RR). Site: https://www.stj.jus.br/sites/portalp/Precedentes/informacoes-gerais/recursos-repetitivos.

STJ. *RESP 1988686-RJ – Proposta de Afetação no RE 2022/0061159-0 - STJ – Ministro Relator OG Fernandes – Corte Especial – Data de Julgamento 6-12-2022.* Site: https://processo.stj.jus.br/repetitivos/temas_repetitivos/pesquisa.jsp?novaConsulta=true&tipo_pesquisa=T&sg_classe=REsp&num_processo_classe=1988686.

STF - ADI 7063 – Processo 0112600-0.2022.1.00.0000 – Rio de Janeiro – Min. Edson Fachin - Trânsito em Julgado em 8-2-2023. Site: https://portal.stf.jus.br/noticias/verNoticiaDetalhe.asp?idConteudo=479833&ori=1.

CAPÍTULO VIII

TEMPO DO PROCESSO

HENRIQUE TIRONI SANTOS HOLZMEISTER[1]
MARCELLO SILVA NUNES LEITE[2]

1. CONCEITO GERAL

O avanço da tecnologia e o fenômeno da hiperconectividade[3] da sociedade têm levado estudiosos de todas as áreas do conhecimento a se debruçar cada vez mais sobre o tema "tempo", em busca, muitas das vezes, de analisar sua influência na vida dos indivíduos e na evolução da espécie humana.

Embora se costume atrelar o conceito de "tempo" a matérias como física e matemática, como nos teoremas e nas equações, ou, ainda, à biologia e à química, nas teorias e nas fórmulas, certo é que sua relevância extrapola, por natural, as ciências exatas e biológicas, sendo tópico de estudo também nas ciências humanas e sociais aplicadas, e, por conseguinte, no Direito.

1. Advogado. Mestrando e Bacharel em Direito pela Universidade Federal de Minas Gerais.
2. Advogado. Especialista em Direito Empresarial pela Fundação Getúlio Vargas, Mestrando e Bacharel em Direito pela Universidade Federal de Minas Gerais.
3. Disponível em: <https://www.tdics.epsjv.fiocruz.br/glossario/hiperconectividade>. Acesso em 1º.07.2023.

Em linhas gerais, na ciência jurídica, o decurso do tempo pode significar a aquisição de um direito, como se tem, por exemplo, com a capacidade civil ou com a usucapião, ou, ainda, a sua perda, a teor da prescrição e da decadência. Na verdade, não sou poucos os institutos do direito material que são regidos pelo fator tempo em nosso ordenamento, como já alertava TUCCI[4].

A lógica em nada difere no âmbito do Direito Processual Civil, porquanto a própria disciplina possui como uma de suas normas fundamentais a duração razoável do processo, princípio esse insculpido não apenas no próprio Código de Processo Civil (arts. 4º e 6º), mas também na Constituição Federal (art. 5º, LXXVIII), a evidenciar, de pronto, a categoria de direito fundamental atribuída à norma pelo legislador.

Ao lado da duração razoável do processo se costuma mencionar também a "efetividade" e o "processo justo", sendo os conceitos de difícil dissociação. Na sempre atual lição de RUI BARBOSA: "*justiça atrasada não é justiça, senão injustiça qualificada e manifesta. Porque a dilação ilegal nas mãos do julgador contraria o direito escrito das partes, e, assim, a lesa no patrimônio, honra e liberdade*"[5].

Nesse sentido, a inquietação atual dos processualistas gira em torno da efetividade do processo como instrumento da tutela de direitos[6], e, por conseguinte, do processo célere e com duração razoável.

Com efeito, a reflexão acerca do tempo *do* e *no* processo é essencial, e não pode ser desprezada pela Academia, sob pena de que o Direito não logre cumprir sua função precípua de pacificação social.

4. TUCCI, José Rogério Cruz e. Tempo e processo: uma análise empírica das repercussões do tempo na fenomenologia processual: civil e penal. São Paulo: Ed. Revista dos Tribunais, 1997, p. 23.
5. BARBOSA, Rui. Oração aos Moços. 5ª ed. Rio de Janeiro: Casa de Rui Barbosa, 1999, p. 40.
6. WATANABE, Kazuo. Da cognição no Processo Civil. 2ª ed. Campinas: Bookseller, 2000, p. 19.

2. VISÃO DO CONCEITO PELA ANÁLISE ECONÔMICA E COMPORTAMENTAL

Embora o tempo não seja uma preocupação exclusiva do Processo Civil, seu decurso é intrinsecamente ligado ao custo do processo para as partes, e pode ser lido como um custo de litigar quando outros meios de haver o bem da vida almejado são possíveis e mais céleres. Mesmo ignorando estruturas de remuneração de advogados e outros assistentes, que podem ser calculadas em função do tempo despendido para prover os serviços, o decurso do tempo impõe ônus àquele que tem um direito a ser tutelado pelo processo.

Aqui, cabe distinguir o tempo *no* processo de tempo *do* processo. O tempo *no* processo se refere ao gasto pelas partes em audiências, reuniões com advogados, buscando documentos, dentre outros, em função do litígio. O custo aqui é intuitivo: cada minuto gasto em função do processo é tempo que não pode ser despendido em lazer ou de forma produtiva. Por tempo *do* processo, objeto da presente análise, se refere ao decurso de tempo entre a provocação do Estado-juiz para tutelar um direito, ou a apresentação da defesa para contestar pretensão de direito, e a solução final do litígio, com a entrega do bem da vida almejado, ou sua negação definitiva.

Assim colocado, percebe-se que o tempo manifesta custos que são mais intuitivamente evidentes no caso do autor de demanda de cunho patrimonial a quem assiste a razão, uma vez que o intervalo temporal entre o surgimento do direito e sua efetivação, por meio do processo, tende a diminuir a utilidade e valor do bem da vida perseguido.

Nas obrigações de pagar quantia certa, isto tende a ser visto no contexto de inflação e a perda de valor da moeda ao longo do tempo. Além da perda de valor propriamente dita, a inflação está associada a outros custos incorridos para evitar tal perda[7]. Estes custos, de forma geral, se traduzem em estratégias e ações que visam a evitar a perda de valor da coisa e importam em ações repetitivas[8], conversão de moeda em outros

7. MANKIW, N. Gregory. Principles of Macroeconomics. 6ª ed. Mason: South-Western Cengage Learning, 2012. p. 361.

8. *Ibid.*

bens ou outras moedas[9], em todos os casos importando em uso sub-ótimo do tempo ou gasto adicional[10]. Estes custos, bem como a perda de valor propriamente ditas, tendem a ser mitigados, senão eliminados como custo associado ao tempo do processo pela indexação, que encontra nas obrigações vencidas uma das limitadas hipóteses legais de aplicação[11].

A quantia certa, no entanto, compartilha com a coisa determinada custos quando sua entrega é protraída no tempo. Por custos aqui se refere de maneira ampla ao conjunto de vantagens que não se pode aferir. Note-se que, nos casos em que é claro para as partes quem tem razão, a escolha racional de resistir pode fazer com que parte do custo da opção seja suportado por pessoa que não escolheu. Neste caso, os custos do tempo se aproximam da definição de lucros cessantes[12] quando determinados a uma das partes pela resistência da outra. Como nos lucros cessantes, a prova dos custos de oportunidade incorridos pela parte pela protração do processo no tempo são de difícil comprovação[13], o que ocasiona dificuldade prática de efetivação da alocação destes custos pelo legislador. Os juros moratórios, neste ponto, exercem importante função mitigatória do custo tempo[14].

A coisa certa, no entanto, ainda implica custo adicional da depreciação, entendida como a deterioração do valor ou utilidade do bem pelo uso ou a simples passagem do tempo. Nos casos em que a coisa não se deteriora, mas meramente se deprecia, a protração no tempo acaba por implicar a diminuição do valor havido quando da entrega do bem que pode não ser compensada por seu uso produtivo por força dos óbices impostos pelo litígio.

---

9. LOPES, Christian S. B. Correção Monetária – Tempo e dinheiro no direito. Belo Horizonte: Líder, 2011. p. 20, MANKIW, N. Gregory. Op. Cit, p. 361.
10. *Ibid.*
11. LOPES, Christian. S. B. *Op. Cit.* p. 151.
12. A doutrina nacional chegou mesmo a cogitar de um "dano pela demora previsível em obter a indenização em juízo" (SILVA, Clóvis do C. O conceito de dano no direito brasileiro e comparado. In: Revista dos Tribunais, vol 667. pp 7-16. São Paulo: Editora Revista dos Tribunais, 1991. Texto online. p. 9).
13. DIAS, José de A. Da Responsabilidade Civil. 3ª ed. vol. II. Rio de Janeiro: Edição Revista Forense, 1954. p. 713.
14. *Ibid.* p. 711.

Por fim, as obrigações de fazer e não fazer igualmente suportam custos na forma de perda de utilidade da prestação, cujo impacto relativo ao bem da vida perseguido pode alcançar a supressão da utilidade da prestação apresentada[15].

Tais custos tendem a ser menos visíveis naquelas demandas de declaração da (in)existência ou modo de ser de relação jurídica, ou nas quais se pretende a constituição de situação jurídica. Em qualquer caso, existem argumentos que sugerem que a protração no tempo gera impactos econômicos ou comportamentais mesmo naquelas situações em que, a rigor, o bem da vida não sofre depreciação apreciável pela mera passagem do tempo.

A primeira destas situações é a incerteza implícita no ganho potencial futuro. Embora a proteção ao ato jurídico perfeito possa proteger a situação consolidada do efeito de leis futuras, a interpretação das leis é suscetível de mudança. Mesmo em sistemas jurídicos nos quais a jurisprudência tem força vinculante, o aprimoramento, não a estagnação do direito, é um resultado desejado[16]. A contrapartida, no entanto, é que a parte que se beneficiaria da interpretação dominante de determinada norma (no momento do ajuizamento) pode ter sua situação jurídica resolvida somente após a superação desta interpretação inicial favorável.

Aqui se tornam mais evidentes os custos impostos pelo tempo ao réu que tem razão. Como o autor que tem razão, o réu que tem razão está suscetível a sofrer danos com a perda de valor ou utilidade de bem embargado (dado em garantia do juízo, arrestado ou penhorado, por exemplo). Nada obstante, nas hipóteses em que o réu pode escolher o bem que sofrerá constrição, o réu com razão pode minimizar suas perdas, algo que somente é possível ao autor nas limitadas hipóteses que terá de prestar caução para conseguir alguma vantagem. O réu que tem razão, no entanto, está suscetível ao custo que o tempo impõe na forma

15. Os exemplos aqui são variados, desde situações urgentes (que encontram alguns paralelos em obrigações de entrega de coisa certa urgentes), como uma cirurgia, a casos com consequências menos drásticas, como o serviço de fotografia em cerimônia importante, como um casamento.

16. HERSHOVITZ, Scott. Integrity and Stare Decisis. In: Hershovitz S. (ed) Exploring Law's Empire. Oxford: Oxford University Press, 2006. p. 104. PRITSCH, César Z. JUNQUEIRA, Fernanda A. M; HIGA, Flávio da C; MARANHÃO, Ney (coords). Precedentes no processo do trabalho: teoria geral e aspectos controvertidos. São Paulo: Thomson Reuters Brasil, 2020. p. 82.

de incerteza do resultado do processo de forma igual ao autor que tem razão.

Avançando, cabe notar que o tempo não implica custo unicamente para as partes, sendo também custo público na forma do tempo gasto por juízes e auxiliares da justiça, e no tempo de ocupação de espaço por documentos. Cabe destacar aqui, no entanto, que nem todos estes custos estão ligados unicamente ao tempo, podendo ser mitigados de outras formas[17]. Crucialmente, o tempo parece diminuir o valor da decisão judicial como parâmetro de normatização[18], existindo em ao menos um exemplo evidência empírica de redução da criminalidade na aceleração do processo[19].

Ao longo de todos os exemplos analisados, o que se enfatizou é o custo para aquele que tem razão, exatamente por sua maior evidência. Nada disto obstante, vários dos custos apontados se impõem indiscriminadamente às partes, como na depreciação de bens litigiosos e a incerteza do ganho futuro. Nos casos em que ambas as partes acreditam ter razão, a incerteza é, ademais, realçada, mas sugere-se aqui que esta não seria um custo do tempo do processo. O tempo do processo oriundo da litigiosidade impulsionada pela crença de ambas as partes de que têm razão pode ser custo da indeterminação ou instabilidade da jurisprudência naqueles casos que existem precedentes em tese aplicáveis e com soluções distintas.

O que se coloca, por fim, é a contrapartida. Embora o custo do tempo não seja sempre intuitivo ou evidente, matéria menos óbvia é o que se ganha ao se incorrer neste custo. Nem todo tempo gasto no processo é

---

17. O exemplo intuitivo aqui é a digitalização de autos, que restringe as hipóteses em que se faz necessário o armazenamento de documentos físicos àquelas nas quais o documento enquanto objeto interessa ao processo (como nas hipóteses de avaliação grafotécnica e documentoscopia). O custo imposto pelo tempo do processo na estrutura física do poder judiciário sofre redução sem, no entanto, causalidade com qualquer alteração temporal.
18. REZENDE, Ester C. G. N. Fortalecimento da tutela do direito provável: atipicidade e generalização da tutela em combate ao dano marginal no Direito brasileiro. Tese de Doutorado. Belo Horizonte: UFMG, 2016. pp. 83 a 85.
19. Na República Checa, DUŠEK, Libor. Time to punishment: The effects of a shorter criminal procedure on crime rates. In: International Review of Law and Economics, Vol. 43, Pp. 134-147. S.l: Elsevier, 2015. Disponível em: <https://www.sciencedirect.com/science/article/pii/S0144818814000210?via%3Dihub>. Acesso em 30 de junho de 2023.

igual, dividindo a doutrina os tempos de espera e tempos de progresso[20]. O tempo no processo, na medida que permite de maneira adequada o contraditório, a produção de elementos de prova, a reflexão, pelo órgão judiciário, sobre os elementos dos autos, permitindo a decisão precisa, se manifesta como custo de oportunidade[21] de objetos valorados. Por outro lado, o tempo no processo pode se manifestar como custo da ineficiência de organização e acúmulo de funções do órgão judicante, ou da ausência de especialização – e consequente sobre-uso de tempo para conhecer os fatos e direitos em caso com demasiadas especificidades.

3. REFERÊNCIA PRÁTICA

Fixado o panorama teórico, cumpre, na sequência, discorrer a respeito dos aspectos e consequências práticas do tempo do processo.

Considerando que o acesso amplo e irrestrito à Justiça é um direito fundamental do cidadão, com previsão no art. 5º, XXXV, da Constituição Federal, cabendo ao Estado, ainda, prestar assistência jurídica integral e gratuita aos que comprovarem insuficiência de recursos (inciso LXXIV), a tendência é que, ao fim e ao cabo, a sociedade seja incentivada a recorrer ao Poder Judiciário na tentativa de remediar suas mazelas.

A efetivação da prestação jurisdicional, contudo, não se assegura tão apenas pela via do Direito, mediante a mera previsão normativa que assegure o acesso à Justiça, sendo, de igual forma, imprescindível que se garanta infraestrutura, recursos humanos, qualificação, dentre outros, para que o direito, que em gênese se encontra apenas nos textos legais, reverbere, em última análise, no cidadão, razão pela qual a análise econômica não pode ser escanteada pelos juristas.

Nesse sentido, impõe reconhecer que, no contexto atual, o Poder Judiciário se encontra totalmente abarrotado de demandas. Segundo dados mais recentes do Conselho Nacional de Justiça, o Poder Judiciário concluiu 26,9 milhões de processos em 2021 e, nesse mesmo período, registrou-se o ingresso de 27,7 milhões novas ações, incluídas aquelas

20. TUCCI, José Rogério Cruz e. Op. Cit. p. 65.
21. Entendido como aquilo que se abre mão para se obter outro bem da vida, na esteira de MANKIW, N. Gregory. Op. Cit, p. 8.

que voltaram a tramitar[22], circunstância essa que afeta, direta e inexoravelmente, a efetividade e celeridade processuais. A constatação já foi feita, desde há muito, por GICO JÚNIOR[23], tendo aduzido que:

> Em termos juseconômicos, os objetivos de maior acesso e maior celeridade são, em larga medida, incompatíveis. Se o número de casos excede em muito a capacidade de análise e processamento do Judiciário, cada processo demorará cada vez mais (congestionamento); e a análise de cada caso será cada vez mais supérflua, pois os magistrados não possuirão tempo suficiente para ponderar com cuidado sobre cada um (sobrecarregamento), o que diminui a qualidade das decisões e, no limite, mina a própria razão de existir um Judiciário (ineficácia).

Diante desse intrincado cenário, o desafio que se apresenta ao operador do direito é: como conciliar o acesso irrestrito à Justiça e o tempo razoável de duração do processo judicial, considerando a dicotomia apontada pela doutrina?

A resposta, definitivamente, não vem fácil. O autor, contudo, entende que a solução deságua no investimento em capital jurídico, a teor da uniformização da jurisprudência e do fortalecimento da segurança jurídica, de modo que assim seja preservado o amplo acesso ao serviço público adjudicatório e, ao mesmo tempo, reduzido o número de litígios, sem que, com isso, reste prejudicada a qualidade da prestação jurisdicional, e assim arremata[24]:

> O que a comunidade jurídica precisa aprender é que acesso ao Judiciário é apenas um meio, o fim último é um estado democrático de direito no qual as leis sejam cumpridas e impostas aos não cumpridores e que, portanto, as pessoas possam confiar nos contratos realizados (barganha privada) e nas leis promulgadas (barganhas públicas). O objetivo final é a construção de uma sociedade na qual as regras sejam as mesmas para todos, independentemente de raça, crença ou riqueza. Isso se aplica tanto a dar acesso aos pobres, quanto a não discriminar os ricos. Enfim, é tratar

22. Disponível em: <https://www.cnj.jus.br/justica-em-numeros-2022-judiciario-julgou-269-milhoes-de-processos-em-2021/>. Acesso em 04.07.23.
23. GICO JÚNIOR, Ivo Teixeira. A tragédia do Judiciário. Revista de Direito Administrativo. Belo Horizonte, n. 267, set./dez. 2014, p. 179.
24. GICO JÚNIOR, Ivo Teixeira. A tragédia do Judiciário. Revista de Direito Administrativo. Belo Horizonte, n. 267, set./dez. 2014, pp. 193/194.

todos igualmente. Assim como ninguém quer acesso a supermercados, as pessoas querem os produtos que estão lá dentro, ninguém quer acesso ao Judiciário, as pessoas querem a prestação jurisdicional. Para que não restem dúvidas: ninguém quer acesso ao Judiciário, as pessoas querem acesso ao seu direito (serviço público adjudicatório). Enquanto isso não for compreendido, o futuro do Judiciário será trágico.

4. LEITURAS COMPLEMENTARES

ALMEIDA, João Alberto de; BRITO, Thiago Carlos de Souza. Tempo, duração razoável e celeridade do processo: ensaio sobre os mitos e o tempo necessário para o julgamento. *In*: Paulo Henrique dos Santos Lucon; Juliana Cordeiro de Faria; Edgard Audomar Marx Neto; Ester Camila Gomes Norato Rezende. (Org.). Processo Civil Contemporâneo – Homenagem aos 80 anos do Professor Humberto Theodoro Júnior. 1ª ed. Rio de Janeiro: Editora Forense, 2018, v. 1, pp. 154-162.

THEODORO JÚNIOR, Humberto. Celeridade e efetividade da prestação jurisdicional. Insuficiência da reforma das leis processuais. Disponível em <http://www.abdpc.org.br/artigos/artigo51.htm.>. Acesso em 1º.07.2023.

TIMM, Luciano Benetti; TRINDADE, Manoel Gustavo Neubarth; MACHADO, Rafael Bicca. O problema da morosidade e do congestionamento judicial no âmbito do processo civil brasileiro: uma abordagem de *law and economics*. Revista de Processo, vol. 290/2019. Abril de 2019.

REFERÊNCIAS

BARBOSA, Rui. Oração aos Moços. 5ª ed. Rio de Janeiro: Casa de Rui Barbosa, 1999.

CNJ. Justiça em números. Conselho Nacional de Justiça, Departamento de Pesquisas Jurídicas. Brasília: Conselho Nacional de Justiça, 2022.

DIAS, José de A. Da Responsabilidade Civil. 3ª ed. vol. II. Rio de Janeiro: Edição Revista Forense, 1954.

DUŠEK, Libor. Time to punishment: The effects of a shorter criminal procedure on crime rates. In: International Review of Law and Economics, Vol. 43, Pp. 134-147. S.l: Elsevier, 2015. Disponível em: <https://www.sciencedirect.com/science/article/pii/S0144818814000210?via%3Dihub>. Acesso em 30 de junho de 2023.

EÇA, V. S. de M, CUNHA, N. X. Sistema de precedentes vinculantes: conceitos e características. In: PRITSCH, C. Z. JUNQUEIRA, F. A. M; HIGA, F. da C; MARANHÃO, N. (coords). Precedentes no processo do trabalho: teoria geral e aspectos controvertidos. São Paulo: Thomson Reuters Brasil, 2020.

GICO JÚNIOR, Ivo Teixeira. A tragédia do Judiciário. Revista de Direito Administrativo. Belo Horizonte, n. 267, set./dez. 2014.

HERSHOVITZ, Scott. Integrity and Stare Decisis. In: Hershovitz S. (ed) Exploring Law's Empire. Oxford: Oxford University Press, 2006.

LOPES, Christian S. B. Correção Monetária – Tempo e dinheiro no direito. Belo Horizonte: Líder, 2011.

MANKIW, N. Gregory. Principles of Macroeconomics. 6ª ed. Mason: South-Western Cengage Learning, 2012.

PRITSCH, César Z. JUNQUEIRA, Fernanda A. M; HIGA, Flávio da C; MARANHÃO, Ney (coords). Precedentes no processo do trabalho: teoria geral e aspectos controvertidos. São Paulo: Thomson Reuters Brasil, 2020.

REZENDE, Ester C. G. N. Fortalecimento da tutela do direito provável: atipicidade e generalização da tutela em combate ao dano marginal no Direito brasileiro. Tese de Doutorado. Belo Horizonte: UFMG, 2016.

SILVA, Clóvis C. O conceito de dano no direito brasileiro e comparado. In: Revista dos Tribunais, vol. 667. pp 7-16. São Paulo: Editora Revista dos Tribunais, 1991. Texto online.

TUCCI, José Rogério Cruz e. Tempo e processo: uma análise empírica das repercussões do tempo na fenomenologia processual: civil e penal. São Paulo: Ed. Revista dos Tribunais, 1997.

WATANABE, Kazuo. Da cognição no Processo Civil. 2ª ed. Campinas: Bookseller, 2000.

CAPÍTULO IX

TUTELA PROVISÓRIA

Juliana Castro Torres[1]
Larissa de Castro Coelho[2]
Vitor Hugo da Trindade Silva[3]

1. CONCEITO DE TUTELA PROVISÓRIA

Antes de adentrar ao tema central do presente trabalho, faz-se necessário a introdução conceitual do instituto jurídico a ser analisado

1. Doutoranda no Programa de Pós-graduação em Direitos Coletivos e Cidadania da Universidade de Ribeirão Preto -UNAERP. Mestre em Direito pela Universidade de Ribeirão Preto – UNAERP. Especialista em Direito Público *Lato Sensu* pela Universidade Anhanguera – UNIDERP. Graduada em Direito pela Universidade do Estado de Minas Gerais – Unidade Passos. Advogada, inscrita na OAB/MG sob o n 121.202. Foi Bolsista de Gestão em Ciência e Tecnologia BGCT-III pela FAPEMIG. Foi Coordenadora do Núcleo de Assistência Judiciária Gratuita – NAJ da UEMG – Unidade Passos (2019-2020). É Bolsista PROSUP-CAPES. É Coordenadora da Escola Superior de Advocacia – ESA, subseção de Passos-MG. É membro do Comitê de Ética em Pesquisa na Faculdade Atenas Passos. É Coordenadora de Pesquisa no curso de Direito da Faculdade Atenas Passos. É Professora de Direito Civil, Direito Constitucional e Direito Tributário no curso de Direito da Faculdade Atenas Passos. http://lattes.cnpq.br/4486423547641606.
2. Doutoranda em Direitos Coletivos e Cidadania pela Universidade de Ribeirão Preto (UNAERP). Mestre em Direitos Coletivos e Cidadania pela Universidade de Ribeirão Preto (UNAERP). Certificada pela Universidade de Santiago de Compostela conjuntamente com a INIEC sobre "Temas Avançados de Direito Público e Privado". Pós-graduada em Direito Empresarial pela Fundação Getúlio Vargas (2022). Graduada em Direito pela Universidade de Franca (2020). Membro do Grupo de Pesquisa "Direitos Coletivos como instrumento de concreção da cidadania" credenciado pela UNAERP junto com o Diretório dos Grupos de Pesquisa no Brasil – CNPq. Coordenadora e autora da obra "O Pacote anticrime sob a perspectiva da nova geração" pela editora Lemos & Cruz. Organizadora e autora da obra "Código Florestal Comentado e Anotado – Artigo por Artigo", publicado pela JUSPODIVM. Advogada empresarial na Nelson Wilians Advogados, no qual integra o Núcleo de Atuação Estratégica, Direito Ambiental e ESG.
3. Doutorando em Direitos Coletivos e Cidadania (PPGDCC) pela Universidade de Ribeirão Preto. Mestre em Direitos Coletivos e Cidadania (PPGDCC) pela Universidade de Ribeirão

sob a ótica da Teoria da Análise Econômica e Comportamental: a tutela provisória.

A tutela provisória é uma decisão judicial provisória que visa assegurar a efetividade da tutela jurisdicional enquanto o processo principal ainda está em andamento. Ela é concedida antes da sentença final, permitindo a antecipação de efeitos que normalmente só seriam alcançados ao término do processo. Tem como escopo evitar danos irreparáveis ou de difícil reparação que podem ocorrer durante o trâmite processual[4].

Geralmente, é concedida antes da citação do réu, embora o Código também a reconheça como tal quando se trata da decisão sobre uma medida a ser adotada após a justificação da citação do réu, mas ainda antes da abertura do prazo para resposta à demanda (THEODORO JR., 2018).

Assim, a tutela provisória é descrita como a concessão de uma medida, com caráter de urgência, antes da citação do demandado. A ênfase recai sobre a temporalidade do mecanismo, ressaltando que sua característica distintiva está relacionada ao momento da decisão, deixando de considerar o conteúdo, função ou natureza da tutela provisória. Essa abordagem sugere uma análise mais focalizada na fase inicial do processo, destacando a concessão da medida como o aspecto mais relevante no contexto liminar.

Cumpre esclarecer que, conforme o artigo 296 do CPC, "a tutela provisória conserva sua eficácia na pendência do processo, mas pode, a qualquer tempo, ser revogada ou modificada", ou seja, trata-se de uma decisão precária, podendo ser revogada a qualquer tempo, fazendo com que o direito seja ou não reconhecido no julgamento de mérito da causa, ou seja, serão sempre substituídas pelas sentenças proferidas ao final do processo.

A alteração ou revogação da tutela provisória pode ocorrer devido ao surgimento de novos elementos, os quais não foram considerados no

Preto. Graduado em Direito pela Universidade de Ribeirão Preto. Procurador concursado no município de São Carlos/SP, atuando no Serviço Autônomo de Água e Esgoto (Autarquia Municipal). Professor na Escola Superior da Advocacia (ESA/OABSP).

4. Art. 300 do Código de Processo Civil: "a tutela de urgência será concedida quando houver elementos que evidenciem a probabilidade do direito e o perigo de dano ou o risco ao resultado útil do processo".

momento da decisão que a concedeu. Isso é viável devido à natureza da cognição do juiz ao longo do processo, que tende a se aprofundar, tornando-se exauriente. Essa cognição é capaz de permitir a formação de decisões baseadas em juízo de certeza (CÂMARA, 2016, p. 155).

Ainda, para concessão do mecanismo é imprescindível a presença do *fumus boni iuris* (probabilidade do direito, quando há fundamentos jurídicos aceitáveis) e o *periculum in mora* (perigo de dano ou o risco ao resultado útil do processo, quando a demora da decisão causar prejuízos).

A possível existência do direito a ser protegido oportunamente, representa o primeiro requisito da tutela provisória, sendo que a concessão dessa tutela não é justificada quando a pretensão principal é prontamente identificada como improcedente. Na avaliação desse requisito, o juiz não aprofunda a verificação da existência do direito alegado ou a ser alegado, ou seja, dada a natureza sumária da cognição nas tutelas provisórias, é suficiente um juízo hipotético, baseado na probabilidade, em relação à pertinência da pretensão principal, eis que a decisão sobre a pretensão definitiva será proferida apenas ao final, em uma cognição mais aprofundada, a menos que o sistema permita a estabilização da tutela provisória concedida (GAJARDONI, 2015, 1802).

Destaca-se que o conceito de tutela provisória pode variar em diferentes sistemas jurídicos, mas a ideia central é oferecer uma solução temporária e emergencial para situações em que a demora na decisão final poderia causar danos irreparáveis às partes envolvidas.

Não se olvida da importância do instrumento para a garantia de efetivação do direito de forma célere, mas que deve exigir um grau de cautela e complexidade ao ser deferida com segurança a irreversibilidade, bem como quais são os efeitos econômicos causados aos jurisdicionados e ao Poder Judiciário.

2. ANÁLISE ECONÔMICA E COMPORTAMENTAL DA TUTELA PROVISÓRIA

Quais são os efeitos da tutela provisória sob a ótica da Teoria da Análise Econômica e Comportamental do Processo? Pois bem, esse é objetivo central do presente trabalho que a partir dos vieses, como imediatidade, enquadramento, irreversibilidade, custos e benefícios as partes do processo, analisar os impactos do mecanismo na tomada de decisões das partes, magistrado e consequências ao Poder Judiciário.

Em primeiro lugar, após as análises conceituais de tutela provisória sob a ótica da análise econômica e comportamental, analisará um estudo realizado em Minas Gerais.

Em uma visão sistemática, a partir de uma percepção econômica, a tutela provisória considera os custos, benefícios e impactos dessa medida para as partes envolvidas e para o sistema judiciário. A partir dessa perspectiva, destacam-se os seguintes pontos:

a) Redução de Custos de Litigância: A tutela provisória pode mitigar os custos decorrentes de uma longa espera por uma decisão definitiva, reduzindo prejuízos materiais e morais para as partes, além de evitar o agravamento de danos.

Nos casos em que a parte pleiteante possui recursos, a análise econômica poderia variar em ajuizar a ação ou não, correr o risco de receber uma liminar e ela ser revogada ou não ser revogada com a concretização do direito. Ou seja, resultados ótimos dependem de um mínimo de racionalidade, tudo isso aliado à celeridade diante do risco de dano.

Mesmo porque, o artigo 302[5] do Código de Processo Civil institui a obrigação do solicitante da tutela provisória, estipulando que aquele que a requerer assume a responsabilidade de indenizar os danos que a implementação da tutela provisória acarretar à parte adversa, sem deixar de lado sua responsabilização por eventual dano processual. Essa responsabilidade objetiva visa desestimular o uso abusivo da tutela provisória, impondo à parte requerente o dever de indenizar eventuais prejuízos causados à parte contrária.

5. Art. 302. Independentemente da reparação por dano processual, a parte responde pelo prejuízo que a efetivação da tutela de urgência causar à parte adversa, se:
I – a sentença lhe for desfavorável;
II – obtida liminarmente a tutela em caráter antecedente, não fornecer os meios necessários para a citação do requerido no prazo de 5 (cinco) dias;
III – ocorrer a cessação da eficácia da medida em qualquer hipótese legal;
IV – o juiz acolher a alegação de decadência ou prescrição da pretensão do autor.

b) Efeitos de Estímulo e Desestímulo:

- Estímulos: A possibilidade de obter uma tutela provisória incentiva a propositura de ações judiciais, especialmente em casos em que há alta probabilidade de sucesso na obtenção da medida. Também pode motivar comportamentos preventivos das partes, reduzindo a litigiosidade.

- Desestímulos: Por outro lado, o risco de revogação da tutela provisória e a eventual responsabilidade pelos danos causados à parte contrária atuam como desestímulos para litígios abusivos ou temerários.

Destaca-se que o ordenamento orienta que toda decisão que conceder, negar, modificar ou revogar a tutela provisória deve ser fundamentada, conforme dispõe o artigo 298, do Código de Processo Civil, o que de certo modo afasta decisões discricionárias.

A necessidade explícita de fundamentação nas decisões que concedem, negam, modificam ou revogam a tutela provisória, conforme estabelecido no art. 298 do Novo CPC, sugere que a discricionariedade não é uma faceta da atividade judicial ao deliberar sobre esse tipo de tutela. O juiz está obrigado a apresentar de forma clara as razões que embasaram sua escolha ao deferir, indeferir, modificar ou revogar a tutela provisória (NEVES, 2016, p. 291).

Contudo, é possível observar que nem todas as decisões são ideais, considerando as limitações inerentes ao processamento de informações humano. Existem restrições tanto de conhecimento quanto de informações, assim como limitações nas capacidades computacionais (YEUNG E CAMELO, 2023, p. 158).

Entretanto, há medidas que podem aumentar as possibilidades de êxito e irreversibilidade da medida liminar para que efetivamente cumpra o seu papel ante o risco de dano e seja ao final convertida em definitiva.

c) Eficiência no Sistema Judiciário: Decisões provisórias adequadas podem reduzir a carga de processos ao incentivar acordos ou evitar agravamentos de conflitos, contribuindo para a celeridade e a eficiência judicial. Estudos apontam que decisões judiciais antecipatórias bem fundamentadas tendem a encorajar as partes a buscarem soluções consensuais, reduzindo a judicialização de questões similares no futuro (POSNER, 2014).

Com a mesma metodização, com base em uma análise comportamental destaca como fatores psicológicos e cognitivos influenciam as decisões dos magistrados e das partes, como:

a) **Viés da Imediatidade:** O viés da imediatidade refere-se à tendência dos litigantes de atribuírem maior valor à proteção imediata proporcionada pela tutela provisória, mesmo quando essa medida não representa uma solução definitiva para o litígio. Essa preferência por benefícios a curto prazo está relacionada à necessidade de segurança e à percepção de justiça. Na prática, esse viés reforça a ideia de que o Poder Judiciário é eficaz em proteger direitos e atender demandas urgentes. Estudos indicam que, em questões de saúde pública, como fornecimento de medicamentos, a concessão de tutelas provisórias dentro de prazos curtos (em média, até uma semana) contribui para a confiança no sistema judicial (COELHO *et al.*, 2014).

No entanto, o viés da imediatidade pode gerar consequências negativas, como a priorização de decisões rápidas em detrimento de análises mais aprofundadas. Isso pode impactar a qualidade das decisões judiciais e até levar a decisões que serão posteriormente revogadas, gerando insegurança jurídica e aumento de custos processuais.

b) **Viés do Enquadramento:** O viés do enquadramento ocorre quando os magistrados são influenciados por situações análogas ou experiências anteriores, o que pode moldar a forma como percebem e decidem casos. Esse viés está relacionado à heurística de disponibilidade, em que o julgador se apoia em exemplos facilmente lembrados ou emocionalmente impactantes para tomar decisões.

Por exemplo, em casos de tutela provisória envolvendo medicamentos, um magistrado que tenha concedido uma medida similar em um caso anterior pode ser inclinado a deferir pedidos subsequentes, especialmente se o desfecho anterior foi positivo. Da mesma forma, decisões negativas ou experiências de abuso processual podem levar a uma maior cautela ou até a uma tendência ao indeferimento. Estudos mostram que magistrados tendem a enquadrar suas decisões com base no contexto das demandas e na natureza dos direitos em disputa, o que pode explicar as diferenças significativas nas taxas de deferimento entre doenças específicas, como observado por Coelho *et al.* (2014).

Embora o viés do enquadramento possa trazer eficiência em situações de alta repetitividade de demandas, também pode resultar em decisões influenciadas por fatores emocionais ou não técnicos, comprometendo a imparcialidade e a qualidade da análise judicial.

Diante de todos os pontos apresentados, tanto da parte econômica quanto comportamental, a autoridade concedente deve considerar uma vasta quantidade de informações e organizá-las de forma sistemática, utilizando a racionalidade, que, por sua vez, possui limitações e, por esse motivo, é comum que recorram a atalhos mentais ou heurísticas ao tomar decisões de qualidade, priorizando abordagens mais pragmáticas e com um equilíbrio elevado entre custo e benefício (YEUNG; CAMELO, 2023, p. 162).

Desta forma, é importante que o magistrado avalie, ao deferir ou não uma liminar, os valores jurídicos que estão em risco, num caso ou noutro e, se a concessão da medida pode evitar um perigo iminente para a vida do autor, mesmo que isso acarrete prejuízo financeiro para o réu, o juiz deve ponderar essa circunstância, juntamente com os demais requisitos necessários para a concessão da tutela (GONÇALVES, 2022, p. 808).

A exemplo, podemos citar a decisão liminar de concessão de medicamentos, em que o magistrado deverá avaliar entre a vida e a saúde do autor em virtude do cumprimento da legislação orçamentária do Estado. Neste caso, o impacto positivo é que o indivíduo terá o direito concretizado, recebendo o medicamento ou uma cirurgia antes da análise do mérito diminuindo os riscos com relação a este direito, mas por outro lado, a concessão da tutela pode ocasionar um desequilíbrio financeiro nas contas do Estado. Contudo, o bem garantido é a vida e em virtude disso, observa-se na maioria dos casos, que a reversibilidade é relativizada.

c) **Impactos Decorrentes da Reversibilidade:** A reversibilidade é um aspecto essencial na concessão da tutela provisória. Decisões irreversíveis podem gerar prejuízos substanciais para a parte contrária, enquanto a impossibilidade de reverter efeitos pode influenciar na segurança jurídica.

Assim, a concessão de tutela provisória deve ter como orientação a reversibilidade, haja vista que alguns casos, havendo a sua revogação, as partes não conseguem retornar ao *status quo ante*, como é o caso das liminares de concessão de benefícios previdenciários ou de medicamentos e cirurgias, pelo que é determinante que os magistrados não concedam a tutela antecipada quando irreversíveis os efeitos de seu provimento, o que não é uma tarefa fácil, diante de situações de risco e dano iminentes.

Esta situação é muito bem destacada por Gonçalves (2022) ao destacar que, em certos contextos, a restauração da situação anterior pode ser desafiadora, mesmo que não seja impossível, exemplificando que obrigar o réu a pagar uma quantia específica é reversível, pois o montante pode ser restituído, mas a restituição pode se mostrar bastante difícil no cenário real, especialmente se o autor não tiver recursos econômicos para realizá-la.

Como forma de viabilizar a irreversibilidade da liminar, caso o juiz tenha dúvidas poderá se utilizar da caução, com previsão legal no artigo 300, §1º[6] do Código de Processo Civil. Os seus impactos incluem acessibilidades aos hipossuficientes, segurança jurídica a parte contrária e análise de riscos, conforme a avaliação do magistrado sobre a necessidade de caução.

A solicitação de caução deve ocorrer apenas quando o juiz, diante de dúvidas sobre a concessão da tutela provisória, identificar a presença de irreversibilidade recíproca no caso concreto. Ao perceber que a não concessão pode prejudicar o direito alegado pela parte ou o resultado eficaz do processo e, a concessão criará uma situação fática irreversível, o juiz, em caso de dúvida, exigirá que a parte forneça a caução (NEVES, 2016, p. 296).

Destaca-se que a caução para os hipossuficientes pode ser dispensada, situação que se aplica a quase todos os casos, principalmente como as do exemplo em que o pleiteante requer a concessão de medicamentos. Reflete-se neste caso que, a imposição de caução ao hipossuficiente o faria desistir de ajuizar a ação, visto que o pleito do direito não gera o

---

6. Artigo 300, § 1º: Para a concessão da tutela de urgência, o juiz pode, conforme o caso, exigir caução real ou fidejussória idônea para ressarcir os danos que a outra parte possa vir a sofrer, podendo a caução ser dispensada se a parte economicamente hipossuficiente não puder oferecê-la..

direito, mas uma possibilidade de o tê-lo diante ao que dispõe a legislação, mas nesta esfera é cediço que a concessão vai depender de cada caso, o que então poderia mitigar o direito de acesso à justiça garantido no ordenamento.

3. REFERÊNCIA PRÁTICA: ANÁLISE ECONÔMICA E COMPORTAMENTAL DE CONCESSÃO DE TUTELAS PROVISÓRIAS EM MINAS GERAIS

Conforme já mencionado no tópico anterior, um estudo publicado na Revista de Saúde Pública[7] investigou fatores relacionados ao deferimento de liminares em processos judiciais por medicamentos em Minas Gerais, no período de outubro de 1999 a 2009. As análises estatísticas foram conduzidas utilizando o teste Qui-quadrado, utilizando como base de dados 6.112 ações judiciais, das quais 6.044 envolveram solicitações de liminares, e 5.167 referiram-se a pedidos de medicamentos. A exclusão das ações com múltiplos beneficiários resultou em um total de 5.072 ações analisadas (COELHO *et al*, 2014, p. 808).

As variáveis relacionadas ao deferimento total, parcial e suspensão foram consideradas como dependentes e avaliadas em relação às variáveis independentes, que incluíam dados sobre o processo (ano, tipo de ação, representação judicial, réu, jurisdição de ajuizamento, tempo de decisão judicial), medicamentos (nível 5 da Anatomical Therapeutic Chemical) e doença (por capítulo da Classificação Internacional de Doenças) (COELHO *et al*, 2014, p. 808).

Obtiveram como resultado que dentre as 5.072 ações com liminares, 4.184 (82,5%) foram deferidas, variando o deferimento de 95,8% em 2004 a 76,9% em 2008. Quando houve representação judicial, o deferimento superou 80,0%; nas ações sem representação, não ultrapassou 66,9%. A Justiça Federal deferiu apenas 68,6% das liminares, contra 84,8% da Justiça Estadual. Doenças do aparelho digestivo e neoplasias apresentaram deferimento acima de 87,0%, enquanto doenças do sistema nervoso,

7. Coelho *et al*. Variáveis jurídicas e de saúde no deferimento de liminares por medicamentos em Minas Gerais. **Revista de Saúde Pública**. 2014. 48(5): 808 a 816. Disponível em: https://www.tjmt.jus.br/INTRANET.ARQ/CMS/GrupoPaginas/126/1127/Vari%C3%A1veis-jur%C3%ADdicas-e-de-sa%C3%BAde.pdf.

transtornos mentais e comportamentais e doenças da pele e do tecido celular subcutâneo tiveram deferimento inferior a 78,6% e apresentaram elevada proporção de tutelas provisórias suspensas (10,9%). Os fármacos paroxetina, somatropina e sulfato ferroso tiveram 100% de deferimento. Escitalopram, diclofenaco de sódio e nortriptilina obtiveram deferimento inferior a 54,0% (COELHO *et al*, 2014, p. 808).

Diante desse contexto, os pesquisadores concluíram que os dados relativos aos resultados dos pedidos de tutelas provisórias indicam que o desenvolvimento do fenômeno e o amadurecimento das discussões resultaram em uma postura mais rigorosa por parte do Poder Judiciário. Em Minas Gerais, no período entre 2004 e 2008, observou-se que a proporção de pedidos deferidos reduziu de 95,8% para 76,9%, e a proporção de tutelas suspensas após recursos aumentou. Esse processo de amadurecimento foi acompanhado por consensos sobre a necessidade de estabelecer estruturas interinstitucionais dedicadas ao suporte técnico dos magistrados, conforme preconizado pela Recomendação nº 31 do Conselho Nacional de Justiça (COELHO *et al*, 2014, p. 808).

Entretanto, análises específicas são necessárias para verificar se a diminuição proporcional do deferimento resultou de uma postura mais rigorosa e, caso confirmada essa abordagem mais rígida, se existe uma correlação entre ela e a imposição de medidas mais seguras e custo-efetivas. Ainda, destacaram que há diferença significativa no deferimento das tutelas provisórias a partir de variáveis processuais e clínicas. (COELHO *et al*, 2014, p. 813).

Além das análises acima, o estudo também pontuou sobre uma questão de extrema importância para entender em que medida as demandas relacionadas à saúde são tratadas como urgentes pelo Poder Judiciário, reiterando os resultados obtidos por outras pesquisas, evidenciando que, na maioria dos casos, o deferimento ocorreu dentro de um período de até 30 dias, sendo que uma parte significativa dos pedidos foi deferida em até uma semana. Contudo, destacou que há a necessidade de investigar se a percepção do caráter de urgência em questões de saúde, avaliada pelo Poder Judiciário, está respaldada por padrões científicos, especialmente após a implementação das estruturas institucionais de suporte técnico (COELHO et al, 2014, p. 813).

Considerando os resultados obtidos, é crucial realizar análises estatísticas aprofundadas para estabelecer comparações específicas e obter uma compreensão mais abrangente dos fatores que podem influenciar os desfechos das decisões judiciais. Foram identificadas tendências significativas no padrão de atuação judicial, especialmente em variáveis processuais (como a jurisdição de ajuizamento, representação judicial e tempo entre pedido e decisão), clínicas (relacionadas à doença e medicamentos) e, notavelmente, em relação às mudanças observadas ao longo do período analisado (COELHO et al, 2014, p. 816).

Esses resultados fornecem uma base para uma nova abordagem sobre a judicialização da saúde. Ao identificar e compreender os elementos determinantes para os resultados das decisões judiciais, será possível entender de que forma a atuação judicial pode contribuir de maneira mais clara para ampliar a capacidade estatal de atender às reais necessidades de saúde da população.

Assim, a partir dos dados apresentados no estudo acima, temos o seguinte cenário de concessão de tutelas provisórias em Minas Gerais, sob a ótica da Teoria da Análise Econômica e Comportamental:

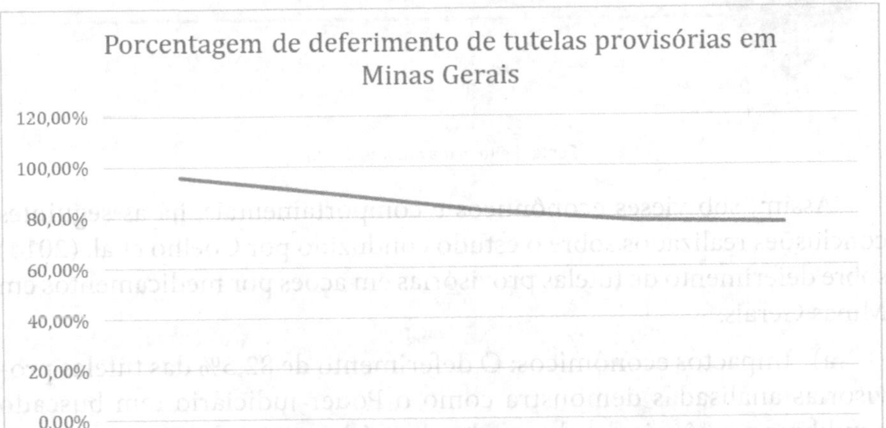

Fonte: Feito pelos autores (2025)

Esse resultado – queda de deferimento de tutelas provisórias- tem como os seguintes fatores determinantes para o seu deferimento questões relacionadas às variáveis processuais (como representação judicial e jurisdição), variáveis clínicas (doença diagnosticada e medicamentos para o tratamento) e, por fim, o tempo de decisão (em média até 7 dias, conforme estudo). Esse declínio sugere uma maior rigidez do Poder Judiciário ao longo do tempo, possivelmente relacionada ao amadurecimento das discussões sobre a judicialização da saúde.

Veja o organograma abaixo explicativo.

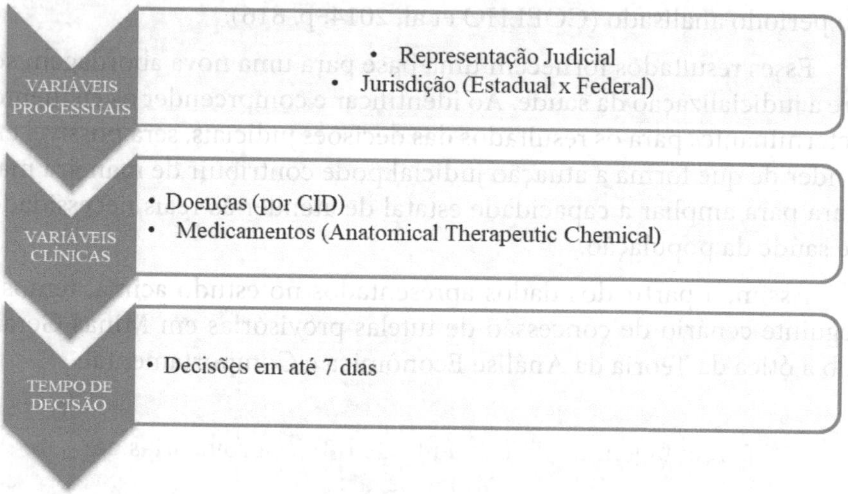

Fonte: Feito pelos autores (2025)

Assim, sob vieses econômicos e comportamentais, há as seguintes conclusões realizados sobre o estudo conduzido por Coelho et al. (2014) sobre deferimento de tutelas provisórias em ações por medicamentos em Minas Gerais:

a) Impactos econômicos: O deferimento de 82,5% das tutelas provisórias analisadas demonstra como o Poder Judiciário tem buscado equilibrar a urgência das demandas de saúde com a eficiência na gestão de recursos públicos. A redução progressiva do deferimento entre 2004 (95,8%) e 2008 (76,9%) sugere um amadurecimento do sistema judicial, que passou a adotar critérios mais rigorosos. Além disso, destaca as diferenças entre a Justiça Estadual (84,8%) e Federal (68,6%) refletem variações na eficiência e na percepção de urgência por parte dos magistrados.

b) Impactos comportamentais: A representação judicial aumentou significativamente as chances de deferimento, com índices superiores a 80%. Esse dado evidencia a influência da qualidade da argumentação jurídica na decisão do magistrado, o que pode estar associado ao viés cognitivo de atribuir maior peso a informações bem estruturadas. A rapidez das decisões, com deferimento em até uma semana na maioria dos casos, demonstra a sensibilidade do Poder Judiciário à urgência percebida das demandas de saúde. Contudo, levanta questionamentos sobre o respaldo técnico-científico dessas decisões.

4. LEITURA COMPLEMENTAR

ARROW, Kenneth J. *The Limits of Organization*. New York: W. W. Norton & Company, 1974.

ARTHUR, W. Brian. *Complexity and the Economy*. Oxford: Oxford University Press, 2014.

FONSECA, Luiz Guilherme Marinoni. *Tutelas de Urgência e Evidência: Uma Visão Econômica e Comportamental*. Revista de Processo, São Paulo, v. 36, n. 274, p. 11-32, 2011.

GIGERENZER, Gerd. *Risk Savvy: How to Make Good Decisions*. London: Penguin Books, 2014.

POSNER, Richard A. *Economic Analysis of Law*. 9th ed. New York: Aspen Publishers, 2014.

SCHWARTZ, Daniel L.; LEMPERT, Richard. *A Behavioral Approach to Law and Economics: A Research Agenda*. Michigan Law Review, v. 50, n. 5, p. 1570-1588, 2014.

SUNSTEIN, Cass R.; THALER, Richard H. *Nudge: Improving Decisions About Health, Wealth, and Happiness*. New Haven: Yale University Press, 2008.

VERSTEIN, Andrew. *Economic and Behavioral Insights in Law: The Case of Precedent*. Duke Law Journal, v. 63, n. 3, p. 1173-1201, 2014.

YEUNG, Luciana; CAMELO, Bradson. *Introdução à Análise Econômica do Direito*. São Paulo: Editora Juspodivm, 2023.

ZAMIR, Eyal; TEICHMAN, Doron. *Behavioral Law and Economics*. New York: Oxford University Press, 2018.

ZAVASCKI, Teori Albino. *Eficácia das liminares nas ações de controle concentrado de constitucionalidade*. Revista de Processo, n. 98, p. 275-294, abr./jun. de 2000.

REFERÊNCIAS

BRASIL. Lei nº 13.105, de 16 de março de 2015. Código de Processo Civil. Disponível em: http://www.planalto.gov.br/ccivil_03/_ato2015-2018/2015/lei/l13105.htm. Acesso em: 20 jan. 2023.

BUENO, Cassio Scarpinella. *Manual de Direito Processual Civil: inteiramente estruturado à luz do novo CPC*. 2. ed. São Paulo: Saraiva, 2016.

CÂMARA, Alexandre Freitas. *O Novo Processo Civil Brasileiro*. 2. ed. São Paulo: Atlas, 2016.

COELHO, Mariana Carvalho Victor; AYALA, Patryck de Araújo. *Paternalismo libertário e proteção jurídica do ambiente*. Revista de Saúde Pública, São Paulo, 2014.

GONÇALVES, Marcus Vinícius Rios. *Curso de Direito Processual Civil*. 19. ed. São Paulo: Saraiva, 2022.

NEVES, Daniel Amorim Assumpção. *Manual de Direito Processual Civil*. 8. ed. Salvador: Juspodivm, 2016.

POSNER, Richard A. *Economic Analysis of Law*. 9th ed. New York: Aspen Publishers, 2014.

YEUNG, Luciana; CAMELO, Bradson. *Introdução à Análise Econômica do Direito*. São Paulo: Editora Juspodivm, 2023.

CAPÍTULO X

LITIGÂNCIA FRÍVOLA, LITIGÂNCIA REPETITIVA E A CHAMADA LITIGÂNCIA PREDATÓRIA

Alexandre Rodrigues de Sousa[1]

SUMÁRIO: 1. Conceito geral; 2. Visão da litigância frívola e da litigância repetitiva pela análise econômica e comportamental; 3. A chamada litigância predatória, o abuso do direito de ação e as possíveis explicações pela análise econômica do direito; 4. A influência da litigância repetitiva na formação da chamada litigância predatória; 5. Notas conclusivas: a importância da análise econômica do direito para o aprimoramento do acesso responsável à justiça; 6. Referência prática; 7. Leituras complementares.

1. CONCEITO GERAL

Embora se trate de um conceito muito estudado no direito estrangeiro, sobretudo o norte-americano, não há uma conceituação clara e explícita do que vem a ser definido como "litigância frívola" no direito brasileiro[2].

1. Doutorando em Direito pela UFMG, Mestre em Direito pela UFMG. Professor universitário e Advogado.
2. "No contexto brasileiro se verifica que não há muitos estudos e pesquisas acerca da litigância frívola, tanto é que não há qualquer menção na legislação em relação a este termo, a jurisprudência tampouco demonstra qualquer familiaridade com ele. Por outro lado, a litigância frívola é objeto de muitos estudos em países como Portugal e principalmente nos Estados Unidos.". PARIZZI, João Hagenbeck. *Abuso do direito de litigar: Uma interpretação do direito de acesso ao judiciário através do desestímulo econômico dos litigantes habituais.* Dis-

João Hagenbeck Parizzi afirma que a litigância frívola se daria quando "há baixa probabilidade de êxito dos pedidos propostos pelo jurisdicionado, que ao ajuizá-la não se atenta aos custos acarretados ao erário"[3].

Júlio Cesar Marcelino Junior, em sentido similar, afirma que a litigância frívola "corresponde à litigância com baixa probabilidade de êxito, proposta pelo jurisdicionado sem levar em conta os custos acarretados pelo erário"[4].

Jorge Luis da Costa Silva, em artigo mais recente, afirma que a litigância frívola vai além da análise do ajuizamento da ação e que "também se verifica o comportamento frívolo no ato de resistência infundada ao direito do autor (...) e no ato e interposição de recursos manifestamente infundados"[5].

Guilherme Costa Leroy, por sua vez, afirma que "ações frívolas são aquelas que contêm pretensões desprovidas de fundamentos fáticos e/ou jurídicos"[6]. O autor também constata que, embora o direito norte-americano possua um tratamento bem mais hodierno do conceito, ainda restam dúvidas sobre o que comporia o termo "frivolous" para fins de identificação da litigância frívola[7].

A incerteza quanto à conceituação do tema também se repete na atuação dos tribunais. Em busca do termo "litigância frívola" no Superior Tribunal de Justiça, foram encontrados quatro acórdãos[8], os

---

sertação (Mestrado em Direito e Políticas Públicas) – Programa de Mestrado e Doutorado em Direito, Centro Universitário de Brasília (UniCEUB), Brasília, 2016, p. 41).

3. *Ibidem*.
4. MARCELLINO JUNIOR, Julio Cesar. *O direito de acesso à justiça e a análise econômica da litigância: A maximização do acesso na busca pela efetividade*. Tese (Doutorado) – Centro de Ciências Jurídicas, Programa de Pós-Graduação em Direito, Universidade Federal de Santa Catarina, Florianópolis, 2014, p. 23.
5. SILVA, Jorge Luis da Costa. Fatores determinantes e instrumentos de dissuasão da litigância frívola. *Revista Eletrônica de Direito Processual*. Rio de Janeiro, ano 14, volume 21, número 1, jan-abril, 2020, p. 166.
6. LEROY, Guilherme Costa. *Sistematização dos parâmetros de caracterização da litigância de má-fé a partir de estudo empírico no STF e STJ*. Tese (Doutorado em Direito) – Programa de Pós-Graduação da Faculdade de Direito da UFMG, Belo Horizonte, 2022, p. 392.
7. *Ibid*., p. 393-398.
8. REsp n. 1.850.512/SP, relator Ministro Og Fernandes, Corte Especial, julgado em 16/3/2022, DJe de 31/5/2022; REsp n. 1.877.883/SP, relator Ministro Og Fernandes, Corte Especial, jul-

quais foram julgados conjuntamente no Tema 1076, que concluiu pela impossibilidade de aplicação da fixação de honorários sucumbenciais por equidade em casos de valores considerados elevados. No acórdão, afirma-se que a fixação de honorários por equidade apenas em casos de valores elevados "apenas contribui para que demandas frívolas e sem possibilidade de êxito continuem a ser propostas diante do baixo custo em caso de derrota".

No STF, há decisão monocrática proferida pelo Ministro Luiz Fux, no qual se declarou a ocorrência de "litigância manifestamente protelatória e frívola", em uma situação na qual a parte ajuizou quatro mandados de segurança em curto espaço de tempo (38 dias), na busca de obter várias "tentativas" sob um mesmo caso. Em razão da conduta, a decisão monocrática determinou aplicação de multa por litigância de má-fé.[9]

A partir do tratamento apresentado pela doutrina e jurisprudência, podemos concluir que o conceito geral de litigância frívola consiste em um comportamento determinado pelo (i) ajuizamento de uma ou várias ações com frágeis fundamentos fáticos e/ou jurídicos ou (ii) pelo comportamento dentro de um processo, no qual a parte tem consciência de que sua posição jurídica é desprovida de fundamento e com baixíssima chance de êxito, sendo que muitas vezes esses comportamentos representam uma oneração desarrazoada do Judiciário. Além disso, o ajuizamento daquela ação (ou a continuidade de um comportamento protelatório) se dá não em busca da prestação jurisdicional em si, mas por algum outro objetivo adjacente ao exercício do direito de ação – daí, portanto, a sobreposição do conceito com a teoria do abuso do direito.[10]

---

gado em 16/3/2022, DJe de 31/5/2022; REsp n. 1.906.618/SP, relator Ministro Og Fernandes, Corte Especial, julgado em 16/3/2022, DJe de 31/5/2022 e REsp n. 1.906.623/SP, relator Ministro Og Fernandes, Corte Especial, julgado em 16/3/2022, DJe de 31/5/2022.

9. "Em face de litigância manifestamente protelatória e frívola, tratando-se de quarto mandamus com idêntico teor em um espaço de 38 (trinta e oito) dias, CONDENO o impetrante ao pagamento de multa por litigância de má-fé fixada em 5 (cinco) vezes o valor do salário-mínimo." SUPREMO TRIBUNAL FEDERAL. MANDADO DE SEGURANÇA: MS 37338/DF, Relator Ministro Luiz Fux, decisão monocrática, julgado em 31/08/2020, DJE 01/09/2020.

10. "Abuso do direito de demandar: o titular do direito de ação que usa o Poder Judiciário para atingir um resultado contrário aos limites impostos pelo fim econômico ou social da norma, agindo de forma contrária à cláusula geral de comportamento pela boa-fé e pelos bons costumes". BOVINO, Marcio Lamonica. *Abuso do direito de ação*. Curitiba: Juruá, 2012, p. 127. Em sentido similar: FARIA, Márcio Carvalho. A lealdade processual na prestação jurisdicional:

Pelo exposto, nota-se que compreender a litigância frívola demanda também avaliar quais os motivos que justificam ao jurisdicionado o acionamento da ação (no caso do autor) ou a permanência na litigiosidade (no caso do réu) mas quando se está ciente da "frivolidade" de sua posição jurídica. É para avaliar esta dimensão da litigiosidade frívola que se mostra necessária e importante a análise econômica e comportamental do direito.

A litigância habitual, por sua vez, é mais conhecida no direito brasileiro, no qual o fenômeno da litigiosidade repetitiva é um dos maiores problemas de congestionamento do Judiciário e que justificou diversas reformas sobre o tratamento de precedentes em nosso sistema.[11]

Partindo dos estudos de Marc Galanter, o conceito de litigante habitual deve ser visto em contraponto ao chamado litigante ocasional[12]. Para o autor, o estudo da litigância deve ser avaliado não somente pela perspectiva procedimental, mas pela constatação de que existem diferentes tipos de partes, visto que "as variações de tamanho e recursos fazem com que alguns tipos de partes tenham muito mais motivos para frequentemente utilizarem os tribunais para reivindicar ou defender direitos"[13].

Como destaca Marcelo Veiga Franco, conceituar as categorias de litigantes habituais ou ocasionais não era apenas didática para Galanter, mas visava também a "alertar sobre os perigos advindos da presumida situação de desigualdade existente entre os litigantes habituais e os litigantes ocasionais", visto que não compreender esta distinção permitia que os chamado "*repeat players*" usufruíssem de posições

em busca de um modelo de juiz leal. 1ª ed. São Paulo: Editora Revista dos Tribunais, 2017, p. 295; DINAMARCO, Cândido Rangel. Instituições de direito processual civil, Vol. 2. 8ª ed., rev. e atual. São Paulo: Malheiros, 2019, p. 305.

11. A litigiosidade repetitiva justificou desde a edição das súmulas vinculantes pelo Supremo Tribunal Federal, através da Emenda Constitucional nº 45/2004 até a sistematização de diversos institutos do Código de Processo Civil de 2015, dentre eles o Incidentes de Resolução de Demandas Repetitivas e Assunção de Competência e o julgamento de recursos especiais e extraordinários repetitivos.
12. GALANTER, Marc. Why the "Haves" Come Out Ahead: Speculations on the Limits of Legal Change. *Law and Society Review*, Law and Society Association, Volume 9, Number 1, p. 95-160, 1974.
13. FRANCO, Marcelo Veiga. *Administração Pública como litigante habitual: a necessária mudança da cultura jurídica de tratamento dos conflitos*. Londrina: Editora Toth, 2021, p. 69.

vantajosas que prejudicavam o acesso efetivo à justiça por parte dos litigantes ocasionais.[14]

Com efeito, litigantes habituais são geralmente aqueles que possuem um número impactante de processos em trâmite no Judiciário, geralmente empresas de grande envergadura, delegatárias de serviços públicos ou os próprios entes estatais. Na maioria das vezes, os litigantes habituais lidam com conflitos bastante similares, o que permite um acesso mais vantajoso sobre o comportamento dos tribunais no julgamento dos seus casos e, assim, possuem informações privilegiadas sobre como tratar os conflitos e atuam conforme um padrão de economia de escala e baixo custo da litigiosidade.[15]

A existência de vantagens específicas dos litigantes habituais permanece mesmo quando se consideram as novas técnicas de julgamentos repetitivos. Conquanto criadas justamente com o objetivo tratar os problemas da litigiosidade repetitiva, criada por litigantes habituais, a metodologia de formação de teses em tribunais de cúpula também favorece a maior influência destes grandes litigantes, como destaca Maria Cecília de Araújo Asperti.[16]

Assim como na litigância frívola, a litigância habitual pode ser examinada sob a perspectiva da análise econômica e comportamental do direito para identificar quais são os interesses egoisticamente considerados pelos litigantes para manter a continuidade dos litígios repetitivos e habituais, ao invés de apresentar uma solução panorâmica e pacificadora destes conflitos.

14. *Ibid*, p. 70-71.

15. "Trata-se da estratégia processual denominada 'perder para ganhar' (losing by winning), isto é, a admitir a possibilidade de derrotas pequenas e esparsas que serão compensadas por um resultado global exitoso diante da generalidade dos casos repetitivos". *Ibid.*, p. 74.

16. "Isso é especialmente pertinente quando tratamos das técnicas de julgamento de casos repetitivos, que deslocam o poder decisório para formulação da tese jurídica para os órgãos de cúpula e para os tribunais superiores. Os litigantes habituais têm um acesso facilitado a essas instâncias, até pelo fato de poderem contar com advogados atuantes nas capitais e em Brasília, os quais, muitas vezes, são figuras conhecidas dos julgadores nas instâncias superiores (...)". ASPERTI, Marcia Cecília de Araújo. *Acesso à justiça e técnicas de julgamento de casos repetitivos*. Tese (Doutorado em Direito), Universidade de São Paulo, 2028, p. 67.

2. VISÃO DA LITIGÂNCIA FRÍVOLA E DA LITIGÂNCIA REPETITIVA PELA ANÁLISE ECONÔMICA E COMPORTAMENTAL

Se a análise econômica do direito parte da premissa de que as pessoas são maximizadoras racionais de seus interesses individuais, e que a busca deste objetivo é o que pauta a tomada de decisões[17], cumpre entender quais são os interesses individuais buscados quando se verifica a ocorrência da chamada litigância frívola e, ainda, a litigância habitual. É dizer: no âmbito processual, as decisões sobre iniciar ou manter um processo judicial depende dos custos e benefícios racionalmente percebidos pelos agentes envolvidos.[18]

Jorge Luis da Costa Silva destaca, por exemplo, como a decisão pelo ajuizamento de uma ação dependerá do quanto os benefícios esperados do ajuizamento da ação judicial é maior que os custos despendidos com esse ajuizamento. No entanto, não basta apenas entender se os benefícios superam os custos, mas também a chance de êxito da demanda e, ainda, os custos relativos ao ajuizamento da demanda (custo pessoal, custo de antecipação das despesas, custos de sucumbência, dentre outros)[19]. Nesta ordem de ideias, como bem destaca Steven Shavell, quanto menores forem os custos de processar, maiores as chances de existirem mais processos, ou que as pessoas decidam pelo ajuizamento das ações.[20]

A litigância frívola, no entanto, aparentemente, traz um paradoxo à análise econômica: se o processo possui baixas chances de êxito (seja como autor, seja como réu), por que os agentes racionalmente decidem

17. GICO JR., Ivo Teixeira. *Análise Econômica do Processo Civil.* 2ed.: Indaiatuba, Editora Foco, 2023, p. 21.

18. "Decidir entre o ajuizamento ou não de um processo judicial, entre o recurso ou o acordo diante de uma sentença desfavorável, significa, em última análise, sopesar prós e contras e ponderar riscos e probabilidades em face dos possíveis resultados finais. Decerto, cada indivíduo toma suas decisões conforme as informações de que dispõe, com a influência de suas convicções e de sua personalidade.". TENENBLAT, Fabio. Limitar o acesso ao poder judiciário para ampliar o acesso à justiça, *Revista do Centro de Estudos Judiciários*, Brasília, Ano XV, n. 52, jan./mar. 2011, p. 27.

19. SILVA, Jorge Luis da Costa. *Op. cit.*, p. 169-171.

20. SHAVEL, Steven. Economic Analysis of Litigation and the legal process. *NBER Working Papers.* N. 9697, 2003, Chapter 17, p. 1.

pela continuidade do litígio judicial, se ele é o caminho que traz mais custos e menos benefícios? Steve Shavell denomina litígios dessa ordem como "processos de valor negativo", visto que os benefícios a serem obtidos pelo autor no seu ajuizamento não superam os custos para o ajuizamento da demanda em si.[21]

A análise econômica do processo permite evidenciar como, na litigância frívola, outros fatores incentivam os agentes a permanecerem no processo judicial, visto que permite identificar outros benefícios, que não só o resultado em si da demanda, que justificam o comportamento beligerante, infundado e protelatório que é característico desse tipo de litigância. Gustavo Osna, ao analisar a litigância frívola e suas derivações, afirma que um dos fatores que influenciam o comportamento abusivo no sistema de justiça é justamente o fato de nosso sistema permitir – e, portanto, incentivar do ponto de vista da análise econômica – uma litigância de baixo risco ou risco zero.[22]

Diversos fatores podem ser identificados para que esse tipo de litigância seja comum, sobretudo em nosso sistema. Em primeiro lugar, a facilidade de acionamento do sistema de justiça, sobretudo nos juizados especiais, que permitem o acesso à primeira instância sem cobrança de honorários sucumbenciais. Outro fator consiste no tratamento complacente dado pela legislação processual e pelos tribunais na concessão de gratuidade de justiça, o que permite o acionamento do Judiciário para diversos conflitos que poderiam ter sido tratados por métodos menos onerosos para os cofres públicos[23]. Isso sem falar, ainda,

21. "These suits are called negative value suits because, for the plaintiffs who bring them, the expected benefits of litigation would be outweighed by the costs of litigation". *Ibid.*, Chapter 18, p. 1.

22. "Esse raciocínio é essencial para que a questão da litigância frívola, predatória ou temerária seja compreendida. Ora, considerando o retorno esperado desse comportamento, os eventuais *riscos* a ele relacionados poderiam atuar como um importante filtro de dissuasão. Ocorre que é precisamente aqui que reside um primeiro ponto que, hoje, acreditamos fomentar a prática da *litigância abusiva* na realidade brasileiro: em algumas situações, nosso processo civil parece vir estimulando uma litigância de *baixo risco*, ou mesmo de *risco zero*; aparenta estar criando um *design* no qual o demandante considera ter *pouco ou nada a perder.*". OSNA, Gustavo. Três notas sobre a litigância predatória (ou, o abuso do direito de ação). *Revista de Processo*, São Paulo, vol. 342, p. 55-70, Ago. 2023 [versão eletrônica].

23. Fábio Tenenblat constatou, por exemplo, que a taxa de insucesso de demandas movidas por pessoas físicas sob o pálio da gratuidade da justiça no âmbito da Justiça Federal é bem

na recorribilidade barata em termos gerais e, ainda, na baixa aplicação de sanções processuais e multas de litigância de má-fé[24]. Por fim, outro elemento que merece destaque para favorecer a litigância frívola consiste na incerteza quanto à previsibilidade das decisões judiciais no Brasil, que afeta a formação de uma decisão devidamente informada entre os agentes e, por consequência, permite a adoção de medidas mais arriscadas.

Estes elementos, notórios para o aplicador do direito no Brasil e até pela sociedade brasileira, criam um cenário incentivador à litigância irresponsável ou abusiva, do ponto de vista da análise econômica do direito. Isso se dá não só por parte dos autores que propõem ações pouco fundamentadas como, ainda, no comportamento protelatório de diversos réus, que veem na pendência do processo judicial em um sistema assoberbado como forma mais vantajosa de lidar com o conflito do que simplesmente o cumprimento espontâneo do direito postulado ou, ainda, a realização de algum acordo. Este último fenômeno é o que justifica, inclusive, o comportamento dos litigantes habituais, que muitas vezes preferem utilizar de sua posição privilegiada perante os litigantes ocasionais para influenciar o resultado dos julgamentos ou, ainda, protelar a solução das demandas que possuem baixa chance de êxito.

O Código de Processo Civil de 2015 trouxe algumas ferramentas que podem permitir um aprimoramento no combate à litigância frívola. Em primeiro lugar, a criação de um sistema de precedentes que permite a aplicação rápida de uma tese geral definida por um tribunal superior ou de segunda instância (no caso dos incidentes de resolução de demandas repetitivas e de assunção de competência) em diversos processos individuais, diminuindo os benefícios extraídos de um comportamento

maior quando comparado com demandas movidas por pessoas físicas sem o referido benefício. Esta distinção demonstra como uma concessão do benefício de gratuidade (embora evidentemente necessário numa sociedade desigual como a brasileira), se aplicada de maneira pouco assertiva e detalhada, acaba por incentivar comportamentos menos prudentes no uso do sistema de justiça, favorecendo o ajuizamento de demandas frívolas. Cf. TENENBLAT, Fabio. Limitar o acesso ao poder judiciário para ampliar o acesso à justiça, *Revista do Centro de Estudos Judiciários*, Brasília, Ano XV, n. 52, jan./mar. 2011, p. 32.

24. Sobre o desenvolvimento teórico e jurisprudencial incipiente acerca da litigância de má-fé e de outros ilícitos processuais, cf. MACÊDO, Lucas Buril de. *Litigância de má-fé*. 2ª ed., rev. e atual. São Paulo: Juspodivm, 2024, p. 113-138.

protelatório. Dentro desses exemplos, destacam-se a improcedência liminar do pedido (art. 332), a tutela provisória de evidência prevista no art. 311, inciso II e as hipóteses de julgamento monocrático de recursos que tratem de temas já definidos em súmula, julgamento de recursos repetitivos, incidente de resolução de demandas repetitivas e assunção de competência (art. 932, IV e V). Além desses instrumentos, também devem ser consideradas a previsão de majoração dos honorários em sede de recurso, previsto no art. 85, §11, do Código.

Embora possam ser considerados avanços, não há como negar a importância de transformar o ambiente do litígio judicial como mais desconfortável para os litígios frívolos, não só para proteger a parte do processo que lida com a demanda frívola, mas também no intuito de proteger os recursos limitados do Poder Judiciário, os quais merecem um tratamento eficiente e focado no julgamento de conflitos que realmente exijam uma atuação adjudicatória. Dado os custos sociais e financeiros do sistema judiciário, ele não deve ser visto como a solução ordinária do conflito, mas como a última solução possível ao conflito.[25]

Como ressaltado por Steve Shavell, o propósito do sistema judicial não deve ser visto como a simples realização de julgamentos, mas para incentivar que cada vez menos julgamentos ocorram: as decisões proferidas pelos órgãos judiciais não devem servir apenas para o conflito julgado, mas para dar força e induzir o tratamento consensual e extrajudicial dos conflitos.[26]

---

25. "Trata-se de agregar nova perspectiva para a justiça, de modo que esta não pode ser concebida só como função/poder estatal, mas como serviço público voltado para a composição dos conflitos. (...) Se essa eficiência no âmbito do direito público é base geral da estruturação da duração razoável do processo como garantia constitucional, (...) é preciso dar novo enfoque ao tema: o princípio da duração razoável é muito mais voltado para a razoável distribuição e emprego dos recursos estatais alocados na justiça do que medida ou apuração do tempo de duração de um processo." THEODORO JÚNIOR, Humberto; ANDRADE, Érico. Impactos da Constituição Federal na Evolução do Processo Civil. In: MORAES, Guilherme Peña de. 30 Anos da CF e o Direito Brasileiro. 1ª ed., Rio de Janeiro: Forense, 2018, p. 336-337.
26. "Hence, it may be said that an important justification for society's having established the legal apparatus for the holding of trials is, paradoxically, not actually to have trials occur. Rather, it is to provide victims with the threat necessary to induce settlements.". SHAVEL, Steven. Economic Analysis of Litigation and the legal process. *NBER Working Papers*. N. 9697, 2003, Chapter 17, p. 18.

3. A CHAMADA LITIGÂNCIA PREDATÓRIA, O ABUSO DO DIREITO DE AÇÃO E AS POSSÍVEIS EXPLICAÇÕES PELA ANÁLISE ECONÔMICA DO DIREITO

Quando se pensa nos problemas advindos de um ajuizamento inadequado de demandas judiciais, é natural focar-se na identificação dos ilícitos processuais mais comuns: litigância de má-fé, ato atentatório à dignidade da justiça, abuso do direito de ação, bem como medidas de ordem protelatória no curso do processo (recursos protelatórios, por exemplo). Essas condutas, que devem ser tratadas de forma distinta e sistematizada[27], são extremamente relevantes para que se evite condutas abusivas e causadoras de dano no âmbito interno do processo.

Estes comportamentos internos ao processo, no entanto, não são os únicos que derivam de uma utilização abusiva do sistema de justiça. Tem ganhado cada vez mais atenção, pela doutrina e pela organização dos tribunais, condutas que prejudicam o sistema de justiça civil como um todo, seja pela utilização abusiva do direito de instauração de processos judiciais, seja pela adoção de condutas pouco eficientes para utilização desse sistema.

Este conjunto de condutas, que ainda demanda uma sistematização mais robusta, tem sido nomeada de "litigância predatória".

O termo "litigância predatória", embora ainda sem uma construção legal ou acadêmica que o justifique[28], é comumente citado em discussões que envolvem o Judiciário e os desafios para o aprimoramento da prestação jurisdicional qualificada, eficiente e célere. A expressão é adotada

27. "Deve-se compreender que o gênero dos ilícitos processuais comporta várias espécies: litigância de má-fé; abuso de direito processual (típico e atípico); ato atentatório à dignidade da justiça; postulação abusiva de benefício da justiça gratuita, oposição protelatória de embargos de declaração; e muitas outras espécies. Não é correto tratar a litigância de má-fé (ou o abuso, ou qualquer outra espécie) como gênero e reduzir todos os ilícitos a essa espécie.". MACÊDO, Lucas Buril de. Sistematização dos ilícitos processuais. *Revista de Processo*. São Paulo: Editora Revista dos Tribunais, Vol. 338, abr/2023, p. 8.

28. Trabalhos acadêmicos que investem na formação desse conceito, após sua explosão nos tribunais: OSNA, Gustavo. Três notas sobre a litigância predatória (ou, o abuso do direito de ação). *Revista de Processo*, São Paulo, vol. 342, p. 55-70, Ago. 2023 [versão eletrônica]; SOUSA, Alexandre Rodrigues de; OLIVERA JÚNIOR, Délio Mota; SOARES, Carlos Henrique. Notas sobre a chamada litigância predatória: investigação de um conceito e métodos de mitigação. *Revista de Processo*, vol. 355, set./2024, p. 23-51.

para categorizar uma série de atos ou práticas que aparentam representar um uso abusivo do sistema de justiça, materializada pelo acionamento do Judiciário não para a realização da finalidade precípua esperada pelo litigante (oferecimento de uma tutela jurisdicional), mas para a obtenção de objetivos diversos e que variam conforme o contexto e o objetivo esperado pelo autor ou pelo profissional que ajuíza a ação.

Dentre as diversas práticas que são identificadas como litigância predatória constam: (i) o ajuizamento de demandas em massa, relacionadas ao mesmo tema e com petições similares; (ii) o fracionamento de pretensões relacionadas a uma mesma relação jurídica, e que poderiam ter sido ajuizadas em uma mesma ação; e (iii) a utilização de documentação falsa ou fraudulenta, seja pela apresentação de procurações genéricas e com amplos poderes (muitas vezes cujos outorgantes são analfabetos), seja pelo falseamento de comprovantes de endereço ou pela não apresentação de documentos que seriam considerados essenciais para a propositura do feito (cópia do contrato tratado na ação, por exemplo).[29]

Além destas práticas, mais comumente identificadas como litigância predatória, o fenômeno também abarca situações em que o ajuizamento de processos é estrategicamente concertado, no intuito de causar dano ao(s) demandado(s). A título de exemplo destas condutas, além da prática já conhecida como *sham litigation* no âmbito concorrencial[30], merecem destaque dois casos de demandas concertadas que foram tratados pela imprensa especializada.

29. Dentre as notícias em mídia especializada que relatam esses casos, a título de exemplo: https://www.tjdft.jus.br/institucional/imprensa/campanhas-e-produtos/artigos-discursos-e-entrevistas/artigos/2022/litigancia-predatoria-compromete-garantia-constitucional; https://www.migalhas.com.br/quentes/348830/litigancia-predatoria-juiz-explica-modus-operandi-dos-profissionais; https://www.cnj.jus.br/tribunais-apresentam-boas-praticas-para-combater-litigancia-predatoria/; https://www.jota.info/casa-jota/litigancia-predatoria-gera-danos-diretos-a-toda-a-sociedade-dizem-especialistas-07062022; https://www.migalhas.com.br/quentes/383770/juiz-extingue-1-476-processos-com-indicios-de-litigancia-predatoria. Acesso a todos em 05 de janeiro de 2025.

30. O instituto também foi referenciado pelo Superior Tribunal de Justiça para reconhecer a existência de assédio processual através do "ajuizamento sucessivo e repetitivo de ações temerárias, desprovidas de fundamentação idônea e intentadas com propósito doloso". Cf. REsp n. 1.817.845/MS, relator Ministro Paulo de Tarso Sanseverino, relatora para acórdão Ministra Nancy Andrighi, Terceira Turma, julgado em 10/10/2019, DJe de 17/10/2019.

O primeiro relacionado ao ajuizamento mobilizado de demandas indenizatórias individuais por magistrados do Tribunal de Justiça do Paraná (TJPR) em face de veículo de imprensa que publicou reportagem abordando os salários da classe, o que fez com que o jornal se visse obrigado a tomar providências excessivas para cuidar das demandas judiciais em questão, pulverizadas em diversas comarcas[31]. O segundo, com maior repercussão, diz respeito a ações judiciais movidas por diversos Bispos da Igreja Universal do Reino de Deus em face de jornalista que havia publicado crítica à instituição em sua rede social, ação que trouxe indícios de uma ação orquestrada da instituição religiosa para prejudicar o réu[32].

Outro exemplo comumente caracterizado como litigância predatória consiste no ajuizamento fracionado de um mesmo crédito com o objetivo de obter posição processual específica, como o acesso à competência dos juizados especiais ou a obtenção de créditos de RPV (requisição de pequeno valor), ao invés de um precatório relacionado ao valor integral do crédito – conduta vedada pelo art. 17, §3º da Lei Federal nº 10.259/2001[33].

Também se insere no que é considerado litigância predatória o ajuizamento de demandas frívolas, isto é, sem embasamento jurídico razoável ou verossímil.

---

31. Disponível em: https://www.migalhas.com.br/quentes/240537/gazeta-do-povo-se-envolve-em-batalha-judicial-apos-reportagem-sobre-salario-de-juizes-do-pr. Acesso em 05 de janeiro de 2025. O caso também é reconhecido pela doutrina como exemplo da participação de sujeitos ocultos em processos judiciais. Nesse sentido, cf. Cf. TEMER, Sofia. *Participação no processo civil: repensando litisconsórcio, intervenção de terceiros e outras formas de atuação.* São Paulo: Juspodivm, 2020, p. 417-418.

32. Disponível em: https://www1.folha.uol.com.br/poder/2020/10/processos-de-pastores-da-universal-contra-escritor-tem-peticoes-identicas-e-indicam-acao-orquestrada-da-igreja.shtml?utm_source=twitter&utm_medium=social&utm_campaign=twfolha. Acesso em 05 de janeiro de 2025.

33. Art. 17. Tratando-se de obrigação de pagar quantia certa, após o trânsito em julgado da decisão, o pagamento será efetuado no prazo de sessenta dias, contados da entrega da requisição, por ordem do Juiz, à autoridade citada para a causa, na agência mais próxima da Caixa Econômica Federal ou do Banco do Brasil, independentemente de precatório.(...) § 3º São vedados o fracionamento, repartição ou quebra do valor da execução, de modo que o pagamento se faça, em parte, na forma estabelecida no § 1º deste artigo, e, em parte, mediante expedição do precatório, e a expedição de precatório complementar ou suplementar do valor pago.

O Judiciário não tem sido alheio a estas práticas: desde a criação dos Centros de Inteligência dos Tribunais, através da Resolução nº 349/2020 CNJ[34], a litigância predatória tem sido objeto de análise minuciosa por estes órgãos, os quais têm não só auxiliado na identificação destas condutas abusivas, como também apresentado recomendações para que juízes e serviços cartorários possam prevenir e coibir estas práticas.

Cite-se, nesse sentido, a Nota Técnica nº 01/2022[35] do Centro de Inteligência da Justiça de Minas Gerais (CIJMG), a qual não só apresenta o que o Centro de Inteligência considera como indícios de litigância predatória, como também ratifica o conteúdo de outras notas técnicas produzidas por centros de inteligência de outros Tribunais[36].

Embora a lista de condutas indicadas pelo CIJMG seja assaz longa para transcrição neste texto, algumas condutas merecem ser citadas:

- Em relação à petição inicial: ajuizamento de demandas com causa de pedir vaga ou faltando documentos essenciais à sua propositura, petições iniciais com ausência de interesse de conciliar.
- Em relação aos documentos juntados à inicial: pedidos de gratuidade de justiça desacompanhada de qualquer documentação

34. De acordo com o art. 2º da Resolução, compete aos Centros de Inteligência dos Tribunais "I – prevenir o ajuizamento de demandas repetitivas ou de massa a partir da identificação das causas geradoras do litígio em âmbito nacional, com a possível autocomposição ou encaminhamento de solução na seara administrativa;" e "II – propor ao Conselho Nacional de Justiça, relativamente às demandas repetitivas ou de massa, recomendações para uniformização de procedimentos e rotinas cartorárias e notas técnicas para aperfeiçoamento da legislação sobre a controvérsia;".

35. Disponível em: https://www.tjmg.jus.br/portal-tjmg/informes/centro-de-inteligencia-emite-a-primeira-nota-tecnica.htm#.ZFECynbMJD_. Acesso em 05 de janeiro de 2025.

36. "Em virtude das considerações acima feitas e do relevante conteúdo das notas técnicas já publicadas por outros Centros de Inteligência de tribunais estaduais, que confirmam os dados e informações colhidos pelo NUMOPEDE e pelo CI do TJMG, e tendo em vista os resultados das intensas discussões desenvolvidas neste Centro de Inteligência, particularmente no âmbito de sua Comissão de Acesso Anômalo à Jurisdição, ratificam-se as notas técnicas emitidas pelo: Centro de Inteligência dos Juizados Especiais do TJRN – Nota Técnica nº 01/2020; Centro de Inteligência da Justiça do Distrito Federal (CIJDF) – Nota Técnica nº 02/2021; Centro de Inteligência da Justiça Estadual do Estado de Pernambuco (CIJUSPE) – Nota Técnica nº 02/2021; Centro de Inteligência do Tribunal de Justiça do Mato Grosso do Sul – Nota Técnica nº 01/2022; Centro de Inteligência do Núcleo de Gerenciamento de Precedentes (CINUGEP) do TJTO – Notas Técnicas números 02/2021 e 03/2021; Grupo de Trabalho instituído pela Portaria nº 026/2021 CGJ/TJMT – Nota Técnica de abril de 2021.".

comprobatória; procuração e declaração de pobreza com assinatura "montada" (colagem, sobreposição, escaneamento); procuração com aposição de impressão digital ou assinatura "a rogo"; uso da mesma procuração para ajuizamento de diversas ações; comprovantes de negativação incompletos ou não expedidos pela própria entidade mantenedora do cadastro de inadimplentes; comprovantes de endereço "montados" com colagem ou superposição.

- Em relação à atuação profissional: distribuição de muitas ações, em comarcas diversas ou até em diferentes estados da Federação; ajuizamento de ação em comarca que não tem relação com o litígio; fragmentação de pretensões relativas à mesma relação jurídica; ajuizamento concomitante da mesma ação em diversas comarcas ou unidades jurisdicionais, com posterior manifestação de desistência ou, ainda, ajuizamento de demanda relacionada à mesma demanda anteriormente ajuizada, mas sem informar essa primeira propositura.

Diante do exposto, é possível concluir que as condutas que abarcam a chamada "litigância predatória" são diversas, caracterizadas não só pela prática de ilícitos específicos (falsificação de documentos para ajuizamento de ações, por exemplo), mas também pelo exercício abusivo do direito de ação (ajuizamento massificado de demandas, fracionamento de pedidos, utilização estratégica de ações para causar danos a terceiros, dentre outros).

Também é possível constatar que o caráter predatório da litigância não é explícito, justamente por se disfarçar de um ato lícito (simples exercício do direito de ação, constitucionalmente garantido).

Conquanto o tema, repita-se, exija um estudo acadêmico próprio e dedicado à sua conceituação, os estudos citados permitem identificar alguns traços comuns que caracterizam a litigância predatória. Em primeiro lugar, trata-se de uma conduta comumente abusiva, isto é, caracterizada pelo exercício de um direito excedendo manifestamente os limites impostos pelo seu fim econômico ou social, pela boa-fé ou pelos bons costumes (art. 187 do Código Civil).

Em segundo lugar, nota-se dos exemplos indicados que a caracterização desta conduta abusiva não é facilmente detectada na análise *intraprocessual*, isto é, a conduta dos litigantes dentro do processo. Sua configuração é notada por meio de medidas comportamentais *extraprocessuais*, mas que se relacionam e afetam as lides em tramitação. O fracionamento de demandas, o ajuizamento de ações concomitantes com posterior desistência e a propositura massificada de ações são exemplos comuns desta caracterização, e só podem ser verificadas se avaliadas no âmbito *extraprocessual*.

Nota-se, outrossim, que a litigância predatória visa a um objetivo específico e oblíquo, que vai além da mera obtenção de uma decisão judicial sobre o conflito. Como asseverado pela Exma. Ministra Nancy Andrighi no celebrado acórdão do REsp 1817845-MS: "O abuso se configura não pelo que se revela, mas pelo que se esconde.". Sob este raciocínio, a litigância predatória não deve ser identificada apenas pelos atos que geralmente a caracterizam, mas pelo objetivo final que ela almeja alcançar (por exemplo, acessar juizados especiais ou RPV's através do fracionamento de ações, causar dano pela propositura de ações massificadas ou, ainda, obter maiores condenações sucumbenciais).

Os problemas apontados da litigância predatória apresentados pelo Judiciário, notadamente seu caráter predatório do sistema de justiça, possuem uma justificativa sob a análise econômica do direito, e podem ser interessantes para abordar, ao menos em caráter inicial, os problemas advindos de uma interpretação bastante irrestrita da garantia de acesso à justiça dada no ordenamento jurídico brasileiro.[37]

De fato, o cenário que se consolida no sistema de justiça brasileiro, mesmo após quase dez anos de vigência de um novo código de processo civil, é de uma verdadeira inconstitucionalidade quanto à garantia do acesso à justiça. Apesar do alto volume de recursos públicos destinados ao Poder Judiciário, os processos apenas se avolumam, a taxa de congestionamento não sofre grandes modificações e a sensação do cidadão

37. "Paradoxalmente, o que parece de acordo com a constituição, segundo a interpretação mais tradicional, é que se promovam mais acesso, mais celeridade e mais eficácia, aumentando o tamanho do Judiciário e que a forma desse acesso permaneça inalterada. O que se apresenta como constitucional é uma conjuntura que agrava outras situações inconstitucionais.". SILVEIRA, Ricardo Geraldo Rezende. *Acesso à justiça: o direito fundamental em um ambiente de recursos escassos*. São Paulo: Almedina, 2020, p. 126-127.

continua a ser, na prática, de que a Justiça é lenta, ineficiente e pouco confiável.[38]

Ao que se pode concluir, uma interpretação constitucional da garantia fundamental de acesso à justiça como ilimitada, sem qualquer espaço para reflexão ou ponderação, não parece alcançar os melhores resultados à instituição, seja do ponto de vista de sua eficiência na tutela dos direitos, seja na sua eficácia na pacificação social.

Essa percepção é abordada também pela análise econômica do direito, ao avaliar a natureza econômica do direito e dos tribunais.

No geral, para se compreender a escassez de um bem, a análise econômica utiliza dos critérios de *excludabilidade de acesso* e de *rivalidade*.

A primeira representa a possibilidade de um prestador de um bem ou de um serviço excluir, a baixos custos, outras pessoas do bem ou do serviço fornecido. A excludabilidade de acesso é uma premissa para a formação do mercado, uma vez que o fornecedor só permitirá a outro o acesso ao bem ou serviço que fornece caso atenda a determinada exigência, isto é, uma contraprestação.[39]

A rivalidade, por sua vez, ocorre quando "o consumo de um bem ou serviço por uma pessoa impede, substancialmente, que o mesmo bem ou serviço seja consumido por outra pessoa". Sob esta lógica, um bem ou serviço é não-rival quando "pode ser desfrutado por uma pessoa sem

38. Vale citar, a título de exemplo, pesquisa publicada pelo IPEC (Inteligência em Pesquisa e Consultoria), que avaliou índice de confiança social em julho de 2023, mediante pesquisa quantitativa com aplicação de questionário estruturado, por meio de entrevistas face-a-face. Em análise comparativa dos anos de 2009 a 2023, o Poder Judiciário teve baixa variação no índice de confiança, que rodeou entre 46 a 53% nos quinze anos de dados de pesquisa compilados. Comparando-a com outras instituições, a Justiça ficou com índice inferior que entidades como Igrejas, Polícia, Forças Armadas e Bancos. Disponível em: https://www.ipec-inteligencia.com.br/Repository/Files/2223/230196_ICS_INDICE_CONFIANCA_SOCIAL_2023.pdf. Acesso em 05 de janeiro de 2025.

39. "É amplamente aceito que a possibilidade de exclusão é um requisito para o fornecimento de qualquer bem ou serviço pelo mercado, uma vez que é a excludabilidade que permite ao fornecedor impedir que o cliente em potencial tenha acesso ao bem ou serviço sem uma contraprestação. É a excludabilidade que impõe a uma das partes a necessidade de apresentar a outra parte algo de interesse desta; em outras palavras, é a característica da exclusividade que possibilita o surgimento do mercado." GICO JUNIOR, Ivo Teixeira. A natureza econômica do direito e dos tribunais. *Revista Brasileira de Políticas Públicas*, Brasília, v. 9, n. 3 p.16.

reduzir, substancialmente, a sua utilidade para outrem"[40]. Ivo Givo Jr. cita a segurança nacional ou as previsões meteorológicas como bens não rivais, visto que o consumo desses serviços por uma pessoa não impede ou dificulta seu consumo por outras pessoas, sem alterações substanciais de quantidade e qualidade.[41]

Utilizando-se desses critérios, pode-se afirmar que os bens públicos tendem a ser não rivais e não excludentes, enquanto os bens privados seriam rivais e excludentes. Além disso, são definidos também os *recursos comuns*, que compartilham a não exclusividade dos bens públicos, mas seu consumo por uma pessoa diminui substancialmente sua disponibilidade para outra e, ainda, os bens de clube ou pedágio, que são os bens privados, excludentes mas que, por outro lado, são não rivais, visto que seu uso não impede substancialmente o consumo por outra pessoa interessada.

Considerando estes conceitos, a natureza econômica do direito se divide conforme duas abordagens possíveis. Ivo Gico Jr. explica que, numa primeira análise, o direito seria apenas um conjunto de informações sobre como os sistemas adjudicatórios provavelmente comportarão diante de uma disputa (coerção ou *enforcement*) ou, ainda, como informação sobre como as pessoas se comportarão em geral, de forma espontânea (conformidade ou *compliance*).

Essa dualidade do direito varia a sua natureza econômica: enquanto conformidade, o direito se comporta como um bem público, uma vez que não é excludente, tampouco possui rivalidade. Todos podem utilizar da informação dada pelo direito sem a necessidade de pagar uma contraprestação, e o uso dessa informação não faz com que o direito perca sua possibilidade de ser utilizado por outras pessoas.

---

40. *Ibid.*, p.17.

41. "Quando um bem não é passível de consumo simultâneo por mais de uma pessoa, ele é considerado rival. Quando pode ser desfrutado por uma pessoa sem reduzir, substancialmente, a sua utilidade para outrem, ele é considerado não rival. A segurança nacional e as previsões meteorológicas são exemplos de bens não rivais, porque o consumo desses serviços por um indivíduo não impede que outros usufruam dos mesmos benefícios, que permanecem disponíveis para uso e gozo por outros em quantidade e qualidade substancialmente inalteradas.". *Ibidem*.

No entanto, como *coerção*, o direito se comporta como um bem de clube, uma vez que não possui rivalidade, mas possui excludabilidade, na medida em que a força coercitiva do direito demanda uma jurisdição, a qual exige alguma contraprestação para sua utilização.[42]

A importância do direito como *enforcement* traz à tona a importância da natureza econômica dos tribunais, visto que ela não é a mesma natureza do direito em si. Essa diferença é essencial para se compreender a noção de escassez e os efeitos gerados por um acesso irrestrito.

Ivo Gico Jr. argumenta que o direito enquanto *enforcement* depende dos tribunais, uma vez que essa instituição se mostra essencial para assegurar, em última instância social, o cumprimento da norma jurídica. Tribunais e o direito seria, assim, bens complementares, uma vez que o consumo de um exige o consumo do outro[43]. Por conseguinte, do ponto de vista da coerção, "o direito somente é útil se houve rum sistema adjudicatório eficaz para apoiá-lo, assim como um medicamento intravenoso somente é útil quando acompanhado por uma seringa ou outro mecanismo de injeção"[44].

O ponto central da análise econômica dos tribunais envolve, assim, a sua complementariedade junto ao bem direito e, mais importante, a sua natureza como bem rival. Isso porque, como argumenta Ivo Gico Jr., em caso de alta rivalidade, os tribunais se tornam um bem privado, visto que já possuem excludabilidade.[45]

---

42. Nessa perspectiva, é fácil perceber que, quando os doutrinadores afirmam que o direito é um bem público, eles normalmente assumem que o direito é um bem público da mesma forma que qualquer informação é um bem público. O fato de alguém saber como os tribunais se comportarão e de usar tal conhecimento para conduzir seus interesses no dia a dia não impede que você possua o mesmo conhecimento e conduza seus interesses de acordo. No entanto, esse tipo de análise não revela a verdadeira característica objeto da discussão, que não é a natureza econômica do direito, e sim a não rivalidade do direito. Quando dizemos que o consumo do direito por uma pessoa não exclui seu consumo por um terceiro estamos apenas dizendo que esse conhecimento pode ser consumido tanto por um quanto por outro. Nada estamos dizendo sobre sua excludabilidade e eu gostaria de argumentar que o direito, enquanto coerção, é, na realidade, altamente excludente.". *Ibid.*, p.21
43. *Ibid.*, p. 25.
44. *Ibid.*, p. 26.
45. Em regra, o uso dos tribunais envolve a exigência de algum custo. Ivo Gico Jr. discute a existência de custos não só em razão do pagamento de custas judiciais, como também na imposição de regras processuais que limitam o acesso a determinadas faculdades dentro de um processo, como, por exemplo, a exigência de repercussão geral para admissibilidade

Sob a ótica do critério da rivalidade, então, os tribunais são um bem rival quando a oferta do bem não é capaz de suprir a demanda por aquele bem, o que gera um cenário de congestionamento. Nesse sentido, se a forte fosse igual ou superior à demanda, a utilização do serviço adjudicatório por um cidadão não prejudicaria sua utilização por outro, sendo um bem de clube ou pedágio; caso haja demanda superior que oferta, contudo, trata-se de um bem privado sujeito a congestionamento.[46]

A análise de dados apresentada no início do presente capítulo não deixa dúvidas quanto à atual situação do sistema de justiça brasileiro como um bem privado. Apesar das inúmeras tentativas de aumento da eficiência, ainda se tem um sistema adjudicatório com alta demanda e oferta incapaz de alcançar os resultados esperados para torná-lo, novamente, um bem de clube – ao menos a médio prazo.

Nesse sentido que é importante considerar como, no atual cenário do sistema adjudicatório brasileiro, "cada caso adicional impõe uma externalidade negativa aos demais usuários do sistema". Em termos práticos, quanto mais fácil acessar o sistema de justiça (difícil excludabilidade), maior sua chance de se tornar um bem rival e, por consequência, se tornar um recurso comum, cuja definição significa que o uso por uma pessoa afeta o uso de outra (externalidade negativa).[47]

Entendendo a dinâmica dos tribunais sob a ótica da análise econômica do direito, também podemos compreender como a política de acesso irrestrito ao sistema adjudicatório significa, na prática, buscar uma contradição, uma vez que o acesso irrestrito implicará maior

do recurso extraordinário – que não passaria, em termos econômicos, de uma exigência de externalidade positiva associada ao assunto constitucional discutido no recurso. *Ibid.*, p. 28.

46. "Nesse sentido, é razoável dizer que, a princípio, o Judiciário é um bem de clube se a capacidade instalada for superior à demanda percebida e, à medida que a demanda aumenta, ele passa a atuar mais como um bem privado, tornando-se rival e propenso a congestionamento, salvo se seu uso for racionado de alguma forma.". *Ibidem*.

47. "Como resultado de políticas de livre acesso sem restrições, o Judiciário se torna um recurso comum vulnerável à superexploração e propenso a congestionamentos. Quanto mais governos em todo o mundo implementarem políticas para incentivar as pessoas a usarem o Judiciário, mais os tribunais ficarão congestionados, assim como ocorreria com qualquer outro recurso comum sobre-explorado." GICO JUNIOR, Ivo Teixeira. *Análise econômica do processo civil*. 2 ed. Indaiatuba: Editora Foco, 2023, p. 228.

congestionamento, menor tempo de análise de cada caso por cada magistrado, menor celeridade e, ao fim e ao cabo, menor acesso à justiça na prática.[48]

Ivo Gico Jr. chega a afirmar que a política de acesso irrestrito à justiça, fundada por Cappelletti e reiterada por inúmeros doutrinadores ao longo dos anos, em diversos países, acaba por gerar uma contradição em termos. Isso porque um maior acesso gerará maior congestionamento, que implicará inacessibilidade prática à justiça e, por conseguinte, enfraquecimento do próprio sistema público adjudicatório. É o que se pode chamar, portanto, de Tragédia do Judiciário[49].

A conclusão apresentada pelo autor é perceptível, de fato, nos dados estatísticos produzidos nos últimos anos acerca do sistema de justiça e sua percepção social: a ineficiência do Judiciário fez com que este não tivesse ganhos de confiança social ao longo dos anos, sendo uma instituição cuja importância em termos de confiança coletiva é inferior à de outras figuras como a polícia e as igrejas.

Como se vê, a análise econômica do direito nos permite concluir, também, que o acesso irrestrito ao sistema de justiça é um caminho para, justamente, a inacessibilidade do acesso à justiça: na medida em que os recursos do sistema adjudicatório são limitados, o aumento excessivo do acesso implicará no seu congestionamento e na sua ineficiência.

48. "Uma vez demonstrado que os tribunais se comportam como bens privados enquanto o direito é um bem de clube, é relativamente fácil entender que o acesso irrestrito aos serviços adjudicatórios levará à formação natural de filas para racionar o suprimento do serviço. Qualquer uso adicional do serviço adjudicatório por um agente impedirá ou diminuirá substancialmente a utilidade do serviço para os demais usuários, assim como a inclusão de um carro adicional diminui a utilidade de estradas congestionadas para outros motoristas.". *Ibid.*, p. 225.

49. "Pode-se notar a ironia e a clara contradição entre a defesa incondicional de Cappelleti e outros do livre acesso à justiça, enquanto, ao mesmo tempo, defendem que o congestionamento de um tribunal é, na verdade, justiça inacessível. Semelhante aos modernos defensores do acesso irrestrito à justiça, Cappelletti, simplesmente, não conseguia perceber que esses dois objetivos são claramente contraditórios. Os objetivos de maior acesso e maior velocidade são, em grande medida, incompatíveis. Se o número de casos exceder substancialmente a capacidade de análise e processamento do Judiciário, cada caso levará mais e mais tempo para ser resolvido, e a análise de cada caso será cada vez mais e mais superficial, pois os magistrados não terão tempo suficiente para passar cuidadosamente por cada caso. Essa condição diminui a qualidade das decisões e, no limite, enfraquece a razão de se ter um Judiciário.". *Ibid.*, p. 230.

Resultará, portanto, em denegação do acesso à justiça – por mais dolorosa que seja essa conclusão para os operadores do direito, que reconhecem a importância incontestável do acesso ao Judiciário como forma de assegurar a tutela dos direitos.

Evidentemente, o raciocínio apresentado não tem como objetivo impedir o acesso à justiça pelos cidadãos, mas de torná-la mais racional e adequada à realidade do sistema judicial, que possui alta possibilidade de congestionamento, como se encontra o sistema brasileiro desde a Constituição de 1988. Compreender a relação causa e efeito que ocorre entre o acesso irrestrito à justiça e a inacessibilidade à justiça é essencial para que possamos pensar em modelos processuais mais adequados à realidade, e trazer o debate do acesso à justiça ao plano da sua efetividade, retirando-o de um idealismo que, na prática, impede sua máxima efetivação.[50]

Esta percepção é essencial não apenas para se discutir mecanismos que permitam o estabelecimento de condições para acessar o Judiciário, como se discute em outras instâncias[51], como também para avaliar e

---

50. "A Tragédia do Judiciário nos leva a um conundrum intrigante: as pessoas devem ser capazes de reivindicar seus direitos sem barreiras substanciais, mas o acesso irrestrito ao sistema público adjudicatório para cada pessoa prejudica o acesso à justiça para todos os demais. Deve ser possível criar alguns mecanismos de governança que impeçam a superexploração do Judiciário, embora o reconhecimento da natureza dos tribunais leve à conclusão de que algum tipo de racionamento também pode ser necessário. Isso requer um pensamento estratégico sobre como estruturar melhor os tribunais e o sistema judicial no futuro, em uma visão que não envolva paixões ou discussões ideológicas. De qualquer forma, a compreensão da conexão do fenômeno ubíquo do congestionamento judicial no mundo com a natureza econômica do direito e dos tribunais pode ser um elemento importante na solução desse enigma ou, ao menos, em sua mitigação.". *Ibid.*, p. 231. Em sentido similar: TIMM, Luciano Benetti. *A tragédia da Justiça: não existe Justiça de graça*. Disponível em: https://www.jota.info/opiniao-e-analise/colunas/coluna-da-abde/a-tragedia-da-justica-nao-existe-justica-de-graca. Acesso em 05 de janeiro de 2025.

51. Um exemplo é a possibilidade de estabelecimento de uma cláusula legal que determine uma tentativa prévia de conciliação ou mediação antes do ajuizamento de uma ação judicial. O tema foi implementado em uma reforma processual na França em 2019, também sendo objeto de inovação legislativa na Itália e na Alemanha. Sobre o tema, cf. SOUSA, Alexandre Rodrigues de. A reforma do processo civil francês de 2019: análise das mudanças da lei francesa nº 222/2019 e do Decreto nº 1.333/19 no direito processual civil francês. In: GONÇALVES, Gláucio Ferreira Maciel; ANDRADE, Érico; FREITAS, Pedro Augusto Silveira. (Org.). *GESTÃO PROCESSUAL, Desafios no Brasil e Estudos Comparados*. 1ª ed. Belo Horizonte: Expert Editora, 2021, v. , p. 278-316. Outros sintomas desse condicionamento do acesso à justiça ocorrem em demandas de consumidor, como é o caso do Incidente de Resolução de

interpretar determinadas faculdades e liberdade dos litigantes ao acionar o sistema de justiça, sobretudo na formação do objeto litigioso do processo e sua possibilidade de fracionamento, temas ainda pouco abordados pela doutrina brasileira.

Em suma, compreender a Tragédia do Judiciário é enfrentar o problema de frente: significa não repetir a toada de acesso irrestrito à justiça, mas assumir o desafio de repensar o processo e reinterpretar as normas processuais para garantir, mediante algum racionamento adequado e justo, um acesso ao judiciário que seja mais eficiente, e que não passe de apenas um acesso a um processo judicial.

4. A INFLUÊNCIA DA LITIGÂNCIA REPETITIVA NA FORMAÇÃO DA CHAMADA LITIGÂNCIA PREDATÓRIA

Se o problema da Tragédia do Judiciário advém de uma série de posições sistêmicas que induzem o acionamento do sistema de justiça com primeira opção e diminui os riscos dos litigantes em acioná-lo, também não se deve omitir a importância que a litigância habitual e repetitiva tem como agravante dessa conjuntura de congestionamento.

Isso porque a maioria das ações que são identificadas como litigância predatória envolvem litígios repetitivos, sobretudo o ajuizamento maciço de ações com pleitos similares, relativos a direitos do consumidor, contratos bancários e relações com o Poder Público. E há de se reconhecer que um ajuizamento volumoso de processos similares só ocorre porque existe uma litigiosidade repetitiva, que favorece, em maior ou menor medida, os litigantes habituais.

O cenário de litigância repetitiva, portanto, acaba por favorecer a formação da litigância predatória, uma vez que os próprios litigantes habituais não só se favorecem de sua posição privilegiada nesses litígios, como também não são capazes de identificar e controlar de forma

Demandas Repetitivas (IRDR) de Tema nº 91, instituído no Tribunal de Justiça de Mina Gerais, que avalia a ""configuração do interesse de agir do consumidor e a exigência de prévia tentativa de solução extrajudicial" e, no âmbito do Supremo Tribunal Federal, o julgamento do Tema 1184, ocorrido em 19 de dezembro de 2023, que tratou da configuração de interesse processual nas execuções fiscais de baixo valor, consignando que "[o] ajuizamento da execução fiscal dependerá da prévia adoção das seguintes providências: a) tentativa de conciliação ou adoção de solução administrativa".

completa os dados de todos os processos nos quais figuram, de modo a facilitar identificação de fenômenos como conexão, litispendência e coisa julgada[52]. Com efeito, "um ajuizamento abundante de processos similares só é uma prática cada vez mais presente porque existem réus que, evidentemente, não serão capazes de ver essa atuação fraudulenta, pois já estão lidando com um volume maciço de demandas judiciais"[53].

Isso não quer dizer que a litigância predatória não seja um problema por si só, e que deva ser objeto de uma análise adequada e uma sanção proporcional à gravidade dos diversos comportamentos que veem sendo expostos. Mais importante do que repreender essas práticas, todavia, é saber identificar os perfis de litigância que acabam por incentivar o abarrotamento do sistema de justiça por demandas similares, repetitivas e, muitas vezes, favoráveis aos descumpridores de direitos.

Um dos exemplos em voga sobre o tratamento dessa litigiosidade consiste na possibilidade (ou não) de se criar uma exigência de tentativa de conciliação prévia ao ajuizamento de ação, como elemento componente do interesse processual. O tema foi objeto de Incidente de Resolução de Demandas Repetitivas (IRDR) nº 91 no Tribunal de Justiça de Minas Gerais, que foi favorável à exigência pré-processual[54]. Sem prejuízo à análise da sua possibilidade jurídica – que se considera possível, *a prior* –, sugere-se que o mais importante é criar mecanismos que influenciem ambos os litigantes a entenderem a autocomposição como medida mais rápida, eficiente e valiosa para solução dos seus conflitos, e não

52. SOUSA, Alexandre Rodrigues de; OLIVERA JÚNIOR, Délio Mota; SOARES, Carlos Henrique. Notas sobre a chamada litigância predatória: investigação de um conceito e métodos de mitigação. *Revista de Processo*, vol. 355, set./2024, p. 37.

53. *Ibidem*.

54. "A caracterização do interesse de agir nas ações de natureza prestacional das relações de consumo depende da comprovação da prévia tentativa de solução extrajudicial da controvérsia. A comprovação pode ocorrer por quaisquer canais oficiais de serviço de atendimento mantido pelo fornecedor (SAC); pelo PROCON; órgão fiscalizadores como Banco Central; agências reguladoras (ANS, ANVISA; ANATEL, ANEEL, ANAC; ANA; ANM; ANP; ANTAQ; ANTT; ANCINE); plataformas públicas (consumidor.gov) e privadas (Reclame Aqui e outras) de reclamação/solicitação; notificação extrajudicial por carta com Aviso de Recebimento ou via cartorária. Não basta, nos casos de registros realizados perante os Serviços de Atendimento do Cliente (SAC) mantidos pelo fornecedor, a mera indicação pelo consumidor de número de protocolo.". (TJMG – IRDR – Cv 1.0000.22.157099-7/002, Relator(a): Des.(a) José Marcos Vieira , Relator(a) para o acórdão: Des.(a) Lílian Maciel , 2ª Seção Cível, julgamento em 21/10/2024, publicação da súmula em 25/10/2024).

necessariamente a sua exigência pela via normativa ou pela (polêmica) via dos precedentes judiciais.[55]

Outro ponto relevante consiste, ainda, em avaliar a utilização do abuso de direito como principal fundamento para tratar dos problemas que compõem a litigância irresponsável. Essa ferramenta, conquanto seja inequivocamente necessária dentro do ordenamento jurídico, é assaz ampla e genérica, dificultando uma formação clara do que é abuso e do que não é abuso, o que permite decisões judiciais que amplificam muito as exigências para uma litigância responsável, podendo gerar até mesmo uma nova jurisprudência defensiva, desta vez em primeira instância. Esse ponto deve ser objeto de atenção. Tome-se como exemplo as inúmeras decisões que, sob a ótica do abuso do direito, inadmitem processos por suposta ausência do interesse de agir sem que haja uma previsão clara a respeito.[56]

---

55. "Incentivar ferramentas como Consumidor.gov, estimulando a ampliação do número de empresas cadastradas, criando campanhas de informação e conscientização sobre esse sistema e dando-lhe um respaldo ainda maior, podem se mostrar como soluções mais simples e mais eficazes para se diminuir a litigiosidade excessiva vivida há décadas no cenário brasileiro do que inserir mais uma norma a ser lidada pelos operadores do direito. No caso das relações de consumo, nota-se que, mesmo sendo o Consumidor.gov bem avaliado pelos consumidores que o utilizam, não é claro se o cadastro da empresa na plataforma é ou não uma informação buscada pelos consumidores antes de realizar uma compra. (...) Da mesma forma, poder-se-á inserir nos sistemas de processo eletrônico de juizados especiais uma espécie de questionário, no qual a parte informa (sem qualquer ônus para o seu processo) se tentou algum método autocompositivo antes de acessar o Judiciário e qual foi este método utilizado. Este tipo de informação permitiria conhecer informações com quais os sistemas mais buscados pelos cidadãos, quais acabam não sendo eficazes na solução do conflito e quais os tipos de conflito que são objeto de busca de métodos autocompositivos.". SOUSA, Alexandre Rodrigues de. Apontamentos sobre o estabelecimento de tentativa de autocomposição pré-processual obrigatória no direito brasileiro. *Revista Eletrônica de Direito Processual, [S. l.]*, v. 25, n. 2, 2024. DOI: 10.12957/redp.2024.85243. Disponível em: https://www.e-publicacoes.uerj.br/redp/article/view/85243. Acesso em: 4 jan. 2025.
56. "O fundamental é perceber que há, no CPC, dois mecanismos distintos e, mais importante, complementares. Enquanto a litigância de má-fé prevê multa, o abuso de direito processual tem a importante função de reparar integralmente o dano. Além disso, a litigância de má-fé e a violação do dever de conduta previsto no ordenamento jurídico, enquanto o abuso configura-se com o exercício inadmissível de situação jurídica de vantagem. São coisas distintas com funções distintas.". MACÊDO, Lucas Buril de. *Litigância de má-fé*. 2ª ed., rev. e atual. São Paulo: Juspodivm, 2024, p. 173.

5. NOTAS CONCLUSIVAS: A IMPORTÂNCIA DA ANÁLISE ECONÔMICA DO DIREITO PARA O APRIMORAMENTO DO ACESSO RESPONSÁVEL À JUSTIÇA

O recente ganho de importância de elementos como a litigância frívola, a litigância predatória e o abuso do direito de ação trazem à tona como o sistema de justiça não deve ser visto como um sistema com recursos orçamentários limitados, impedindo que todos os cidadãos consigam acessar adequadamente o Judiciário e, mais importante, acessar a tutela jurisdicional de forma efetiva.

Sob o aspecto processual, a concepção da análise econômica sobre a Tragédia do Judiciário também é analisada pela abordagem da proporcionalidade no sistema de justiça civil.

Ao tratar da proporcionalidade no processo civil, Sérgio Arenhart destaca a necessidade de se pensar a proporcionalidade panprocessual, que representa uma análise do processo civil considerando não só as regras processuais em si, mas as circunstâncias amplas que o permeiam. Segundo o autor, nesta perspectiva de proporcionalidade, "não se examina o processo considerado em si mesmo. Avalia-se, antes a atividade jurisdicional na sua relação entre o esforço estatal oferecido a um caso concreto e o todo de processos judiciais (...) que também tem direito ao mesmo esforço"[57].

Gustavo Osna argumenta em sentido similar, ao afirmar que "o processo civil jamais pode ser pensado tendo como base um conflito isoladamente considerado". Para o autor, tanto na atividade adjudicatória quanto na própria atividade legislativa, "surgem questões como a necessidade de que o tempo destinado a cada processo não comprometa a apreciação dos demais, readequando a disciplina a partir de um critério

57. O autor continua no sentido de que, "considerada a escassez dos recursos estatais, o grau de efetividade outorgado a um único processo deve ser pensado a partir da necessidade de se assegurar eficiência do judiciário como um todo (...) sob esse ponto de vista, os critérios da necessidade, adequação e proporcionalidade (...) adquirem novos contornos. Com efeito, a investigação da razoabilidade no tratamento processual dado a uma causa singular passa a ser examinada não apenas em seu próprio contexto." ARENHART, Sérgio Cruz. *A tutela coletiva de interesses individuais*: para além da proteção dos interesses individuais homogêneos. São Paulo: Editora RT, 2013, p. 38-39.

de proporcionalidade que extrapola a mera análise do caso concreto"[58]. Assim, cada processo não é visto de forma individual, mas como parte de um contexto de litigiosidade mais amplo, no qual o esforço dedicado a cada um afeta, indiretamente, os demais.[59]

Sob a perspectiva da relações entre os processos existentes e potenciais que há, ainda, uma necessidade de aproximação das instituições do processo civil com os campos da economia e da administração[60]. Não só no escopo da gestão processual, que já é um marco doutrinário no Brasil[61], mas também na perspectiva de que determinadas normas

58. OSNA, Gustavo. *Processo civil, cultura e proporcionalidade*. São Paulo: Editora Revista dos Tribunais, 2017, p. 94

59. "Actually, this base of analysis and the associated macro perspective are clearly in harmony with the requirements of the complexity of contemporary civil litigation. In this context, the pan-procedural approach collaborates in the modulation of adjudication in a way that observes the whole picture of the judiciary, highlighting its barriers and providing an isonomic distribution of procedural activity among all the cases waiting for an answer.The design suggests that, once this approach is adopted, each case stops being seen as a single piece, and the puzzle is understood from a global perspective. A natural consequence of this is that, considering the limits of the public budget, the efforts provided in a case should be harmonised with the institutional efficacy of the judiciary. Each case should be treated equally, setting a new requirement based on parameters of necessity, adequacy and proportionality. Thus, every answer and every collision of fundamental rights starts to be seen in another plane: the macroscopic plane.". ARENHART, Sergio Cruz; OSNA, Gustavo. Complexity, Proportionality and the 'Pan-Procedural' Approach: Some Bases of Contemporary Civil Litigation (2014). *International Journal of Procedural Law*, volume 4, 2014/02, Available at SSRN: https://ssrn.com/abstract=2779681. Acesso em 05 de janeiro de 2025.

60. OSNA, Gustavo. *Processo civil, cultura e proporcionalidade*. São Paulo: Editora Revista dos Tribunais, 2017, p. 96-97.

61. Sobre a gestão processual e a interpretação da duração razoável do processo através de uma aplicação proporcional dos recursos estatais, cf. THEODORO JÚNIOR, Humberto; ANDRADE, Érico. Impactos da Constituição Federal na Evolução do Processo Civil. *30 anos da Constituição Federal e o direito brasileiro*. Rio de Janeiro: Editora Forense, 2018, p. 336-337. No mesmo sentido: "Trata-se, pois, no âmbito do gerenciamento ou gestão processual, da ampliação dos poderes do juiz na condução do processo, com atuação mais efetiva na busca da realização da maior eficiência da justiça. Tudo, reitere-se, para permitir e garantir a melhor adaptação do procedimento ao caso concreto, no interesse das partes e do próprio processo em realizar uma justiça mais célere e com menor custo, de acordo com as necessidades reais de cada caso.44 E, claro, o incremento de tais poderes de gestão processual do juiz impõe, na linha evolutiva mais atual do processo civil, seu exercício de forma colaborativa com as partes, e não unilateralmente, como muito bem ressalta a doutrina italiana.". ANDRADE, Érico. Gestão processual, flexível, colaborativa e proporcional: cenários para implementação das novas tendências do CPC/2015. *Rev. Fac. Direito UFMG*. Belo Horizonte, n. 76, pp. 195-196, jan./jun. 2020.

processuais – ou determinadas interpretações sedimentadas às normas processuais – acabam por promover ou dissuadir determinados comportamentos sociais[62].

A ideia da proporcionalidade panprocessual sublinha a importância da análise econômica do processo, na medida em que fortalece a percepção de a forma que se permite o acionamento do sistema de justiça por cada litigante afeta, de forma indireta, a disponibilidade desse mesmo sistema de justiça para os outros cidadãos que dele também necessitam.

A ideia já foi levantada por Remo Caponi na Itália, ao tratar de um precedente das Seções Unidas da Corte de Cassação italiana que vedou o fracionamento de um crédito unitário em diferentes processos, tema que tem sido abordado, ainda de forma incipiente, no direito brasileiro. Embora a decisão comentada aborde o tema do fracionamento do crédito unitário à luz da boa-fé, o professor italiano argumenta que o ponto central da vedação ao fracionamento seja justamente a crise do sistema de justiça e o uso proporcional desse sistema[63]. Nesse sentido, referencia não só o art. 111 da Constituição Italiana[64], que reconhece o dever de

62. "Economics generally provides a behavioral theory to predict how people respond to laws. This theory surpasses intuition just as science surpasses common sense. The response of people is always relevant to making, revising, repealing, and interpreting laws. (...) Efficiency is always relevant to policymaking, because public officials never advocate wasting money.". COOTER, Robert; ULEN, Thomas. *Law and economics*, 6th ed., Berkeley Law Books, 2012.

63. "Se si intende percorrere con cautela questa strada, entra in gioco quel canone di proporzionalità, efficacemente scolpito nell'art. 1 delle Rules of civil procedure inglesi, laddove si spiega che trattare una causa secondo giustizia include, per quanto sia praticabile, tra l'altro: «attribuire ad essa una quota appropriata delle risorse del giudice, tenendo conto della necessità di riservare le risorse agli altri casi».). Così inteso, il principio di proporzionalità può essere ambientato nell'esperienza processuale italiana come un risvolto del valore costituzionale della efficienza nella disciplina del processo, che si desume dall'affermazione della sua ragionevole durata (art. 111, 2° comma Cost.).". CAPONI, Remo. Divieto di frazionamento giudiziale del credito: applicazione del principio di proporzionalità nella giustizia civile? *Il Foro italiano*, v. 133, n. 5, Parte I, p. 1519/1525, 2008. Disponível em: https://www.academia.edu/205396/R._Caponi_Divieto_di_frazionamento_giudiziale_del_credito_applicazione_del_principio_di_proporzionalit%C3%A0_nella_giustizia_civile_2008. Acesso em 04 de janeiro de 2025.

64. "Art. 111. (...) Cada processo desenvolve-se no contraditório entre as partes, em condições de igualdade perante juiz terceiro e imparcial. A lei assegura a razoável duração. (...)". Disponível em: https://www.senato.it/sites/default/files/media-documents/Costituzione_PORTOGHESE.pdf. Acesso em 04 de janeiro de 2025.

duração razoável dos processos, como também o art. 2º da *Civil Procedure Rules* inglesa, que indica em seu art. 1º, (2), alínea *e*, que o dever de proporcionalidade no tratamento dos litígios envolve "atribuir-lhe uma parte adequada dos recursos do tribunal, tendo em conta a necessidade de atribuir recursos a outros casos"[65].

Essas percepções apontam que o desafio do processo civil não é só utilizar a análise econômica como ferramenta para conduzir o acesso ao sistema de justiça a um exercício mais responsável e proporcional por cada um de seus litigantes. Trata-se, também, de utilizar essas percepções interdisciplinares para desenvolver novas interpretações sobre institutos clássicos do processo civil, tais como a identificação das demandas, o objeto do processo, a litispendência e os limites objetivos da coisa julgada. Esses conceitos são fundamentais para orientar o tratamento da litigância, na medida em que interpretações mais frágeis ou mais robustas deles permitem, indiretamente, comportamentos que conduzem ou não a uma multiplicação de processos.

Sob este raciocínio, talvez o grande ensinamento da análise econômica para o tratamento da litigância não seja somente uma percepção extraprocessual da litigância e de uma resposta reacionária a comportamentos aparentemente inadequados através de conceitos genéricos, como o abuso do direito processual. Abrem, na verdade, novos vetores interpretativos para os conceitos basilares que identificam o que é um processo, o que diferencia um processo de outro e o que representa uma rediscussão de um processo já julgado.

65. "The overriding objective (1) These Rules are a procedural code with the overriding objective of enabling the court to deal with cases justly and at proportionate cost. (2) Dealing with a case justly and at proportionate cost includes, so far as is practicable (...) (e) allotting to it an appropriate share of the court's resources, while taking into account the need to allot resources to other cases;". Disponível em: https://www.justice.gov.uk/courts/procedure-rules/civil/rules/part01. Acesso em 04 de janeiro de 2025.

6. REFERÊNCIA PRÁTICA

GALANTER, Marc. Why the "Haves" Come Out Ahead: Speculations on the Limits of Legal Change. *Law and Society Review*, Law and Society Association, Volume 9, Number 1, p. 95-160, 1974

GICO JR., Ivo Teixeira. *Análise Econômica do Processo Civil.* 2. ed.: Indaiatuba, Editora Foco, 2023

SHAVEL, Steven. Economic Analysis of Litigation and the legal process. *NBER Working Papers.* N. 9697, 2003

SILVA, Jorge Luis da Costa. Fatores determinantes e instrumentos de dissuasão da litigância frívola. *Revista Eletrônica de Direito Processual.* Rio de Janeiro, ano 14, volume 21, número 1, jan-abril, 2020

SILVEIRA, Ricardo Geraldo Rezende. Acesso à justiça: o direito fundamental em um ambiente de recursos escassos. São Paulo: Almedina, 2020

SOUSA, Alexandre Rodrigues de; OLIVERA JÚNIOR, Délio Mota; SOARES, Carlos Henrique. Notas sobre a chamada litigância predatória: investigação de um conceito e métodos de mitigação. Revista de Processo, vol. 355, set./2024, p. 23-51

THEODORO JÚNIOR, Humberto; ANDRADE, Érico. Impactos da Constituição Federal na Evolução do Processo Civil. In: MORAES, Guilherme Peña de. 30 Anos da CF e o Direito Brasileiro. 1ª ed., Rio de Janeiro: Forense, 2018, p. 306-355.

7. LEITURAS COMPLEMENTARES

ANDRADE, Érico. Gestão processual, flexível, colaborativa e proporcional: cenários para implementação das novas tendências do CPC/2015. Rev. Fac. Direito UFMG. Belo Horizonte, n. 76, 2020

ARENHART, Sérgio Cruz. A tutela coletiva de interesses individuais: para além da proteção dos interesses individuais homogêneos. São Paulo: Editora RT, 2013

ASPERTI, Marcia Cecília de Araújo. *Acesso à justiça e técnicas de julgamento de casos repetitivos.* Tese (Doutorado em Direito), Universidade de São Paulo, 2028

BOVINO, Marcio Lamonica. *Abuso do direito de ação*. Curitiba: Juruá, 2012.

FRANCO, Marcelo Veiga. *Administração Pública como litigante habitual: a necessária mudança da cultura jurídica de tratamento dos conflitos*. Londrina: Editora Toth, 2021.

LEROY, Guilherme Costa. *Sistematização dos parâmetros de caracterização da litigância de má-fé a partir de estudo empírico no STF e STJ*. Tese (Doutorado em Direito) – Programa de Pós-Graduação da Faculdade de Direito da UFMG, Belo Horizonte, 2022.

MACÊDO, Lucas Buril de. Litigância de má-fé. 2ª ed., rev. e atual. São Paulo: Juspodivm, 2024.

MARCELLINO JUNIOR, Julio Cesar. *O direito de acesso à justiça e a análise econômica da litigância: A maximização do acesso na busca pela efetividade*. Tese (Doutorado) – Centro de Ciências Jurídicas, Programa de Pós-Graduação em Direito, Universidade Federal de Santa Catarina, Florianópolis, 2014.

OSNA, Gustavo. Processo civil, cultura e proporcionalidade. São Paulo: Editora Revista dos Tribunais, 2017.

OSNA, Gustavo. Três notas sobre a litigância predatória (ou, o abuso do direito de ação). *Revista de Processo*, São Paulo, vol. 342, p. 55-70, Ago. 2023.

SOUSA, Alexandre Rodrigues de. Apontamentos sobre o estabelecimento de tentativa de autocomposição pré-processual obrigatória no direito brasileiro. Revista Eletrônica de Direito Processual, [S. l.], v. 25, n. 2, 2024. DOI: 10.12957/redp.2024.85243. Disponível em: https://www.e-publicacoes.uerj.br/redp/article/view/85243.

TENENBLAT, Fabio. Limitar o acesso ao poder judiciário para ampliar o acesso à justiça, *Revista do Centro de Estudos Judiciários*, Brasília, Ano XV, n. 52, jan./mar. 2011.

CAPÍTULO XI

ÔNUS DA PROVA E A ANÁLISE ECONÔMICA E COMPORTAMENTAL DO PROCESSO

JÉSSICA GALVÃO[1]

SUMÁRIO: 1. Conceito geral; 2. Visão do ônus da prova pela análise econômica e comportamental; 3. Referência prática; 4. Leituras complementares; Referências.

1. CONCEITO GERAL

Entende-se que o ônus é a faculdade atribuída às partes, cujo não exercício poderá implicar em consequência desfavorável à parte que não se desincumbiu do seu ônus processual[2]. Para Paulo Osternack, "a definição de ônus traz consigo a ideia de risco, na medida em que se o

---

1. Doutoranda em Direito pela UFMG, Mestre em Direito Processual pela PUC Minas, Professora da Universidade Federal de Juiz de Fora, *campus* Governador Valadares, e Advogada.

2. Para Lucas Buril Mâcedo e Ravi Peixoto: "o ônus processual está relacionado com a própria parte a ele incumbida. Trata-se, como dito, de uma situação jurídica ativa em que a parte tem a liberdade de agir, caso contrário poderá vir a sofrer uma consequência desfavorável. De toda forma, não se pode confundir a consequência com o ônus. O ônus, enquanto situação jurídica ativa, é aquilo que é lícito ao titular da situação jurídica ativa fazer" (MACÊDO, Lucas Buril de; PEIXOTO, Ravi. Ônus da Prova e sua Dinamização. 2. ed. Salvador: Juspodivm, 2016, p. 81).

onerado não exercer a sua faculdade assumirá o risco de um resultado contrário aos seus interesses”[3].

Marinoni e Arenhart definem ônus “como espécie de poder da parte que possibilita o agir, segundo interesses próprios, não obstante a existência de norma pré-determinada, cuja inobservância pode trazer prejuízos à própria parte onerada”[4].

Sendo o ônus da prova uma faculdade de comprovação do fato alegado, ele somente é atribuído à parte, não submetendo o juiz e os órgãos auxiliares[5]. Por tal razão, a realização de atos processuais a fim de se comprovar o alegado “fica a critério exclusivo do interessado – por razões de conveniência, oportunidade ou estratégia -”[6], pois a parte que incumbe o ônus da prova possui a liberdade de não fazê-lo.

Classifica-se o ônus processual em perfeito e imperfeito, a partir da consequência que resulta do seu descumprimento. O ônus processual perfeito é aquele que possui uma consequência negativa em caso de descumprimento. Por sua vez, o ônus processual imperfeito a consequência negativa é provável.

O ônus da prova enquadra-se na classificação de ônus processual imperfeito, pois a não produção de determinada prova de veracidade do fato alegado poderá implicar em consequências negativas para a parte que detinha a faculdade processual de provar. No entanto, Marinoni e Arenhart afirmam que o ônus da prova não é um ônus verdadeiro, uma vez que o magistrado poderá julgar procedente o pedido, da parte que não se desincumbiu do seu ônus de provar, a partir das provas produzidas de ofício e pela parte contrária[7].

3. AMARAL, Paulo Osternack. Provas: atipicidade, liberdade e instrumentalidade. 2.ed. São Paulo: Revista dos Tribunais, 2017, p. 44.
4. MARINONI, Luiz Guilherme; ARENHART, Sérgio Cruz. Prova e Convicção. 4. ed. em e-book. São Paulo: Thomson Reuters Brasil, 2022, p. RB-13.
5. THEODORO JÚNIOR, Curso de Direito Processual – Teoria geral do direito processual civil, processo de conhecimento e procedimento comum. vol.I. 57. ed.rev., atual. e ampl. Rio de Janeiro: Forense, 2016, p. 189.
6. CREMASCO, Suzana Santi. A distribuição dinâmica do ônus da prova. Rio de Janeiro: GZ, 2009, p. 25.
7. MARINONI, Luiz Guilherme; ARENHART, Sérgio Cruz. Prova e Convicção. 4. ed. em e-book. São Paulo: Thomson Reuters Brasil, 2022, p. RB-13.1.

Há, também, a classificação do ônus da prova no aspecto subjetivo e objetivo. Na perspectiva subjetiva, o ônus da prova é uma faculdade atribuída às partes, para a possível resolução exitosa do mérito do processo a favor de quem compete provar. O aspecto objetivo do ônus da prova trata-se de técnica de julgamento, visto que o juiz decidirá em desfavor da parte que não se desincumbiu do seu ônus de provar, seja pela não elucidação dos fatos alegados ou em razão da insuficiência da produção das provas[8].

Em razão da prévia ciência dos seus encargos probatórios e do risco advindo de seu descumprimento, entende-se que o ônus da prova é regra de conduta atribuída às partes, pois "traz consigo um "princípio da autorresponsabilidade", a partir do qual é facultada às partes a produção de provas, submetendo-as ao risco de sofrer uma consequência desfavorável pela sua não produção"[9].

Portanto, conceitua-se ônus da prova como à atividade processual facultada à parte, capaz de comprovar a verdade do suporte fático por ela alegado, sob risco de suportar o não acolhimento do seu direito subjetivo.

O Código de Processo Civil disciplina a regra estática ou clássica de distribuição do ônus da prova no art. 373, CPC/15. Caberá ao autor o ônus da prova quanto ao fato constitutivo do seu direito e ao réu quanto à existência de fato impeditivo, modificativo ou extintivo do direito do autor. A regra estática de distribuição do ônus da prova poderá ser excepcionada, no caso concreto, pela distribuição dinâmica do ônus da prova.

Na distribuição dinâmica do ônus da prova, o encargo probatório será conferido à parte que originalmente não o possuía, nos casos previstos em lei ou diante de peculiaridades da causa relacionadas à impossibilidade ou à excessiva dificuldade de cumprir o encargo ou à maior

8. Ressalta-se que Luiz Guilherme Marinoni e Sérgio Cruz Arenhart fazem a distinção entre o estado de dúvida e a ausência de prova no que tange ao ônus de provar. Para os citados autores: "a ausência de prova não leva o juiz a um estado de dúvida, que teria de ser dissipada através da aplicação da regra do ônus da prova como regra de decisão, julgando-se improcedente o pedido pelo motivo de o autor não se ter desincumbido do ônus da prova.

9. AMARAL, Paulo Osternack. Provas: atipicidade, liberdade e instrumentalidade. 2.ed. São Paulo: Revista dos Tribunais, 2017, p. 46.

facilidade de obtenção da prova do fato contrário, nos termos do *caput* do art. 373, do CPC/15.

2. VISÃO DO ÔNUS DA PROVA PELA ANÁLISE ECONÔMICA E COMPORTAMENTAL

Os gastos de tempo e dinheiro a serem efetuados pelas partes no processo e o comportamento socialmente desejado no que tange ao ônus da prova[10] é matéria central tanto em sede doutrinária, quanto no julgamento pelos tribunais.

A partir da conjugação da necessidade de apuração da ocorrência dos fatos e da criação de incentivos processuais eficientes é crucial saber se é possível atribuir os custos da produção da prova à parte que não requereu a sua produção. Assim, é possível a atribuição do custo da prova desvinculado do ônus da prova[11]?

Sabe-se que cada parte arcará antecipadamente com o pagamento das despesas referente ao ato que requerer ou que realizar (art. 82, *caput*, CPC/15). Caberá ao autor o adiantamento das despesas relativas a ato cuja realização tenha sido determinada de ofício pelo juiz ou a requerimento do Ministério Público, quando sua intervenção ocorrer como fiscal da ordem jurídica (art. 82, § 1º, CPC/15), salvo na hipótese de prova pericial determinada de ofício pelo julgador, haja vista que haverá o rateamento entre as partes dos honorários periciais (art. 95, *caput*, CPC/15).

---

10. Além do custo de tempo e recursos financeiros tem-se os custos indiretos. José Costa Neto esclarece que "não se descure também que o conceito de custo de produção probatória não se resume ao tempo empregado e ao custo econômico direto. Com efeito, devem ser considerados os *custos indiretos,* estes que resultam dos efeitos em termos de incentivos. Pode-se supor que quanto mais relevante o objeto do processo, mas importante será, tanto do ponto de vista social como do privado, que o caso seja decidido corretamente. Se a imprecisão ou incorreção na solução fática reduz o efeito dissuasório e, portanto, observância da lei, conclui-se que maior será o custo social, quanto maior a relevância do objeto do processo (Costa Neto, José Wellington Bezerra da. Contribuições da análise econômica ao direito probatório. Revista de Processo. vol. 336. ano 48, p. 03)
11. Costa Neto, José Wellington Bezerra da. Contribuições da análise econômica ao direito probatório. Revista de Processo. vol. 336. ano 48. p.2

Para a pergunta ora apresentada não há uma única resposta adequada, visto que as especificidades do direito material e do fato objeto da produção da prova interferem na resolução da questão.

Além do mais, sabe-se que o custo estimado da produção da prova é um incentivo para a não judicialização, adoção de medidas extrajudiciais de prevenção e entabulação de acordos.

Pode-se apontar a dinamização do ônus da prova associada à inversão do ônus financeiro da prova nas lides consumeristas, que é questão controvertida na doutrina e jurisprudência. Para José Costa Neto, "é inviável dissociar a inversão do encargo probatório, da inversão, também, do custo econômico de sua produção, o chamado ônus financeiro da prova", pois "é justamente o risco de maior custo com o litígio que incentiva os fornecedores a manterem políticas adequadas de proteção e defesa do consumidor"[12].

Em posição contrária, Lucas Macêdo e Ravi Peixoto entendem que "ao se dinamizar o ônus da prova, não se tem alteração dos encargos financeiros do processo. Apenas se altera o sujeito a quem se imputa as consequências pela não produção das provas sobre um determinado fato"[13].

Apesar da posição majoritária no sentido de impossibilidade de dinamizar o custeio da prova, tem-se que nas ações consumeristas a distribuição do custo econômico da produção da prova associado a inversão do ônus da prova adequa-se a análise econômica e comportamental, visto que é um incentivo para a adoção de medidas de prevenção do dano e do litígio, pelos fornecedores de serviços e produtos, capaz de moldar a conduta dos litigantes.

Dessa forma, a atribuição do ônus da prova e o ônus financeiro inerente à produção da prova tem o potencial de moldar o comportamento das partes, tanto na esfera extrajudicial, quanto na esfera judicial, na adoção de medidas economicamente menos custosas.

12. Costa Neto, José Wellington Bezerra da. Contribuições da análise econômica ao direito probatório. Revista de Processo. vol. 336. ano 48. p.5
13. MACÊDO, Lucas Buril de; PEIXOTO, Ravi. Ônus da Prova e sua Dinamização. Salvador: Juspodivm, 2016, p. 204.

3. REFERÊNCIA PRÁTICA

O Superior Tribunal de Justiça, em sede do Recurso Especial nº. 1.063.639/MS, já decidiu que nas ações consumeristas, a inversão do ônus da prova não enseja na inversão financeira do pagamento dos honorários periciais.

> PROCESSUAL CIVIL. CONSUMIDOR. INVERSÃO DO ÔNUS DA PROVA. HONORÁRIOS DO PERITO. RESPONSABILIDADE. HIPOSSUFICIÊNCIA.
>
> 1. A simples inversão do ônus da prova, no sistema do Código de Defesa do Consumidor, não gera a obrigação de custear as despesas com a perícia, embora sofra a parte ré as consequências decorrentes de sua não-produção. (REsp 639.534/MT, Rel. Ministro Carlos Alberto Menezes Direito, DJU 13.02.6). Precedentes.
>
> 2. Recurso especial provido (STJ, 2ª turma, REsp 1.063639/MS, Rel. Min Castro Meira, j. 01/10/2009, DJe 04/11/2009).

No julgado, o recorrente se insurge contra a decisão do Tribunal de Justiça do Mato Grosso do Sul que lhe atribuiu os honorários do perito, embora a produção da prova pericial tenha sido pleiteada pela recorrida, face à sua condição de vulnerabilidade e hipossuficiência técnica de consumidora. Ainda, sustentou a recorrente que o fato de ser a recorrida beneficiária da gratuidade judicial não lhe retira a responsabilidade pela produção das provas que pretende na instrução processual.

O Superior Tribunal de Justiça deu provimento ao recurso especial, uma vez que o acórdão recorrido dissentiu do entendimento preconizado pela Corte, no sentido de que o deferimento da inversão do ônus da prova não tem o condão de obrigar o fornecedor a custear a prova requerida pelo consumidor, pois a inversão do ônus da prova não gera a obrigação de custear as despesas com a perícia.

Já no âmbito das tutelas coletivas, caberá à Fazenda Pública arcar com o adiantamento dos honorários de perícia requerida pelo Ministério Público, nas ações civis públicas, de acordo com a tese jurídica firmada no REsp 1253844/SC, julgado sob o rito dos recursos repetitivos.

No julgado acima citado, afastou-se a aplicação do Código de Processo Civil ao estabelecer que não haverá qualquer adiantamento de despesas nas ações civis públicas, sendo impossível exigir do Ministério Público o adiantamento de honorários periciais.

TESE JURÍDICA

"Não é possível se exigir do Ministério Público o adiantamento de honorários periciais em ações civis públicas. Ocorre que a referida isenção conferida ao Ministério Público em relação ao adiantamento dos honorários periciais não pode obrigar que o perito exerça seu ofício gratuitamente, tampouco transferir ao réu o encargo de financiar ações contra ele movidas. Dessa forma, considera-se aplicável, por analogia, a Súmula n. 232 desta Corte Superior ('A Fazenda Pública, quando parte no processo, fica sujeita à exigência do depósito prévio dos honorários do perito'), a determinar que a Fazenda Pública ao qual se acha vinculado o Parquet arque com tais despesas".

EMENTA

ADMINISTRATIVO E PROCESSUAL CIVIL. AÇÃO CIVIL PÚBLICA. ADIANTAMENTO DE HONORÁRIOS PERICIAIS. NÃO CABIMENTO. INCIDÊNCIA PLENA DO ART. 18 DA LEI N. 7.347/85. ENCARGO TRANSFERIDO À FAZENDA PÚBLICA. APLICAÇÃO DA SÚMULA 232/STJ, POR ANALOGIA.

1. Trata-se de recurso especial em que se discute a necessidade de adiantamento, pelo Ministério Público, de honorários devidos a perito em Ação Civil Pública.

2. O art. 18 da Lei n. 7.347/85, ao contrário do que afirma o art. 19 do CPC, explica que na ação civil pública não haverá qualquer adiantamento de despesas, tratando como regra geral o que o CPC cuida como exceção. Constitui regramento próprio, que impede que o autor da ação civil pública arque com os ônus periciais e sucumbenciais, ficando afastada, portanto, as regras específicas do Código de Processo Civil.

3. Não é possível se exigir do Ministério Público o adiantamento de honorários periciais em ações civis públicas. Ocorre que a referida isenção conferida ao Ministério Público em relação ao adiantamento dos honorários periciais não pode obrigar que o perito exerça seu ofício gratuitamente, tampouco transferir ao réu o encargo de financiar ações contra ele movidas. Dessa forma, considera-se aplicável, por analogia, a Súmula n. 232 desta Corte Superior ("A Fazenda Pública, quando parte no processo, fica sujeita à exigência do depósito prévio dos honorários do perito"), a determinar que a Fazenda Pública ao qual se acha vinculado o Parquet arque com tais despesas. Precedentes: EREsp 981949/RS, Rel. Ministro

HERMAN BENJAMIN, PRIMEIRA SEÇÃO, julgado em 24/02/2010, DJe 15/08/2011; REsp 1188803/RN, Rel. Ministra ELIANA CALMON, SEGUNDA TURMA, julgado em 11/05/2010, DJe 21/05/2010; AgRg no REsp 1083170/MA, Rel. Ministro MAURO CAMPBELL MARQUES, SEGUNDA TURMA, julgado em 13/04/2010, DJe 29/04/2010; REsp 928397/SP, Rel. Ministro CASTRO MEIRA, SEGUNDA TURMA, julgado em 11/09/2007, DJ 25/09/2007 p. 225; REsp 846.529/MS, Rel. Ministro TEORI ALBINO ZAVASCKI, PRIMEIRA TURMA, julgado em 19/04/2007, DJ 07/05/2007, p. 288. 4. Recurso especial parcialmente provido. Acórdão submetido ao regime do art. 543-C do CPC e da Resolução STJ n. 8/08.

4. LEITURAS COMPLEMENTARES

COSTA NETO, José Wellington Bezerra da. Contribuições da análise econômica ao direito probatório. Revista de Processo. vol. 336. ano 48. p. 111-148. São Paulo: Ed. RT, fevereiro 2023.

VITORELLI, Edilson. Análise econômica e comportamental da distribuição do custo da prova no processo coletivo. Revista de Processo, v. 327, p. 235 - 262, 2022.

REFERÊNCIAS

AMARAL, Paulo Osternack. *Provas: atipicidade, liberdade e instrumentalidade.* 2.ed. São Paulo: Revista dos Tribunais, 2017.

AUFIERO, Mario Vitor M. Dinamização do Ônus da Prova e o Dever de Custeá-la. *Revista de Processo.* vol. 273. ano 2017. p. 149-167.

COSTA NETO, José Wellington Bezerra da. Contribuições da análise econômica ao direito probatório. *Revista de Processo.* vol. 336. ano 48. p. 111-148. São Paulo: Ed. RT, fevereiro 2023.

CREMASCO, Suzana Santi. *A distribuição dinâmica do ônus da prova.* Rio de Janeiro: GZ, 2009.

GICO JR., Ivo Teixeira. *Análise Econômica do Processo Civil.* 2. ed. Indaiatuba: Editora Foco, 2023.

MACÊDO, Lucas Buril de; PEIXOTO, Ravi. *Ônus da Prova e sua Dinamização.* Salvador: Juspodivm, 2016.

MARINONI, Luiz Guilherme; ARENHART, Sérgio Cruz. Prova e Convicção. 4. ed. em e-book. São Paulo: Thomson Reuters Brasil, 2022.

SHAVELL, Steven. *Economic Analysis of Litigation and the Legal Process. NBER Working Papers*, n. 9697, 2003, Chapter 19.

SHAVELL, Steven. *Foundations of Economic Analysis of Law*. Cambridge, Belknap Press, 2004.

Shavell, Steven. The Appeals Process as a Means of Error Correction, *The Journal of Legal Studies*, v. 24, n. 2, 1995, p. 379-426.

THEODORO JÚNIOR, *Curso de Direito Processual – Teoria geral do direito processual civil, processo de conhecimento e procedimento comum*. vol. I. 57. ed. rev., atual. e ampl. Rio de Janeiro: Forense, 2016.

VITORELLI, Edilson. Análise econômica e comportamental da distribuição do custo da prova no processo coletivo. *Revista de Processo*, v. 327, p. 235 – 262, 2022.

WOLKART, Erik Navarro. *Análise econômica e comportamental do processo civil*: como promover a cooperação para enfrentar a tragédia da Justiça no processo brasileiro. Orientador: Paulo Cezar Pinheiro Carneiro. Coorientadora: Tereza Arruda Alvim. 2018. Tese (Doutorado em Direito) – Faculdade de Direito, Universidade do Estado do Rio de Janeiro, Rio de Janeiro, 2018.

CAPÍTULO XII

DECISÃO JUDICIAL, PRECISÃO DA DECISÃO E ERRO JUDICIÁRIO

IGO ZANY NUNES CORRÊA[1]

MARIA GABRIELA MACHADO PRADO[2]

1. DECISÃO JUDICIAL

1.1. Conceito geral

Entende-se como decisão judicial, *lato sensu,* aquela tomada no âmbito da função estatal com vistas a precipuamente adjudicar questões da vida e resolver interesses litigiosos das partes. Todavia, o mesmo conceito pode ser dado ao processo de tomada de escolhas judiciais tomadas durante o processo por um julgador[3].

---

1. Doutorando do Programa de Pós-Graduação em Direito da Universidade Federal de Minas Gerais. Juiz do Trabalho Substituto do TRT da 11ª Região em Manaus. Mestre em Direito, Constitucionalismo e Direitos na Amazônia pela Universidade Federal do Amazonas (UFAM). Especialista em Direito do Trabalho e Processo do Trabalho pelo Centro de Ensino Superior do Amazonas (CIESA).
2. Mestranda do Programa de Pós-Graduação em Direito da Universidade Federal de Minas Gerais. Advogada.
3. NOJIRI, Sergio. Decisão judicial. Enciclopédia jurídica da PUC-SP. Celso Fernandes Campilongo, Alvaro de Azevedo Gonzaga e André Luiz Freire (coords.). Tomo: Teoria Geral e Filosofia

O Poder Judiciário, como função típica de pacificação de conflitos e conformação de direitos do Estado, realiza suas atribuições de julgamento por meio de decisões, despachos, sentenças e acórdãos, provimentos jurisdicionais lastreados por dever de fundamentação democrática, conforme art. 93, IX da Constituição Federal, ou seja, a tomada de decisão no âmbito do Poder Judiciário deve necessariamente ter justificativa pública, o que é corporificado como elemento essencial desses atos.

Nesse sentido, o Código de Processo Civil de 2015 enumera no art. 489 como elementos da sentença, além do relatório e do dispositivo, os fundamentos, expressamente consignando que nele constarão as análises de fato e de direito, além de elencar quais hipóteses que se considerará desfundamentada uma decisão quando, por exemplo: empregar conceitos jurídicos indeterminados ou invocar precedentes e súmulas, sem qualquer correlação ou distinção com o caso em julgamento[4].

A intenção da interpretação do citado artigo está diretamente ligada à compreensão de que o Juiz não pode arbitrariamente decidir questões do processo, mas deve formar convencimento com base nas provas produzidas, a fim de publicizar os motivos que levaram à conclusão judicial, tornando-se justo, previsível e aferível dentro do contexto social e democrático.

1.2. Visão do conceito pela análise econômica e comportamental

Todavia, questiona-se: como os Juízes decidem? Qual o comportamento judicial adequado e justificado? Nas lições de Fernando Leal[5] os parâmetros normativos para essa mensuração já existentes são retroativos, levando o julgador a ponderar e a busca elemento jurídico autoritativo preexistente à tomada de decisão para justificar o curso do processo. Por

do Direito. Celso Fernandes Campilongo, Alvaro de Azevedo Gonzaga, André Luiz Freire (coord. de tomo). 1. ed. São Paulo: Pontifícia Universidade Católica de São Paulo, 2017.

4. BRASIL, Lei 13.105/2015. Código de Processo Civil Brasileiro. Disponível em: https://www.planalto.gov.br/ccivil_03/_ato2015-2018/2015/lei/l13105.htm
5. LEAL, Fernando. Consequencialismo, racionalidade e decisão jurídica: o que a teoria da decisão e a teoria dos jogos podem oferecer. PINHEIRO, Armando Castelar; PORTO, Antônio J. Maristrello; SAMPAIO, Patrícia Regina Pinheiro (Coords). **Direito e Economia: Diálogos**. Rio de Janeiro: FGV Editora, p. 85-113, 2019.

outro lado, o autor desafia a análise para um viés comportamental da tomada de decisão a ser feita também, sob a perspectiva futura, ponderando as escolhas dos julgadores com nos ganhos que serão obtidos com elas ou com base na consequência das decisões ou mesmo nos custos individuais e sociais por determinado direcionamento e cursos processuais.

Sérgio Nojiri, ao tratar do tema, historia que diversas correntes se mostraram preocupadas com a tomada de decisão judicial como processo racional, desde o formalismo jurídico americano que preconizava que havia certa predisposição mecânica de deduzir corpos de precedentes e leis para tomada de uma decisão acertada para um determinado problema. Surge-se a partir daí o realismo jurídico, nas décadas de 1920 e 1930, que tinha seus pensadores convergindo quanto à imprecisão das normas jurídicas, além de estarem eivadas de lacunas e contradições, o que levava à narrativa de que os julgadores decidem, conforme preferências pessoais e, com isso se constrói a argumentação jurídica com base naquilo que já se decidiu previamente[6].

Importante destacar que o movimento não negava vigência ao direito ou que os julgadores nele se baseiam para proferir julgamentos, mas sim endossando as diretivas de Victor Colucci Neto para o qual o movimento realista não se baseia na negativa de que a tomada de decisão seja feita com fulcro no direito, mas sim, admite que há fatores externos a ele que influenciam no resultado da decisão judicial, ou seja, não esta preocupado apenas em conceituar direito, mas como ele funciona.[7]

Nas assertivas de Ivo Gico Junior, a hermenêutica aplicada pelo Poder Judiciário na tomada de decisões, dota-o de poder, inclusive, de criar regras (ou via) jurídicas, seja por escolhas de alternativas disponíveis, seja por integração para solução de lacunas jurídicas, retirando a previsibilidade e a lógica da própria jurisprudência ao atribuir ao julgador a possibilidade de realização pessoal de interesses[8].

---

6. NOJIRI, Sergio. Decisão judicial. Enciclopédia jurídica da PUC-SP. Celso Fernandes Campilongo, Alvaro de Azevedo Gonzaga e André Luiz Freire (coords.). Tomo: Teoria Geral e Filosofia do Direito. Celso Fernandes Campilongo, Alvaro de Azevedo Gonzaga, André Luiz Freire (coord. de tomo). 1. ed. São Paulo: Pontifícia Universidade Católica de São Paulo, 2017.
7. NETO, Victor Colucci. Reflexões sobre a formação da decisão judicial à luz do realismo jurídico. Teorias do Direito e Realismo Jurídico, v. 5, n. 1, p. 23-44, 2019.
8. GICO JR, Ivo T. Hermenêutica das Escolhas e a Função Legislativa do Judiciário (*Choice Hermeneutics and the Judiciary Law-Making Function*). R. Dir. Empresarial-RDemp, Belo Horizonte, ano, v. 15, p. 55-84, 2018.

Chega-se à conclusão de que a atividade de julgadores deve ter parâmetros eficazes de aferição com base no reconhecimento de que não existe neutralidade, mas sim heurísticas e vieses cognitivos pessoais que afetam diretamente a tomada de decisão. Nas lições de Kunhen e Oliveira, há necessidade de convergir uma solução que consiga conciliar uma parcialidade não demonstrada e a imparcialidade necessária no ordenamento jurídico[9].

1.3. Referência prática

Considerando a tomada de decisão como um processo complexo para além do jurídico, adentrando questões ideológicas, psicológicas e econômicas, pode-se citar o exemplo da Justiça do Trabalho, erigida como Justiça Social e com matriz sedimentada em efetivação de direitos sociais e historicamente ligada a luta de classes, tem decisões em diversos Tribunais Regionais discrepantes sobre o tema regulação de vínculo empregatício dos trabalhadores que prestam serviços para aplicativos.

Como exemplo, pode-se analisar o Agravo de Instrumento em Recurso de Revista 20614-50.2020.5.04.0014, na qual a 4ª Turma deixou de reconhecer o vínculo de emprego, sob a justificativa de que inexistência do requisito de subordinação, sobre o que vem o Tribunal Superior do Trabalho (TST) se debruçando, pois há divergências entre as Turmas Superiores, que transitam em enxergar ou não a possibilidade de aplicação da CLT a esses trabalhadores, havendo inclinações daquelas mais à esquerda a considerar o trabalho por aplicativos precarizado, quando enviesados sob a índole de direitos sociais mais efetivos.

Para aqueles que defendem o vínculo de emprego, há consideração de que se tratam de trabalhadores desprotegidos, com direitos cerceados e sem proteção estatal, historicamente considerados como parâmetros de civilização.

Já para aqueles que defendem o modelo de trabalho das empresas de aplicativos, há argumentação de que o direito não acompanha todas as realidades da vida em tempo simultâneo, sendo obsoleta a aplicação da norma celetista preexistentes.

9. KUNHEN, Kethelen de Andrade; OLIVEIRA, Lucas Paulo Orlando de. Os vieses cognitivos das decisões judiciais. Diálogos e Interfaces do Direito-FAG, v. 4, n. 2, p. 86-101, 2021.

As questões que permeiam as decisões sobre as relações de trabalhadores de aplicativo acabam por até mesmo reduzir o espectro da livre iniciativa, já que vem na empresa de aplicativo um *player* perigoso dos processos, inclusive capazes de manusear processos de decisão, a fim de não constituir em jurisprudência pacífica sobre a matéria, vide leitura acerca da litigância manipulativa para não criação de precedentes.

É nesse sentido que vem reiteradamente decidindo os Ministros do Supremo Tribunal Federal (STF) com amplo espectro de acolhimento de reclamações constitucionais contra decisões de reconhecimento de vínculos de emprego pela Justiça do Trabalho, sobretudo, nos casos de terceirização, em que a Corte decidiu que a Constituição não possui modelo empregatício como regra, podendo ser estabelecidos outros paradigmas pela livre iniciativa e livre concorrência (Tema 725).[10]

10. STF. Direito do Trabalho. Arguição de Descumprimento de Preceito Fundamental. Terceirização de atividade-fim e de atividade-meio. Constitucionalidade. 1. A Constituição não impõe a adoção de um modelo de produção específico, não impede o desenvolvimento de estratégias empresariais flexíveis, tampouco veda a terceirização. Todavia, a jurisprudência trabalhista sobre o tema tem sido oscilante e não estabelece critérios e condições claras e objetivas, que permitam sua adoção com segurança. O direito do trabalho e o sistema sindical precisam se adequar às transformações no mercado de trabalho e na sociedade. 2. A terceirização das atividades-meio ou das atividades-fim de uma empresa tem amparo nos princípios constitucionais da livre iniciativa e da livre concorrência, que asseguram aos agentes econômicos a liberdade de formular estratégias negociais indutoras de maior eficiência econômica e competitividade. 3. A terceirização não enseja, por si só, precarização do trabalho, violação da dignidade do trabalhador ou desrespeito a direitos previdenciários. É o exercício abusivo da sua contratação que pode produzir tais violações. 4. Para evitar tal exercício abusivo, os princípios que amparam a constitucionalidade da terceirização devem ser compatibilizados com as normas constitucionais de tutela do trabalhador, cabendo à contratante: i) verificar a idoneidade e a capacidade econômica da terceirizada; e II) responder subsidiariamente pelo descumprimento das normas trabalhistas, bem como por obrigações previdenciárias (art. 31 da Lei 8.212/1993). 5. A responsabilização subsidiária da tomadora dos serviços pressupõe a sua participação no processo judicial, bem como a sua inclusão no título executivo judicial. 6. Mesmo com a superveniência da Lei 13.467/2017, persiste o objeto da ação, entre outras razões porque, a despeito dela, não foi revogada ou alterada a Súmula 331 do TST, que consolidava o conjunto de decisões da Justiça do Trabalho sobre a matéria, a indicar que o tema continua a demandar a manifestação do Supremo Tribunal Federal a respeito dos aspectos constitucionais da terceirização. Além disso, a aprovação da lei ocorreu após o pedido de inclusão do feito em pauta. 7. Firmo a seguinte tese: "1. É lícita a terceirização de toda e qualquer atividade, meio ou fim, não se configurando relação de emprego entre a contratante e o empregado da contratada. 2. Na terceirização, compete à contratante: i) verificar a idoneidade e a capacidade econômica da terceirizada; e ii) responder subsidiariamente pelo descumprimento das normas traba-

O entendimento vem repercutindo no sentido de construir uma cláusula aberta contra a hegemônica jurisprudência trabalhista para admissão de modelos não-empregatícios com permissivo constitucional, a exemplo da aplicação do citado presente aos motoristas de aplicativos[11]

---

lhistas, bem como por obrigações previdenciárias, na forma do art. 31 da Lei 8.212/1993". 8. ADPF julgada procedente para assentar a licitude da terceirização de atividade-fim ou meio. Restou explicitado pela maioria que a decisão não afeta automaticamente decisões transitadas em julgado. (STF – ADPF: 324 DF, Relator: ROBERTO BARROSO, Data de Julgamento: 30/08/2018, Tribunal Pleno, Data de Publicação: 06/09/2019)

11. STF. RECURSO EXTRAORDINÁRIO REPRESENTATIVO DE CONTROVÉRSIA COM REPERCUSSÃO GERAL. DIREITO CONSTITUCIONAL. DIREITO DO TRABALHO. CONSTITUCIONALIDADE DA "TERCEIRIZAÇÃO". ADMISSIBILIDADE. OFENSA DIRETA. VALORES SOCIAIS DO TRABALHO E DA LIVRE INICIATIVA (ART. 1º, IV, CRFB). RELAÇÃO COMPLEMENTAR E DIALÓGICA, NÃO CONFLITIVA. PRINCÍPIO DA LIBERDADE JURÍDICA (ART. 5º, II, CRFB). CONSECTÁRIO DA DIGNIDADE DA PESSOA HUMANA (ART. 1º, III, CRFB). VEDAÇÃO A RESTRIÇÕES ARBITRÁRIAS E INCOMPATÍVEIS COM O POSTULADO DA PROPORCIONALIDADE. DEMONSTRAÇÃO EMPÍRICA DA NECESSIDADE, ADEQUAÇÃO E PROPORCIONALIDADE ESTRITA DE MEDIDA RESTRITIVA COMO ÔNUS DO PROPONENTE DESTA. RIGOR DO ESCRUTÍNIO EQUIVALENTE À GRAVIDADE DA MEDIDA. RESTRIÇÃO DE LIBERDADE ESTABELECIDA JURISPRUDENCIALMENTE. EXIGÊNCIA DE GRAU MÁXIMO DE CERTEZA. MANDAMENTO DEMOCRÁTICO. LEGISLATIVO COMO LOCUS ADEQUADO PARA ESCOLHAS POLÍTICAS DISCRICIONÁRIAS. SÚMULA 331 TST. PROIBIÇÃO DA TERCEIRIZAÇÃO. EXAME DOS FUNDAMENTOS. INEXISTÊNCIA DE FRAGILIZAÇÃO DE MOVIMENTOS SINDICAIS. DIVISÃO ENTRE "ATIVIDADE-FIM" E "ATIVIDADE-MEIO" IMPRECISA, ARTIFICIAL E INCOMPATÍVEL COM A ECONOMIA MODERNA. CISÃO DE ATIVIDADES ENTRE PESSOAS JURÍDICAS DISTINTAS. ESTRATÉGIA ORGANIZACIONAL. INEXISTÊNCIA DE CARÁTER FRAUDULENTO. PROTEÇÃO CONSTITUCIONAL DA LIBERDADE DE DESENHO EMPRESARIAL (ARTS. 1º, IV, E 170). CIÊNCIAS ECONÔMICAS E TEORIA DA ADMINISTRAÇÃO. PROFUSA LITERATURA SOBRE OS EFEITOS POSITIVOS DA TERCEIRIZAÇÃO. OBSERVÂNCIA DAS REGRAS TRABALHISTAS POR CADA EMPRESA EM RELAÇÃO AOS EMPREGADOS QUE CONTRATAREM. EFEITOS PRÁTICOS DA TERCEIRIZAÇÃO. PESQUISAS EMPÍRICAS. NECESSÁRIA OBSERVÂNCIA DE METODOLOGIA CIENTÍFICA. ESTUDOS DEMONSTRANDO EFEITOS POSITIVOS DA TERCEIRIZAÇÃO QUANTO A EMPREGO, SALÁRIOS, TURNOVER E CRESCIMENTO ECONÔMICO. INSUBSISTENTÊNCIA DAS PREMISSAS DA PROIBIÇÃO JURISPRUDENCIAL DA TERCEIRIZAÇÃO. INCONSTITUCIONALIDADE DOS INCISOS I, III, IV E VI DA SÚMULA 331 DO TST. AFASTAMENTO DA RESPONSABILIDADE SUBSIDIÁRIA DA CONTRATANTE POR OBRIGAÇÕES DA CONTRATADA. RECURSO EXTRAORDINÁRIO PROVIDO. 1. Recurso extraordinário com repercussão geral reconhecida para examinar a constitucionalidade da Súmula n.º 331 do Tribunal Superior do Trabalho, no que concerne à proibição da terceirização de atividades-fim e responsabilização do contratante pelas obrigações trabalhistas referentes aos empregados da empresa terceirizada. 2. Interesse recursal subsistente após a aprovação das Leis nº. 13.429, de 31 de março de 2017, e 13.467, de 13 de julho de 2017, as quais modificaram a Lei n.º 6.019/1974 para expressamente consagrar a terceirização das chamadas "atividades-fim", porquanto necessário não apenas fixar o entendimento desta Corte sobre a constitucionalidade da tese esposada na Súmula nº. 331 do TST quanto ao período anterior à vigência das referidas Leis, como também deliberar a respeito da subsistência da orientação sumular do TST posteriormente às reformas legislativas. 3. A interpretação jurispruden-

cial do próprio texto da Carta Magna, empreendida pelo Tribunal a quo, revela a admissibilidade do apelo extremo, por traduzir ofensa direta e não oblíqua à Constituição. Inaplicável, dessa forma, a orientação esposada na Súmula nº 636 desta Egrégia Corte. Mais além, não tem incidência o verbete sumular nº 283 deste Egrégio Tribunal, porquanto a motivação de cunho legal do aresto recorrido é insuficiente para validar o acórdão de forma autônoma. 4. Os valores do trabalho e da livre iniciativa, insculpidos na Constituição (art. 1º, IV), são intrinsecamente conectados, em uma relação dialógica que impede seja rotulada determinada providência como maximizadora de apenas um desses princípios, haja vista ser essencial para o progresso dos trabalhadores brasileiros a liberdade de organização produtiva dos cidadãos, entendida esta como balizamento do poder regulatório para evitar intervenções na dinâmica da economia incompatíveis com os postulados da proporcionalidade e da razoabilidade. 5. O art. 5º, II, da Constituição consagra o princípio da liberdade jurídica, consectário da dignidade da pessoa humana, restando cediço em sede doutrinária que o "princípio da liberdade jurídica exige uma situação de disciplina jurídica na qual se ordena e se proíbe o mínimo possível" (ALEXY, Robert. Teoria dos Direitos Fundamentais. Trad. Virgílio Afonso da Silva. São Paulo: Malheiros, 2008. p. 177). 6. O direito geral de liberdade, sob pena de tornar-se estéril, somente pode ser restringido por medidas informadas por parâmetro constitucionalmente legítimo e adequadas ao teste da proporcionalidade. 7. O ônus de demonstrar empiricamente a necessidade e adequação da medida restritiva a liberdades fundamentais para o atingimento de um objetivo constitucionalmente legítimo compete ao proponente da limitação, exigindo-se maior rigor na apuração da certeza sobre essas premissas empíricas quanto mais intensa for a restrição proposta. 8. A segurança das premissas empíricas que embasam medidas restritivas a direitos fundamentais deve atingir grau máximo de certeza nos casos em que estas não forem propostas pela via legislativa, com a chancela do debate público e democrático, restando estéreis quando impostas por construção jurisprudencial sem comprovação inequívoca dos motivos apontados. 9. A terceirização não fragiliza a mobilização sindical dos trabalhadores, porquanto o art. 8º, II, da Constituição contempla a existência de apenas uma organização sindical para cada categoria profissional ou econômica, mercê de a dispersão territorial também ocorrer quando uma mesma sociedade empresarial divide a sua operação por diversas localidades distintas. 10. A dicotomia entre "atividade-fim" e "atividade-meio" é imprecisa, artificial e ignora a dinâmica da economia moderna, caracterizada pela especialização e divisão de tarefas com vistas à maior eficiência possível, de modo que frequentemente o produto ou serviço final comercializado por uma entidade comercial é fabricado ou prestado por agente distinto, sendo também comum a mutação constante do objeto social das empresas para atender a necessidades da sociedade, como revelam as mais valiosas empresas do mundo. É que a doutrina no campo econômico é uníssona no sentido de que as "Firmas mudaram o escopo de suas atividades, tipicamente reconcentrando em seus negócios principais e terceirizando muitas das atividades que previamente consideravam como centrais" (ROBERTS, John. The Modern Firm: Organizational Design for Performance and Growth. Oxford: Oxford University Press, 2007). 11. A cisão de atividades entre pessoas jurídicas distintas não revela qualquer intuito fraudulento, consubstanciando estratégia, garantida pelos artigos 1º, IV, e 170 da Constituição brasileira, de configuração das empresas para fazer frente às exigências dos consumidores, justamente porque elas assumem o risco da atividade, representando a perda de eficiência uma ameaça à sua sobrevivência e ao emprego dos trabalhadores. 12. Histórico científico: Ronald H. Coase, "The Nature of The Firm", Economica (new series), Vol. 4, Issue 16, p. 386-405, 1937. O objetivo de uma organização empresarial é o de reproduzir a distribuição de fatores sob competição atomística dentro da firma, apenas fazendo sentido a produção de um bem ou serviço internamente em sua estrutura quando os custos disso não ultrapassarem os custos de obtenção perante terceiros no mercado, estes denominados "custos de transação", método segundo o qual firma e sociedade desfrutam de maior produção e menor desperdício. 13. A Teoria da Administração qualifica a terceirização (*outsourcing*) como modelo organizacional de desintegração vertical, destinado ao alcance de ganhos de performance por meio da transferência para outros do fornecimento de bens e serviços anteriormente providos pela própria firma, a fim de que esta se concentre somente naquelas atividades em que pode gerar o maior valor, adotando a função de "arquiteto vertical" ou "organizador da cadeia de valor". 14. A terceirização apresenta os seguintes benefícios: (i) aprimoramento de tarefas pelo aprendizado especializado; (ii) economias de escala e de escopo; (iii) redução da complexidade organizacional; (iv) redução de problemas de cálculo e atribuição, facilitando a provisão de incentivos mais fortes a empregados; (v) precificação mais precisa de custos e maior transparência; (vi) estímulo à competição de fornecedores externos; (vii) maior facilidade de adaptação a necessidades de modificações estruturais; (viii) eliminação de problemas de possíveis excessos de produção; (ix) maior eficiência pelo fim de subsídios cruzados entre departamentos com desempenhos diferentes; (x) redução dos custos iniciais de entrada no mercado, facilitando o surgimento de novos concorrentes; (xi) superação de eventuais limitações de acesso a tecnologias ou matérias-primas; (xii) menor alavancagem operacional, diminuindo a exposição da companhia a riscos e oscilações de balanço, pela redução de seus custos fixos; (xiii) maior flexibilidade para adaptação ao mercado; (xiv) não comprometimento de recursos que poderiam ser utilizados em setores estratégicos; (xv) diminuição da possibilidade de falhas de um setor se comunicarem a outros; e (xvi) melhor adaptação a diferentes requerimentos de administração, know-how e estrutura, para setores e atividades distintas. 15. A terceirização de uma etapa produtiva é estratégia de organização que depende da peculiaridade de cada mercado e cada empresa, destacando a *opinio doctorum* que por vezes a configuração ótima pode ser o fornecimento tanto interno quanto externo (GULATI, Ranjay; PURANAM, Phanish; BHATTACHARYA, Sourav. "How Much to Make and How Much to Buy? An Analysis of Optimal Plural Sourcing Strategies." Strategic Management Journal 34, no. 10 (October 2013): 1145–1161). Deveras, defensável à luz da teoria econômica até mesmo a terceirização dos Conselhos de Administração das companhias às chamadas Board Service Providers (BSPs) (BAINBRIDGE, Stephen M.; Henderson, M. Todd. "Boards-R-Us: Reconceptualizing Corporate Boards" (July 10, 2013). University of Chicago Coase-Sandor Institute for Law & Economics Research Paper No. 646; UCLA School of Law, Law-Econ Research Paper N. 13-11). 16. As leis trabalhistas devem ser observadas por cada uma das empresas envolvidas na cadeia de valor com relação aos empregados que contratarem, tutelando-se, nos termos constitucionalmente assegurados, o interesse dos trabalhadores. 17. A prova dos efeitos práticos da terceirização demanda pesquisas empíricas, submetidas aos rígidos procedimentos reconhecidos pela comunidade científica para desenho do projeto, coleta, codificação, análise de dados e, em especial, a realização de inferências causais mediante correta aplicação de ferramentas matemáticas, estatísticas e informáticas, evitando-se o enviesamento por omissão de variáveis ("omitted variable bias"). 18. A terceirização, segundo estudos empíricos criteriosos, longe de "precarizar", "reificar" ou prejudicar os empregados, resulta em inegáveis benefícios aos trabalhadores em geral, como a redução do desemprego, diminuição do turnover, crescimento econômico e aumento de salários, permitindo a concretização de mandamentos constitucionais como "erradicar a pobreza e

e revanchismo ao suposto caráter protecionista em excesso da Justiça do Trabalho[12].

---

a marginalização e reduzir as desigualdades sociais e regionais", "redução das desigualdades regionais e sociais" e a "busca do pleno emprego" (arts. 3º, III, e 170 CRFB). 19. A realidade brasileira, apurada em estudo específico, revela que "os trabalhadores das atividades de Segurança/vigilância recebem, em média, 5% a mais quando são terceirizados", que "ocupações de alta qualificação e que necessitam de acúmulo de capital humano específico, como P&D [pesquisa e desenvolvimento] e TI [tecnologia da informação], pagam salários maiores aos terceirizados", bem como afirmou ser "possível que [em] serviços nos quais os salários dos terceirizados são menores, o nível do emprego seja maior exatamente porque o 'preço' (salário) é menor" (ZYLBERSTAJN, Hélio et alii. "Diferencial de salários da mão de obra terceirizada no Brasil". In: CMICRO – Nº 32, Working Paper Series, 07 de agosto de 2015, FGV-EESP). 20. A teoria econômica, à luz dessas constatações empíricas, vaticina que, verbis: "Quando a terceirização permite às firmas produzir com menos custos, a competição entre firmas que terceirizam diminuirá os preços dos seus produtos. (...) consumidores terão mais dinheiro para gastar com outros bens, o que ajudará empregos em outras indústrias" (TAYLOR, Timothy. "In Defense of Outsourcing". In: 25 Cato J. 367 2005. p. 371). 21. O escrutínio rigoroso das premissas empíricas assumidas pela Corte de origem revela insubsistentes as afirmações de fraude e precarização, não sendo suficiente para embasar a medida restritiva o recurso meramente retórico a interpretações de cláusulas constitucionais genéricas, motivo pelo qual deve ser afastada a proibição, em homenagem às liberdades fundamentais consagradas na Carta Magna (art. 1º, IV, art. 5º, II, e art. 170). 22. Em conclusão, a prática da terceirização já era válida no direito brasileiro mesmo no período anterior à edição das Leis nº. 13.429/2017 e 13.467/2017, independentemente dos setores em que adotada ou da natureza das atividades contratadas com terceira pessoa, reputando-se inconstitucional a Súmula nº. 331 do TST, por violação aos princípios da livre iniciativa (artigos 1º, IV, e 170 da CRFB) e da liberdade contratual (art. 5º, II, da CRFB). 23. As contratações de serviços por interposta pessoa são hígidas, na forma determinada pelo negócio jurídico entre as partes, até o advento das Leis nº. 13.429/2017 e 13.467/2017, marco temporal após o qual incide o regramento determinado na nova redação da Lei n.º 6.019/1974, inclusive quanto às obrigações e formalidades exigidas das empresas tomadoras e prestadoras de serviço. 24. É aplicável às relações jurídicas preexistentes à Lei n.º 13.429, de 31 de março de 2017, a responsabilidade subsidiária da pessoa jurídica contratante pelas obrigações trabalhistas não adimplidas pela empresa prestadora de serviços, bem como a responsabilidade pelo recolhimento das contribuições previdenciárias devidas por esta (art. 31 da Lei n.º 8.212/93), mercê da necessidade de evitar o vácuo normativo resultante da insubsistência da Súmula n.º 331 do TST. 25. Recurso Extraordinário a que se dá provimento para reformar o acórdão recorrido e fixar a seguinte tese: "É lícita a terceirização ou qualquer outra forma de divisão do trabalho entre pessoas jurídicas distintas, independentemente do objeto social das empresas envolvidas, mantida a responsabilidade subsidiária da empresa contratante". (STF – RE: 958252 MG, Relator: LUIZ FUX, Data de Julgamento: 30/08/2018, Tribunal Pleno, Data de Publicação: 13/09/2019)

12. VÍNCULO de emprego: Justiça do Trabalho reiteradamente descumpre jurisprudência do STF. Migalhas. Disponível em: https://www.migalhas.com.br/quentes/395544/vinculo-de--emprego-jt-reiteradamente-descumpre-jurisprudencia-do-stf. Acesso em: 15 nov. 2023.

1.4. Leitura Complementar

ORSINI, Adriana Goulart de Sena; LEME, Ana Carolina Reis Paes. Litigância manipulativa da jurisprudência e plataformas digitais de transporte: levantando o véu do procedimento conciliatório estratégico. Revista eletrônica [do] Tribunal Regional do Trabalho da 9ª Região, Curitiba, v. 10, n. 95, p. 24-44, jan. 2021.

2. PRECISÃO DA DECISÃO E ERRO JUDICIÁRIO

2.1. Conceito geral

Considerando a descrição realizada para o verbete "decisão judicial", destaca-se que "precisão da decisão" se trata de indicador acerca da confiabilidade de uma determinada decisão judicial, isto é, quanto menor a chance de ocorrência de erro, mais precisa é uma decisão.

A precisão da decisão pode ser avaliada sob 2 enfoques. O primeiro deles é em relação ao quão acertada a decisão proferida é, ou seja, a avaliação dos critérios utilizados para sua fundamentação. Em uma segunda análise, pode se entender precisão da decisão a partir de um critério de previsibilidade, sobre o qual importa mais entender se causas semelhantes são julgadas de forma uniforme.

No que diz respeito ao primeiro aspecto, depara-se com a avaliação de um critério de justiça das decisões, ou seja, como coloca Dworkin, da necessidade de que a justiça não se limite apenas ao processo legal formal, mas também se volte ao conteúdo das decisões judiciais que devem observar a aplicação correta das regras jurídicas, mediante abordagem que reflita um compromisso com a justiça substancial, garantindo uma abordagem equitativa e coerente na busca do bem comum[13].

Já em relação ao segundo ponto, cumpre destacar que, como tratado por Shavell, uma vez que um sistema processual está, inevitavelmente, determinado pelas normas de processo aplicadas (design do sistema), bem como pela ação dos litigantes, com a coleta de informações,

13. DWORKIN, Ronald. **Taking rights seriously**. Cambridge: Harvard University Press, 1977, p. 1-120.

a seleção de evidências e o uso de determinados procedimentos legais[14], a precisão do processo legal influencia diretamente o comportamento das partes ao possibilitar a previsão do resultado da violação de uma determinada norma jurídica.

Assim, para ilustrar essa influência da precisão da decisão no comportamento dos litigantes, como explica Ivo Gico, se, em um cenário hipotético, as partes fossem capazes de prever com perfeição qual seria o resultado do julgamento,"(...)Autor e Réu poderiam maximizar o bem-estar conjunto realizando um acordo extrajudicial e dividindo entre si o custo poupado do litígio (...)[15]", uma vez que saberiam exatamente qual seria o resultado imposto pelo Judiciário.

Por sua vez, Luciana I. Yeung adverte que Tribunais seguros tomam decisões consistentes ao lidar com assuntos similares. Por outro lado, tribunais inseguros decidem de forma "aleatória": tribunais diferentes ou juízes diferentes tomam decisões diametralmente diferentes em assuntos muito similares. Mesmo dentro do mesmo período de tempo, justificativas diferentes podem ser utilizadas para conceder resultados judiciais diferentes. Isso caracteriza um ambiente permeado pela "insegurança judicial"[16].

A precisão da decisão é, nesse contexto, indicador fundamental para a avaliação confiança do público no sistema de justiça, pois, quanto mais precisa for a possibilidade de previsão da decisão, maior será o impacto positivo sobre o comportamento social.

Interessante, portanto, entender a teoria dos precedentes judiciais como forma de conformação de direito e garantia da precisão às decisões em comento, evitando erros judiciários, pois por meio da formação e observância de precedentes, os juízes podem comparar seus resultados com os obtidos por outros juízes (*stare decisis*), evitando a necessidade de reconsiderar o mérito de cada doutrina jurídica. Isso maximiza os aspectos de bem público da decisão judicial, ou seja, o valor externo além

14. SHAVELL, Steven. **Foundations of Economic Analysis of Law.** Cambridge, Belknap Press, 2004. Capitulo 19.
15. GICO, Ivo. A tragédia do Judiciário. In.: **RDA – Revista de Direito Administrativo,** Rio de Janeiro, v. 267, set./dez. 2014. p. 163-198.
16. YEUNG, Luciana L.Bias, insecurity and the level of trust in de judiciary: the case of Brazil. In.: **Journal of Institutional Economics**. Millennium Economics Ltd. 2018. p. 1-26.

dos próprios litigantes. Esses aspectos incluem o conteúdo informacional da decisão, que fornece um sinal valioso para futuros litigantes, reduzindo incertezas e minimizando os custos de transação[17].

Em consonância com essa linha, relevante notar que o Código de Processo Civil brasileiro garante força de precedente a decisões judiciais colegiadas[18], ou seja, despersonificadas, com a intenção de evitar a influência excessiva de um único indivíduo; a contenção do arbítrio individual, buscando-se equilibrar diferentes perspectivas e evitar decisões arbitrárias; a abertura a várias vozes e ao desacordo, permitindo a consideração de diferentes argumentos e visões; e o reforço das chances de acerto, buscando-se aumentar a probabilidade de decisões corretas e justas.

Como consequência disso, a colegialidade, ao aumentar o número de julgadores, "(...) amplifica a possibilidade de que o resultado seja uma melhor decisão, por instigar o diálogo, a difusão de novas ideias, a consideração atenta das críticas e a percepção de que o resultado do julgamento é coletivo e não individual"[19].

Em face do exposto, observa-se que a precisão da decisão judicial é crucial para a confiança no sistema de justiça. Essa precisão pode ser analisada sob diferentes enfoques, dentre os quais se destacam o acerto da decisão em si, pautado pelos critérios de justiça e pela correta aplicação das regras jurídicas, e a previsibilidade da decisão, que busca uniformidade na resolução de casos semelhantes. Ambos os aspectos têm impactos significativos no comportamento das partes envolvidas, influenciando desde a celebração de acordos extrajudiciais até a confiança do público no sistema jurídico.

---

17. ZYLBERSZTAJN, Décio e SZTAJN, Raquel. **Direito e Economia: análise econômica do Direito e das organizações**. São Paulo: Elsevier, 2005. p. 176.

18. Ver Art. 927. In.: BRASIL. **Lei nº 13.105, de 16 de março de 2015.** Código de Processo Civil. Disponível em: http://www.planalto.gov.br/ccivil_03/_ato2015-2018/2015/lei/l13105.htm#art485. Acesso em: 4 de julho de 2023.

19.. VALADARES, André Garcia Leão Reis. A composição do órgão colegiado e seus efeitos na tomada de decisão. **Revista Brasileira de Políticas Públicas**, Brasília, v. 8, n 2, 2018. p. 719-739.

2.2. Visão do conceito pela análise econômica e comportamental

Do ponto de vista da análise econômica, a previsibilidade da decisão é fator avaliado a partir do valor social que o indicador traz consigo. Isto é, os efeitos que a precisão da decisão revela nos seus resultados, especialmente sobre o comportamento das partes. Nesse sentido, mais importante a sua previsibilidade do que seu acertamento ou justiça propriamente ditos.

À vista disso, interessante avaliar o valor social da precisão da decisão, dividido por Shavell em três componentes: (i) controle otimizado do comportamento; (ii) redução dos custos sociais com a litigância e com a imposição de sansões; e (iii) Redução dos custos relativos à tolerância a riscos[20].

O primeiro aspecto se revela quando, sabendo das consequências de suas ações, os indivíduos direcionam seus comportamentos em determinado sentido. Assim, um sistema de justiça marcado por decisões que estipulem penalidades previsíveis à desobediência das normas tende a promover o seu cumprimento.

Seguindo essa lógica, o segundo componente ocorre em razão do incentivo à celebração de acordos, a fim de evitar os custos com a litigância. Em outras palavras, a maior previsibilidade da decisão possibilita a Autor e Réu uma estimativa mais acertada e uniforme acerca das estimativas dos resultados do julgamento, permitindo que conciliem mais facilmente.

Por fim, o terceiro ponto diz respeito à própria otimização da tomada de riscos por particulares, pois, considerando que os resultados em relação à atribuição de responsabilidade e a extensão da indenização a ela atrelada são mais previsíveis, partes que normalmente são avessas ao risco tem incentivo para estabelecer relações jurídicas.

A despeito da análise em questão estar focada apenas na eficiência do sistema, deixando de analisar o mérito das decisões proferidas de forma precisa, permanece relevante na medida em que, conforme leciona Salama, não pretende que a eficiência seja utilizada como critério

20. SHAVELL, Steven. **Foundations of Economic Analysis of Law.** Cambridge, Belknap Press, 2004. Capitulo 19.

equivalente à justiça, mas sim como parâmetros para a construção da justiça mediante verificação de prós e contras, custos e benefícios, considerando que "Noções de justiça que não levem em conta as prováveis consequências de suas articulações práticas são, em termos práticos, incompletas"[21].

Nesse sentido, relevante o estudo do verbete "precisão da decisão" também pelo ponto de vista da análise comportamental, pois, a despeito da riqueza e sofisticação da análise econômica do direito, entre outras coisas, a teoria ignora como casos nos quais o objeto da disputa é indivisível; negligencia os possíveis efeitos de várias regras do processo civil (como regras sobre descoberta prévia ao julgamento e a alocação dos custos do litígio); e ignora o papel dos advogados (cujo interesse muitas vezes difere do interesse dos clientes, dependendo do acordo de honorários acordado)[22].

A análise comportamental, desse modo, complementa a análise econômica ao colocar em foco não só a conformação do direito, com a previsibilidade de sua aplicação, mas trará como requisito de relevância a avaliação da forma como a decisão judicial foi proferida.

Por conseguinte, o grande questionamento a ser feito em relação ao conteúdo das decisões e o comportamento de quem as profere é: podem os juízes serem enviesados em sua tomada de decisão?[23]

Entre os vieses mais comuns na tomada de decisões, podem ser mencionados: (i) viés de confirmação, no qual indivíduos tendem a buscar e interpretar informações de maneira a confirmar suas preconcepções e crenças existentes; (ii) viés de disponibilidade, que envolve a tendência de dar maior importância a informações facilmente acessíveis ou que estejam mais presentes na memória; (iii) o viés de ancoragem, em que pessoas confiam excessivamente em informações iniciais, mesmo que não sejam relevantes para a tomada de decisão; (iv) o viés de representatividade, que leva a fazer julgamentos com base em estereótipos ou

21. SALAMA, Bruno. O que é pesquisa em Direito e Economia? In: SALAMA, Bruno. **Estudos em Direito e economia**. Rio de Janeiro: EVG, 2017, p. 50.

22. ZAMIR, E.; TEICHMAN D. **Behavioral law and economics**. London: Oxford University Press, 2018.p. 497.

23. YEUNG, Luciana L. Bias, insecurity and the level of trust in de judiciary: the case of Brazil. In.: **Journal of Institutional Economics**. Millennium Economics Ltd 2018. p. 1-26.

semelhanças superficiais, em vez de avaliar adequadamente a evidência disponível; (v) o viés de autoridade, em que opiniões ou decisões de autoridades são atribuídas maior peso, mesmo sem justificativa racional; e (vi) o viés de retrospectiva, que influencia a avaliação de eventos passados como sendo mais previsíveis ou inevitáveis do que realmente eram no momento em que ocorreram[24].

Em face do exposto, a precisão da decisão se encaixa nesse contexto como um elemento afetado por esse ambiente de deliberação. A tendência é que, quanto mais enviesado o sujeito, mais provável a ocorrência de desvios em seu processo de tomada de decisão, "resultando em decisões que se afastam do que seria o resultado mais adequado para o caso"[25].

2.3. Referência prática

Com o propósito de ilustrar como a precisão da decisão pode afetar o comportamento social, é interessante mencionar estudo realizado por Shikida, Cardoso, Banbinotto, Berger e Godoy, acerca do perfil do crime de tráfico de drogas[26], a partir da avaliação de detentos da Penitenciária Estadual de Foz do Iguaçu I (PEF-I/PR), do Centro de Reintegração Social Feminino de Foz do Iguaçu (CRESF/PR), Presídio Central de Porto Alegre, Penitenciária Feminina Madre Pelletier de Porto Alegre/RS, Penitenciária Estadual de Arroio dos Ratos/RS e Penitenciária Estadual Feminina de Guaíba/RS.

A partir de aplicação de questionário aos detentos, os pesquisadores constataram que a motivação principal para o cometimento de crimes de tráfico de drogas (30,4%) foi a ideia de ganho fácil, motivada pela análise do custo-benefício em relação a possibilidade do crime ser descoberto e, em sendo, a incerteza da punição.

24. NUNES, Dierle et. al. **Desconfiando da imparcialidade dos sujeitos processuais.** 2.ed. São Paulo: Juspodivm, 2020.
25. VITORELLI, Edilson; ALMEIDA, João Henrique de. **Imparcialidade judicial epsicologia comportamental: há fundamento científico para um juiz de garantias?** No prelo. Disponível em https://edilsonvitorelli.academia.edu/research. Acesso em 4 de julho de 2023. p. 8.
26. SHIKIDA, P. F. A.; CARDOSO, B. F. ; BALBINOTTO NETO, G. ; BERGER, L. M. ; GODOY, M. R. . Crime econômico de tráfico de drogas: perfil, custo e retorno. **REVISTA BRASILEIRA DE GESTÃO E DESENVOLVIMENTO REGIONAL**, v. 15, p. 47-55, 2019.

Observa-se, neste ponto, que, do ponto de vista da precisão da decisão, aliado à previsibilidade de o sistema de polícia identificar o cometimento desses crimes, interfere diretamente na motivação para cometê-los.

Nesse contexto, cumpre mencionar a Teoria Econômica do Crime desenhada por Becker, que enfatiza a importância das sanções e dos incentivos econômicos na prevenção do crime, demonstrando que penas mais severas e a probabilidade de ser pego e punido reduzem a atratividade do comportamento criminoso, tornando-o menos lucrativo[27].

Como se observa do exemplo, a precisão da decisão é indicador que pode ser utilizado para avaliar a eficiência do sistema de justiça na promoção da estabilidade social, na redução de custos de transação e na facilitação da resolução eficiente de disputas legais.

REFERÊNCIAS

BRASIL. **Lei nº 13.105, de 16 de março de 2015.** Código de Processo Civil. Disponível em: http://www.planalto.gov.br/ccivil_03/_ato2015-2018/2015/lei/l13105.htm#art485. Acesso em: 4 de julho de 2023.

BRASIL. SUPREMO TRIBUNAL FEDERAL. ADPF: 324 DF, Relator: ROBERTO BARROSO, Data de Julgamento: 30/08/2018, Tribunal Pleno, Data de Publicação: 06/09/2019.

BRASIL. SUPREMO TRIBUNAL FEDERAL. RE: 958252 MG, Relator: LUIZ FUX, Data de Julgamento: 30/08/2018, Tribunal Pleno, Data de Publicação: 13/09/2019.

Becker, G. S. (1968). Crime and Punishment: An Economic Approach. **Journal of Political Economy**, 76(2), 169-217.

DWORKIN, Ronald. **Taking rights seriously**. Cambridge: Harvard University Press, 1977, p. 1-120.

GICO, Ivo. A tragédia do Judiciário. In.: **RDA – Revista de Direito Administrativo**, Rio de Janeiro, v. 267, set./dez. 2014. p. 163-198.

LEAL, Fernando. Consequencialismo, racionalidade e decisão jurí-

27. Becker, G. S. (1968). Crime and Punishment: An Economic Approach. **Journal of Political Economy**, 76(2), 169-217.

dica: o que a teoria da decisão e a teoria dos jogos podem oferecer. PINHEIRO, Armando Castelar; PORTO, Antônio J. Maristrello; SAMPAIO, Patrícia Regina Pinheiro (Coords). **Direito e Economia: Diálogos**. Rio de Janeiro: FGV Editora, p. 85-113, 2019.

KUNHEN, Kethelen de Andrade; OLIVEIRA, Lucas Paulo Orlando de. Os vieses cognitivos das decisões judiciais. **Diálogos e Interfaces do Direito-FAG**, v. 4, n. 2, p. 86-101, 2021.

NOJIRI, Sergio. Decisão judicial. Enciclopédia jurídica da PUC-SP. Celso Fernandes Campilongo, Alvaro de Azevedo Gonzaga e André Luiz Freire (coords.). **Tomo: Teoria Geral e Filosofia do Direito**. Celso Fernandes Campilongo, Alvaro de Azevedo Gonzaga, André Luiz Freire (coord. de tomo). 1. ed. São Paulo: Pontifícia Universidade Católica de São Paulo, 2017.

NUNES, Dierle et. al. **Desconfiando da imparcialidade dos sujeitos processuais**. 2.ed. São Paulo: Juspodivm, 2020.

SALAMA, Bruno. O que é pesquisa em Direito e Economia? In: SALAMA, Bruno. **Estudos em Direito e economia**. Rio de Janeiro: EVG, 2017, p. 11-59.

SHAVELL, Steven. **Foundations of Economic Analysis of Law.** Cambridge, Belknap Press, 2004.

SHIKIDA, P. F. A.; CARDOSO, B. F.; BALBINOTTO NETO, G.; BERGER, L. M.; GODOY, M. R. . Crime econômico de tráfico de drogas: perfil, custo e retorno. **Revista Brasileira de Gestão e Desenvolvimento Regional**, v. 15, p. 47-55, 2019.

VALADARES, André Garcia Leão Reis. A composição do órgão colegiado e seus efeitos na tomada de decisão. **Revista Brasileira de Políticas Públicas**, Brasília, v. 8, n 2, 2018.

VÍNCULO de emprego: Justiça do Trabalho reiteradamente descumpre jurisprudência do STF. Migalhas. Disponível em: https://www.migalhas.com.br/quentes/395544/vinculo-de-emprego-jt-reiteradamente-descumpre-jurisprudencia-do-stf. Acesso em: 15 nov. 2023.

VITORELLI, Edilson; ALMEIDA, João Henrique de. **Imparcialidade judicial e psicologia comportamental: há fundamento científico para um juiz de garantias?** No prelo. Disponível em https://edilsonvitorelli.academia.edu/research. Acesso em 4 de julho de 2023.

YEUNG, Luciana L. Bias, insecurity and the level of trust in de judiciary: the case of Brazil. In.: **Journal of Institutional Economics**. Millennium Economics Ltd 2018. p. 1-26.

ZAMIR, E.; TEICHMAN D. **Behavioral law and economics**. London: Oxford University Press, 2018.

ZYLBERSZTAJN, Décio e SZTAJN, Raquel. **Direito e Economia: análise econômica do Direito e das organizações**. São Paulo: Elsevier, 2005.

CAPÍTULO XIII

RECURSOS

Gabrielle Teixeira Ribeiro[1]
Lucas Eduardo de Pádua Simões Sena[2]

SUMÁRIO: 1. Conceito geral; 2. Visão do conceito de recurso pela análise econômica e comportamental; 3. Referência prática; 3.1. Recurso adesivo; 3.2. Recurso "inominado" da Lei dos Juizados Especiais Cíveis; 4. Leituras complementares; Referências.

1. CONCEITO GERAL

O Código de Processo Civil de 2015, assim como o de 1973, embora utilize frequentemente o termo "recurso", não apresenta sua conceituação.

Na linguagem jurídica, conforme explica Humberto Theodoro Júnior, o referido termo é empregado de forma ampla, para fazer referência a todo meio empregado pelo litigante para defender seu direito, de modo que frequentemente se diz, por exemplo, que a parte deve "recorrer" às tutelas de urgência ou "recorrer" às vias ordinárias[3].

Em uma acepção mais técnica e restrita, recurso pode ser definido, segundo o referido autor, como "o meio ou remédio impugnativo apto para provocar, dentro da relação processual ainda em curso, o reexame de decisão judicial, pela mesma autoridade judiciária, ou por outra

---

1. Mestranda em Direito Processual Civil pela UFMG. Advogada. E-mail: gabriellegtr@hotmail.com

2. Doutorando e Mestre em Direito Processual Civil pela UFMG. Advogado. E-mail: lucasedpss@gmail.com

3. THEODORO JÚNIOR, Humberto. *Curso de Direito Processual Civil*. v. III. 56. ed. Rio de Janeiro: Forense, 2023. *E-book*, p. 869.

hierarquicamente superior, visando a obter-lhe a reforma, invalidação, esclarecimento ou integração"[4].

Essa conceituação, inclusive, é compatível com aquela clássica formalizada por Barbosa Moreira, elogiada por alguns doutrinadores[5], de que recurso é "o remédio voluntário idôneo a ensejar, dentro do mesmo processo, a reforma, a invalidação, o esclarecimento ou a integração de decisão judicial que se impugna"[6].

Como se pode observar, o que essas duas definições têm em comum é a noção de reexame de uma decisão dentro de um mesmo processo, aspectos esses que também prevalecem no conceito de recurso do direito italiano e alemão[7]. A ideia comum, portanto, é que a interposição do recurso não acarreta a instauração de um novo processo, mas sim seu prolongamento[8].

É possível observar também, no direito comparado, que a definição de recurso é acompanhada da ideia de reexame de uma decisão perante outro órgão jurisdicional hierarquicamente superior. A exemplo disso, o Black's Law Dictionary, prestigiado dicionário jurídico dos Estados Unidos, define *appeal* como o procedimento iniciado para que uma decisão seja reconsiderada por uma autoridade superior, especialmente, a submissão da decisão de uma agência ou tribunal inferior a um tribunal superior para revisão e possível reversão[9].

---

4. THEODORO JÚNIOR, Humberto. *Curso de Direito Processual Civil*. v. III. 56. ed. Rio de Janeiro: Forense, 2023. *E-book*, p. 869.
5. A esse respeito, confira-se: JAYME, Fernando Gonzaga; GONCALVES, Glaucio Maciel; MAIA, Renata Christiana Vieira. Teoria Geral dos Recursos Cíveis. *In*: JAYME, Fernando Gonzaga; MAIA, Renata Christiana Vieira; REZENDE, Ester Camila Gomes Norato; LANNA, Helena. (Org.). *Inovações e Modificações do Código de Processo Civil:* Avanços, desafios e perspectivas. v. 1. 1. ed. Belo Horizonte: Del Rey, 2017, p. 386; THEODORO JÚNIOR, Humberto. *Curso de Direito Processual Civil*. v. III. 56. ed. Rio de Janeiro: Forense, 2023. *E-book*, p. 869.
6. BARBOSA MOREIRA, José Carlos. *Comentários ao Código de Processo Civil*. 16. ed. Rio de Janeiro: Forense, 2012, n. 135, p. 233.
7. MARINONI, Luiz Guilherme; MITIDIERO, Daniel. *Comentários ao Código de Processo Civil:* arts. 976 ao 1.044. 2. ed. São Paulo: Thomson Reuters Brasil, 2018, p. 147.
8. CÂMARA, Alexandre Freitas. *O novo processo civil brasileiro*. 4. ed. São Paulo: Atlas, 2018, p. 496.
9. No original: "a proceeding undertaken to have a decision reconsidered by a higher authority; esp. The submission of a lower court's or agency's decision to a higher court for review and possible reversal" (GARNER, Bryan A. Black's Law Dictionary. 10th Edition for the iPhone and iPad. Version 1.4. Thomson Reuters, 2014).

No direito brasileiro, porém, há casos em que o recurso é dirigido à própria autoridade judiciária que prolatou a decisão, o que acaba por fazer com que a definição do instituto, no ordenamento jurídico brasileiro, leve em consideração tal especificidade[10].

Outra diferença que comumente ocorre de um ordenamento jurídico para outro são os limites à interposição de determinados recursos. Nesse sentido, Gico Jr. indica que na Itália e na Inglaterra há alguns limites à possibilidade de interposição do recurso de apelação, o que não ocorre no Brasil, que mantém o direito irrestrito a tal recurso[11].

É importante dizer que o recurso não é o único meio de impugnação das decisões judiciais. Além dele, ainda existem: as ações autônomas de impugnação, que se distinguem do recurso por acarretarem a formação de uma relação processual distinta daquela em que a decisão judicial foi proferida (é o caso, por exemplo, da ação rescisória, da reclamação, do mandado de segurança e do *habeas corpus* contra ato judicial); e os sucedâneos recursais, que se referem a uma categoria residual, ou seja, não se enquadram na definição de recurso e nem de ação autônoma de impugnação, mas ainda assim permitem alguma forma de impugnação da decisão judicial (é o caso, por exemplo, do pedido de reconsideração e da correição parcial)[12].

Alguns doutrinadores veem o recurso como um aspecto ou uma extensão do direito de ação exercido no processo[13]. Para Gabriel Resende

10. MARINONI, Luiz Guilherme; MITIDIERO, Daniel. *Comentários ao Código de Processo Civil:* arts. 976 ao 1.044. 2. ed. São Paulo: Thomson Reuters Brasil, 2018, p. 147.
11. GICO JR., Ivo Teixeira. *Análise Econômica do Processo Civil.* 2. ed. Indaiatuba: Editora Foco, 2023. *E-book*, p. 293.
12. DIDIER JR., Fredie; CUNHA, Leonardo Carneiro da. *Curso de Direito Processual Civil:* meios de impugnação às decisões judiciais e processo nos tribunais. 13. ed. Salvador: Juspodivm, 2016, p. 89; THEODORO JÚNIOR, Humberto. *Curso de Direito Processual Civil*. v. III. 56. ed. Rio de Janeiro: Forense, 2023. *E-book*, p. 869-870.
13. Nesse sentido: BARBOSA MOREIRA, José Carlos. *Comentários ao Código de Processo Civil.* 16. ed. Rio de Janeiro: Forense, 2012, v. V, n. 137, p. 235-236; JAYME, Fernando Gonzaga; GONCALVES, Glaucio Maciel; MAIA, Renata Christiana Vieira. Teoria Geral dos Recursos Cíveis. *In*: JAYME, Fernando Gonzaga; MAIA, Renata Christiana Vieira; REZENDE, Ester Camila Gomes Norato; LANNA, Helena. (Org.). *Inovações e Modificações do Código de Processo Civil:* Avanços, desafios e perspectivas. v. 1. 1. ed. Belo Horizonte: Del Rey, 2017, p. 386; DIDIER JR., Fredie; CUNHA, Leonardo Carneiro da. *Curso de Direito Processual Civil:* meios de impugnação às decisões judiciais e processo nos tribunais. 13. ed. Salvador: Juspodivm, 2016, p. 88; WOLKART,

Filho, a origem dos recursos processuais se resume em duas razões: "a) a reação natural do homem, que não se sujeita a um único julgamento;" e "b) a possibilidade de erro ou má-fé do julgador"[14].

As normas constitucionais brasileiras não preveem expressamente a existência do princípio ao duplo grau de jurisdição, razão pela qual alguns doutrinadores entendem que tal princípio não decorre da Constituição[15]. Inclusive, no âmbito cível, o Supremo Tribunal Federal já entendeu não haver no ordenamento jurídico brasileiro a garantia constitucional do duplo grau de jurisdição[16]. Há doutrinadores, porém, que entendem que o fato de as normas constitucionais preverem a instituição obrigatória de juízos de primeiro grau e de tribunais de grau superior, cogitando de recursos ordinários e extraordinários entre uns e outros, seria suficiente para se considerar que houve a implementação do princípio de duplo grau de jurisdição pela Constituição[17].

Erik Navarro. *Análise econômica do processo civil:* como a economia, o direito e a psicologia podem vencer a tragédia da justiça. São Paulo: Thomson Reuters Brasil, 2019, p. 626.

14. REZENDE FILHO, Gabriel José Rodrigues de. *Curso de direito processual civil.* 5. ed. São Paulo: Saraiva, 1959, v. III, n. 877.
15. Nesse sentido: GICO JR., Ivo Teixeira. *Análise Econômica do Processo Civil.* 2. ed. Indaiatuba: Editora Foco, 2023. *E-book*, p. 292; FUX, Luiz; BODART, Bruno. *Processo Civil e Análise Econômica.* Rio de Janeiro: Forense, 2021. *E-book*, p. 153.
16. FUX, Luiz; BODART, Bruno. *Processo Civil e Análise Econômica.* Rio de Janeiro: Forense, 2021. *E-book*, p. 153 citam, nesse sentido, os seguintes julgados: "Jurisdição – Duplo Grau – Inexigibilidade Constitucional. Diante do disposto no inciso III do artigo 102 da Carta Política da República, no que revela cabível o extraordinário contra decisão de última ou única instância, o duplo grau de jurisdição, no âmbito da recorribilidade ordinária, não consubstancia garantia constitucional." (AI 209954 AgR, Rel. Min. Marco Aurélio, Segunda Turma, j. 15/09/1998); "Já proclamou este Tribunal que 'o duplo grau de jurisdição, no âmbito da recorribilidade ordinária, não consubstancia garantia constitucional' (AI 209.954-AgR, Rel. Min. Marco Aurélio, Segunda Turma, DJ de 4/12/1998) e que 'não é possível, sob as sucessivas Constituições da República, erigir o duplo grau em princípio e garantia constitucional, tantas são as previsões, na própria Lei Fundamental, do julgamento de única instância ordinária, já na área cível, já, particularmente, na área penal' (RHC 79.785, Rel. Min. Sepúlveda Pertence, Tribunal Pleno, DJ de 22/11/2002)" (RE 1129588 AgR, Rel. Min. Alexandre de Moraes, Primeira Turma, j. 15/10/2018); "Segundo a jurisprudência da Corte, não há no ordenamento jurídico brasileiro a garantia constitucional do duplo grau de jurisdição" (RE 976178 AgR, Rel. Min. Dias Toffoli, Segunda Turma, j. 09/12/2016).
17. THEODORO JÚNIOR, Humberto. *Curso de Direito Processual Civil.* v. III. 56. ed. Rio de Janeiro: Forense, 2023. *E-book*, p. 882; DIDIER JR., Fredie; CUNHA, Leonardo Carneiro da. *Curso de Direito Processual Civil:* meios de impugnação às decisões judiciais e processo nos tribunais. 13. ed. Salvador: Juspodivm, 2016, p. 90.

Destaca-se que a existência e as condições para o emprego dos recursos dependem de expressa previsão legislativa[18]. Nesse sentido, no processo civil, o art. 994 do CPC/15 arrola os recursos admissíveis (apelação, agravo de instrumento, agravo interno, embargos de declaração, recurso ordinário, recurso especial, recurso extraordinário, agravo em recurso especial ou extraordinário e embargos de divergência). Contudo, há também outras leis que preveem outras modalidades de recursos, como é o caso do recurso "inominado", previsto no art. 41 da Lei 9.099/95.

Feitas tais considerações sobre a concepção clássica de recurso e alguns de seus aspectos, passa-se a examiná-lo sob a ótica da análise econômica e comportamental do direito, em que o instituto ganha outros interessantes contornos, conforme será evidenciado a seguir.

2. VISÃO DO CONCEITO DE RECURSO PELA ANÁLISE ECONÔMICA E COMPORTAMENTAL

A análise econômica do direito, como o próprio nome indica, tem por característica a aplicação da metodologia econômica dentro do ambiente do direito. Ela é útil aos juristas na medida em que auxilia na compreensão dos fatos sociais e na investigação de como os agentes sociais respondem a potenciais alterações em suas estruturas de incentivos[19].

Sob a perspectiva da análise econômica do direito, o sistema recursal pode ser visto como "um modo eficiente de correção de erros judiciários em comparação com o investimento (de tempo e recursos) na fase de conhecimento de cada processo instaurado perante o Judiciário"[20].

De forma geral, a doutrina da análise econômica do processo entende que é mais barato apostar na correção de erros das decisões judiciais por meio dos recursos do que pela busca de um processo sem erros e

18. ASSIS, Araken de. *Manual dos Recursos*. 1. ed. São Paulo: Editora Revista dos Tribunais, 2016. *E-book*, p. 17.
19. GICO JR., Ivo Teixeira. *Análise Econômica do Processo Civil*. 2. ed. Indaiatuba: Editora Foco, 2023. *E-book*, p. 33-36.
20. FUX, Luiz; BODART, Bruno. *Processo Civil e Análise Econômica*. Rio de Janeiro: Forense, 2021. *E-book*, p. 154.

perfeito em primeiro grau de jurisdição, com desenhos procedimentais mais elaborados[21].

Shavell aponta que o recurso é mais socialmente desejável quanto menor forem seus custos, maior a chance de reverter o erro e maior o dano social decorrente do erro. O autor indica que quanto maior o nível do recurso ou o grau de jurisdição, menor o número de possibilidades para corrigir o erro e, portanto, mais valiosa é a precisão do julgamento[22].

Uma ideia muito comum é a de que a expansão do sistema recursal seria desejável, porque o aumento do número de instâncias revisionais incrementaria as chances de se alcançar a decisão correta. Nesse aspecto, válida a lição de Edilson Vitorelli de que tal consectário não é verdadeiro. Isso porque, na lógica da estrutura jurisdicional hierarquizada, prevalece não a melhor decisão, mas sim a decisão superior – e nada garante que ela seja a melhor. Segundo o autor, uma questão muito peculiar no Brasil, que não encontra paralelo nos Estados Unidos e na Europa, é que os tribunais atuam de forma cada vez menos colegiada, investindo mais em decisões singulares, e estão cada vez mais dependentes de sua equipe de assessoria, com supervisão cada vez mais distante do julgador. Assim, a análise colegiada e a atuação de julgadores mais experientes e especializados acabam ficando de lado, perdendo-se as duas características que poderiam justificar uma maior qualidade das decisões proferidas nos juízos recursais[23].

Contudo, fato é que o atual sistema processual brasileiro oferece uma grande variedade de possibilidades de ingresso e de revisão das decisões judiciais. Alguns fatores, como a ampla concessão do benefício da gratuidade judiciária, sem um padrão uniformizado, e a estrutura de sucumbência, aplicada sem a consideração dos seus efeitos, faz com que

21. WOLKART, Erik Navarro. *Análise econômica do processo civil:* como a economia, o direito e a psicologia podem vencer a tragédia da justiça. São Paulo: Thomson Reuters Brasil, 2019, p. 631. No mesmo sentido: SHAVELL, Steven. Economic Analysis of Litigation and the Legal Process. *NBER Working Papers*, n. 9697, 2003, Chapter 19, p. 9.

22. SHAVELL, Steven. Economic Analysis of Litigation and the Legal Process. *NBER Working Papers*, n. 9697, 2003, Chapter 19, p. 12.

23. VITORELLI, Edilson. A relevância no recurso especial: uma reflexão sobre as decisões judiciais erradas. *In:* MARQUES, Mauro Luiz Campbell; FUGA, Bruno Augusto Sampaio; TESOLIN, Fabiano da Rosa; LEMOS, Vinícius Silva. (Org.). *Relevância da questão federal no recurso especial.* 1. ed. Londrina: Thoth, 2023. *E-book*, p. 190-191.

sejam interpostos inúmeros recursos, diante dos baixos ônus e riscos do sistema[24], o que também acaba por tornar o processo cada vez mais lento[25].

Ao tratar da análise econômica do duplo grau de jurisdição, Ivo Gico Jr. trata especialmente do recurso de apelação – o recurso "por excelência" – e explica que o vencido recorrerá da sentença quando o benefício esperado for maior que o custo esperado pela sucumbência[26].

Assim, segundo o autor, quanto maior o valor da condenação para o vencido, maior será a probabilidade de interposição do recurso, pois "se o valor da condenação for muito grande, os custos adicionais com advogado ou com o tempo que a lide demorará para ser resolvida serão mitigados em face do prejuízo que o vencido espera conseguir evitar." Da mesma forma, quanto mais barato for recorrer, mais os vencidos recorrerão, de modo que a assistência da defensoria pública e a gratuidade da justiça incentivam a interposição de recursos[27].

A possibilidade de pagar honorários sucumbenciais de 10 a 20% sobre o valor da condenação ou da causa, no momento do ajuizamento da ação, segundo o autor, desincentiva o litígio e favorece a autocomposição, mas depois, se não há autocomposição, incentiva a interposição de recurso. A decisão de recorrer ou não é tomada após a condenação e fixação dos honorários sucumbenciais, assim, o efeito dos honorários é aumentar o prejuízo esperado com o não recurso[28].

A probabilidade de reversão da sentença também impacta na interposição de recursos. Quanto maior for a chance de a sentença ser revertida, maior será a chance de interposição do recurso. Assim, se a decisão

24. TIMM, Luciano Benetti, et. al. O problema da morosidade e do congestionamento judicial no âmbito do processo civil brasileiro: uma abordagem de law and economics. *Revista de Processo*, vol. 290/2019, p. 441-469.

25. WOLKART, Erik Navarro. *Análise econômica do processo civil:* como a economia, o direito e a psicologia podem vencer a tragédia da justiça. São Paulo: Thomson Reuters Brasil, 2019, p. 641.

26. GICO JR., Ivo Teixeira. *Análise Econômica do Processo Civil*. 2. ed. Indaiatuba: Editora Foco, 2023. *E-book*, p. 294-295.

27. GICO JR., Ivo Teixeira. *Análise Econômica do Processo Civil*. 2. ed. Indaiatuba: Editora Foco, 2023. *E-book*, p. 296-297.

28. GICO JR., Ivo Teixeira. *Análise Econômica do Processo Civil*. 2. ed. Indaiatuba: Editora Foco, 2023. *E-book*, p. 298.

judicial jamais fosse revertida, o vencido só recorreria se fosse remunerado a fazê-lo ou se houvesse externalidades positivas associadas[29].

Para Ivo Gico Jr., na ausência de uma divergência jurisprudencial ou de um erro claro, não seria socialmente desejável que um tribunal revertesse uma decisão judicial e, portanto, não seria socialmente desejável dar provimento à apelação. Caso o tribunal sempre reformasse as sentenças, ainda que parcialmente, todas as sentenças seriam recorridas e os tribunais ficariam (ainda mais) abarrotados de recursos. Por outro lado, também não seria eficiente rejeitar todos os recursos, pois, do ponto de vista social, a manutenção dos grupos de juízes e tribunais revendo os trabalhos dos juízes individuais é muito custosa[30] e deve ser efetiva.

É certo que quanto mais complexo um sistema judicial, com grande número de garantias e procedimentos, maiores os custos com a administração do sistema. Assim, caso um tribunal deseje regular o fluxo de casos e alocar eficientemente seus recursos na fase recursal, pode criar um equilíbrio de separação de vencidos, por exemplo, aumentando as custas do processo ou investindo na acurácia ou precisão de seus julgamentos[31].

Ivo Gico Jr. explica que o controle e a publicização das taxas de reversibilidade e recorribilidade das decisões judiciais, inclusive de varas e juízes, pode reduzir significativamente a assimetria de informações entre as partes e entre o tribunal e o juiz, reduzindo o número de recursos fracos (aqueles com menores chances de provimento) e aumentando o de recursos fortes (aqueles com maiores chances de provimento). Trata-se de um importante instrumento de gestão judiciária, capaz de contribuir para a celeridade e para o acesso à justiça, gerando maior segurança jurídica e economizando recursos do Judiciário[32].

29. GICO JR., Ivo Teixeira. *Análise Econômica do Processo Civil*. 2. ed. Indaiatuba: Editora Foco, 2023. *E-book*, p. 298.
30. GICO JR., Ivo Teixeira. *Análise Econômica do Processo Civil*. 2. ed. Indaiatuba: Editora Foco, 2023. *E-book*, p. 299-301.
31. GICO JR., Ivo Teixeira. *Análise Econômica do Processo Civil*. 2. ed. Indaiatuba: Editora Foco, 2023. *E-book*, p. 312, 317-318.
32. GICO JR., Ivo Teixeira. *Análise Econômica do Processo Civil*. 2. ed. Indaiatuba: Editora Foco, 2023. *E-book*, p. 318-319, 325.

Diante da maior transparência sobre a taxa de reversibilidade, diminui-se a recorribilidade e aumenta-se o tempo para o tribunal julgar casos mais difíceis ou mais rapidamente. Já nos casos em que há alta reversibilidade, a tendência é que, com o aumento dos recursos e de reforma das decisões do juiz, o magistrado perceba a divergência de seu posicionamento com o do tribunal e ajuste a sua conduta, levando à queda da reversibilidade[33].

Em casos de alta recorribilidade, também é possível implementar incentivos para frear a interposição de recursos. Exemplos de medidas que desincentivam a recorribilidade são a majoração dos honorários em fase recursal, o possível aumento de custas recursais, inclusive com a eliminação do "teto" das custas[34], além da fixação de multa em caso de recursos manifestamente inadmissíveis ou protelatórios. Com essas medidas, as partes percebem a modificação dos retornos esperados (*payoffs*) que terão com o comportamento de recorrer, o que poderá também estimular a realização de acordos[35].

Já sob a perspectiva da análise comportamental do processo, acredita-se que a decisão de interposição de recursos pode levar em consideração outras variáveis.

Registra-se que a economia comportamental estuda empiricamente como os indivíduos respondem a vários tipos de incentivos e como suas preferências são formadas[36]. Nesse campo, é comum o estudo das heurísticas, que são atalhos mentais ou algoritmos simplificadores utilizados para a tomada de decisões sob incerteza ou diante de questões complexas, em que parte da informação é ignorada ou um referencial é utilizado para tornar a escolha mais rápida e fácil. Considera-se que as heurísticas podem levar a comportamentos marcados por vieses cognitivos, que são

33. GICO JR., Ivo Teixeira. *Análise Econômica do Processo Civil.* 2. ed. Indaiatuba: Editora Foco, 2023. *E-book*, p. 318-319.
34. GICO JR., Ivo Teixeira. *Análise Econômica do Processo Civil.* 2. ed. Indaiatuba: Editora Foco, 2023. *E-book*, p. 323.
35. TIMM, Luciano Benetti, et. al. O problema da morosidade e do congestionamento judicial no âmbito do processo civil brasileiro: uma abordagem de law and economics. *Revista de Processo*, vol. 290/2019, p. 441 – 469.
36. GICO JR., Ivo Teixeira. *Análise Econômica do Processo Civil.* 2. ed. Indaiatuba: Editora Foco, 2023. *E-book*, p. 344.

os desvios sistemáticos e previsíveis da teoria da escolha racional no padrão decisório[37].

Entre os vários vieses cognitivos, está o do excesso de confiança, em que "as pessoas tendem a superestimar a probabilidade de ocorrência de evento consigo, se esse evento for positivo, e a subestimar a probabilidade de ocorrência de evento consigo, se esse evento for negativo"[38]. No tocante aos recursos, diz-se que o viés do excesso de confiança pode fazer com que, por exemplo, um litigante vencido insista na interposição de um recurso, mesmo após ser avisado pelo advogado de suas baixas probabilidades de êxito, pois o vencido acredita que seu caso é especial[39].

Um outro viés, denominado de "efeito dotação", pode também influenciar o comportamento da parte vencida. O "efeito dotação" é o padrão segundo o qual as pessoas, para renunciar a um bem, frequentemente exigem mais do que elas mesmas estariam dispostas a pagar para adquirir o mesmo bem caso não o possuíssem. Nesse sentido, considerando que a sentença alocou direitos a uma das partes, ainda que de modo provisório, o efeito dotação faz com que a parte vencedora seja muito mais exigente em eventual acordo, com apelação interposta pelo vencido[40].

A teoria da perspectiva, segundo a qual os ganhos e perdas são analisados a partir de um ponto de referência, também pode influenciar no comportamento do apelante. Com efeito, no momento de o vencido decidir se apela ou não, ele acaba por optar por uma perda certa no valor exato da condenação, que já existe, ou em uma perda ainda maior, com alguma porcentagem de chance de êxito. Não é incomum que a parte sucumbente recorra mesmo se o valor de perda esperada com o recurso seja superior ao de perda certa, pois as pessoas têm aversão à perda e aceitam correr maiores riscos na tentativa de evitá-la.

---

37. GICO JR., Ivo Teixeira. *Análise Econômica do Processo Civil*. 2. ed. Indaiatuba: Editora Foco, 2023. *E-book*, p. 345-346.
38. GICO JR., Ivo Teixeira. *Análise Econômica do Processo Civil*. 2. ed. Indaiatuba: Editora Foco, 2023. *E-book*, p. 354.
39. GICO JR., Ivo Teixeira. *Análise Econômica do Processo Civil*. 2. ed. Indaiatuba: Editora Foco, 2023. *E-book*, p. 354.
40. WOLKART, Erik Navarro. *Análise econômica do processo civil:* como a economia, o direito e a psicologia podem vencer a tragédia da justiça. São Paulo: Thomson Reuters Brasil, 2019, p. 643-644.

Quanto aos julgadores, o viés da omissão – tendência de se preferir a "não ação"/omissão do que a ação diante de alternativas arriscadas – poderia explicar a forte tendência dos tribunais de rejeitar recursos. Tal tendência também poderia ser explicada pelo viés do *status quo*, que reflete a tendência de se manter a situação em que se encontra[41].

3. REFERÊNCIA PRÁTICA

Considerando todos os aspectos tratados acima, torna-se relevante ilustrar, na prática, como a análise econômica pode ser empregada no contexto específico dos recursos. Para tanto, vale-se das figuras do recurso adesivo e do recurso "inominado" da Lei dos Juizados Especiais Cíveis.

3.1. Recurso adesivo

Recurso adesivo é o nome dado a uma forma[42] ou a um momento específico[43] de interposição de recurso, previsto no art. 997 do CPC/15. Por meio dele, a parte que não recorreu no devido tempo da decisão que provocou sucumbência recíproca pode aderir ao recurso da parte contrária. Noutras palavras, uma parte pode se valer da existência do recurso da parte adversária para legitimar a interposição do seu recurso fora do prazo legal, em casos de sucumbência recíproca[44].

Assim, por exemplo, uma parte satisfeita ou conformada com uma sentença de parcial procedência, mas receosa de ter sua situação agravada no caso de interposição de recurso pela parte contrária, tem a opção de não recorrer em um primeiro momento, mas apenas se a parte contrária recorrer, podendo então apresentar recurso na modalidade adesiva no mesmo prazo de apresentação das contrarrazões.

41. ZAMIR, Eyal; TEICHMAN, Doron. *Behavioral Law and Economics*. London: Oxford University Press, 2018, p. 537.
42. DIDIER JR., Fredie; CUNHA, Leonardo Carneiro da. *Curso de Direito Processual Civil:* meios de impugnação às decisões judiciais e processo nos tribunais. 13. ed. Salvador: Juspodivm, 2016, p. 149.
43. ALMEIDA, Diogo Resende de. *Recursos cíveis*. São Paulo: Editora Juspodivm, 2019, p, 146.
44. THEODORO JÚNIOR, Humberto. *Curso de Direito Processual Civil*. v. III. 56. ed. Rio de Janeiro: Forense, 2023. *E-book*, p. 918.

Essa modalidade especial de recurso, que só é admissível na apelação, no recurso especial e no recurso extraordinário (art. 997, §2º, II, CPC/15), fica subordinada ao recurso principal, de modo que não é conhecida se houver desistência do recurso principal ou se ele for considerado inadmissível.

Conforme explicam Ivo Gico Jr. e Henrique Arake, o recurso adesivo transforma o "jogo recursal" simultâneo em sequencial e, com isso, permite que as partes que não desejam recorrer, salvo em caso de recurso da parte contrária, não sejam compelidas a tanto. Nesse sentido, as partes que foram sucumbentes têm a opção estratégica de esperar o transcurso do prazo recursal tradicional, sem recorrer, para descobrir a preferência da parte contrária. Assim, se a parte adversária recorrer, o recurso adesivo pode ser interposto; caso contrário, não há interposição de recursos e o melhor resultado coletivo é alcançado, com o trânsito em julgado da decisão não recorrida[45].

Outra possibilidade interessante de atuação é a de desistência por aquele que interpôs o recurso principal. Assim, caso a parte que interpôs tal recurso verifique que o provimento do adesivo pode colocá-la em uma situação mais desfavorável, aumentando, por exemplo, o valor da condenação ou levando à majoração dos honorários sucumbenciais, pode desistir do recurso principal, o que leva à diminuição do número de recursos a serem julgados pelo Poder Judiciário[46].

Nessa linha, Fredie Didier Jr. e Leonardo Carneiro da Cunha indicam que o recurso adesivo conspira a favor da duração razoável do processo e estimula a ausência de recurso.

É possível notar, então, que o recurso adesivo traz dois benefícios interessantes: reduz a assimetria de informação, já que permite que as partes adversárias saibam exatamente se houve ou não interposição do recurso principal dentro do prazo tradicional e, ainda, reduz a quantidade

45. GICO JR., Ivo Teixeira; ARAKE, Henrique. Quando mais é menos: o recurso adesivo como um desincentivo a recorrer. *Economic Analysis of Law Review*. Brasília, v. 6, jan.-jun./2015, p. 125-126.

46. GICO JR., Ivo Teixeira; ARAKE, Henrique. Quando mais é menos: o recurso adesivo como um desincentivo a recorrer. *Economic Analysis of Law Review*. Brasília, v. 6, jan.-jun./2015, p. 126.

de recursos interpostos – o que leva, inclusive, Ivo Gico Jr. e Henrique Arake a defender a ampliação da utilização do recurso adesivo[47].

Como forma de ilustrar o cenário aqui explicado, cita-se, como exemplo, o caso do processo nº 1013877-86.2020.8.26.0002[48], que tramitou perante a Justiça Estadual de São Paulo. A ação inicialmente foi ajuizada por uma pessoa física contra uma companhia aérea, visando a condenação da ré ao pagamento de R$10.000,00 diante de atraso de voo, que fez com que o autor chegasse ao destino final cerca de nove horas após o horário previsto.

A sentença julgou parcialmente procedente o pedido, fixando a indenização por danos morais em R$5.000,00 e os honorários de sucumbência em 10% do valor atualizado da condenação.

A companhia aérea, buscando a reforma da sentença, interpôs recurso de apelação dentro do prazo recursal tradicional e, na oportunidade, requereu o diferimento do pagamento das custas recursais diante dos problemas financeiros ocasionados pela pandemia da COVID-19. O autor, por sua vez, ao ser intimado para apresentar contrarrazões, apresentou também apelação adesiva, buscando a majoração do valor da indenização fixado na sentença.

Diante do indeferimento do diferimento do recolhimento do preparo recursal pelo Desembargador Relator, a companhia aérea requereu desistência do recurso principal, o que também acabou levando ao não conhecimento do recurso adesivo interposto pelo autor.

Assim, pode-se verificar que as partes agiram de forma racional e estratégica: a) de início, a companhia aérea interpôs o recurso de apelação sem nenhum custo, já que requereu o diferimento do recolhimento do preparo; b) na sequência, o autor interpôs recurso adesivo quando verificou que a companhia aérea havia recorrido; c) ao final, a companhia aérea desistiu do recurso, provavelmente por ter verificado que seria pouco provável a reversão da sentença e que a continuidade do seu recurso só implicaria novos custos, sem nenhuma perspectiva de benefício, já que

47. GICO JR., Ivo Teixeira; ARAKE, Henrique. Quando mais é menos: o recurso adesivo como um desincentivo a recorrer. *Economic Analysis of Law Review*. Brasília, v. 6, jan.-jun./2015, p. 126.

48. TJSP. Apelação Cível 1013877-86.2020.8.26.0002. Des. Relator Hélio Nogueira. 23ª Câmara de Direito Privado. Data do Julgamento: 04/02/2021. Data de Registro: 04/02/2021.

haveria necessidade de recolhimento do preparo, eventual possibilidade de majoração dos honorários e da própria condenação pelo TJSP mediante o provimento do recurso adesivo.

Assim, este é apenas um exemplo de como a temática dos recursos pode ser analisada, na prática, sob a ótica da análise econômica, demonstrando que os sujeitos processuais podem pautar racionalmente seus comportamentos a depender dos custos e benefícios associados a cada opção.

3.2. Recurso "inominado" da Lei dos Juizados Especiais Cíveis

Antes de analisar a figura do recurso "inominado", torna-se relevante tecer breves comentários sobre o acesso à justiça nos juizados especiais cíveis.

O art. 54 da Lei 9.099/95 prevê que o acesso aos juizados especiais, em primeiro grau, independe do pagamento de custas, taxas ou despesas. Nas palavras de Alexandre Freitas Câmara, esse cenário de ampla gratuidade "é um verdadeiro incentivo à litigiosidade. Muitas pessoas têm se lançado em verdadeiras 'aventuras processuais', incentivadas pelo fato de que nada gastarão, ainda que saiam vencidas"[49].

Sobre a criação dos juizados especiais cíveis, envolvendo casos mais simples e de menor valor, Ivo Gico Jr. assinala que "a nossa sociedade, como muitas outras, aceita investir menos em processo para ganhar mais em acesso e celeridade, na esperança de que os eventuais custos de erro no juizado sejam menores do que os benefícios auferidos com a simplificação"[50].

Para o autor, a criação dos juizados especiais pode ser vista como resultado de uma "análise custo-benefício em que o legislador entendeu que, nesse contexto, era mais eficiente diminuir os custos de administração do sistema, pois os benefícios decorrentes deveriam superar os malefícios decorrentes de eventuais erros de adjudicação"[51].

49. CÂMARA, Alexandre Freitas. *Juizados Especiais Cíveis Estaduais, Federais e da Fazenda Pública:* Uma Abordagem Crítica. 6ª ed. Rio de Janeiro: Lumen Juris, 2010, p. 199.

50. GICO JR., Ivo Teixeira. *Análise Econômica do Processo Civil.* 2. ed. Indaiatuba: Editora Foco, 2023. *E-book*, p. 85.

51. GICO JR., Ivo Teixeira. *Análise Econômica do Processo Civil.* 2. ed. Indaiatuba: Editora Foco, 2023. *E-book*, p. 85.

Contudo, Ivo Gico Jr. analisa que os juizados especiais, criados para desafogar o Poder Judiciário, hoje estão sofrendo de males semelhantes aos da Justiça Comum, com aumento da taxa de congestionamento. Segundo o autor, a redução dos custos para litigar combinada com a redução do período de resolução do conflito levaram a um aumento substancial de litigância no âmbito dos juizados especiais[52].

Nesse sentido, o art. 55 da Lei 9.099/95 pode ser interpretado como um possível desincentivo à continuidade da litigância, sobretudo à interposição de recursos nos juizados especiais. Tal dispositivo legal prevê que "em segundo grau, o recorrente, vencido, pagará as custas e honorários de advogado, que serão fixados entre dez por cento e vinte por cento do valor de condenação ou, não havendo condenação, do valor corrigido da causa". O preparo, inclusive, "compreenderá todas as despesas processuais, inclusive aquelas dispensadas em primeiro grau de jurisdição, ressalvada a hipótese de assistência judiciária gratuita", conforme art. 54, parágrafo único, Lei 9.099/95.

Nesse aspecto, salienta-se que o recurso cabível em face da sentença nos juizados especiais cíveis, excetuada a homologatória de conciliação ou laudo arbitral, é o recurso "inominado", previsto no art. 41 da Lei 9.099/95. Como tal recurso não recebeu um nome específico por parte do legislador, passou-se a chamá-lo de "inominado".

Trata-se de recurso análogo à apelação (art. 1.009 do CPC/15), mas com diferenças relevantes, dentre elas, o prazo de interposição, que é de 10 e não de 15 dias; a possibilidade de recolhimento do preparo em até 48 horas da interposição, diferentemente do que ocorre no caso da apelação, em que o recolhimento deve ser comprovado no ato de interposição; o fato de não contar com efeito suspensivo "automático", ao contrário do que, em regra, ocorre na apelação.

A experiência revela que muitas vezes a interposição de recurso "inominado" no âmbito dos juizados especiais vem acompanhada de pedido de gratuidade da justiça e desacompanhada de recolhimento do preparo, na tentativa de o recorrente continuar litigando sem custos.

52. GICO JR., Ivo Teixeira. *Análise Econômica do Processo Civil*. 2. ed. Indaiatuba: Editora Foco, 2023. *E-book*, p. 412-413.

Em casos como esse, o magistrado pode entender que a parte recorrente não faz jus ao benefício, indeferindo-o e determinando o recolhimento do preparo, ou então que deve ser conferido prazo para que a parte possa comprovar a incapacidade de arcar com as custas processuais. Sem o recolhimento do preparo ou a comprovação dos pressupostos autorizadores do benefício, o recurso não é conhecido, podendo também a própria parte desistir dele.

Assim, o fato de a lei não prever gratuidade irrestrita em segundo grau nos juizados especiais, combinada com a possibilidade de o magistrado fixar parâmetros rígidos para a concessão da gratuidade da justiça, pode desincentivar a interposição de recursos "inominados".

Como forma de ilustrar tal cenário aqui exposto, cita-se o Processo nº 1047319-61.2021.8.26.0114, também julgado pelo Judiciário de São Paulo[53]. A referida ação foi ajuizada por uma pessoa física em face de uma pessoa jurídica com atuação no mercado eletrônico, em razão de compra efetuada e nunca entregue à autora.

Na inicial, a autora pediu indenização por danos materiais, no valor da compra não entregue pela ré, de R$ 1.907,88, e dano moral, em quantia equivalente a 5 vezes o valor da compra ou em montante a ser arbitrado pelo juízo, considerando as inúmeras tentativas sem sucesso, por mais de um ano, de reaver o valor do produto, bem como as várias promessas de reembolso não cumpridas pela ré.

A sentença julgou os pedidos parcialmente procedentes, condenando a parte ré a restituir a autora a quantia de R$ 1.907,88 e, ainda, R$2.000,00 a título de danos morais. Nesse ponto, vale frisar que, no âmbito dos juizados especiais, vem se entendendo pelo não cabimento de recurso adesivo[54].

53. TJSP. Recurso Inominado Cível 1047319-61.2021.8.26.0114. Des. Relator André Pereira de Souza. 5ª Turma Cível. Data do Julgamento: 14/12/2022. Data de Registro: 14/12/2022.

54. Enunciado Cível nº 88 do Fórum Nacional dos Juizados Especiais – FONAJE: "Não cabe recurso adesivo em sede de Juizado Especial, por falta de expressa previsão legal." (XV Encontro – Florianópolis/SC)

Buscando a reforma da sentença, a pessoa jurídica apresentou então recurso "inominado", com pedido de gratuidade da justiça, alegando estar enfrentando problemas financeiros. O Relator do recurso então conferiu prazo de cinco dias para que a parte recorrente comprovasse a necessidade do benefício ou recolhesse o preparo, sob pena de deserção do recurso. A parte recorrente manteve-se inerte e então o recurso "inominado" não foi conhecido pela Turma Recursal.

Nesse caso, a pessoa jurídica, que narrou problemas financeiros, provavelmente foi desincentivada a prosseguir com o recurso diante dos custos da litigância em segundo grau, sobretudo considerando que os documentos que instruíram o recurso não foram suficientes para o deferimento, de plano, do benefício requerido.

Ao ponderar as remotas chances de reversão da condenação em danos materiais e, ao mesmo tempo, que eventual reforma da sentença no tocante à condenação por danos morais provavelmente não compensaria os gastos decorrentes da litigância em segundo grau, a pessoa jurídica deixou de prosseguir com o recurso.

Portanto, com mais este exemplo, fica nítido que os custos da litigância têm impacto na escolha da interposição de recurso e, no caso dos juizados especiais cíveis, a não concessão irrestrita do benefício da gratuidade da justiça, mas sim condicionada, pelo magistrado, à real demonstração dos requisitos necessários à sua concessão é um interessante desincentivo – ainda que sejam necessários outros – à interposição ou ao prosseguimento do recurso "inominado", podendo influenciar no número de casos julgados, no mérito, pelas Turmas Recursais.

4. LEITURAS COMPLEMENTARES

SHAVELL, Steven. *Foundations of Economic Analysis of Law*. Cambridge, Belknap Press, 2004.

SHAVELL, Steven. The Appeals Process as a Means of Error Correction. *The Journal of Legal Studies*, v. 24, n. 2, 1995, p. 379-426.

KAHNEMAN, Daniel; KNETSCH, Jack L.; THALER, Richard H. Anomalies: The endowment effect, loss aversion, and status quo bias. *The Journal of Economic Perspectives*, v. 5, n.1, 1991.

REFERÊNCIAS

ALMEIDA, Diogo Resende de. *Recursos cíveis.* São Paulo: Editora Juspodivm, 2019.

ASSIS, Araken de. *Manual dos Recursos.* 1. ed. São Paulo: Editora Revista dos Tribunais, 2016. *E-book.*

BARBOSA MOREIRA, José Carlos. *Comentários ao Código de Processo Civil.* 16. ed. Rio de Janeiro: Forense, 2012, n. 135.

CÂMARA, Alexandre Freitas. *Juizados Especiais Cíveis Estaduais, Federais e da Fazenda Pública:* Uma Abordagem Crítica. 6ª ed. Rio de Janeiro: Lumen Juris, 2010.

CÂMARA, Alexandre Freitas. *O novo processo civil brasileiro.* 4. ed. São Paulo: Atlas, 2018.

DIDIER JR., Fredie; CUNHA, Leonardo Carneiro da. *Curso de Direito Processual Civil:* meios de impugnação às decisões judiciais e processo nos tribunais. 13. ed. Salvador: Juspodivm, 2016.

FUX, Luiz; BODART, Bruno. *Processo Civil e Análise Econômica.* Rio de Janeiro: Forense, 2021. *E-book.*

GARNER, Bryan A. Black's Law Dictionary. 10th Edition for the iPhone and iPad. Version 1.4. Thomson Reuters, 2014.

GICO JR., Ivo Teixeira. *Análise Econômica do Processo Civil.* 2. ed. Indaiatuba: Editora Foco, 2023. *E-book.*

GICO JR., Ivo Teixeira; ARAKE, Henrique. Quando mais é menos: o recurso adesivo como um desincentivo a recorrer. *Economic Analysis of Law Review.* Brasília, v. 6, jan.-jun./2015, p. 115-127.

JAYME, Fernando Gonzaga; GONCALVES, Glaucio Maciel; MAIA, Renata Christiana Vieira. Teoria Geral dos Recursos Cíveis. *In*: JAYME, Fernando Gonzaga; MAIA, Renata Christiana Vieira; REZENDE, Ester Camila Gomes Norato; LANNA, Helena. (Org.). *Inovações e Modificações do Código de Processo Civil:* Avanços, desafios e perspectivas. v. 1. 1. ed. Belo Horizonte: Del Rey, 2017.

MARINONI, Luiz Guilherme; MITIDIERO, Daniel. *Comentários ao Código de Processo Civil:* arts. 976 ao 1.044. 2. ed. São Paulo: Thomson Reuters Brasil, 2018.

REZENDE FILHO, Gabriel José Rodrigues de. *Curso de direito processual civil*. 5. ed. São Paulo: Saraiva, 1959, v. III, n. 877.

SHAVELL, Steven. Economic Analysis of Litigation and the Legal Process. *NBER Working Papers*, n. 9697, 2003.

THEODORO JÚNIOR, Humberto. *Curso de Direito Processual Civil*. v. III. 56. ed. Rio de Janeiro: Forense, 2023. *E-book*.

TIMM, Luciano Benetti, et. al. O problema da morosidade e do congestionamento judicial no âmbito do processo civil brasileiro: uma abordagem de *law and economics*. *Revista de Processo*, vol. 290/2019, p. 441-469.

VITORELLI, Edilson. A relevância no recurso especial: uma reflexão sobre as decisões judiciais erradas. *In:* MARQUES, Mauro Luiz Campbell; FUGA, Bruno Augusto Sampaio; TESOLIN, Fabiano da Rosa; LEMOS, Vinícius Silva. (Org.). *Relevância da questão federal no recurso especial*. 1. ed. Londrina: Thoth, 2023. *E-book*.

WOLKART, Erik Navarro. *Análise econômica do processo civil*: como a economia, o direito e a psicologia podem vencer a tragédia da justiça. São Paulo: Thomson Reuters Brasil, 2019.

ZAMIR, Eyal; TEICHMAN, Doron. *Behavioral Law and Economics*. London: Oxford University Press, 2018.

CAPÍTULO XIV

COISA JULGADA

JÉSSICA RUBIALE BATISTA[1]

SUMÁRIO: 1. Conceito geral; 2. Visão da coisa julgada pela análise econômica e comportamental; 3. Referência prática; 4. Leituras complementares; Referências.

1. CONCEITO GERAL

A coisa julgada, compreendida como imutabilidade e indiscutibilidade do comando judicial, era considerada no passado como um dos efeitos da sentença. Posteriormente, foi erigida à categoria de efeito superposto aos demais, limitado a abranger somente a parte declaratória da sentença, sem acobertar os efeitos condenatórios e constitutivos.[2]

No entanto, a leitura que se faz do Código de Processo Civil de 1973 e do Código em vigor (2015), demonstra a mudança de percepção quanto ao tema, para considerar o principal efeito da sentença o esgotamento da função jurisdicional,[3] de maneira que a coisa julgada passa a ser um atributo vinculado a determinado momento processual. Isso porque é admissível que uma sentença produza efeitos, e ainda assim possa ser alterada em razão da pendência de julgamento definitivo, como no caso das execuções provisórias.

1. Graduada pela Universidade Federal do Paraná; Pós-graduada em Direito Civil e Empresarial pela Academia Brasileira de Direito Constitucional; Especialista em Direito da Mineração pelo CEDIN; Advogada.
2. THEODORO Jr., Humberto. *Curso de Direito Processual Civil.* 57ª ed. p. 1104.
3. GRINOVER, Ada Pellegrini. *Direito Processual Civil.* São Paulo: J. Bushatsy, 1974, p.81.

Nessa ordem de ideias, a coisa julgada é o que acoberta o comando jurisdicional quando não há mais hipótese de alteração, tornando-o, a partir de então, irreversível. Nos termos do CPC, art. 502, "*denomina-se coisa julgada material a autoridade que torna imutável e indiscutível a decisão de mérito não mais sujeita a recurso*".

Segundo Fredie Didier Jr., autoridade é situação jurídica, e pode ser considerada a força que qualifica a decisão como obrigatória e definitiva. Isso é: um efeito jurídico que decorre de fato jurídico especificado, após a incidência da norma jurídica. De tal autoridade, então, defluem as consequências da (i) imutabilidade e (ii) indiscutibilidade.[4]

A primeira (i), projetada para fora do processo, e admitindo-se que de um mesmo processo pode surgir mais de uma coisa julgada; e a segunda (ii) operada em duas dimensões, com reflexo na impossibilidade de nova decisão acerca da mesma questão (efeito negativo da coisa julgada) e a imprescindibilidade de observação da coisa julgada quando utilizada para fundamentar demanda nova (efeito positivo da coisa julgada). Este atrela o magistrado aos termos da decisão proferida anteriormente e gera direito adquirido.[5]

A Lei de Introdução às normas do Direito Brasileiro (Decreto-Lei nº 4.657/1942), ao seu turno, conceitua coisa julgada ou caso julgado como "a decisão judicial de que já não caiba recurso" (art. 6º, §3º).

Nota-se, assim, que o enfoque legislativo na tratativa do tema está enraizado no princípio da segurança jurídica, buscando-se, dentre o mais, garantir ao jurisdicionado que a lei posterior não alterará as consequências concretas da decisão que a antecede (art. 5º, XXXVI, da Constituição da República), especialmente em vista da elasticidade dos atos emanados pelos Poderes Legislativo e Executivo.

Esse é o viés tanto do art. 503 do CPC, o qual atribui força de lei à decisão que julga total ou parcialmente o mérito – *nos limites da questão principal expressamente decidida* –, agregado ao que dispõe a LINDB no *caput* do art. 6º que "*a Lei em vigor terá efeito imediato e geral, respeitados o ato jurídico perfeito, o direito adquirido e a coisa julgada*".

4. DIDIER JR., Fredie. *Curso de direito processual civil*. Vol. 2, 16ª ed. p. 645.
5. Idem, p. 645 – 647.

Em aprofundamento do tema, embora a Constituição, o Código de Processo Civil e a LINDB não façam tal subdivisão, a doutrina faz distinção entre coisa julgada material e formal[6]. Embora a visão geral seja alvo de críticas,[7] o que se lê com frequência é que a coisa julgada formal tem viés endoprocessual. Para as partes, veda-se a rediscussão de decisão cujo prazo para recurso tenha defluído. Para o juízo, há impedimento de reapreciação de questões decididas (art. 505 do CPC). Sob o aspecto prático, implica que houve decisão última no processo, ocasionando o exaurimento da jurisdição com a entrega pelo Estado da prestação que lhe incumbia.[8]

Para a coisa julgada formal, não há necessidade de resolução do mérito. Todavia, quando há, tem-se simultaneamente a coisa julgada formal e material. Nesse sentido Humberto Theodoro Júnior:[9]

> A coisa julgada formal pode existir sozinha em determinado caso, como ocorre nas sentenças meramente terminativas, que apenas extinguem o processo sem julgar a lide. Mas a coisa julgada material só pode ocorrer de par com a coisa julgada formal, isto é, toda sentença para transitar materialmente em julgado deve, também, passar em julgado formalmente.

A coisa julgada material, ao seu turno, diz respeito ao conteúdo decisório do qual são extraídos os direitos e deveres subjetivos vinculados às pretensões de direito material.[10]

6. São mencionadas, ainda, outras espécies de coisa julgada, como por exemplo: 1. Coisa julgada sobre questão prejudicial. Como exemplo, cita Luiz Guilherme Marinoni decisão em ação de alimentos em que foi definido que A é filho de B e este foi condenado ao pagamento de alimentos. Por isso, B não pode propor ação negatória para rediscutir a questão da paternidade de A, em vista da prejudicialidade. Logicamente, se B deve alimentos à A, B é pai de A (*Coisa julgada sobre questão*, São Paulo: RT, 2018, p. 301.). 2. Coisa julgada sobre tutela antecipada requerida em caráter antecedente, pela impossibilidade de rediscutir decisão proferida nos moldes do art. 303 do CPC, quando não interposto recurso. Os efeitos da decisão se protraem no tempo após a extinção do processo, pelo prazo de 02 anos (art. 304, § 1º e §5º).
7. Nesse sentido, Fredie Didier Jr: "Coisa julgada formal é, então, o trânsito em julgado, um dos pressupostos para a formação da coisa julgada. Essa é a acepção que mais frequentemente aparece na literatura jurídica processual, embora com críticas severas. DIDIER JR., Fredie. *op cit.* p. 650.
8. AMARAL Santos, Moacyr. *Primeiras Linhas de Direito Processual Civil.* 4º ed. São Paulo: Max Limonad, 1973, v. III, n. 666.
9. THEODORO Jr., Humberto. *op cit.* p. 1113.
10. MOURÃO, Luiz Eduardo Ribeiro. As quatro espécies de coisa julgada no novo CPC, in *RBDpro*, vol. 101, p. 256.

Estabelecidas as premissas, o código trouxe os aspectos para identificação no caso concreto da ocorrência da coisa julgada, a partir da tríplice identidade entre ações dos elementos que lhe são essenciais: partes, causa de pedir e pedido (art. 337, § 2º). Uma vez verificado que a ação posterior possui atributos idênticos à anterior, na qual houve julgamento de mérito, há extinção da última distribuída, em razão da constatação da coisa julgada.

As breves considerações feitas apontam que a coisa julgada está intimamente atrelada à preocupação de estabilização das decisões judiciais não mais submetidas a recurso, com pretensão de dotar de concretude e segurança os atos emanados pelo Poder Judiciário, nos quais é apresentada a solução[11] para o litígio que motivara a instauração do processo. Como consequência, e sem a pretensão de esgotar o assunto, o reconhecimento da coisa julgada é apto para interferir na tomada de decisão e, enfim, induzir o comportamento das partes e do próprio juízo, seja previamente, durante, ou posteriormente à instauração do litígio.

2. VISÃO DA COISA JULGADA PELA ANÁLISE ECONÔMICA E COMPORTAMENTAL

A Análise Econômica do Direito (AED) busca ferramentas da economia para aplicação ao Direito[12], tendo como uma das principais características a concentração do seu exame nas consequências das normas (não as normas em si, mas nos efeitos por elas causados).[13]

Não se desconsidera que o comportamento dos indivíduos para tomada de decisão possui variáveis de diversas ordens, mas ainda assim há certa previsibilidade pautada na escolha racional como ponto de partida.[14] Trata-se da premissa que será utilizada para a análise da coisa julgada sob o enfoque econômico processual: a correlação possível entre

11. Admite-se a possibilidade de descumprimento da decisão judicial pelas partes, ainda que sabedoras das consequências de suas ações. Por isso, diz-se que é 'proposta' solução pelo judiciário.
12. FUX, Luiz; BODERT, Bruno. *Processo Civil e Análise Econômica*. Rio de Janeiro, 2019, p. 1.
13. Idem, p. 02.
14. BONE, Robert. *The Economics of Civil Procedure*. 2003, p. 112.

o comportamento da parte a partir da estabilização ocorrida em determinado momento processual.

Para os presentes fins, adota-se (a) a caracterização da coisa julgada em seu aspecto material, considerada como decisão imutável e irrecorrível, ou seja, contra a qual não cabe mais decisão; e (b) sua formação a partir do reconhecimento de identidade de partes, pedidos e causa de pedir; e o (c) efeito interpartes, embora seja conhecida a existência de críticas sob esse aspecto.

A inserção do instituto no ordenamento jurídico remete à ideia de segurança jurídica, pelo impedimento de rediscussão de matéria decidida pelo judiciário, tendo como consequência a preservação da decisão judicial.[15]

O que se objetiva é o encerramento, de maneira cabal, do litígio, o que conferirá - *em tese* - segurança às partes e ao próprio Estado, que não precisará gastar todo o seu aparato e reiteradamente se dedicar à análise de assunto idêntico, inclusive com possibilidade de atuação de maneira contraditória.

A expectativa social quanto à decisão parte do pressuposto que ela foi adotada por juiz apto e competente para se pronunciar de maneira definitiva, após a análise do caso submetido a sua apreciação. A resposta jurisdicional, portanto, pode-se dizer justa, na medida em que reflete o alcance ao máximo possível da verdade real por quem detém aptidão para dizê-la.

Assumindo a linha de Allan Vestal (ao tratar de preclusões)[16] como aplicável aos efeitos da coisa julgada no Brasil, a temática da coisa julgada sob a análise econômica, isso é, o que se espera com a aplicação do instituto, pode tomar os seguintes contornos: (a) uso eficiente dos tribunais; (b) manutenção do prestígio dos tribunais; e (c) prevenção de assédio indevido dos litigantes. Em somatória, (d) aliviar as partes de custos e assédio de inúmeros processos judiciais; (e) conservar recursos judiciais e (f) prevenir inconsistências de decisões.

15. FREEDMAN, Warren. Res Judicata and Collateral Estoppel. Westport: Quorum, 1988. p. 12.
16. VESTAL, Allan D. *Rationale of preclusion. Saint Louis University Law Journal*, v. 9.p. 30.

Cabe reproduzir os dizeres de Hermínio Haggi, citando Vestal:[17]

> Nessa linha, Allan Vestal propõe três pontos que justificam o interesse da sociedade e dos litigantes no fim do litígio após a decisão judicial. O primeiro é o uso eficiente das cortes, que faz com que casos sejam discutidos e julgados apenas uma vez, evitando que os insatisfeitos com a decisão rediscutam a questão infinitamente e inúmeras vezes. Se isso não ocorresse, o Judiciário acabaria julgando o mesmo caso inúmeras e repetidas vezes, o que, além de não ser nada lógico, causaria uma verdadeira estagnação do sistema judicial. Como benefício subsequente do uso eficiente das cortes, os juízes teriam mais tempo para se dedicar a causas recentes sem precisar se preocupar com o que já foi julgado, possibilitando respostas mais céleres aos novos litígios. O segundo ponto é a manutenção do prestígio das cortes. Em regra, no *common law*, as cortes tendem a respeitar as decisões que foram tomadas em outra corte e mantê-las, a não ser que seja superado o entendimento da primeira decisão – caso em que deverá haver a fundamentação adequada para tal. O terceiro aspecto apresentado pelo autor é a prevenção de assédio indevido dos litigantes. Ao pôr um fim ao direito de requerer uma demanda ou questão, previne-se que um dos litigantes seja colocado em uma situação em que deverá litigá-los infinitamente sem a segurança de uma palavra final do Judiciário. Desse modo, o autor apresenta o porquê da necessidade das preclusões. Impossibilitar a rediscussão pelo julgamento, tanto da causa de pedir quanto de questões discutidas no processo, é fundamental para a segurança dos litigantes e o bom funcionamento do processo e do Judiciário. Ao aderir à linha proposta por Vestal, a Suprema Corte estadunidense ainda acrescentou três objetivos ao aplicar as preclusões: (i) aliviar as partes de custo e assédio de inúmeros processos judiciais; (ii) conservar recursos judiciais; e (iii) prevenir inconsistências em decisões, de forma que incentivem a confiança na segurança dos julgamentos. Assim, a aplicação das preclusões deve invariavelmente respeitar as justificativas apresentadas e buscar atingir seus objetivos, sempre objetivando a necessidade de ter como base um julgamento justo que tenha respeitado o direito de ambas as partes durante o processo de cognição.

Com efeito, soa-nos razoável e aceitável que se adote o fenômeno da coisa julgada dentre os ditames processuais, para alcançar segurança

17. HAGGI, Hermínio. *Coisa julgada sobre questão [livro eletrônico]* : uma análise econômica / Hermínio Haggi; Coordenação Luiz Guilherme Marinoni, Sérgio Cruz Arenhart, Daniel Mitidiero. 1. ed. São Paulo: Thomson Reuters Brasil, 2023. (Coleção o novo processo civil). p. RB-3.1

jurídica e evitar desperdício de recursos (financeiros) – e tempo – em sucessivas rediscussões. Para além disso, uma vez decidido, réu e autor adotam comportamentos fundamentados no conteúdo da decisão judicial.

Ainda assim, é igualmente plausível que tenha sido considerado pelo legislador a hipótese de que o jurisdicionado se depare com decisão que se tornou imutável, mas foi, em sua essência, maculada por vícios graves que comprometem o resultado do julgamento. Novamente, é um fenômeno social (admitir a ocorrência de erros), encampado pelo direito.

Nesse sentido, o Código de Processo Civil, no Capítulo VII, elege situações que garantem ao jurisdicionado, a possibilidade do ajuizamento de ação rescisória, que tem como consequência um novo julgamento que poderá levar à reforma daquilo que já foi decidido.

De toda forma, existe uma limitação temporal, a partir do trânsito em julgado, para que o equívoco seja constatado e requerida a sua revisão. Nos termos do art. 975 do CPC, o prazo geral é de dois anos, a partir do trânsito em julgado, ou cinco anos – este contado a partir da descoberta de novas provas pelo autor capazes, por si só, de assegurar um posicionamento favorável.

Novamente, a abordagem processual é correlata à expectativa de moldar comportamentos e buscar segurança jurídica, pelo fato de que nem mesmo o vício, por mais oneroso que seja, é suficiente para eternamente movimentar todo o aparato jurisdicional e a expectativa criada a partir das decisões proferidas e acobertadas pela coisa julgada.

Conclui-se que o resultado dos julgamentos e sua definitividade tem como consequência promover o encerramento ou nascimento de novos fatos acobertados pelo direito, que igualmente podem levar à asserção de obrigações ou deveres. Com enfoque na AED, é socialmente esperada a segurança com relação ao resultado, isso é, sua estabilização.

3. REFERÊNCIA PRÁTICA

Para além do evidente desincentivo ao acionamento do judiciário – tendo em vista que a rediscussão de matéria acobertada pela coisa julgada material está fadada ao insucesso e, portanto, haveria dispêndio despropositado de recursos, o que é naturalmente considerado pela parte; é imprescindível levar em consideração as consequências práticas decorrentes das decisões que estabelecem novas situações jurídicas. Estas, ao seu turno, podem ser irreversíveis ou de difícil reversão, se admitida a possibilidade ampla, e sob qualquer pretexto, de revisão das decisões.

Cogite-se, para elucidar, uma ação ordinária com vistas à anulação de ato administrativo, mais especificamente um auto de infração ambiental, cuja sanção foi a cassação de licença de operação de determinado empreendimento, pelo fato de ter a administração, equivocadamente, considerado que o beneficiário descumpriu determinadas exigências.

Findo o processo, o auto de infração é anulado e reconhecido que não houve o cometimento de qualquer ilegalidade, com declaração de validade da licença e restabelecimento dos seus efeitos.

Fato é que a partir do momento do trânsito em julgado, o empreendimento é retomado pelos funcionários, podem ser feitas linhas de crédito de investimento a longo prazo, são estabelecidas relações comerciais de diversas ordens com fornecedores, compradores e, enfim, há mobilização tanto em aspectos trabalhistas, de logística, regulatórios e assim sucessivamente.

No exemplo citado, a *coisa julgada*, é o que confere segurança jurídica para a tomada das decisões que a sequenciam, com a certeza do autor de não sofrer com externalidades negativas em razão do mesmo fato jurídico que foi levado ao judiciário para decisão.

Caso ultrapassemos, assim, o aspecto meramente interpartes, e sobretudo se ponderadas as ações que envolvem vultuosos valores aplicados, inclusive no Estado, admitir a relativização da coisa julgada, excetuadas as situações elencadas no CPC, sendo estas previamente conhecidas, poderia proporcionar efeitos sobrepujantes ao próprio, e óbvio, abarrotamento do judiciário.

Conclui-se, assim, que a *coisa julgada* é importante mecanismo do direito econômico, tanto sob o aspecto mais básico correlato à otimização e alocação eficaz de recursos, quanto como fator imprescindível apto a influenciar a postura dos jurisdicionados.

4. LEITURAS COMPLEMENTARES

Coisa Julgada Sobre Questão – Ed. 2023. Autor: Hermínio Haggi. Editora: Revista dos Tribunais. 2023. Disponível em: https://next-proview.thomsonreuters.com/launchapp/title/rt/monografias/307701482/v1/page/1

Coisa julgada. Enciclopédia jurídica da PUC-SP. ALVIM, Thereza, ALVIM NETTO, José Manoel de Arruda. Celso Fernandes Campilongo, Alvaro de Azevedo Gonzaga e André Luiz Freire (coords.). Tomo: Processo Civil. Cassio Scarpinella Bueno, Olavo de Oliveira Neto (coord. de tomo). 1. ed. São Paulo: Pontifícia Universidade Católica de São Paulo, 2017. Disponível em: https://enciclopediajuridica.pucsp.br/verbete/177/edicao-1/coisa-julgada.

ADIs 4901, 4902, 4903, 4937; e ADC nº 42/STF.

Economic Analysis of Law Review. Vol. 11. n º 3 (2020). ROSA, André Luís Cateli; ANTUNES, Thiago Caversan. Publicado em 2021/06/06. Disponível em https://portalrevistas.ucb.br/index.php/EALR/article/view/9173

REFERÊNCIAS

AMARAL Santos, Moacyr. *Primeiras Linhas de Direito Processual Civil.* Vol III. 4º ed. São Paulo: Max Limonad, 1973.

BONE, Robert G. *The Economics of Civil Procedure.* Nova Iorque: Foundation Press, 2003.

DIDIER JR., Fredie. *Curso de direito processual civil: teoria da prova, direito probatório, decisão, precedente, coisa julgada, processo estrutural e tutela provisória* / Fredie Didier Jr., Paula Sarno Braga e Rafael Alexandre de Oliveira – 16ª ed. – São Paulo: Ed. Juspodivm, 2021.

FREEDMAN, Warren. *Res Judicata and Collateral Estoppel.* Westport: Quorum, 1988.

FUX, Luiz; BODERT, Bruno. *Processo Civil e Análise Econômica.* Rio de Janeiro, 2019, p. 1.

GRINOVER, Ada Pellegrini. *Direito Processual Civil.* São Paulo: J. Bushatsy, 1974.

HAGGI, Hermínio. *Coisa julgada sobre questão [livro eletrônico]* : uma análise econômica / Hermínio Haggi ; Coordenação Luiz Guilherme Marinoni, Sérgio Cruz Arenhart, Daniel Mitidiero. 1. ed. São Paulo: Thomson Reuters Brasil, 2023. (Coleção o novo processo civil). p. RB-3.1

MOURÃO, Luiz Eduardo Ribeiro. *As quatro espécies de coisa julgada no novo CPC*, in RBDpro, vol. 101.

THEODORO Jr., Humberto. *Curso de Direito Processual Civil – Teoria geral do direito processual civil, processo de conhecimento e procedimento comum* – vol. I / Humberto Theodoro Júnior. 57. ed. rev. atual. e ampl. – Rio de Janeiro: Forense, 2016.

VESTAL, Allan D. *Rationale of preclusion. Saint Louis University Law Journal*, v. 9, p. 29-55, 1964.

CAPÍTULO XV

PRECEDENTES

OTÁVIO VILELA[1]

SUMÁRIO: 1. Conceito geral; 2. Visão dos Precedentes pela análise econômica e comportamental; 3. Referência prática; 4. Leituras complementares; Referências.

1. CONCEITO GERAL

O debate dos Precedentes por si só vai além do que a doutrina da Análise Econômica do Direito – AED considera como tradicional, na medida em que parte significativa da discussão sobre o conceito jurídico do instituto gira justamente em torno da sua normatividade ou não[2], tanto é que podemos admitir que "*a normatividade do direito não apenas não é pressuposta como muitas vezes é negada, isto é, admite-se que regras jurídicas enquanto incentivos – em algum caso concreto – podem ser simplesmente ignoradas pelos agentes envolvidos*"[3].

Nesse sentido, o CPC/15 "*elegeu algumas espécies de procedimento, que exigem deliberações de maiorias qualificadas, para produzir precedentes. As demais decisões dos tribunais permanecem meramente persuasivas*

---

1. Mestrando em Processo Civil pela UFMG. Pós-graduando em Agronegócios pela USP/Esalq. Graduado em Direito pela UFMG. Pesquisador do grupo de pesquisa e extensão "Observatório do Judiciário". Advogado. Contato: otaviovilela1@gmail.com.
2. *"No sistema brasileiro, não obstante algumas críticas que tal diferenciação entre precedentes vinculantes e precedentes persuasivos tem suscitado, acredita-se que a manutenção é importante e adequada, vez que, por exemplo, o CPC dá nítido destaque aos precedentes vinculantes (art. 927), o que torna adequada ao nosso sistema a diferenciação em relação à 'força' do precedente, inclusive no que diz respeito ao seu enquadramento como fonte do direito"* (THEODORO JR. e ANDRADE, 2021, p. 29).
3. GICO JR., 2023, p. 18.

para os juízos inferiores"[4]. Assim, sobre precedentes persuasivos, apesar de divergências doutrinárias[5], é possível entender que eles podem ser ignorados pelos agentes envolvidos, não só juízes, mas também partes e advogados.

É sobre esses precedentes vinculantes que este texto aborda, aqueles precedentes integrados no ordenamento jurídico brasileiro que "*mesmo que inspirad*[os] *em outra tradição e modelad*[os] *a partir da experiência praticada em outros ordenamentos, em nada desmerecem a sua ressignificação perante a cultura jurídica brasileira*"[6].

Um instituto que representa uma "*fórmula desenvolvida pela comunidade jurídica brasileira para a prestação de tutela jurisdicional em favor da ordem jurídica*"[7] desde a EC 45/2004 até a adoção sistematizada no CPC/15[8], incluindo as mais diversas técnicas de formação (não só pelas Cortes Superiores, mas também pelos Tribunais de segundo grau) e as mais diversas técnicas de aplicação (em todos os graus e Tribunais).

2. VISÃO DOS PRECEDENTES PELA ANÁLISE ECONÔMICA E COMPORTAMENTAL

Deve-se ter em mente que a AED atua para "*descrever o comportamento dos tomadores de decisão frente a dilemas jurídicos, bem como para proposição de uma regulação ou mesmo de interpretação de um princípio em um determinado caso*"[9].

4. VITORELLI e BORTOLAI, 2021, p. 7.
5. Sobre o art. 926 do CPC, Hermes Zaneti Jr. afirma que "*A lei não contém palavras inúteis e, quando para além dos deveres de estabilidade, coerência e integridade, o dispositivo fala em juízes e tribunais observarão, trata-se de uma vinculação de caráter jurídico*" (2015, p. 34).
6. FREITAS, 2020, p. 203.
7. *Idem*, p. 203.
8. *Não obstante a falta de previsão específica no direito brasileiro até o início do século XXI quanto à eficácia vinculante do precedente, a força do direito jurisprudencial veio aumentando consideravelmente, como visto, desde a década de 60 do século passado, com o uso cada vez mais frequente e diuturno, na prática forense, do uso da jurisprudência na argumentação jurídica produzida pelos advogados, juízes e membros do ministério público, de modo que a força do precedente se consolidou primeiro na prática, e depois foi reconhecida pelo legislador, tanto constituinte, com a edição da EC 45/2004, que instituiu, no art. 103-A da Constituição de 1988, a chamada 'súmula vinculante', e depois como o atual CPC que consolida a técnica do precedente 'vinculante'* (THEODORO JR. e ANDRADE, 2021, p. 66)
9. TIMM, 2021, p. 3.

Considerando a divisão da AED entre os métodos positivos e normativos[10], podemos aplicá-los ao tema dos precedentes. No método positivo, "*que trabalha com a realidade comportamental e a sua descrição*"[11], pode-se avaliar o que é o precedente, qual a razão da sua existência e as suas consequências (ex., (i) o impacto concreto de um precedente sobre a distribuição de ações evolvendo determinado pedido ou (ii) a probabilidade de êxito de uma demanda considerando a aplicação ou não de um determinado precedente).

Já no método normativo, "*que vai além das descrições empíricas comportamentais e passa a fazer julgamentos propositivos/interpretativos*"[12], o que é mais interessante é a sua aplicação no manejo dos precedentes[13] para decidir sobre a sua formação ou não, escolher casos representativos, sobrestar demandas, fixar teses etc., ponderando quando possível as suas consequências[14], porque é a AED normativa que "*auxiliará a escolher entre as alternativas possíveis a mais eficientes, isto é, escolher o melhor arranjo institucional dado um valor (vetor normativo) previamente definido*"[15].

---

10. *De forma geral, os juseconomistas estão preocupados em tentar responder duas perguntas básicas: (a) quais as consequências de um dado arcabouço jurídico, isto é, de uma dada regra; e (b) que regra jurídica deveria ser adotada? (...) A primeira parta da investigação refere-se à AED positiva (o que é) enquanto a segunda à AED normativa (o que deve ser)* (GICO JR., 2023, p. 15).
11. TIMM, 2021, p. 3.
12. *Ibidem.*
13. *Qual tipo de texto adotar? Simples ou complexo? Essa escolha depende do tipo de área a ser regulada? Quais os efeitos sociais da obediência ou da desobediência da norma por determinados atores sociais? Quais as consequências que esses atores experimentam pelo seu comportamento? Como a sociedade percebe essas consequências?* (WOLKART, 2018, p. 349).
14. *Outro ponto em comum do método da AED é o consequencialismo, que significa a necessidade de levar conta as possíveis consequências dos atos decisórios ao se ponderar atos com relevância jurídica (como a elaboração de contratos ou uma decisão judicial). Muitos críticos, normalmente adeptos de uma filosofia moral kantiana, costumam condenar esse raciocínio denominado de utilitarista". Entretanto, como demonstraremos em outra coluna, pesquisas de neurociência tem demonstrado que o cérebro humano é sim capaz de tomar decisões consequenciais e, mais do que isso, muitas vezes elas são desejáveis em casos difíceis, assim como aprovada em alguns casos pela maioria das pessoas pesquisadas. Pena que o Poder Judiciário brasileiro tenha sido tão carente nesse método ao julgar temas difíceis como planos de saúde, acesso a medicamentos, previdência, entre outros* (TIMM, 2021, p. 4); *O consequencialismo é uma designação geral para um feixe de concepções filosóficas distintas, que têm em comum a valoração de uma ação a partir dos seus resultados, não da qualidade intrínseca do agir* (VITORELLI, 2020, p. 11).
15. GICO JR., 2023, p. 17-18.

Partindo, portanto, da análise positiva, já que este trabalho não se propõe a apresentar julgamentos propositivos ou propostas de arranjos do instituto, apresenta-se algumas das razões de existência dos precedentes e as suas consequências esperadas pela AED.

Sob a perspectiva da AED, "*o precedente é o mecanismo jurídico pelo qual se aumenta o estoque de capital jurídico decorrente da atividade adjudicatória*"[16]. Ou seja, ele "*vincula as decisões futuras e passa a ser fonte do direito, com as leis e os contratos. Assim, o capital jurídico é maior a cada novo jogo*"[17].

Esse jogo nada mais é do que o processo decisório no âmbito judicial. A cada nova demanda, a cada nova decisão, os agentes (jogadores) jogam uma rodada. O resultado do precedente nesse sistema é o fato de que a regra extraída de cada rodada passa a ser aplicada na rodada subsequente e nas demais, tratando-se assim de um jogo dinâmico – em oposição ao jogo estático, no qual as rodadas são sempre jogadas sem acréscimo do capital, sem reflexos entre si das decisões prévias: o Juízo seria sempre obrigado a decidir o caso do zero[18].

Dessa forma, "*o precedente é fundamental para atuar entre o aumento de decisões judiciais e a garantia da segurança jurídica. É o precedente que torna a decisão judicial anterior vinculante a próxima*"[19]. Trata-se da unidade do direito.

16. GICO JR., 2021, 18:00.

17. *Idem*, 17:30.

18. (...) *a prestação da tutela jurisdicional estatal realizada de forma individualista se mostra muitas vezes contraproducente, na medida em que o Judiciário passa a rediscutir a mesma questão já anteriormente enfrentada e resolvida, vulnerando a garantia da razoável duração do processo. Ela também pode se revelar igualmente danosa ao sistema jurídico, já que propicia o risco de interpretações distintas em relação a questões jurídicas idênticas, ocasionando situações de imprevisibilidade e de instabilidade, e, portanto, infringindo a isonomia e a segurança jurídica* (FRANCO e FREITAS, 2020, p. 6)

19. GICO JR., 2021, 24:00.

O capital jurídico[20] está intrinsecamente ligado à segurança jurídica, já que a sua utilidade é justamente aumentar a previsibilidade das regras[21] – regras essas originadas das hipóteses de regras jurídicas obscuras ou de lacunas, quando então o Poder Judiciário estará autorizado a integrar o capital jurídico (ordenamento) com o precedente.

Tanto é assim que, do ponto de vista da AED, "*é irrelevante qual é a regra jurídica, porque o valor do Direito é a sua previsibilidade*"[22]. Não interessa a análise da justiça ou do acerto do conteúdo do precedente, mas sim os seus efeitos sobre o capital jurídico – o restante fica sob encargo da filosofia do direito e da hermenêutica.

Adverte-se, contudo, que assim como outros bens de capital, o capital jurídico, também sofre depreciação e isso inclui o precedente[23]. Ao longo do tempo ele pode perder a sua eficácia e incitar um novo movimento de insegurança jurídica e o correspondente aumento da litigiosidade, quando então haverá o aumento das decisões judiciais, ambiente no qual o precedente deverá ser atualizado, retraindo novamente a litigância[24].

Integrado no capital jurídico, o precedente passa a diminuir a incerteza entre as partes, incerteza essa que "*jorra de uma das seguintes fontes:*

---

20. *Nessa linha, os precedentes podem ser considerados um estoque de bens de capital que produz conhecimento e confere informação para potenciais litigantes em determinada área do direito. Essa informação é capaz de esclarecê-los quanto aos seus direitos e obrigações presentes e futuros, tratando de modo similar aqueles que se encontram em situação similar* (WOLKART, 2018, p. 352); *como ensina Richard Posner, a jurisprudência é um estoque de capital que gera incremento produtivo às futuras decisões do Judiciário. Trata-se de um acúmulo de conhecimento que produz utilidade por vários anos a potenciais litigantes, em formulo de Informações sobre suas obrigações jurídicas* (FUX e BODART, 2017, p. 9).
21. *A utilidade do capital jurídico é única e exclusivamente o fluxo de informação que eu extraio daquela regra jurídica, ou seja, a previsibilidade. E a previsibilidade da regra depende da existência de precedentes, no caso da hermenêutica das escolhas ou ausência de regra* (GICO JR., 2021, 25:30)
22. *Idem*, 27:20.
23. *Por fim, o nível de detalhamento da norma contida no precedente também se relaciona com a taxa de depreciação. Explicamos. Quanto mais genérico e aberto for o precedente, menor será sua taxa de depreciação. O ponto negativo é que isso implica imprecisão e um custo mais elevado para o refinamento de sua aplicação aos casos concretos (o que acaba aumentando as incertezas de sua aplicação e diminuindo seu valor para o sistema)* (WOLKART, 2018, p. 354).
24. GICO JR., 2021, 24:00.

divergências interpretativas de informação comum ou assimetria no acesso a essa informação"[25].

Sendo a incerteza a "*grande causa de inviabilização de auto-composição*"[26], o precedente ao reduzi-la também reduz os "*níveis de otimismo dos advogados, o que acaba por colaborar com o comportamento cooperativo de se buscar uma solução negociada*"[27]. A redução de incerteza é o incentivo dos precedentes (o preço implícito), "*justamente porque estabilizam expectativas sobre as regras do jogo. E, ao fazê-lo, alteram os custos relativos de diferentes condutas. Tornam, portanto, certas condutas mais prováveis que outras*"[28].

Logo, o precedente ao alterar o jogo estático da litigância para o jogo dinâmico, passa a integrar o capital jurídico, contribuindo para a segurança jurídica e reduzindo a incerteza sobre as regras, de forma a estimular as soluções negociadas dos litígios:

> *O capital jurídico de uma sociedade é o conjunto de regras jurídicas (originalmente legislativas ou não) que o Judiciário aplica para um tipo de caso em um dado momento. Pelo fato de o Judiciário aplicar reiteradamente tais regras quando surge um conflito, os agentes sociais podem realizar previsões acerca de como um magistrado resolveria determinado tipo de conflito. Essa previsibilidade, que chamaremos segurança jurídica, por sua vez, permite aos agentes sociais saberem e negociarem ex ante a quem fica alocado o risco de um determinado evento*[29].

Destaca-se, no entanto, que por se tratar de informação, o capital jurídico exige a ampla publicidade. Falha nesse fluxo, a princípio, configura justa causa para eximir a parte de litigar contra o precedente[30]. Em relação aos IRDRs, estudos da UFMG já identificaram falhas como Incidentes em segredo de justiça/processos físicos[31] e inconsistências entre

25. WOLKART, 2018, p. 347.
26. *Idem*, p. 347.
27. *Idem*, p. 394.
28. PARGENDLER e SALAMA, 2013, p. 12.
29. GICO JR., 2015, p. 3
30. WOLKART, 2018, p. 535.
31. NEVES *et. al.*, 2022.

os dados divulgados pelos Nugeps e pelo BNPR[32], apesar da previsão expressa de sua publicidade.

E justamente, por se tratar de informação, as reflexões de Marc Galanter sobre os jogadores habituais e sobre os advogados – segundo o autor, os próprios advogados seriam jogadores habituais, ou seja, participam de diversas rodadas e se especializam em determinadas áreas do Direito, setores econômicos ou polos das demandas –, é evidente que eles se beneficiam em maior grau dos precedentes, porque "*eles teriam melhor informação (especialmente onde existem restrições de informação sobre serviços jurídicos)*"[33].

Ao fim, o precedente atua reduzindo "*os custos sociais do sistema de justiça como um todo*"[34]. Para isso, o CPC/15 adotou instrumentos ainda mais técnicos de manejo dos precedentes, como é o caso da concessão da tutela de evidência com base em prova documental e suporte da tese do requerente em caso repetitivo/súmula vinculante (art. 311, II do CPC). Notadamente, objetiva-se a redução do custo temporal do processo, o que consequente tem reflexos sobre o próprio valor do direito pleiteado, na medida em que "*quanto mais demorado para se obter a prestação jurisdicional, menor o valor do direito. No limite, um Judiciário arbitrariamente lento destrói o próprio direito pleiteado*"[35-36].

Se o instrumento da tutela de evidência impede (ou ao menos reduz) o risco de desvalorização do direito do autor, antes da instauração do litígio judicial ele terá mais poder de barganha com o réu, aumentando assim a chance de autocomposição.

Outro instrumento é a improcedência liminar do pedido (art. 332, I a IV do CPC), o qual opera também sobre a morosidade, mas a fim de afastar os litigantes indesejados, ou seja, aqueles "*agentes não detentores*

32. MAIA *et. al.*, 2020.
33. GALANTER, 2018, p. 73.
34. WOLKART, 2018, p. 394.
35. GICO JR., 2015, p. 26.
36. *"as partes não são indiferentes à morosidade judicial no momento de decidir entre celebrar ou não um acordo; quanto mais uma ação demora a ser julgada, menor seu valor presente para quem tem direito"* (Idem, p. 25).

de direitos [que] *são atraídos justamente por causa da morosidade judicial para postergar o adimplemento*"[37].

Em relação aos Tribunais Superiores, tanto a repercussão geral do recurso extraordinário no STF quanto a relevância da questão federal no recurso especial no STJ podem ser interpretados como uma finalidade de impedir a tragédia dos comuns sobre essas Cortes, no sentido de que se tratam de um bem comum do povo, "*cujo acesso ilimitado leva à sua sobreutilização*"[38]. Assim, os recursos (tempo, instrumentos, dinheiro) de cada Corte poderiam ser utilizados de uma maneira maximizadora, direcionando-os aos casos mais relevantes, socializando os ganhos, ao invés de privatizá-los e socializar os custos.

Indo além, não obstante a afirmação de que o precedente é subproduto da litigância e, por isso, não haveria maior gasto para a sua atualização[39], há razões para discordância, tendo em vista que se trata, no mínimo, de aspecto mais burocrático da litigância quando se tem em consideração os procedimentos específicos de afetação de representativos, decisão de admissão, participação mais ampla, dever de publicidade etc. Logo, pode se tratar sim de um custo baixo, mas nunca inexistente se comparado ao procedimento decisório dos casos não-precedentais[40]. De toda forma, "*os custos de formação desse tipo de precedente são inferiores aos custos decorrentes da instabilidade jurídica criada pela sua ausência*"[41].

Os agentes inseridos no sistema que adota a teoria dos precedentes (seja ela qual for) estão sujeitos a tomada de decisões como resistir ou não a uma demanda extrajudicial, ajuizar ou não uma ação, contestar ou não, interpor ou não um recurso. Nesse sistema, apesar da adoção da premissa da racionalidade dos agentes, nem sempre as tomadas de

37. *Idem*, p. 29.
38. *Idem*, p. 15.
39. WOLKART, 2021, 40:40.
40. "*O investimento na segurança jurídico, o investimento na criação do Direito, requer investimento. Tem custo. Quando junta tudo isso, temos um problema social, que é a maximização da utilidade do Direito, levando em consideração que tem custos, sujeito a condições de primeira ordem*" (GICO JR., 2021, 26:10).
41. WOLKART, 2018, p. 352.

decisões serão racionais[42]. É por isso que a análise comportamental e a teoria da decisão "*envolve tomada de decisão de agentes pretensa e desejavelmente racionais*"[43].

A tomada de decisão pode ser afetada por informações imperfeitas da realidade[44] e por erros cognitivos decorrentes de heurísticas - que produzem vieses cognitivos[45]. Todos são fatores capazes de conduzir o comportamento do agente, mas que nem por isso deixam de estar sujeitos a análises que visam sistematiza-los para possibilitar a previsão desse comportamento.

No caso dos juízes, esse viés se apresenta na intenção de, ao formar um precedente, visar não a unidade do Direito ou o incremento da segurança jurídica, mas o gerenciamento dos litígios, especificamente do passivo dos Tribunais, produzindo decisões de improcedência[46].

Em relação à instauração do litígio judicial, outras razões também podem incitá-la mesmo diante do conhecimento sobre a existência de precedente que minimize a incerteza das partes sobre as regras jurídicas aplicáveis. É o caso da assimetria sobre das informações fáticas, quando as partes divergem sobre os eventos fáticos do caso[47].

Por fim, como bem adverte Ivo Teixeira Gico Jr.[48]:

---

42. *"É importante salientar que a hipótese é que os indivíduos se comportam como se fossem racionais e não que eles efetivamente são racionais. A teoria econômica não pressupõe que internamente cada agente esteja conscientemente realizando contas o tempo todo e ponderando custos e benefícios de cada ato de suas vidas, apenas que na média eles se comportam como se estivessem"* (GICO JR., 2023, p. 25).

43. LEAL, 2019, p. 90.

44. *Idem*, p. 107.

45. *Idem*, p. 108.

46. *"O problema é que parece que a junção de um sistema de precedentes com ferramentas tecnológicas pode acarretar um viés cognitivo que induza os juízes a tomar decisões de improcedência dos pedidos apresentados repetitivamente à justiça. Isso porque os tribunais, ao implementarem ferramentas tecnológicas capazes de identificar quais são os casos mais numerosos e, ao serem capazes de produzir uma decisão obrigatória, válida para todos esses casos, podem ser levados, ainda que inconscientemente, a um raciocínio quantitativo, de gestão de acervo. Esse raciocínio se apresentaria da seguinte forma: "se eu conceder esse direito às pessoas que o estão requerendo, receberei, amanhã, milhares de outros pedidos idênticos, além dos muitos que já tenho. Se, por outro lado, eu negar o direito, não apenas resolvo os casos pendentes, mas também inibo a propositura de muitos outros"* (VITORELLI e BORTOLAI, 2021, p. 9).

47. WOLKART, 2018, p. 367.

48. 2021, 1:33:00.

> *O jurista tradicional acha que o juiz deve seguir o precedente porque o direito o chamou de precedente. Isso seria o suficiente. A AED dirá o exato oposto. O precedente cria uma estrutura de incentivo. Se for suficiente para empurrar o agente racional para seguir, os juízes são agentes racionais, então vou seguir. Se não tiver estrutura de incentivo, as vezes vão seguir, as vezes não. Não tem nada a ver com interpretação. Quem decide e aplica o direito é um ser humano (...) agente racional (...) não decide com base em técnicas hermenêuticas, metafísicas, que lhe dizem a verdade (...) eles decidem como querem, dentro da estrutura de incentivos. Quanto melhor para a área do direito, mais aderente, quanto menos incentivos, menos aderente. Não precisamos de interpretação. Mesmo porque não existe técnica hermenêutica que diga qual é a técnica hermenêutica que diga qual é a técnica hermenêutica que se aplique ao caso concreto.*

Assim, o incentivo gerado pelo precedente (redução da incerteza) não só é resultado da AED como também pode fazer uso dela como instrumento para produção de novos resultados, sempre sujeito à análise comportamental dos agentes do sistema em questão.

3. REFERÊNCIA PRÁTICA

Culpa-se, em grande medida, a judicialização da saúde como uma das causas da tragédia do Judiciário Brasileiro, motivadora do congestionamento, do aumento de custos da organização administrativa da saúde, desequilíbrio financeiro de Municípios, dentre outros.

Diversas questões perpassam pelos processos decisórios, sobretudo aqueles vinculantes, dentro da judicialização da saúde, como: (i) o ativismo judicial; (ii) a crise estrutural administrativa para atendimento das demandas sociais; (iii) o papel do Judiciário como efetivador de Direitos Fundamentais; (iv) a extensão desses Direitos Fundamentais etc.

Contudo, outro fenômeno intrinsecamente vinculado à judicialização da saúde é comumente observado pelos operadores do Direito: a proliferação de precedentes sobre o tema. Não só a sua quantidade, mas a sua constante produção e revisão, sobretudo pelo STF.

Gláucio Ferreira Maciel Gonçalves e Luciana de Paula Lima Gazzola, realizando pesquisa empírica sobre o tema, analisando 326 acórdãos do STF, STJ e TJMG de maio de 2009 a maio de 2014, quando já vigentes diversos precedentes, sobretudo do STF, identificaram que "*é frequente a inobservância da técnica correta de aplicação de precedentes judiciais em demandas que versam sobre prestações de saúde*"[49]. Nesse âmbito, 36,8% dos julgados eram decisões padrões e 63,2% dos julgados eram decisões que aplicavam os precedentes.

Notadamente, ainda que majoritária, a porcentagem de casos em que houve efetivo enfrentamento dos precedentes revela, em conclusão parcial, que os incentivos gerados pelos precedentes não são suficientes para induzir o comportamento dos agentes envolvidos (no caso, Juízes) ou que há outros vieses cognitivos que remetem à não aplicação dos precedentes.

Sob a perspectiva dos advogados e partes, unificados aqui como agentes autores, verifica-se que os precedentes também não foram capazes de fomentar a solução negocial dos litígios e de evitar o aumento da litigância – não adentrando aqui em análises sobre inibição de litigantes indesejados ou de coibir a desvalorização do direito do autor.

Isso porque, segundo levantamento do Insper e do CNJ de 2018[50], houve um aumento da litigância na saúde em 130%, considerando o período de 2008 a 2017. Segundo o próprio CNJ, o aumento do volume total das ações no mesmo período foi de 50%.

Em termos práticos, os precedentes atinentes à Saúde certamente desenvolvem o capital jurídico, no entanto, ainda não há indícios da redução dos custos sociais do litígio e nem da causa para esse cenário – se falta de incentivo econômico ou vieses comportamentais.

4. LEITURAS COMPLEMENTARES

GICO JR., Ivo Teixeira. **Análise Econômica do Processo Civil**. 2. ed. Indaiatuba: Editora Foco, 2023.

RASMUSEN, Eric. **Judicial legitimacy as a repeated game**. The Journal of Law, Economics &. Organization, v. 10, pp. 63-83, 1994.

SPAMANN, Holger *et. al.* **Judges in the lab**: no precedent effects, no common/civil Law Differences. Journal of Legal Analysis, v. 13, n. 1, p. 110-126, 2021.

49. 2018, p. 200.
50. INSPER, 2019.

REFERÊNCIAS

FREITAS, Pedro Henrique. **Tutela jurisdicional mediante precedente judicial**: a adequada proteção do ordenamento jurídico no modelo do justo processo. Orientadora: Renata Christiana Vieira Maia. 2020. Dissertação (Mestrado em Direito) – Faculdade de Direito, Universidade Federal de Minas Gerais, Belo Horizonte, 2020.

______; FRANCO, Marcelo Veiga. **A importância dos precedentes judiciais no tratamento qualitativo da litigiosidade repetitiva**. Revista dos tribunais, v. 1014, p. 307-334, abr. 2020.

FUX, Luiz; BODART, Bruno. **Notas sobre o princípio da motivação e a uniformização da jurisprudência no novo Código de Processo Civil à luz da análise econômica do Direito**. Revista de Processo, v. 269, p. 421-432, jun. 2017.

GALANTER, Marc. **Por que "quem tem" sai na frente**: especulações sobre os limites da transformação no direito. Organização e tradução: Ana Carolina Chasin. São Paulo: FGV Direito SP, 2018.

GICO JR., Ivo Teixeira. **Introdução ao Direito e Economia.** *In*: Luciano Benetti Timm (Org.). Direito e Economia no Brasil. 5 ed. Indaiatuba: Foco, 2023, v. 1, p. 1-32.

______. Webinar | **XIV Congresso da Associação Brasileira de Direito e Economia** – Dia 1 – Parte 2 – 22/11/2021. Youtube. Disponível em: < https://www.youtube.com/watch?v=dpMkbKNwCt0>. Acesso em: 05/07/2023.

______. **A tragédia do Judiciário**. Revista de Direito Administrativo, v. 267, p. 163-198, 2014.

GONÇALVES, Gláucio Ferreira Maciel; GAZZOLA, Luciana de Paula Lima. Observatório do judiciário sob a ótica do direito à saúde: repensando a aplicação de precedentes judiciais. **Revista da Faculdade de Direito da Universidade Federal de Minas Gerais**, v. 71, p. 189-210, 2018.

INSPER – INSTITUTO DE ENSINO E PESQUISA. **Judicialização da saúde no Brasil**: perfil das demandas, causas e propostas de solução. Brasília: Conselho Nacional de Justiça, 2019.

LEAL, Fernando. **Consequencialismo, racionalidade e decisão jurídica**: o que a teoria da decisão e a teoria dos jogos podem oferecer?

In: PINHEIRO, Armando Castelar; PORTO, Antônio J. Maristrello; SAMPAIO, Patrícia Regina Pinheiro (Coords). Direito e Economia: Diálogos. Rio de Janeiro: FGV Editora, 2019, p. 85-113.

MAIA, Renata Costa Vieira; GONCALVES, Gláucio Fernandes Maciel; NEVES, Otávio Vilela Miranda; RODRIGUES, Larissa Holanda Andrade; ROCHA, Igor Moraes; DINIZ, Larissa Costa. **A publicidade no Incidente de Resolução de Demandas Repetitivas**: Inconsistências entre os bancos de dados existentes. In: Edilson Vitorelli; et al. (Org.). Coletivização e unidade do direito – Vol. II. 1ed. Londrina: Thoth, 2020, p. 349-372.

NEVES, Otávio Vilela Miranda; RODRIGUES, Larissa Holanda Andrade; ROCHA, Igor Moraes; DINIZ, Larissa Costa. **IRDRs inacessíveis**: ensaio sobre autos em segredo de justiça e autos físicos no TJSP E TJMG. In: GONÇALVES, Gláucio Maciel; MAIA, Renata C. Vieira; ROCHA, Igor Moraes; TEODORO, Giovani Pontes. (Org.). Estudos empíricos em processo e organização judiciária. 1 ed. Belo Horizonte: Expert, 2022, p. 514-542.

PARGENDLER, Mariana Souza; SALAMA, Bruno Mayerhof. **Direito e consequência no Brasil**: em busca de um discurso sobre o método. Revista de Direito Administrativo, v. 262, jan./abr. 2013.

SALAMA, Bruno Meyerhof. **Estudos em direito e economia**: micro, macro e desenvolvimento. 1ª ed. Curitiba: Editora Virtual Gratuita, 2017.

THEODORO JR., Humberto; ANDRADE, Érico. **Precedentes no processo brasileiro**. Rio de Janeiro: Forense, 2021.

TIMM, Luciano Benetti. **Análise Econômica do Direito**: o que é e o que não é? Revista de Análise Econômica do Direito, v. 1, n. 1, jan.-jun. 2021.

VITORELLI, Edilson. **A Lei de Introdução às Normas do Direito Brasileiro e a ampliação dos parâmetros de controle dos atos administrativos discricionários**: o direito na era do consequencialismo. Revista de Direito Administrativo, v. 279, p. 79-112, 2020.

______; BORTOLAI, Luís Henrique. **(In)devido processo**: precedentes e tecnologia em um sistema judiciário sobrecarregado. Novos Estudos Jurídicos, v. 26, n. 1, p. 375–405, abr. 2021.

WOLKART, Erik Navarro. **Análise econômica e comportamental do processo civil**: como promover a cooperação para enfrentar a tragédia da Justiça no processo brasileiro. Orientador: Paulo Cezar Pinheiro Carneiro. Coorientadora: Tereza Arruda Alvim. 2018. Tese (Doutorado em Direito) – Faculdade de Direito, Universidade do Estado do Rio de Janeiro, Rio de Janeiro, 2018.

______. Webinar | **XIV Congresso da Associação Brasileira de Direito e Economia** – Dia 1 – Parte 2 – 22/11/2021. Youtube. Disponível em: < https://www.youtube.com/watch?v=dpMkbKNwCt0>. Acesso em: 05/07/2023.

ZANETI JR., Hermes. **Precedentes normativos formalmente vinculantes**: a formalização das fontes jurisprudenciais. Ius Trib., n. 1, p. 31-49, 2015.

CAPÍTULO XVI

ÔNUS SUCUMBENCIAIS

Valber Elias Silva[1]

SUMÁRIO: 1. Conceito geral; 2. Visão dos ônus de sucumbência pela análise econômica e comportamental; 3. Referências práticas; 4. Leituras complementares; 5. Considerações finais; Referências.

1. CONCEITO GERAL

Ônus sucumbenciais representam as consequências financeiras à parte vencida em decorrência de seu decaimento no litígio judicial.

No direito processual em nível global, coexistem basicamente dois sistemas de distribuição dos ônus de sucumbência: o sistema do "*loser pays all*" (perdedor paga tudo), representado no âmbito inglês, e o sistema do "*each pay his owns*" (cada um paga o seu), representado no âmbito norte-americano.

No primeiro sistema, o litigante vencido é obrigado a suportar e a ressarcir todas as despesas, inclusive custas e honorários advocatícios contratuais do litigante vencedor. Por sua vez, no segundo sistema, cada litigante arca com as respectivas despesas que tiver, independentemente do resultado da demanda, embora esse sistema não seja absoluto, pois, de todo modo, o perdedor terá de arcar, pelo menos, com a taxa de administração da justiça, que, muitas vezes, representa um valor diminuto quando comparado aos honorários advocatícios contratuais que deixam

1. Mestre e Doutorando em Direito pela UFMG; Graduado em Direito pela UFLA; Advogado. Lattes: http://lattes.cnpq.br/2381404301322681.

de ser ressarcidos, daí se falar genericamente na regra que cada um paga o seu.[2]

No âmbito brasileiro, o Código de Processo Civil de 1939 regulamentou, inicialmente, que cada parte arcava com os honorários contratuais de seus advogados e que as custas do processo e as despesas processuais somente seriam ressarcidas ao vencedor caso o vencido tivesse "(...) alterado, intencionalmente, a verdade, ou se houver conduzido de modo temerário no curso da lide, provocando incidentes manifestamente infundados".[3] Com o advento da Lei nº 4.632, de 1965,[4] o Código de Processo Civil de 1939 foi alterado nessa disciplina, para determinar a condenação objetiva da parte ao pagamento dos honorários do advogado da parte vencedora, em nítida incorporação do sistema do "*loser pays all*". Como se vê, com essa alteração legislativa, a parte seria integralmente ressarcida dos custos que teve para obtenção da tutela jurisdicional, pois reembolsaria a despesa havida com seu advogado.

Posteriormente, o Código de Processo Civil de 1973 regulamentou parâmetros usuais para a fixação, pelo Juiz, dentro do convencimento motivado dele, dos honorários advocatícios, no patamar de dez a vinte por cento da condenação (artigo 20, § 3º). No *caput* do artigo 20 do referido Código, o legislador previu que "a sentença condenará o vencido a pagar ao vencedor as despesas que antecipou e os honorários advocatícios (...)".[5]

---

2. GUERINI, João Furtado; OBREGON, Marcelo Fernando Quiroga. A clássica dicotomia na classificação dos sistemas de repartição de custas no processo civil: sistema inglês x sistema norte-americano. *Derecho y Cambio Social*. 2005. Disponível em: <https://www.derechoycambiosocial.com/revista053/A_CLASSICA_DICOTOMIA.pdf>. Acesso em: 30 jun. 2023.
3. BRASIL. Decreto-Lei nº 1.608, de 18 de setembro de 1939. *Código de Processo Civil*. Disponível em: <http://www.planalto.gov.br/ccivil_03/Decreto-Lei/1937-1946/Del1608.htm>. Acesso em: 30 jun. 2023.
4. BRASIL. Lei nº 4.632, de 18 de maio de 1965. *Altera o art. 64 do Código de Processo Civil (Decreto-lei nº 1.608, de 18 de setembro de 1939)*. Disponível em: <planalto.gov.br/ccivil_03/leis/1950-1969/L4632.htm#:~:text=LEI%20Nº%204.632%2C%20DE%2018,Art.>. Acesso em: 30 jun. 2023.
5. BRASIL. Lei nº 5.869, de 11 de janeiro de 1973. *Código de Processo Civil*. Disponível em: <https://www.planalto.gov.br/ccivil_03/leis/L5869impressao.htm>. Acesso em: 30 jun. 2023.

Ocorre que o Estatuto da Advocacia e da Ordem dos Advogados do Brasil (EAOAB), advindo pela Lei nº 8.906/1994,[6] foi o responsável por alterar a titularidade dos honorários advocatícios de sucumbência. Pela redação expressa dos artigos 22 e 23 do referido Estatuto, a partir de sua vigência tanto os honorários convencionais (entabulados pela relação privada entre cliente e advogado) e os honorários de sucumbência (impostos em sentença) pertencem ao advogado, tendo ele o direito de executá-los autonomamente, em nome próprio, inclusive com a prerrogativa de requerer precatório individualizado para si.

Essa alteração de destinação dos honorários advocatícios de sucumbência (da parte, para fins ressarcitórios, para o advogado, para fins remuneratórios), que subsiste até hoje, com maior aprofundamento legislativo pelo Código de Processo Civil de 2015, o qual inclusive reconheceu expressamente o caráter alimentar dos honorários de sucumbência devidos ao advogado do polo vencedor, é responsável por gerar até os dias atuais intensa reflexão e debate entre teóricos do Direito, por revisitar a base da instituição dos honorários advocatícios de sucumbência no ordenamento processual civil brasileiro.[7]

Embora os artigos 22 e 22, ambos do EAOAB, já tenham sido objeto da Ação Direta de Inconstitucionalidade (ADI) 5.055, o Supremo Tribunal Federal dela não conheceu, por ilegitimidade ativa da demandante.[8]

Hoje, conforme o Código de Processo Civil de 2015, cabe ao julgador condenar o vencido a ressarcir a parte contrária (vencedora) pelas

6. BRASIL. Lei nº 8.906, de 4 de julho de 1994. *Estatuto da Advocacia e a Ordem dos Advogados do Brasil*. Disponível em: <https://www.planalto.gov.br/ccivil_03/leis/l8906.htm>. Acesso em: 03 jul. 2023.

7. Para o Professor e Desembargador Federal Doutor Edilson Vitorelli Diniz Lima, os honorários advocatícios de sucumbência, por conta da transferência de titularidade, deixaram de ostentar caráter ressarcitório, para assumir enfoque na prestação de serviços advocatícios, com feitio premial ao profissional, enquanto o êxito na demanda não possui nexo de causalidade direta com o trabalho do advogado, especialmente considerando que o processo civil brasileiro ainda segue em grande parte o modelo inquisitorial, ainda que o CPC/2015 busque implantar o modelo cooperativo (Honorários sucumbenciais: análise econômica. *Youtube*. Disponível em: <https://www.youtube.com/watch?v=020aDy31HGs&t=241s>. Acesso em: 30 de jun. 2023).

8. BRASIL. Supremo Tribunal Federal. Ação Direta de Inconstitucionalidade 5.055. Associação Nacional dos Usuários do Sistema Telefônico Fixo Comutado e Móvel Celular – Anustel. Relator Ministro Luiz Fux. DJE, 05 out. 2017.

despesas que antecipou desde o início do processo (artigo 86 do CPC/15) e a pagar honorários advocatícios de sucumbência (artigo 85 do mesmo Código). Preleciona Humberto Theodoro Júnior em análise ao CPC/15:

> Adotou o Código, assim, o princípio da sucumbência, que consiste em atribuir à parte vencida na causa a responsabilidade por todos os gastos do processo. Assenta-se ele na ideia fundamental de que o processo não deve redundar em prejuízo da parte que tenha razão. Por isso mesmo, a responsabilidade financeira decorrente da sucumbência é objetiva e prescinde de qualquer culpa do litigante derrotado no pleito judiciário. Para sua incidência basta, portanto, o resultado negativo da solução da causa, em relação à parte.[9]

Como se vê, a *ratio* dos ônus sucumbenciais é garantir que a parte vencedora seja ressarcida dos custos que teve de desembolsar para obter a atividade jurisdicional. É cediço que no Brasil, embora a justiça tenha amplo acesso previsto como direito fundamental (artigo 5º, inciso XXXV, CRFB/88), a atividade jurisdicional não é gratuita. Evidentemente, devem ser ressalvados os casos de gratuidade de justiça, cuja benesse legal não isenta a parte dos ônus de sucumbência, mas apenas suspende a exigibilidade deles pelo prazo de 5 (cinco) anos, quando, então, não tendo havido alteração benéfica das condições financeiras do beneficiário, restar-se-á extinta a obrigação de seu pagamento (artigo 98, § 3º, do CPC/15).

Os honorários advocatícios de sucumbência fogem à regra, pois, atualmente, como já dito, embora se incluam nos ônus de sucumbência, não são para a parte vencedora; existem para remuneração do advogado do polo vencedor, logo, pertencem ao profissional que detém legitimidade para cobrá-los em nome próprio (artigo 23 do EAOAB). Por esse motivo, aliás, que eventual decaimento recíproco, consistente no parcial acolhimento da pretensão, não dá ensejo à compensação da verba honorária de sucumbência, uma vez que os credores das verbas são os advogados de cada polo processual e não as partes, de modo com que inexiste a identidade de credores e devedores simultâneos imprescindível à

---

9. THEODORO JÚNIOR, Humberto. *Curso de direito processual civil, volume 1*: teoria geral do direito processual civil, processo de conhecimento, procedimento comum / Humberto Theodoro Júnior. 63. ed. Rio de Janeiro: Forense, 2022, *ebook*.

compensação das obrigações, consoante norma do artigo 368 do Código Civil de 2002.[10]

Quanto à fixação dos ônus de sucumbência, pelo Poder Judiciário, o julgador pode se utilizar de dois princípios construídos pela doutrina e pela jurisprudência, sendo eles: o princípio da sucumbência e o princípio da causalidade, os quais exercem função complementar entre si.

Pelo princípio da sucumbência, o litigante vencido deve ressarcir o litigante vencedor das despesas que antecipou e pagar os honorários de sucumbência ao patrono adverso. No entanto, essa regra encontra limitação pelo princípio da causalidade, pelo qual nos casos em que o vencedor tenha dado causa ao processo, ele responderá pelas despesas e pelos honorários de sucumbência, pouco importando o êxito de sua pretensão judicial.

Ademais, é válido mencionar que, por diversas vezes, após ao advento do EAOAB, litigantes já postularam – e até hoje postulam – a condenação da parte adversa ao pagamento de honorários advocatícios contratuais, a título de reparação por dano material, com base no princípio da justa e integral indenização, extraído do artigo 944 do CC/02. Contudo, o Superior Tribunal de Justiça tem entendido pela impossibilidade de acolhimento dessa pretensão ressarcitória, por entender que a verba honorária convencionada entre cliente e advogado constitui gasto extraprocessual, não contemplado no artigo 84 do CPC/15.[11]

2. VISÃO DOS ÔNUS DE SUCUMBÊNCIA PELA ANÁLISE ECONÔMICA E COMPORTAMENTAL

Os ônus de sucumbência representam um fator importante que é – ou, ao menos, deveria ser – levado em consideração quanto ao custo x benefício para a tomada de decisão pelo ajuizamento de ação judicial, porquanto esses ônus representam, ao menos em alguma medida, o impacto econômico advindo da tutela judicial adjudicada. Isso ocorre

10. BRASIL. Lei nº 10.406, de 10 de janeiro de 2002. *Código Civil*. Disponível em: <https://www.planalto.gov.br/ccivil_03/leis/2002/l10406compilada.htm>. Acesso em: 30 jun. 2023.
11. BRASIL. Superior Tribunal de Justiça. Recurso Especial nº 2.060.972-SP. Café Baroni Eireli – Empresa de Pequeno Porte e Saraiva e Siciliano S.A. – em Recuperação Judicial. Relatora Ministra Nancy Andrighi. DJE, 22 jun. 2023.

porque, na perspectiva da teoria de economia clássica, o ser humano tomará a decisão pela opção que lhe for mais vantajosa[12] à luz dos prejuízos que todas elas apresentam o que claramente se aplica ao processo decisório pelo ajuizamento de uma demanda ou resistência a ela, fazendo, então, considerar na arquitetura da escolha, os ônus de sucumbência dentro dos riscos.

Noutras palavras, os ônus de sucumbência podem agravar uma condenação judicial, majorando-a em seu aspecto obrigação (acresce-se uma obrigação de pagar), ou um dano em caso de negativa da pretensão, de modo com que no cálculo entre o benefício (B) e o risco (R) para a propositura de uma demanda, os ônus de sucumbência se incluirão no risco.

Dessarte, os ônus de sucumbência exercem, em relação ao processo, a um só tempo, uma função econômica (no tocante ao custo do processo) e comportamental (no tocante a dissuadir decisões estratégicas para evitar os ônus de sucumbência).[13] Exatamente por adoção a esse raciocínio é que o legislador previu, no artigo 85, § 11, do CPC/15 a majoração dos honorários advocatícios de sucumbência na fase recursal, buscando desestimular a interposição temerária de recursos, o que, aliás, muito antes do CPC/15, já era defendido por parcela da doutrina.[14]

O mesmo se diz em relação à fase de cumprimento de sentença, pois se o executado adimplir a obrigação no prazo legal de 15 (quinze) dias, não terá contra si arbitrados honorários advocatícios de sucumbência

---

12. COASE, Ronald. *The firm, the market, and the law*. Chicago: Chicago University, 1988, p. 27.
13. De acordo com Luciano Benetti Timm, "na prática, por conseguinte, os honorários sucumbenciais operam como um amplificador do risco associado à litigância, desincentivando fortemente o ingresso de demandas (particularmente as frívolas que têm baixo risco de êxito) no contexto delineado pela notação apresentada. Assim, se o sistema brasileiro não possuísse o instituto dos honorários sucumbenciais, ou o tivesse de forma mitigada (fora da baliza estabelecida pelo Novo CPC), veríamos, seguramente, uma tendência de aumento nos litígios de natureza frívola ou predatória. Nesse caso, perderíamos forte mecanismo contra a excessiva judicialização de demandas que já assola o sistema jurisdicional brasileiro, que voltaria a se acentuar." (*Parecer*. Disponível em: <http://s.oab.org.br/arquivos/2018/11/059092dc-2319-455d-bdc8-6c98e7de2a02.pdf>. Acesso em: 30 jun. 2023).
14. GRECO, Leonardo. Princípios de uma teoria geral dos recursos. *Revista Eletrônica de Direito Processual*, Rio de Janeiro, ano 4, v. 5, jan./jun. 2010. Disponível em: <http://www. redp.com.br/edicao_05.htm>. Acesso em: 18 maio 2011.

em 10% (dez por cento) do montante inadimplido, assim como multa no mesmo patamar, conforme artigo 523, § 1º, do CPC/15.

Faz-se uma ressalva, porém, aos casos de gratuidade da justiça, cuja benesse é regulamentada pelo artigo 98 e seguintes do CPC/15. Muito embora, como já dito, a gratuidade da justiça não implique isenção dos ônus de sucumbência, a suspensão de sua exigibilidade pelo prazo quinquenal inevitavelmente provoca distorções no processo decisório pelo ajuizamento ou não de determinada demanda judicial. Não está aqui se propondo um juízo de valor ao benefício da gratuidade da justiça, mas, na realidade, se recomendando extrema cautela na análise do pleito para sua concessão ou denegação, a fim de não serem permitidas deturpações da função da benesse para blindagens dos riscos da litigância.

Portanto, em relação aos sistemas de distribuição dos ônus de sucumbência, há comprovação matemática que o sistema *"loser pays all"* estimula a propositura de demandas com maior probabilidade de acolhimento judicial, enquanto desincentiva as de menor probabilidade.[15] Na medida em que o Código de Processo Civil de 2015 adotou o sistema de precedentes observância obrigatória, a aferição da probabilidade de êxito judicial torna-se inevitavelmente mais palpável pelos intérpretes no caso concreto.

3. REFERÊNCIAS PRÁTICAS

a. Honorários advocatícios de sucumbência na Justiça do Trabalho

A referência prática que pode ser trazida para ilustrar a questão atinente aos ônus de sucumbência é a Reforma Trabalhista promovida na Justiça do Trabalho brasileira com o advento da Lei nº 13.467, de 13 de julho de 2017.[16] Uma das profundas alterações que a referida le-

15. GUERINI, João Furtado; OBREGON, Marcelo Fernando Quiroga. A clássica dicotomia na classificação dos sistemas de repartição de custas no processo civil: sistema inglês x sistema norte-americano. *Derecho y Cambio Social*. 2005. Disponível em: <https://www.derechoycambiosocial.com/revista053/A_CLASSICA_DICOTOMIA.pdf>. Acesso em: 30 jun. 2023.

16. BRASIL. Lei nº 13.467, de 13 de julho de 2017. *Altera a Consolidação das Leis do Trabalho (CLT), aprovada pelo Decreto-Lei nº 5.452, de 1º de maio de 1943, e as Leis n º 6.019, de 3 de janeiro*

gislação promoveu na Consolidação das Leis do Trabalho (CLT)[17] foi a instituição, no artigo 791-A, dos honorários advocatícios de sucumbência de 5% (cinco por cento) a 15% (quinze por cento) do valor que resultar da liquidação, ainda que o advogado atue em causa própria.

Outrossim, pela redação do § 4º do referido dispositivo legal acrescido à CLT, restou possível o desconto de honorários de sucumbência, quando devidos ao advogado da reclamada (empregadora), sobre eventual crédito reconhecido ao reclamante (empregado), ainda que litigante sobre o benefício da gratuidade da justiça.

Ainda que a imposição dos ônus de sucumbência em amplitude no processo do trabalho não tenha sido a causa isolada, a reforma trabalhista, amplamente considerada em todas as suas modificações no trato material e processual das relações de emprego no Brasil, inclusive no tocante aos ônus de sucumbência propriamente ditos em detrimento do empregado (reclamante), provocou acentuada diminuição no número de ajuizamento de demandas trabalhistas,[18] conforme ilustrado pelo Tribunal Superior do Trabalho:

---

de 1974, 8.036, de 11 de maio de 1990, e 8.212, de 24 de julho de 1991, a fim de adequar a legislação às novas relações de trabalho. Disponível em: <planalto.gov.br/ccivil_03/_ato2015-2018/2017/lei/l13467.htm>. Acesso em: 03 jul. 2023.

17. BRASIL. Decreto-Lei nº 5.452, de 1º de maio de 1943. *Consolidação das Leis do Trabalho*. Disponível em: <https://www.planalto.gov.br/ccivil_03/decreto-lei/del5452.htm>. Acesso em: 03 jul. 2023.
18. Para Alexandre Coutinho Pagliarini e Amanda Viega Spaller, "resta visível a redução que houve das ações protocoladas logo após o advento da reforma. O principal motivo para tamanha redução não é apenas um, mas sim um conjunto de fatores que fazem com que tanto os advogados como os autores analisem um pouco mais para ajuizar uma reclamatória. Contudo, a condenação em honorários e custas processuais é o ponto que mais propiciou a redução das ações, visto que foi novidade prescrita pela reforma" (Mudança na vida judiciária brasileira: uma análise jurimétrica das demandas trabalhistas entre 2012 e 2019. *Revista do Tribunal Regional Eleitoral do Ceará*. Fortaleza, v. 11, n. 18, jan./jun. 2020, p. 53).

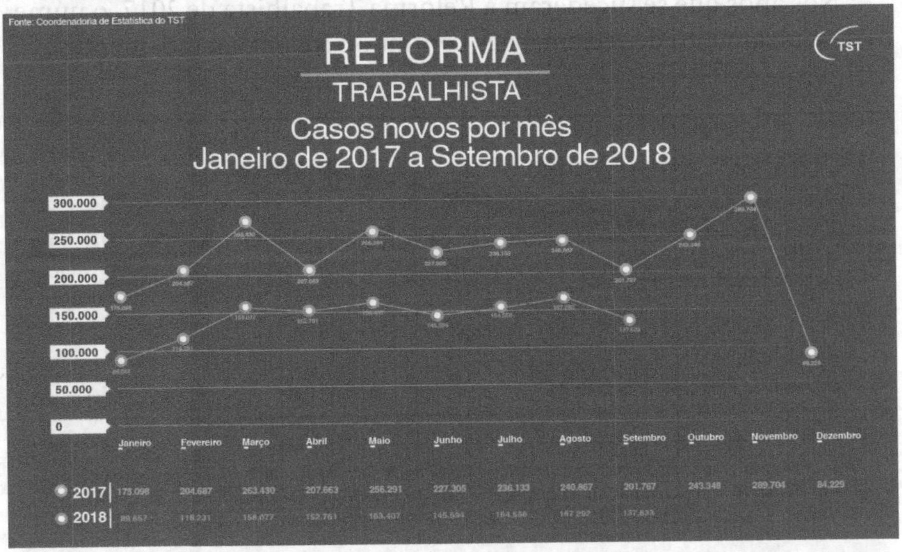

BRASIL. Tribunal Superior do Trabalho. *Primeiro ano da reforma trabalhista: efeitos*. Disponível em: <tst.jus.br/-/primeiro-ano-da-reforma-trabalhista-efeitos>. Acesso em: 03 jul. 2023.

Nos anos que se sucederam à Reforma Trabalhista de 2017, o número de ajuizamento de reclamações continuou a cair reiteradamente:

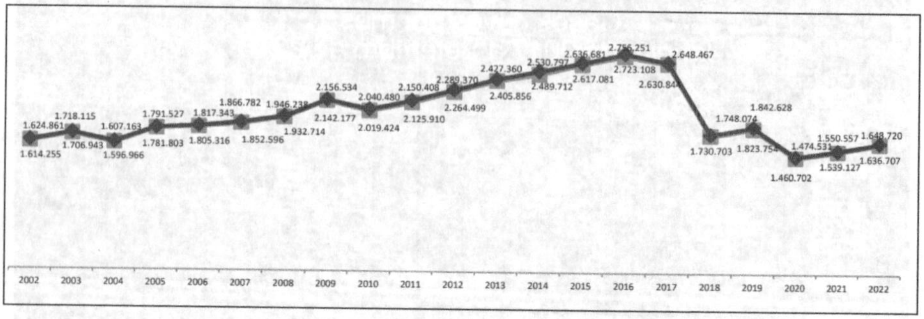

BRASIL. Tribunal Superior do Trabalho. *Relatório Geral da Justiça do Trabalho 2022*. Brasília: 2023, p. 27. Disponível em <https://www.tst.jus.br/documents/18640430/24374464/RGJT.pdf/f65f082d-4765-50bf-3675-e6f352d7b500?t=1688126789237>. Acesso em: 03 jul. 2023.

Na análise desse quadro, não se pode desconsiderar, ainda, a pandemia COVID-19 a partir de 2020, que evidentemente repercutiu nas relações de emprego, com incremento na judicialização.[19] Além disso, em 2022, o Plenário do Supremo Tribunal Federal apreciou a ADI 5.766, em que, por maioria, julgou procedente o pedido nela formulado, para declarar inconstitucionais os artigos 790-B, *caput* e § 4º, e 791-A, § 4º, da Consolidação das Leis do Trabalho (CLT),[20] restando, assim, impossibilitada a condenação do reclamante aos ônus de sucumbência quando beneficiário da gratuidade da justiça.

19. BRASIL. Tribunal Superior do Trabalho. *TST divulga levantamento oficial com número de ações relacionadas ao coronavírus na Justiça do Trabalho*. Disponível em: <https://www.tst.jus.br/-/tst-divulga-levantamento-oficial-com-n%C3%BAmero-de-a%C3%A7%C3%B5es-relacionadas-ao-coronav%C3%ADrus-na-justi%C3%A7a-do-trabalho>. Acesso em: 05 jul. 2023.

20. BRASIL. Supremo Tribunal Federal. Ação Direta de Inconstitucionalidade 5.766. Procurador-Geral da República. Relator Ministro Roberto Barroso. Redator do Acórdão Ministro Alexandre de Moraes. DJE, 03 mai. 2022.

b. Base de cálculo dos honorários de sucumbência pelo Superior Tribunal de Justiça

A segunda referência prática, que cabe ser abordada neste capítulo, diz respeito à base de cálculo dos honorários advocatícios de sucumbência.

Por muito tempo, se discutiu a possibilidade de arbitramento equitativo dos honorários advocatícios de sucumbência, nos casos em que o valor da causa ou o proveito econômico da demanda forem elevados. Isso porque o artigo 85, § 8º, do CPC/15 possibilita a fixação equitativa pelo julgador taxativamente "nas causas em que for inestimável ou irrisório o proveito econômico ou, ainda, quando o valor da causa for muito baixo", de modo que proliferavam questionamentos se, ao se deparar com um trabalho que pudesse não justificar um arbitramento que representaria valor elevado, o julgador poderia arbitrar equitativamente, como forma de evitar o enriquecimento sem causa.

Em 16/03/2022, a Corte Especial do Superior Tribunal de Justiça, por meio do Tema nº 1.076, firmou a tese de que "apenas se admite arbitramento de honorários por equidade quando, havendo ou não condenação: (a) o proveito econômico obtido pelo vencedor for inestimável ou irrisório; ou (b) o valor da causa for muito baixo".[21]

O Relator do caso, Ministro Og Fernandes, estruturou seu voto inclusive se valendo da Análise Econômica do Direito. Para ele, a questão relativa aos honorários de sucumbência "não passou despercebida pelos estudiosos da Análise Econômica do Direito"[22], de modo que:

> Os advogados devem lançar, em primeira mão, um olhar crítico sobre a viabilidade e probabilidade de êxito da demanda antes de iniciá-la. Em seguida, devem informar seus clientes com o máximo de transparência, para que juntos possam tomar a decisão mais racional considerando os custos de uma possível sucumbência. Promove-se, dessa forma, uma litigância mais responsável, em benefício dos princípios da razoável duração do processo e da eficiência da prestação jurisdicional.[23]

21. BRASIL. Superior Tribunal de Justiça. REsp nº 1.850.512/SP. Plastoy Industrial de Plásticos Ltda. e Fazenda do Estado de São Paulo. Relator Ministro Og Fernandes. DJE, 31 mai. 2022.
22. *Ibid.*
23. *Ibid.*

O entendimento, porém, recebeu divergência dos pares. Para a Ministra Nancy Andrighi, em voto-vista, a legislação processual civil estabelece ferramentas de repressão da litigância frívola, como, por exemplo, a aplicação de sanção por litigância de má-fé, o ato atentatório à dignidade da justiça e multas por embargos de declaração manifestamente protelatórios e por agravos internos manifestamente inadmissíveis. Já para o Ministro Herman Benajmin, "utiliza-se a Análise Econômica do Direito mais para obscurecer que para iluminar a matéria dos honorários sucumbenciais",[24] pois "o intuito parece ser o de redução brutal do acesso à justiça por meio de restrições à Assistência Judiciária Gratuita e de elevação das custas judiciais".[25]

Como se vê, ainda que não imune a críticas, a Análise Econômica do Direito foi elemento presente na formação da convicção decisória do voto vencedor da tese relativa a honorários advocatícios de sucumbência, pois a fixação equitativa para demandas com elevado valor da causa ou proveito econômico, além de ir em contramão à expressa previsão legal, aprovada no devido processo legislativo, perpetuaria incentivo a demandas irresponsáveis no Poder Judiciário.

É verdade que na égide do Estado Democrático de Direito deve ser assegurado o amplo acesso à justiça. Todavia, igualmente é verdade que o direito de ação, assim como todos os demais direitos, não é absoluto. A fixação de honorários advocatícios de sucumbência no valor da causa ou no proveito econômico, mesmo que elevados, representa a premiação do advogado vencedor pela demanda e deve ser respeitada a expressa previsão legal a esse respeito.

4. CONSIDERAÇÕES FINAIS

Por considerações finais, como se vê, ainda que controversa a efetiva natureza dos honorários advocatícios de sucumbência, os ônus de sucumbência (inclusive a verba honorária) desempenham importante mecanismo de maior reflexão, pela parte, quanto à decisão pelo ajuizamento ou não de determinada demanda judicial, uma vez ciente que os custos do processo poderão dilatar seu prejuízo caso se trate de demanda

24. *Ibid.*
25. *Ibid.*

manifestamente improcedente, o que é essencial para a realidade do Poder Judiciário brasileiro em que, pelo número de processos ativos, é possível dizer que cada brasileiro em média tem um processo para chamar de seu.[26]

5. LEITURAS COMPLEMENTARES

ARRUÑADA, Benito; ANDONOVA, Veneta. Instituições de mercado e competência do judiciário. In: ZYLBERSTAJN, Décio; STAJN, Rachel (Org.). *Direito & economia*: análise econômica do direito e das organizações. Rio de Janeiro: Elsevier, 2005.

NORTH, Douglas. Economic performance through time. *The American Economic Review*, Nahville, v. 84, n. 3, p. 359-368, jun. 1994.

WOLKART, Erik Navarro. *Análise Econômica do Processo Civil:* Como a Promoção da Cooperação pode enfrentar a Tragédia da Justiça. Tese (Doutorado) – Programa de Pós-Graduação em Direito da UERJ, Rio de Janeiro, 2018.

REFERÊNCIAS

ALMEIDA, Diogo Rezende de. *Recursos cíveis*. São Paulo: Juspodivm, 2019.

BRASIL. Decreto-Lei nº 1.608, de 18 de setembro de 1939. *Código de Processo Civil*. Disponível em: <http://www.planalto.gov.br/ccivil_03/Decreto-Lei/1937-1946/Del1608.htm>. Acesso em: 30 jun. 2023.

BRASIL. Decreto-Lei nº 5.452, de 1º de maio de 1943. *Consolidação das Leis do Trabalho*. Disponível em: <https://www.planalto.gov.br/ccivil_03/decreto-lei/del5452.htm>. Acesso em: 03 jul. 2023.

26. Diogo Rezende de Almeida explica a questão: "Somos 209 milhões de brasileiros e as prateleiras – físicas e eletrônicas – de nossos tribunais contêm 107,8 milhões de processos aguardando julgamento, entre aqueles classificados como casos em estoque (79,3 milhões) e novos (28,5 milhões), segundo os últimos dados, de 2018, revelados pelo projeto "Justiça em Números" desenvolvido pelo Conselho Nacional de Justiça. Como cada processo abarca ao menos duas pessoas – autor e réu –, tem-se, no mínimo, mais de 200 milhões de pessoas envolvidas nas causas que tramitam perante o judiciário brasileiro, ou seja, praticamente todo brasileiro tem um processo para chamar de seu" (*Recursos cíveis*. São Paulo: Juspodivm, 2019, p. 19).

BRASIL. Lei nº 4.632, de 18 de maio de 1965. *Altera o art. 64 do Código de Processo Civil (Decreto-lei nº 1.608, de 18 de setembro de 1939).* Disponível em: <planalto.gov.br/ccivil_03/leis/1950-1969/L4632.htm#:~:text=LEI%20Nº%204.632%2C%20DE%2018,Art.>. Acesso em: 30 jun. 2023.

BRASIL. Lei nº 5.869, de 11 de janeiro de 1973. *Código de Processo Civil.* Disponível em: <https://www.planalto.gov.br/ccivil_03/leis/L5869impressao.htm>. Acesso em: 30 jun. 2023.

BRASIL. Lei nº 8.906, de 4 de julho de 1994. *Estatuto da Advocacia e a Ordem dos Advogados do Brasil.* Disponível em: <https://www.planalto.gov.br/ccivil_03/leis/l8906.htm>. Acesso em: 03 jul. 2023.

BRASIL. Lei nº 10.406, de 10 de janeiro de 2002. *Código Civil.* Disponível em: <https://www.planalto.gov.br/ccivil_03/leis/2002/l10406compilada.htm>. Acesso em: 30 jun. 2023.

BRASIL. Superior Tribunal de Justiça. REsp nº 1.850.512/SP. Plastoy Industrial de Plásticos Ltda. e Fazenda do Estado de São Paulo. Relator Ministro Og Fernandes. DJE, 31 mai. 2022.

BRASIL. Superior Tribunal de Justiça. Recurso Especial nº 2.060.972-SP. Café Baroni Eireli – Empresa de Pequeno Porte e Saraiva e Siciliano S.A. – em Recuperação Judicial. Relatora Ministra Nancy Andrighi. DJE, 22 jun. 2023.

BRASIL. Supremo Tribunal Federal. Ação Direta de Inconstitucionalidade 5.055. Associação Nacional dos Usuários do Sistema Telefônico Fixo Comutado e Móvel Celular – Anustel. Relator Ministro Luiz Fux. DJE, 05 out. 2017.

BRASIL. Supremo Tribunal Federal. Ação Direta de Inconstitucionalidade de 5.766. Procurador-Geral da República. Relator Ministro Roberto Barroso. Redator do Acórdão Ministro Alexandre de Moraes. DJE, 03 mai. 2022.

BRASIL. Tribunal Superior do Trabalho. *Primeiro ano da reforma trabalhista: efeitos.* Disponível em: <tst.jus.br/-/primeiro-ano-da-reforma-trabalhista-efeitos>. Acesso em: 03 jul. 2023.

BRASIL. Tribunal Superior do Trabalho. *Relatório Geral da Justiça do Trabalho 2022.* Brasília: 2023, p. 27. Disponível em <https://www.tst.jus.br/documents/18640430/24374464/RGJT.pdf/f65f082d-4765-50bf-3675-e6f352d7b500?t=1688126789237>. Acesso em: 03 jul. 2023.

BRASIL. Tribunal Superior do Trabalho. *TST divulga levantamento oficial com número de ações relacionadas ao coronavírus na Justiça do Trabalho.* Disponível em: <https://www.tst.jus.br/-/tst-divulga-levantamento--oficial-com-n%C3%BAmero-de-a%C3%A7%C3%B5es-relacionadas--ao-coronav%C3%ADrus-na-justi%C3%A7a-do-trabalho>. Acesso em: 05 jul. 2023.

COASE, Ronald. *The firm, the market, and the law.* Chicago: Chicago University, 1988.

GRECO, Leonardo. Princípios de uma teoria geral dos recursos. *Revista Eletrônica de Direito Processual,* Rio de Janeiro, ano 4, v. 5, jan./jun. 2010. Disponível em: <http://www. redp.com.br/edicao_05.htm>. Acesso em: 18 maio 2011.

GUERINI, João Furtado; OBREGON, Marcelo Fernando Quiroga. A clássica dicotomia na classificação dos sistemas de repartição de custas no processo civil: sistema inglês x sistema norte-americano. *Derecho y Cambio Social.* 2005. Disponível em: <https://www.derechoycambiosocial.com/revista053/A_CLASSICA_DICOTOMIA.pdf>. Acesso em: 30 jun. 2023.

LIMA, Edilson Vitorelli Diniz. Honorários sucumbenciais: análise econômica. *Youtube.* Disponível em: <https://www.youtube.com/watch?v=020aDy31HGs&t=241s>. Acesso em: 30 de jun. 2023.

PAGLIARINI, Alexandre Coutinho; SPALLER, Amanda Viega. Mudança na vida judiciária brasileira: uma análise jurimétrica das demandas trabalhistas entre 2012 e 2019. *Revista do Tribunal Regional Eleitoral do Ceará.* Fortaleza, v. 11, n. 18, jan./jun. 2020, p. 40-55.

THEODORO JÚNIOR, Humberto. *Curso de direito processual civil, volume 1*: teoria geral do direito processual civil, processo de conhecimento, procedimento comum / Humberto Theodoro Júnior. 63. ed. Rio de Janeiro: Forense, 2022, *ebook.*

TIMM, Luciano Benetti. *Parecer.* Disponível em: <http://s.oab.org.br/arquivos/2018/11/059092dc-2319-455d-bdc8-6c98e7de2a02.pdf>. Acesso em: 30 jun. 2023.

CAPÍTULO XVII

IMPLEMENTAÇÃO DA DECISÃO

Thaís Cristinne Rodrigues[1]

SUMÁRIO: 1. Conceito geral; 2. Visão da implementação da decisão pela análise econômica e comportamental; 3. Referência prática; 4. Leituras complementares; Referências.

1. CONCEITO GERAL

A implementação da decisão judicial é um dos maiores gargalos da justiça brasileira, como aponta o Relatório Justiça em Números, elaborado pelo Conselho Nacional de Justiça – CNJ[2][1]. Em sua 21ª edição, lançada em 2024, o relatório indica que os processos em fase de execução ainda representam a etapa de maior morosidade, principalmente quando observados os números de casos em trâmite nas cortes brasileiras.

Segundo o relatório,

> O primeiro grau do Poder Judiciário contava com um acervo de 78 milhões de processos pendentes de baixa no final do ano de 2023, sendo que mais da metade desses processos (56,5%) se referia à fase de execução.
>
> [...]

1. Advogada, Mestre em Direito pela UFMG. Especialista em *Compliance*, Ética e Governança Social pela Pontifícia Universidade Católica de Minas Gerais. Certificada em *Compliance* Público pela Escola Superior do Ministério Público do Estado de Goiás. Lattes: https://lattes.cnpq.br/1773326315444787. Contato: drathais.rodrigues@hotmail.com
2. Confira-se em CONSELHO NACIONAL DE JUSTIÇA. Justiça em Números. 2024. Disponível em: <https://www.cnj.jus.br/wp-content/uploads/2024/05/justica-em-numeros-2024.pdf>. Acesso em 05 jan. 2025.

> Os dados mostram que, apesar de ingressar no Poder Judiciário quase duas vezes mais casos em conhecimento do que em execução, quando observado o acervo, a situação é inversa, considerando que a execução é 36,1% maior. [...]
>
> Os casos pendentes na fase de execução apresentaram tendência de crescimento do estoque entre os anos de 2009 e 2017 e permaneceram quase estáveis até 2020. Entre 2021 e 2023, o estoque voltou a subir, registrando aumento de 0,2% no último ano (Figura 102). Já os casos pendentes na fase de conhecimento oscilam mais, tendo havido incremento do estoque em 2015 e 2016, com queda entre 2017 e 2019.
>
> A partir de então, registram-se dois sucessivos aumentos, sendo 2,1% no último ano. Apesar das oscilações, o ano de 2023 alcançou o maior estoque da série histórica tanto na fase de conhecimento como na de execução[3].

Como se sabe, todavia, a implementação da decisão judicial nem sempre é tarefa fácil. O credor deve adotar as providências concretas para que os capítulos da sentença produzam seus efeitos, garantindo-se o direito à prestação fixada no título[4], especialmente quando não há o adimplemento espontâneo da obrigação pelo devedor.

As demandas judiciais, por vezes, apresentam mais de um pedido, seja em razão do contido na petição inicial ou na reconvenção. Diante disso, a parte dispositiva da sentença poderá contar com mais de um capítulo, a depender de quantos foram os pedidos. Consequentemente, a implementação desses capítulos de sentença pode, ou não, ser simultânea.

---

3. Ibid., p. 188-189.

4. Relativamente ao direito à prestação, *"é o poder de exigir ou pretender de outrem um determinado comportamento positivo (acção) ou negativo (abstenção ou omissão). Contrapõe-se-lhe o dever jurídico da contraparte – um dever de 'facere' ou de 'non facere'. O dever jurídico é, pois, a necessidade de (ou a vinculação a) realizar o comportamento a que tem direito o titular activo da relação jurídica. São direitos subjectivos propriamente ditos os direitos de crédito (aos quais se contrapõe um dever jurídico de pessoa ou pessoas determinadas, por isso se falando aqui de direitos relativos), os direitos reais e os de personalidade (aos que se contrapõe uma obrigação passiva universal ou dever geral de abstenção, que se impende sobre todas as outras pessoas, por isso se falando neste caso de direitos absolutos), os direitos de família, quando não forem poderes-deveres, etc."* (PINTO, Carlos Alberto da Mota. Teoria geral do direito civil. 3 ed. Coimbra: Coimbra Editora, 1999, p. 173-174)

Para DINAMARCO (2019, p. 39), os capítulos de sentença definem-se como *"unidades autônomas do decisório da sentença"*. Influenciado por Enrico Tullio Liebman, o autor destaca que *"é no isolamento dos diversos segmentos do decisório que residem critérios aptos a orientar diretamente a solução dos diversos problemas [...], quer no tocante aos recursos, quer em todas as demais áreas de relevância"*[5]. Portanto, é possível que uma sentença se constitua de obrigações certas, líquidas e exigíveis, enquanto outras não preenchem os requisitos necessários à implementação da decisão judicial.

O cumprimento de sentença[6] é o meio pelo qual se implementam as obrigações constantes do capítulo da sentença (título executivo judicial), sejam elas prestações de fazer, não fazer, pagar quantia ou entregar coisa diversa de dinheiro. Como destaca Didier Jr. (2021, p. 478), *"pode dar-se como uma fase do processo (em regra, quando fundado nos títulos indicados no art. 515, I a V do CPC), posterior à fase de conhecimento, ou por processo autônomo (em regra, quando fundado nos títulos indicados no art. 515, VI a IX, CPC)"*[7].

Diante de tais considerações, a prestação jurisdicional não deve apenas garantir o desenvolvimento processual célere e observância à ampla defesa e contraditório, é preciso que o juízo se atente à real capacidade de materialização dos efeitos das decisões proferidas[8].

Neste sentido, a implementação da decisão judicial por meio da análise econômica e comportamental tende a conferir maior efetividade no adimplemento das obrigações fixadas nos títulos, além de fomentar o comportamento cooperativo das partes por meio dos corretos incentivos.

5. DINAMARCO, Cândido Rangel. Capítulos de Sentença. São Paulo: Malheiros, 2014, 6ª ed. p. 39.
6. Confira-se artigos 513 a 538 do Código de Processo Civil.
7. DIDIER JR., 2021, p. 478.
8. Em um estudo sobre os efeitos das normas jurídicas sobre a realidade econômica e social SALAMA e PARGENDLER (2013, p. 113), valendo-se da Lei Maria da Penha, nos levam a questionar sobre a legitimidade (inquestionável) dos fins aos quais a lei se propõe e os meios por ela fixados para atingir seu fim normativo. Diante disso, no âmbito judicial a mesma pergunta remanesce, uma coisa é saber se os fins a que a decisão se propõe são legítimos, outra coisa, bastante diferente, é saber se os meios jurídicos previstos em lei são hábeis para assegurar os direitos por ela garantidos.

2. VISÃO DA IMPLEMENTAÇÃO DA DECISÃO PELA ANÁLISE ECONÔMICA E COMPORTAMENTAL

Ao refletir a implementação da decisão pela análise econômica e comportamental, inicialmente, questiona-se a possibilidade de racionalização subjetiva, visto que as partes tendem a analisar previamente o custo-benefício de suas ações. Adotando-se o proposto por POSNER (1992, p.4), "*o conceito de um homem como maximizador racional do seu próprio interesse implica que as pessoas respondem a incentivos - que se o entorno de uma pessoa mudar de uma forma que ela possa aumentar suas satisfações alterando seu próprio comportamento, ela o fará*"[9].

Nessa perspectiva, tanto o comportamento do autor quanto o do réu tende a resultar da análise dos estímulos e incentivos que, no caso, se dá, dentre outras coisas, sob a perspectiva do cumprimento, ou não, da decisão judicial[10].

No direito processual brasileiro, relativamente ao cumprimento da decisão, alguns estímulos foram positivados para incentivar o adimplemento espontâneo da obrigação atribuída ao réu. Veja, a princípio, a norma constante do art. 139, IV, do CPC que determina ao juiz adotar todas as medidas, coercitivas, mandamentais ou sub-rogatórias necessárias para assegurar o cumprimento de ordem judicial, inclusive nas ações que tenham por objeto prestação pecuniária.

Para WOLKART "*se nos livrarmos da tradição da execução típica e adotarmos a eficiência da execução flexível, dia virá em que será difícil*

9. Originalmente: "*The concept of man as a rational maximizer of his self-interest implies that people respond to incentives – that if a person's surroundings change in such a way that he could increase his satisfactions by altering his behavior, he will do so*". Confira-se: POSNER, Richard A. **Economic Analysis of Law**. 4. ed. Boston: Little, Brown and Company, 1992, p. 4.

10. "*Ao decidirem pelo exercício ou não do direito de ação, os racionais agentes econômicos realizam uma análise prévia do seu custo-benefício. Nesse sentido, o autor irá processar uma demanda judicial apenas se e somente se os custos do processo forem inferiores ao benefício esperado do processo. A mesma lógica impera ao longo de toda a tramitação do processo, constantemente reanalisam o custo-benefício da sua manutenção, vale dizer, as (des)vantagens relacionadas aos ônus e faculdades processuais que podem ser adotados, tais como: a interposição de recursos visando à reforma de decisões desfavoráveis; a celebração de acordos para o encerramento do feito ou, ainda a adoção de postura inerte, permitindo o deslinde da causa sem a sua participação.*" (ROSSONI; TRANI, p. 183-184)

acreditar que outrora fomos tão teimosos e ineficientes"[11]. O autor destaca, ainda, que a norma prevista no art. 139, IV do CPC se trata de efetiva cláusula geral executiva e que, quando interpretada sob a ótica econômica, é fundamental para:

> (i) promover o comportamento cooperativo das partes já no momento da propositura da ação, evitando ou abreviando o processo logo no início; (ii) evitar a anomalia da execução, promovendo o comportamento cooperativo do réu no máximo no prazo do art. 523 do CPC/2015; ou, ao menos, (iii) garantir, em alguma medida, o comportamento cooperativo em momento posterior, e modo que a tutela jurisdicional seja realmente prestada em prazo razoável, porque, sem sua efetivação, o art. 5º, XXXV, da CF é letra semimorta; (iv) diminuir substancialmente o cenário de tragédia da Justiça, pois, com o evitamento ou abreviamento da execução, ataca-se diretamente e, de uma só vez, parcela majoritária do problema do esgotamento do sistema de justiça brasileiro.

A referida norma decorre, pois, da urgência na efetivação das decisões judiciais (princípio da efetividade do processo – art. 4º do CPC) e está relacionada ao poder-dever do magistrado adequar as medidas executivas à sua disposição para que o direito constante de sua decisão seja garantido, observadas as peculiaridades do caso[12].

A título de exemplo das medidas atípicas adotadas sob o páreo do referido artigo, cita-se a possibilidade de apreensão da Carteira Nacional de Habilitação (CNH) e do passaporte para assegurar o cumprimento de ordens judiciais e quitação de dívidas. Essa prática foi julgada constitucional pelo STF[13], desde que não se ignorem os direitos fundamentais e que sejam observados os princípios da proporcionalidade e razoabilidade.

---

11. WOLKART. 2018. p. 615.
12. *"As modalidades executivas devem ser idôneas às necessidades de tutela das diferentes situações de direito substancial"* (MARINONI; ARENHART, 2007, p. 61). Ainda, "na aplicação da teoria dos jogos à execução, a ameaça crível (ou credible threat) é necessária para que as partes alterem suas estratégias em um determinado jogo, passando, muitas vezes, a adotar uma postura cooperativa" (WOLKART, p. 191)
13. Confira-se BRASIL. Supremo Tribunal Federal (Pleno). Ação Direta de Inconstitucionalidade 5941. Relator Luiz Fux, julgado em 09/02/2023.

Diante da baixa efetividade dos meios executivos fixados pelas leis, possibilitar ao magistrado a análise dos efeitos de sua decisão se trata de uma "*tendência de ampliação dos poderes executivos do magistrado, criando-se uma espécie de poder geral de efetivação, que permite ao julgador valer-se dos meios executivos que considerar mais adequados ao caso concreto, sejam eles de coerção direta, sejam de coerção indireta*"[14].

Merece destaque o fato de que na busca por efetividade na implementação decisão judicial, levando-se em consideração as consequências práticas e a adequação das medidas a serem adotadas para a concretização da obrigação contida no título, o legislador brasileiro positivou na LINDB[15] que "*não basta dizer qual é o Direito, qual é o princípio aplicado; é preciso motivar adequadamente, considerando os efeitos concretos e gerais da decisão e até mesmo as possíveis soluções alternativas, cuja escolha deve ser ponderada e exposta*"[16].

Neste sentido, tendo em vista que as decisões judiciais podem gerar efeitos para além do caso concreto, os institutos da análise econômico-comportamental do direito assumem, portanto, papel de ferramentas aptas a auxiliar os magistrados a obter eficiência na resolução das lides sob seu crivo.

14. DIDIER JR., 2021, p. 102.
15. Art. 20. Nas esferas administrativa, controladora e judicial, não se decidirá com base em valores jurídicos abstratos sem que sejam consideradas as consequências práticas da decisão. (Incluído pela Lei nº 13.655, de 2018) (Regulamento) Parágrafo único. A motivação demonstrará a necessidade e a adequação da medida imposta ou da invalidação de ato, contrato, ajuste, processo ou norma administrativa, inclusive em face das possíveis alternativas. (Incluído pela Lei nº 13.655, de 2018)
    Art. 21. A decisão que, nas esferas administrativa, controladora ou judicial, decretar a invalidação de ato, contrato, ajuste, processo ou norma administrativa deverá indicar de modo expresso suas consequências jurídicas e administrativas. (Incluído pela Lei nº 13.655, de 2018) (Regulamento) Parágrafo único. A decisão a que se refere o caput deste artigo deverá, quando for o caso, indicar as condições para que a regularização ocorra de modo proporcional e equânime e sem prejuízo aos interesses gerais, não se podendo impor aos sujeitos atingidos ônus ou perdas que, em função das peculiaridades do caso, sejam anormais ou excessivos. (Incluído pela Lei nº 13.655, de 2018)
16. SUNDFELD, 2022, p. 45.

Outro (des)incentivo para o réu - devedor de obrigação de pagar quantia certa - consta do artigo 523, §1º, do CPC que fixa que se não houver o pagamento voluntário o débito será acrescido de multa de 10% e honorários de advogado no mesmo patamar. Portanto, o legislador objetivou incentivar o adimplemento espontâneo pelo réu, sob pena de ter o seu débito aumentado em 20%.

Relativamente a esse (des)incentivo punitivo, cabe a crítica de que se o réu não dispuser de patrimônio apto a cobrir a dívida acrescida da multa e honorários, a norma será inócua por não produzir seus efeitos sobre o não pagamento voluntário[17]. E, ainda, essa norma pode acabar por desincentivar a celebração de acordos, já que a multa é revertida para o credor que, certamente, avaliará o custo-benefício em optar, ou não, por um acordo para pôr fim ao processo que segue em curso apenas para a implementação da decisão[18].

Ainda no tocante à obrigação de pagar quantia certa, o art. 854 do CPC prevê a penhora de dinheiro em depósito ou em aplicação financeira como uma das ferramentas (tradicionais) à disposição do exequente para a satisfação do seu crédito. A constrição de ativos financeiros existentes em nome do executado deve, todavia, ser efetuada com a devida cautela e observância ao procedimento legalmente instituído para esse fim, evitando-se o surgimento de danos colaterais relacionados à determinação judicial.

---

17. *"Assim, no que se refere ao cumprimento de sentença a norma foi pensada para as hipóteses nas quais o devedor-condenado, ao menos em tese, possui patrimônio suficiente para arcar tanto com a condenação, quanto com a majoração decorrente do não pagamento no prazo concedido. Inexistindo patrimônio, ou sendo improvável ou muito difícil que ele seja alcançado, não importa o percentual de aumento da dívida, tratar-se-á de ameaça que não surtirá efeito na conduta do devedor-condenado."* (ROSSONI; TRANI, p. 187)

18. Analisando-se a possibilidade de acordo entre as partes Richard Posner afirma que *"Anything that reduces the plaintiff's minimum offer or increases the defendant's maximum offer, such as an increase in the parties' litigation expenditures relative to their settlement costs, will reduce the likelihood of litigation."*(POSNER, p. 418)

Em 2020 o sistema Bacenjud[19] foi substituído pelo Sisbajud[20]. O novo sistema permite a requisição de informações como saldo, endereços, relação de aplicações e contas. Mas, a verdadeira novidade inaugurada pelo SisbaJud é a possibilidade de afastamento de sigilo bancário para a obtenção de informações como extratos bancários, faturas de cartão de crédito, contratos de câmbio, contratos de abertura de conta, cópia de cheques e extratos do PIS e FGTS[21].

A problemática envolvendo o bloqueio de ativos está na possibilidade de excesso de indisponibilidade. Nessa linha, tratando-se de cumprimento de sentença que fixou obrigação solidária de um litisconsórcio passivo, o novo sistema permite a individualização do valor por executado[22]. Ainda, caso a individualização não tenha ocorrido no protocolo inicial da requisição de bloqueio, o Tutorial destaca que "*havendo mais*

---

19. O CNJ publicou um Tutorial do Sistema de Busca de Ativos do Poder Judiciário (Sisbajud), no qual consta a mensagem assinada por Marcos Vinicius Jardim Rodrigues (Conselheiro CNJ) e Dayse Starling Mottado (Juíza Auxiliar da Presidência do CNJ), que detalha a necessidade de modernização do sistema para a busca e constrição de ativos financeiros: *"[...] Apesar dos avanços proporcionados pelo sistema BacenJud ao longo dos seus anos de vida, seus relatórios gerenciais indicaram a necessidade de renovação e atualização da ferramenta. Por esse motivo, foi firmado o Acordo de Cooperação Técnica (ACT) n. 41/2019. [...] Nesse contexto, visando cumprir sua missão – desenvolver políticas judiciárias que promovam a efetividade e a unidade do Poder Judiciário, orientadas para os valores de justiça e paz social – o Conselho Nacional de Justiça, o Banco Central e a Procuradoria Geral da Fazenda Nacional envidaram esforços para executar o ACT n. 41/2019 [...] Em suma, o foco do SisbaJud é reduzir os prazos de tramitação dos processos, aumentar a efetividade das decisões judiciais e aperfeiçoar a prestação jurisdicional, com uma arquitetura que permitirá seu o constante aperfeiçoamento"*. CNJ. Tutorial do Sistema de Busca de Ativos do Poder Judiciário (SisbaJud). Disponível em: <https://www.cnj.jus.br/wp-content/uploads/2020/09/SISTEMA-DE-BUSCA-DE-ATIVOS.pdf>. Acesso em 05 jan. 2025. p. 2-3.
20. A nova plataforma on-line foi desenvolvida e lançada pelo Conselho Nacional de Justiça (CNJ) em parceria com a Procuradoria da Fazenda Nacional (PGFN) e o Banco Central (Bacen). Segundo o sítio eletrônico do CNJ: *"O SisbaJud é um sistema que interliga a Justiça ao Banco Central às instituições financeiras, com o objetivo de garantir a transmissão eletrônica das decisões judiciais de bloqueio de ativos, de requisição de informações e de afastamento de sigilo por meio da interoperabilidade dos sistemas e serviços"*. CNJ. Informações sobre as regras negociais do Sisbajud. Disponível em: <https://www.cnj.jus.br/sistemas/sisbajud/informacoes-sobre-as-regras-negociais-do-sisbajud/>. Acesso em: 05 jan. 2025
21. CNJ. Tutorial do Sistema de Busca de Ativos do Poder Judiciário (SisbaJud). Disponível em: <https://www.cnj.jus.br/wp-content/uploads/2020/09/SISTEMA-DE-BUSCA-DE-ATIVOS.pdf>. Acesso em 05 jan. 2025. p. 22.
22. *Ibid.*, p. 15.

de um réu/executado, o(a) magistrado(a) poderá alterar a minuta para indicar um valor único para todos ou individualizar o valor"[23].

Em razão do princípio da neutralidade, após o recebimento da ordem judicial via sistema Sisbajud, não cabe às instituições bancárias proceder qualquer juízo de valor quanto ao seu conteúdo[24]. A única ação possível é o cumprimento do comando judicial, "*limitando-se a indisponibilidade ao valor indicado na execução*" (art. 854, *in fine*, CPC). Caso contrário, a instituição financeira será responsabilizada pelos prejuízos eventualmente causados ao executado em decorrência da indisponibilidade excessiva ou do não cancelamento da indisponibilidade no prazo de 24 (vinte e quatro) horas, a contar do recebimento da determinação judicial (art. 854, §8º, CPC).

Nessa linha, quando do deferimento da penhora de dinheiro em depósito ou em aplicação financeira, incumbe ao magistrado especificar o valor a ser bloqueado e, tratando-se de litisconsórcio passivo, a melhor técnica leva a concluir pela necessária individualização do valor a ser suportado por cada parte executada.

A penhora de dinheiro corresponde a uma das diversas técnicas executivas à disposição do credor para a satisfação eficiente de seus direitos. Não há lugar para excessividade da medida, nem mesmo para a sua adoção como forma de punição ao executado.

Embora seja possível que as instituições financeiras executem o bloqueio em valor superior ao da dívida, o CPC reforça o entendimento de que essa medida sub-rogatória não pode se tornar uma penalidade ao executado. Conforme o §1º do art. 854, "*no prazo de 24 (vinte e quatro) horas a contar da resposta, de ofício, o juiz determinará o cancelamento de eventual indisponibilidade excessiva, o que deverá ser cumprido pela instituição financeira em igual prazo*". Logo, infere-se que, assim como não

23. *Ibid.*, p. 17-18.

24. "Especialmente em relação às ordens de bloqueio de ativos, desde a criação do BacenJud e mantido pelo Sisbajud, vige o princípio da neutralidade. Por esse princípio, não existe implementação de regras de análise do bloqueio com a finalidade de impedir a execução em determinados casos, não cabendo à instituição financeira que cumpre a ordem judicial de bloqueio via Sisbajud analisar a origem e destinação do recurso, pois a decisão da impenhorabilidade cabe exclusivamente ao juízo da causa[...]. CNJ. Informações sobre as regras negociais do Sisbajud. Disponível em: <https://www.cnj.jus.br/sistemas/sisbajud/informacoes-sobre-as-regras-negociais-do-sisbajud/>. Acesso em: 05 jan. 2025

há necessidade de prévia comunicação da penhora ao executado, não é preciso que o juízo seja provocado para cancelar eventual indisponibilidade excessiva, eis que como determina o CPC o desbloqueio do valor excessivo é ato a ser praticado de ofício.

Recebida a resposta da instituição financeira, é dever do juiz que determinou o bloqueio, analisar as constrições eventualmente efetuadas, para evitar que a manutenção de bloqueios excessivos cause prejuízos ao executado. Ante à possibilidade de que o ato não seja praticado de ofício, o executado poderá, no prazo de 5 (cinco) dias, comprovar que ainda remanesce a indisponibilidade excessiva de ativos financeiros (art. 854, §3º, II).

O acolhimento da tese defensiva, que pode incluir a impenhorabilidade dos ativos (art. 854, §3º, I) culminará na determinação judicial do cancelamento de eventual indisponibilidade irregular ou excessiva, a ser cumprido pela instituição financeira em 24 (vinte e quatro) horas (art. 854, §4º). Por outro lado, a rejeição ou não apresentação de manifestação pelo executado levará à conversão da indisponibilidade em penhora e consequente transferência do montante para a conta vinculada ao juízo da execução (art. 854, §5º).

Em um país capitalista como o Brasil, permeado por tamanhas disparidades econômico-pessoais, um bloqueio excessivo de ativos financeiros pode, a depender da realidade do cidadão, comprometer seu sustento e o de sua família. Além disso, o excesso pode resultar no inadimplemento de outras obrigações financeiras e resultar na inscrição no cadastro de proteção ao crédito.

Importa destacar que a ausência de análise quanto às consequências econômicas do bloqueio excessivo ou a determinação de bloqueio excessivo pode ocasionar a responsabilização do próprio magistrado, conforme art. 36 da Lei nº 13.869/2019[25].

Outro ponto a ser considerado são os custos para o Estado em razão da movimentação do judiciário nos casos em que o devedor não

25. Art. 36. Decretar, em processo judicial, a indisponibilidade de ativos financeiros em quantia que extrapole exacerbadamente o valor estimado para a satisfação da dívida da parte e, ante a demonstração, pela parte, da excessividade da medida, deixar de corrigi-la:Pena – detenção, de 1 (um) a 4 (quatro) anos, e multa.

adimplir a prestação voluntariamente. Ou seja, além dos custos atribuíveis às partes, é preciso se atentar, também aos custos públicos vinculados aos instrumentos processuais utilizados pelo juiz para dar efetividade à decisão[26].

Considerando-se que os custos judiciais são de alguma forma suportados por toda a sociedade, há de se reconhecer que "*cuidando de compulsoriedade, a execução somente deveria ter cabimento em sendo possível a satisfação, com intromissão patrimonial e expropriação. Não havendo patrimônio, a execução não se mostra útil. O interesse de agir passa pela demonstração da utilidade da execução*"[27].

Apesar de não ser possível atribuir todas as decisões às escolhas racionais – como perquirir uma execução inviável – a demonstração da utilidade da ação é elemento indispensável, quando considerados os custos da tentativa de implementação judicial ao longo do tempo, ou seja, os custos materiais e humanos envolvidos nessa 'operação'. Assim, "*ao exigir-se da parte credora a demonstração da viabilidade da execução, comunga-se essa prática com sua escolha racional, uma vez que exigirá do credor sua participação no processo de análise de custo-benefício da alocação de recursos numa atividade que pode se mostrar inviável*"[28].

Destaque-se que as partes podem, observados os custos de transação envolvidos, evitar a problemática relacionada à implementação eficaz da decisão valendo-se dos negócios jurídicos processuais e, assim, "*estabelecerem desincentivos à inadimplência que podem ir além do estabelecimento*

---

26. "*A análise Econômica do Direito (AED) é uma corrente de pensamento que busca utilizar os instrumentos teóricos e práticos, analíticos e empíricos da metodologia econômica – microeconomia e economia do bem-estar social – a todas as áreas do direito, buscando compreender de forma racional o ordenamento jurídico, assim como explicar e prever as implicações fáticas da sua aplicação. Diante do conceito exposto, infere-se que a Análise Econômica do Direito exige a consciência de que a aplicação do ordenamento jurídico irá variar conforme o contexto e deve ser avaliado de acordo com o potencial de alcançar os objetivos da norma. Partindo-se da premissa teleológica de que a aplicação da norma jurídica é uma forma de alocação de recursos, a AED tem por objetivo uma compreensão do ordenamento de forma que a aplicação da norma deve ser operada de forma a reduzir os custos para que a lei alcance sua finalidade.*" (VARGAS, 2021, p. 195)
27. VARGAS, 2021, p. 199.
28. VARGAS, 2021, p 202.

de multas e de garantias (fidejussórias ou reais), para avançar em técnicas mais eficientes de lidar com eventual crise de adimplemento"[29].

Talvez, o maior problema relativo à implementação da decisão judicial, sob a ótica econômica e comportamental, seja mesmo o comportamento das partes: de um lado, o credor que não se dispõe a compor acordo na expectativa e desejo de receber a integralidade daquilo que lhe é devido ou, ainda, receber um acréscimo em seu crédito; e, do outro lado, o devedor que, consciente ou inconscientemente não adimple voluntariamente a sua obrigação pelos mais variados motivos. Em ambos os casos se elevam os custos processuais tanto para as partes quanto para o Estado em razão da perpetuação dos litígios[30].

3. REFERÊNCIA PRÁTICA

Os casos nos quais a Fazenda Pública figura como credora são, talvez, os mais emblemáticos na medida em que o Estado possui ferramentas claramente superiores para conhecer o alcance e o potencial de êxito de sua ação. Ainda assim, diversas são as tentativas frustradas para a implementação das decisões, o que sob a análise econômica do processo demonstra a falha do próprio Estado em demonstrar a viabilidade das ações distribuídas (ou continuadas).

É inconcebível que o Estado, dotado de diversos sistemas de monitoramento, ajuíze uma execução infrutífera sendo que tem condições prévias de saber do resultado negativo. Neste sentido, cabe ao Estado, enquanto parte buscar a maximização da utilidade do processo por meio da análise do custo-benefício de ajuizar, por exemplo, uma execução fiscal.

29. YARSHEL, 2021, p. 5.

30. *"O gargalo da execução certamente não é apenas jurídico. É preciso considerar o custo que tem a atividade estatal, mediante sub-rogação, no momento de dar efetividade a seus comandos. Como já ponderamos, não se trata de autorizar medidas indutivas ou coercitivas – principalmente no âmbito das obrigações de pagar quantia – de forma não razoável ou desproporcional. Mas, a recusa do devedor a realizar a prestação de forma voluntária representa um custo significativo para o credor e para o Estado. Isso, em boa medida, explica a razão pela qual a fase de execução continua a ser um problema crônico. Enquanto esse custo – ainda que de forma provisória – for transferido para o exequente, o executado tenderá a se valer do processo na maior extensão possível."* (YARSHEL, 2021, p. 5-6).

Outra referência prática, e atual, refere-se à possibilidade de apreensão da Carteira Nacional de Habilitação (CNH) ou do Passaporte, com fundamento no art. 139, IV, do CPC. Imagine-se caso no qual o sujeito devedor, devidamente intimado, não adimpliu voluntariamente sua obrigação no prazo de 15 dias. Ele poderá ter sua CNH restrita e com isso ficará impedido de dirigir qualquer veículo e, em razão disso, pode sofrer impacto maior do que a simples imposição de majoração da condenação por meio do acréscimo de multa e honorários advocatícios"[31].

Por fim, analisando-se a possibilidade de acréscimo de multa e honorários advocatícios prevista no art. 523, §1º, do CPC, pode-se pensar no caso em que, desenvolvido o processo com ampla defesa e contraditório, X foi condenado a pagar Y a quantia de R$30.000,00 (trinta mil reais), porém não possui condições de arcar com o valor. Dessa situação alguns cenários podem surgir: a) X, sabendo que não possui patrimônio para cobrir a dívida deixa que a fase de implementação da decisão transcorra sem sua participação; b) X, discordando ou concordando com o valor da condenação, apresenta proposta de acordo a quem do esperado por Y que, por sua vez, não aceita por vislumbrar ser mais vantajoso o recebimento da multa; c) X apresenta proposta de acordo próximo do valor total da condenação, mas Y não aceita.

De tudo o que se vê é a necessidade de que, também para a implementação da decisão, haja cooperação e boa-fé das partes envolvidas, de modo que se obtenha a máxima efetividade da execução.

4. LEITURAS COMPLEMENTARES

VARGAS, Daniel Vianna. Análise econômica da execução no direito processual civil brasileiro. In: FUX, Luiz; FUX, Rodrigo; GAIA PEPE, Rafael (Org.). **Temas de análise econômica do direito processual**. Rio de Janeiro: Mundo Jurídico, 2021, v. 1, p. 189-206.

WOLKART, Erik Navarro. **Análise econômica e comportamental do processo civil: como promover a cooperação para enfrentar a**

31. *"O alarme acionado pela concretude do drama de um devedor que tem sua CNH ou o seu passaporte retido (sistema 1), possivelmente superará, no debate, os benefícios sistêmicos quase invisíveis que podem ser gerados quando se estabelece uma jurisprudência rigorosa para o cumprimento de decisões judiciais (credible threat)"*. WOLKART, 2018, p. 191.

tragédia da Justiça no processo civil brasileiro. 2018. Tese (Doutorado em Direito) – Faculdade de Direito, Universidade do Estado do Rio de Janeiro, Rio de Janeiro, 2018.

REFERÊNCIAS

BANCO CENTRAL DO BRASIL. **Sistema de Atendimento das Solicitações do Poder Judiciário ao Banco Central do Brasil**. Disponível em: <https://www.bcb.gov.br/htms/bacenjud/default.asp?frame=1>. Acesso em 05 jan. 2025.

BRASIL. **LEI Nº 13.869, DE 5 DE SETEMBRO DE 2019**. Diário Oficial da União. Seção 1 – Edição Extra – A – 5/9/2019, Página 1. Disponível em: <https://www.planalto.gov.br/ccivil_03/_Ato2019-2022/2019/Lei/L13869.htm>. Acesso em: 05 jan. 2025.

CNJ. **Tutorial do Sistema de Busca de Ativos do Poder Judiciário (SisbaJud)**. Disponível em: <https://www.cnj.jus.br/wp-content/uploads/2020/09/SISTEMA-DE-BUSCA-DE-ATIVOS.pdf>. Acesso em 05 jan. 2025

CNJ. **Informações sobre as regras negociais do Sisbajud**. Disponível em: < https://www.cnj.jus.br/sistemas/sisbajud/informacoes-sobre-as-regras-negociais-do-sisbajud/>. Acesso em: 05 jan. 2025

CNJ. Justiça em Números. 2024. Disponível em: < https://www.cnj.jus.br/wp-content/uploads/2024/05/justica-em-numeros-2024.pdf>. Acesso em 05 jan. 2025.

DIDIER JR, Fredie; DA CUNHA, Leonardo Carneiro; BRAGA, Paula Sarno; OLIVEIRA, Rafael Alexandria de Oliveira. **Curso de direito processual civil: execução**. 11. Ed. rev., ampl. e atual. São Paulo: Ed. Juspodivm, 2021.

DINAMARCO, Cândido Rangel. **Capítulos de Sentença.** 6ª ed. São Paulo: Malheiros, 2014.

GICO JR., Ivo Teixeira. **Análise econômica do processo**. Indaiatuba: Editora Foro, 2020.

PARGENDLER, M.; SALAMA, B. M. Direito e Consequência no Brasil: em busca de um discurso sobre o método. **Revista de Direito Administrativo**, *[S. l.]*, v. 262, p. 95–144, 2013. DOI: 10.12660/rda.

v262.2013.8901. Disponível em: https://bibliotecadigital.fgv.br/ojs/index.php/rda/article/view/8901. Acesso em: 30 de junho 2023.

POSNER, Richard A. An economic approach to legal procedure and judicial administration. **The Journal of Legal Studies**, Vol. 2, nº 2 (Jun., 1973).

ROSSONI, Igor Bimkowski; TRANI, Luiza. Por que (não) interromper um litígio? Os (des)incentivos para a manutenção de demandas no CPC. In: YARSHELL, Flávio Luiz; SICA, Heitor Vitor Mendonça; BAROSSI FILHO, Milton; LEITE, Clarisse Frechiani Lara; ROSSONI, Igor Bimkowski; TRANI, Luiza (ORG). **Ensaios sobre análise econômica do processo civil.** Londrina: Thoth Editora, 2023. p. 183 - 200.

SUNDFELD, Carlos Ari. **Direito Administrativo: o novo olhar da LINDB**. Belo Horizonte: Fórum, 2022.

VARGAS, Daniel Vianna. Análise econômica da execução no direito processual civil brasileiro. In: FUX, Luiz; FUX, Rodrigo; GAIA PEPE, Rafael (Org.). **Temas de análise econômica do direito processual**. Rio de Janeiro: Mundo Jurídico, 2021, v. 1, p. 189-206.

WOLKART, Erik Navarro. **Análise econômica e comportamental do processo civil: como promover a cooperação para enfrentar a tragédia da Justiça no processo civil brasileiro**. 2018. Tese (Doutorado em Direito) – Faculdade de Direito, Universidade do Estado do Rio de Janeiro, Rio de Janeiro, 2018.

YARSHELL, Flávio Luiz. Revisitar o processo civil sob o enfoque econômico. **Revista de Análise Econômica do Direito**. vol. 1. ano 1. São Paulo: Ed. RT, jan.-jun. 2021. Disponível em:<https://edisciplinas.usp.br/pluginfile.php/7701341/mod_resource/content/1/RTDoc%2004-05-2023%2013_21%20%28PM%29%20FLY.pdf>. Acesso em: 30 de junho de 2023.

CAPÍTULO XVIII

PENHORA NA EXECUÇÃO POR QUANTIA CERTA

LARISSA DE CASTRO COELHO[1]
VITOR HUGO DA TRINDADE SILVA[2]

SUMÁRIO: 1. Conceito geral; 2. Visão da penhora na execução por quantia certa pela análise econômica e comportamental; 3. Referência prática; 4. Leituras complementares; Referências.

1. CONCEITO GERAL

A penhora é um ato executivo[3] que formaliza, de forma específica, a intromissão do Estado na esfera jurídica do devedor[4] e que se

1. Doutoranda em Direitos Coletivos e Cidadania pela Universidade de Ribeirão Preto (UNAERP). Mestre em Direitos Coletivos e Cidadania pela Universidade de Ribeirão Preto (UNAERP). Certificada pela Universidade de Santiago de Compostela conjuntamente com a INIEC sobre "Temas Avançados de Direito Público e Privado". Pós-graduada em Direito Empresarial pela Fundação Getúlio Vargas (2022). Graduada em Direito pela Universidade de Franca (2020). Membro do Grupo de Pesquisa "Direitos Coletivos como instrumento de concreção da cidadania" credenciado pela UNAERP junto com o Diretório dos Grupos de Pesquisa no Brasil – CNPq. Coordenadora e autora da obra "O Pacote anticrime sob a perspectiva da nova geração" pela editora Lemos & Cruz. Organizadora e autora da obra "Código Florestal Comentado e Anotado – Artigo por Artigo", publicado pela JUSPODIVM. Advogada empresarial na Nelson Wilians Advogados, no qual integra o Núcleo de Atuação Estratégica, Direito Ambiental e ESG;
2. Doutorando em Direitos Coletivos e Cidadania (PPGDCC) pela Universidade de Ribeirão Preto. Mestre em Direitos Coletivos e Cidadania (PPGDCC) pela Universidade de Ribeirão Preto. Graduado em Direito pela Universidade de Ribeirão Preto. Procurador no município de São Carlos/SP, atuando no Serviço Autônomo de Água e Esgoto (Autarquia Municipal). Professor na Escola Superior da Advocacia (ESA/OABSP);
3. ASSIS, Araken de. Manual da Execução. 24ª edição. São Paulo: Thomson Reuters, 2024, p. RB-11.10;
4. PONTES DE MIRANDA, Francisco Cavalcanti. Comentários ao Código de Processo Civil. v. 10, p. 160;

caracteriza pela "apreensão material, direta ou indireta, de bens constantes no patrimônio do devedor"[5].

Apesar de consistir em uma forma de intervenção na esfera jurídica do devedor, a penhora não tem a mesma natureza do penhor ou do arresto[6], embora consistam em instrumentos que também se relacionam à garantia e à execução de dívidas.

A penhora também pode ser entendida como "o ato executivo que afeta determinado bem à execução, permitindo sua ulterior expropriação, e torna os atos de disposição do seu proprietário ineficazes em face do processo"[7].

O instituto jurídico da penhora teve origem no direito romano, a partir do *pignus*, que se referia ao objeto (*pignus rei*) ou ao direito (*pignus iuris*) dado como garantia de cumprimento de uma obrigação.

Desde o período romanista já havia a compreensão do sentido de que o *pignus* era um instrumento voltado para a segurança de cumprimento das obrigações. No interstício entre o *pignus* e a penhora, haviam a *manus iniectio* e a *missio in possessionem* que similarmente consistiam em formas de coerção para o adimplemento de obrigações.

Por via de regra, o processo de execução por quantia certa realiza-se pela expropriação de bens do executado, por meio de adjudicação, de alienação ou de apropriação de frutos e rendimentos de empresa, de estabelecimentos ou de outros bens.

A partir dessa premissa, a penhora determina "o bem sobre o qual se realizará a expropriação e fixar sua sujeição à ação executiva"[8].

Embora esse efeito possa levar a compreensão de que a constrição pode implicar na limitação patrimonial do executado, pela afetação do

5. STJ, REsp 9.731/CE, 27/08/1991, Rel. Min. Eduardo Ribeiro, DJU 16/09/1991, p. 12.632; STJ, REsp 1.117.644/MS, 16/09/2014, Rel. Min. Luis Felipe Salomão, DJE 07/10/2014; FREDERICO MARQUES, José. Manual de Direito Processual Civil, v. 4. Nº 852, p. 146;
6. ASSIS, Araken de. Manual da Execução. 24ª edição. São Paulo: Thomson Reuters, 2024, p. RB-11.10;
7. ASSIS, Araken de. Manual da Execução. 24ª edição. São Paulo: Thomson Reuters, 2024, p. RB-11.10; para Arnaldo Marmitt a penhora consiste no "ato pelo qual são apreendidos bens do executado, para a satisfação do seu débito" (p. 9);
8. CARNELUTTI, Francesco. Istituzioni di diritto processuale civile, v. 3, nº 683, p.18;

bem sobre o qual se realizará a expropriação, não é especificamente a penhora que reduz o poder de disposição patrimonial do devedor.

No processo de execução, a limitação da disposição patrimonial do devedor ocorre a partir da citação válida, ou seja, antes da penhora, porque a fraude contra a execução ocorre desde a prática de ato praticado pelo devedor que compromete o cumprimento de uma determinação judicial, prejudicando o direito do credor de satisfazer o seu crédito. Nessa circunstância, a alienação ou a oneração são ineficazes em relação ao exequente, de forma que o bem pode ser penhorado independentemente da alteração da titularidade do domínio.

Aliás, a disposição patrimonial específica do bem penhorado caracteriza fato típico penal, a partir da alienação, do desvio, da destruição ou do dano ao bem (penhorado) ou a simulação de dívidas com o intuito de fraudar a execução[9], corroborando que a constrição apenas qualifica e não propriamente produz a limitação da disposição patrimonial do executado.

A disciplina jurídica da penhora é informada por vários princípios da execução por créditos, como o princípio da prevenção ou da preferência decorrente da penhora, previsto nos arts. 797 e 905, I, do Código de Processo Civil.

O art. 797 do Código de Processo Civil prevê que a execução realiza-se no interesse do exequente, que adquire, pela penhora, o direito de preferência sobre o bem penhorado, quando em concorrência com outras penhoras supervenientes sobre esse mesmo bem.

O princípio da prevenção tem fundamento na opção do *prior tempore, potior jure*, que estabelece, de modo geral, a prioridade de um direito em função da sua anterioridade temporal.

A opção pela realização da execução por créditos no interesse do exequente – com eixo individualista – provém do direito lusitano em oposição à tradição do direito francês (do *par conditio creditorum*), em que há prevalência da resolução coletiva do direito dos credores com múltiplas penhoras sobre um único bem, com o rateio recíproco dos encargos e das vantagens entre os exequentes (credores).

9. CP, Art. 179 – Fraudar execução, alienando, desviando, destruindo ou danificando bens, ou simulando dívidas: Pena – detenção, de seis meses a dois anos, ou multa;

O princípio da prevenção privilegia o exequente que, em primeiro lugar, penhorar o bem do executado, na hipótese de múltiplas execuções de diferentes credores, com penhoras sobre o mesmo bem (art. 905, I, do Código de Processo Civil).

Justamente por esse aspecto – privilegiar um em detrimento de outros –, a disposição fomenta críticas fundadas no princípio da igualdade, na medida em que estabelece uma vantagem para um exequente em detrimento dos demais, assim como por não garantir que todos os credores sejam tratados de maneira equitativa.

As críticas argumentam que o princípio da prevenção, amparado na perspectiva individualista, não reflete o ideal de justiça distributiva e contribui para a baixa resolutividade dos mecanismos de recuperação ampla de crédito, no caso de concurso simultâneo de credores e de penhoras sobre o mesmo bem ou direito.

A regra derivada do princípio da prevenção é excepcionada, entretanto, em duas hipóteses distintas, uma relacionada aos credores e outra relacionada ao próprio devedor.

A primeira hipótese refere-se à precedência de eventual prelação da origem da obrigação (do direito material), como, por exemplo, na hipótese da Fazenda Pública como exequente, como credora de débito de natureza fiscal. A segunda hipótese, por outro lado, refere-se à insolvência do devedor porque, de acordo com a própria disciplina do art. 797 alhures, a dinâmica ordinária do Código de Processo Civil pressupõe a situação de solvência do executado.

O princípio da prevenção ou da preferência decorrente da penhora não se aplica na insolvência civil e na falência, justamente como uma forma de flexibilizar a regra de que a execução realiza-se no interesse do exequente e de propiciar o concurso universal de credores, partindo do pressuposto da inviabilidade de uma nova penhora de acordo com a disciplina do art. 851, II, do Código de Processo Civil.

2. VISÃO DA PENHORA NA EXECUÇÃO POR QUANTIA CERTA PELA ANÁLISE ECONÔMICA E COMPORTAMENTAL

Desde o seu desenvolvimento, a economia foi estruturada a partir do reconhecimento de que há diversas (e, por vezes, polêmicas) interpretações sobre o seu conteúdo, a sua definição e a sua compreensão, especialmente na aplicação dos seus influxos a outras áreas das ciências, inclusive no direito.

Apesar dessa característica a economia estuda, de forma geral, a maximização da utilidade e da aplicação de recursos que são escassos.

Embora constantemente associada a critérios meramente financeiros, a análise econômica não se limita a análise de ganhos ou de perdas especificamente monetárias, mas também estuda a mensuração, em termos mais amplos, da utilidade (bem-estar, satisfação, plenitude, realização, felicidade, conforto) de uma ação[10-11] específica.

Essa dissociação de critérios estritamente financeiros, no entanto, não impede que seja utilizada a quantificação ou a valoração de uma ação específica, como forma de estabelecer critérios de natureza objetiva e de possibilitar a avaliação crítica, comparativa e consequencialista na análise econômica.

Em geral, os estudos da análise econômica do direito têm um viés consequencialista, voltado prioritariamente para o estudo pormenorizado dos resultados produzidos por uma ação ou uma norma específica, sob a perspectiva da maximização da utilidade e da eficiência do uso, em termos de bem-estar.

A análise consequencialista também examina o impacto de uma ação, do bem ou do mal que lhe são resultantes, pela avaliação dos efeitos práticos produzidos e não necessariamente pela avaliação das intenções ou dos princípios subjacentes à própria ação. Naturalmente, por essa perspectiva, as consequências são o padrão de análise do consequencialismo[12].

Os pressupostos epistemológicos do consequencialismo são a possibilidade de identificar, de mensurar, de comparar e de avaliar as consequências, de prever e de calcular as expectativas, de priorizar a

---

10. Para esse efeito, a omissão intencional – que é uma forma de conduta passiva – pode ser equiparada à ação em situações onde há um dever jurídico de agir e que também pode ser denominada de comissão por omissão ou omissão imprópria;
11. Para análise consequencialista, também podem ser consideradas as consequências de uma norma ou de uma regra específicas, de forma mais abrangente do que apenas as consequências de uma ação específica;
12. O consequencialismo se diferencia da deontologia porque em um o padrão de análise são as consequências e no outro o padrão de análise são as causas, as ações ou as omissões;

racionalidade prática, de adequar e de agregar valores em torno de um critério preponderante, que geralmente é pautado pela prática (concretude dos efeitos).

O consequencialismo se apoia em pressupostos epistemológicos de previsibilidade (mesmo que parciais), de comparabilidade e de mensurabilidade das consequências, na possibilidade de um consenso ou de uma avaliação intersubjetiva e na viabilidade de uma forma de racionalidade prática que permita calcular, ainda que de modo aproximado, o impacto das ações sobre o bem-estar ou outro valor relevante.

Esses pressupostos permitem ao consequencialismo apontar que podemos (e devemos) tomar decisões de acordo com a maximização ou a otimização dos resultados considerados valiosos ou preponderantes.

O escopo do consequencialismo também envolve a priorização de quais regras devem ser estabelecidas[13], pressupondo àquelas que produziriam as melhores consequências com base em pressupostos epistemológicos.

Com isso, os elementos centrais do consequencialismo estão na análise do resultado final de uma ação[14], da agregação de bem-estar[15], da maximização do bem[16] e da comparação entre diferentes alternativas[17].

A partir dessas premissas da análise econômica e comportamental, a questão passa a ser, então, a definição da extensão subjetiva das consequências em pauta, com a possibilidade de análise do bem-estar promovido por uma ação sob a perspectiva individual ou coletiva.

Nesse ponto, apesar da aparente dissensão entre o bem-estar individual e o bem-estar coletivo como resultado de uma ação, a análise da perspectiva subjetiva prevalente deve ser feita levando em consideração as consequências concretas advindas diretamente da ação correspondente,

---

13. Alternativamente quais ações deveriam ser priorizadas;
14. Análise dos impactos de uma ação (ou regra) em termos de promoção de bem-estar ou de minimização do sofrimento;
15. Análise do impacto irradiado, ou seja, como as consequências afetam o indivíduo e a sociedade como um todo;
16. Análise que busca maximizar um determinado valor ou benefício, como felicidade, utilidade, justiça ou outro critério socialmente elegível;
17. Análise de diversas ações pela comparação entre as suas possíveis consequências, elegendo a mais benéfica;

para determinar a prevalência entre o bem-estar coletivo ou o bem-estar individual.

A análise dos impactos em cada dimensão dentro de uma perspectiva consequencialista impõe uma avaliação criteriosa dos benefícios e prejuízos, individuais e coletivos, a partir da identificação de qual ação resulta no maior benefício e a maior redução dos danos, considerando os direitos do indivíduo e os do grupo.

Um dos possíveis critérios para a dispersão da antinomia entre o bem-estar individual e o coletivo é o postulado constitucional do bem jurídico tutelado[18] em uma ou outra dimensão (individual x coletiva).

Sob a perspectiva da análise econômica, a penhora ou a sua ausência influenciam diretamente na efetividade da tutela jurídica pretendida no processo de execução por quantia certa, ao considerar a alocação de riscos e os incentivos ao comportamento das partes envolvidas.

A penhora, enquanto medida constritiva voltada à satisfação do crédito e requisito no processo de execução, assume particular relevância para a concreta recuperação dos valores devidos, pois, na prática, o seu conteúdo possibilita tornar a tutela jurisdicional efetiva. Dessa maneira, o bem objeto da penhora é um elemento determinante para o êxito da execução por quantia certa, uma vez que bens de fácil conversão em dinheiro elevam a chance de satisfação célere do crédito, ao passo que ativos de liquidez limitada podem prolongar o litígio e, por consequência, mitigar a utilidade prática do processo judicial.

Para fins de análise das variáveis no comportamento do exequente e do executado conforme a dinâmica do processo de execução em relação a penhora, adota-se o pressuposto de que o devedor age de boa-fé e não pratica atos de ocultação de bens ou de alienação fraudulenta com o objetivo de frustrar a execução, porque, ao excluir a variável da má-fé da análise, a compreensão do instituto da penhora é direcionada apenas à sua finalidade de garantir a satisfação do crédito.

Sob esse enfoque, considera-se que o devedor mantém a postura exigível pela lei, especialmente na indicação e apresentação de bens, o que permite concentrar a análise nos efeitos jurídicos e econômicos típicos

18. Como, por exemplo, o direito à vida, à liberdade, à igualdade, à segurança e à propriedade;

da penhora, sem incluir as distorções causadas por atos ilegais ou com finalidades escusas.

Essa premissa, embora não corresponda necessariamente à realidade fática de todos os litígios, contribui para uma análise teórica mais objetiva da análise econômica e comportamental da penhora na execução por quantia certa.

2.1. Impactos no comportamento do exequente no caso de penhora sobre bem de valor igual ou superior ao débito exequendo[19]

Do ponto de vista do exequente, a penhora efetivada sobre bem de valor igual ou superior ao débito exequendo promove uma maior disposição para continuidade do processo executivo, porque eleva o nível de garantia e de segurança quanto à possibilidade de satisfação do crédito, o que representa, na prática, um incentivo para o exequente prosseguir com o processo de execução.

A situação também atribui ao exequente uma maior assertividade na avaliação de eventuais propostas de acordo, já que, excluídas as hipóteses de perda ou perecimento do bem penhorado, possui uma garantia para o seu crédito.

Além disso, a penhora efetivada sobre bem de valor igual ou superior ao débito exequendo também promove a redução de despesas processuais adicionais porque presumidamente evita a prática de atos processuais que visam a busca de novos bens penhoráveis.

2.2. Impactos no comportamento do exequente no caso de penhora sobre bem de valor inferior ao débito exequendo

Se a penhora recai sobre bem cujo valor corresponde ou se aproxima do montante do débito exequendo, o exequente naturalmente tem uma maior probabilidade de receber integralmente seu crédito, o que motiva o prosseguimento da demanda.

19. Nessa hipótese também pode ser incluída a penhora de dinheiro de quantia correspondente ao débito exequendo;

Por outro lado, quando o valor do bem penhorado é significativamente inferior à dívida, a necessidade de complementação ou de substituição da penhora pode retardar a satisfação do crédito e alterar a própria tramitação regular do processo de execução. A princípio, a penhora sobre bem de valor inferior ao débito exequendo também pode promover o aumento de despesas processuais porque exige a prática de atos que visam a busca de novos bens para complementação da penhora[20].

A penhora de bem de valor substancialmente inferior ao débito exequendo gera uma significativa redução do efeito satisfativo da execução, pois o produto da expropriação do bem, como resultado necessário do processo, apenas amortizará a dívida.

Essa situação gera a necessidade de execução complementar ou de novas diligências para localizar outros bens, impondo despesas processuais adicionais sem a perspectiva ou garantia de reembolso posterior.

Do ponto de vista comportamental, o exequente pode reavaliar o prosseguimento da demanda caso vislumbre que, ao final, o resultado econômico da execução será insuficiente para cobrir o débito e as despesas processuais correspondentes.

Além dessa análise específica, a penhora de bens de menor valor também produz efeitos práticos negativos para ambas as partes. Para o credor, os efeitos negativos decorrem da insuficiência da garantia de seu crédito. Para o devedor, os efeitos negativos decorrem do próprio passivo pendente, que ainda se sujeita a novos atos executivos. A situação se agrava de forma recíproca quando não há outros bens passíveis de penhora que possam servir como substitutos ou complementares ao bem originalmente penhorado. Essa falta de opções de bens gera a ineficiência do processo executivo do ponto de vista econômico, uma vez que o credor fica limitado à perspectiva de receber apenas parte do valor exequendo e ainda continuar arcando com as despesas processuais e com os demais custos do processo, sem a perspectiva de resultados imediatos.

A lógica de custos e benefícios no processo de execução influencia a estratégia do exequente em decidir pela continuidade do processo.

20. Também não se exclui, nesse caso, a possibilidade da substituição da penhora;

Se o único bem disponível é de valor significativamente inferior ao débito e não há perspectiva de complementação ou de localização de outros bens passíveis de penhora, o exequente pode considerar que os custos processuais superam a vantagem de receber parcela reduzida da dívida, sobretudo quando se aplicam encargos adicionais, além dos expendidos com a propositura e a tramitação do processo[21].

Sob esse prisma, a tramitação da execução não se baseia apenas em critérios estritamente jurídicos, mas também em avaliações econômicas e comportamentais, que levam em consideração o tempo de duração do processo, os custos envolvidos, a probabilidade de êxito e de satisfação do crédito.

Desse modo, a efetividade da execução não depende somente da existência de bens passíveis de penhora, mas também da adequação do valor desses bens ao montante do débito executado.

Na hipótese de opção pelo prosseguimento da execução nessas circunstâncias, a expropriação forçada do bem cujo valor não cobre integralmente o débito executado gera a possibilidade de replicar o procedimento executivo, implicando em atos adicionais e novos custos.

A cada iteração, o débito aumenta em razão de encargos moratórios e demais despesas processuais, criando uma espiral negativa para ambas as partes: o exequente não obtém a tutela do direito pleiteado e o executado, além de perder o bem, ainda fica responsável pelo adimplemento da dívida remanescente.

Além disso, o intervalo temporal para a realização da alienação pode acarretar depreciação do valor do bem, reduzindo ainda mais a fração do crédito que poderá ser satisfeita com o produto da expropriação.

Nessa perspectiva, a penhora deve ser, desde o início, economicamente adequada ao valor do débito, a fim de reduzir o número de atos executórios e, eventualmente, o prejuízo mútuo para as partes envolvidas no litígio.

21. Um exemplo que pode ser utilizado para a ilustração do raciocínio é o da hipótese em que há a necessidade de nomeação de perito para avaliação dos bens penhorados, cuja situação, muitas vezes, exige conhecimentos técnicos muito específicos (Precedentes do STJ: AgRg no Ag 1382226/SP, Rel. Min. Paulo de Tarso Sanseverino, Dje de 29/06/2012; REsp 130.790/RS, Rel. Min. Sálvio de Figueiredo Teixeira, DJ 13/09/1999);

2.3. Impactos no comportamento do exequente no caso de inexistência de bens passíveis de penhora

A ausência de bens penhoráveis no processo de execução constitui uma das hipóteses legais de suspensão do feito, na forma do art. 921, III, do Código de Processo Civil. A Lei de Execução Fiscal tem uma previsão específica no sentido de que o juiz suspenderá o curso da execução, enquanto não for localizado o devedor ou encontrados bens sobre os quais possa recair a penhora, e, nesses casos, não correrá o prazo de prescrição, na forma do art. 40 da Lei 6.830/80.

Além das diligências do exequente, quando o oficial de justiça ou outros meios de pesquisa patrimonial (como pesquisas em bancos de dados e convênios eletrônicos, como o Sniper[22], o BacenJud[23], o Renajud[24] e outros) não encontram bens suficientes para garantir a satisfação do débito, o Código de Processo Civil determina a suspensão da execução.

Essa previsão evidencia uma tentativa de equilibrar a proteção ao direito do credor com a realidade fática de inexistência de bens passíveis de constrição, sinalizando a impossibilidade pelo menos momentânea de satisfação da obrigação.

A suspensão, inicialmente fixada em até um ano, acarreta a paralisação do curso do prazo prescricional durante esse período (art. 921, §§ 1º e 4º, do Código de Processo Civil), para assegurar que o credor não seja prejudicado pela fluência da prescrição enquanto realiza diligências para encontrar bens do devedor.

Esse lapso temporal também estimula o exequente a buscar meios alternativos de solução, como a elaboração de proposta para parcelamento do débito, outros tipos de acordos ou outras formas extrajudiciais de cobrança da dívida.

Todavia, ainda pode persistir a realidade de que, mesmo decorrido o prazo de suspensão, se ainda não houver a localização de bens ou recursos do devedor, o processo poderá ser arquivado sem a tutela jurídica

22. Sistema Nacional de Investigação Patrimonial e Recuperação de Ativos;
23. Sistema que interliga a Justiça ao Banco Central e às instituições financeiras;
24. Ferramenta eletrônica permite consultas e envio de ordens judiciais à base de dados do Registro Nacional de Veículos Automotores;

pretendida (art. 921, § 2º, do Código de Processo Civil), embora o direito do exequente ainda se mantenha íntegro.

O arquivamento da execução, após o transcurso do prazo de suspensão, não extingue o processo de forma definitiva, mas representa mais um obstáculo prático à continuidade da cobrança. Caso sejam localizados bens do devedor ou surjam novas informações úteis ao prosseguimento do feito, o exequente pode requerer o prosseguimento e a retomada dos atos de execução, desde que observado o prazo prescricional aplicável ao direito material tutelado no caso concreto.

Em tese, esse mecanismo busca equilibrar a tutela do direito do exequente e também evitar a eternização de processos sem perspectivas imediatas de satisfação da obrigação.

Contudo, sob a ótica do exequente, a inexistência de bens penhoráveis no momento da execução e a consequente suspensão por longo período podem reduzir consideravelmente a possibilidade de adimplemento do débito exequendo e, em última análise, desestimular a própria continuidade do processo.

O exequente, ao não vislumbrar possibilidades concretas de êxito, pode optar por não promover novas diligências, principalmente em situações nas quais as despesas e os custos processuais prospectivos superam a expectativa de recuperação do crédito.

Dessa forma, a sistemática legal, embora garanta instrumentos de tutela dos direitos do exequente, também considera que a efetiva satisfação do crédito pode ficar condicionada à futura modificação do *status* econômico do executado ou um aporte patrimonial que possa ser submetido à penhora.

2.4. Impactos no comportamento do executado no caso de penhora integralmente efetivada

Do ponto de vista econômico e comportamental, a penhora na execução por quantia certa também pode produzir impactos sobre o executado.

Inicialmente, a possibilidade de ter seus bens constritos induz a necessidade de uma análise econômica, visto que o devedor passa a visualizar, de forma concreta, os efeitos patrimoniais do processo de execução.

A iminente perda de bens pode influenciar as decisões do executado e incentivá-lo a buscar alternativas para evitar ou minimizar os efeitos da penhora, tais como a renegociação das dívidas ou a adoção de estratégias para dificultar a regular tramitação do processo de execução.

Quando a penhora é efetivamente concretizada pode ocorrer uma redução do poder de negociação do devedor, pois a limitação da disponibilidade de seu patrimônio pode gerar simultaneamente: 1) comportamentos defensivos e uma maior propensão à litigância; ou 2) procurar soluções para prevenir ou reduzir os impactos da penhora, como a renegociação das dívidas.

A partir da penhora, a constrição torna-se, muitas vezes, um importante estímulo à negociação, uma vez que o devedor tende a avaliar se os custos decorrentes do processo (honorários advocatícios, reembolso de despesas processuais e custas judiciais, incidência de juros moratórios, etc) superam a resolução do objeto da lide. Sob o enfoque econômico, as soluções consensuais podem reduzir as incertezas do processo, evitar novas despesas processuais e proteger, ainda que parcialmente, o patrimônio do executado ainda não atingido pela penhora e evitar o aumento do passivo.

A presença de institutos jurídicos que asseguram medidas efetivas de constrição, como o bloqueio de valores em contas bancárias ou de bens de maior valor, induz à estratégias proativas de pagamento e renegociação da dívida pelo executado para reduzir os riscos da execução, sob pena de limitação da sua disposição patrimonial e até a própria perda do patrimônio.

Embora a penhora seja um instrumento eficiente de garantia do crédito, ela também pode desencadear maior litigiosidade, pois o executado, pode questionar judicialmente a constrição, inclusive com propósito protelatório, especialmente quando é atribuído efeito suspensivo aos embargos à execução (art. 921, II, do Código de Processo Civil).

Na perspectiva da análise econômica e comportamental, essas impugnações podem prolongar o processo e aumentar os custos envolvidos, tanto para as partes quanto para o próprio sistema judicial.

Sob o ponto de vista comportamental, o devedor também tende a investir em estratégias de defesa processual – por meio de embargos ou outros incidentes – quando percebe que essas opções podem prolongar o procedimento executivo e, eventualmente, gerar melhores condições de negociação.

A judicialização desses questionamentos, por via de regra desencadeada a partir da penhora, nem sempre se limita à análise de eventual excesso de penhora ou de inobservância de regras e formalidades processuais, o que aumenta o grau de complexidade do litígio, principalmente se considerados os elementos temporais necessários para a tramitação do processo e a solução da lide.

2.5. Impactos no comportamento do executado no caso de inexistência de bens passíveis de penhora ou de penhora declarada ineficaz

Sob a ótica da análise econômica do direito, a possibilidade de penhora em execução por quantia certa cria um incentivo para o devedor adimplir a obrigação, ao vislumbrar os possíveis acréscimos financeiros no débito decorrentes do processo judicial e o efeito de limitação da disposição patrimonial.

Entretanto, quando a penhora não é efetivamente implementada ou se revela ineficaz, o executado não percebe a materialização das perdas patrimoniais potenciais. A perspectiva comportamental sugere que, diante da incerteza sobre a real impossibilidade de penhora, o executado tenda a adotar posturas de aversão à perda pela pouca probabilidade de constrição de bens. Justamente por essa probabilidade ser baixa ou inexistente, o executado avalia que o risco de ver seu patrimônio afetado é reduzido e diminui a sua propensão a cumprir a obrigação, na medida em que o custo de não pagar não se faz presente de forma imediata e tangível.

A percepção de eventual fragilidade ou inefetividade no mecanismo da penhora, especialmente quando não são encontrados bens passíveis, contribui para uma postura inerte do executado.

Em termos econômicos, esse tipo de resistência do executado também pode ser encarado como uma forma de postergar a alocação de recursos financeiros, atendendo aos interesses imediatos do próprio devedor em detrimento da tutela do direito do exequente[25].

25. Como, por exemplo, quando o devedor eventual aufere frutos maiores com o patrimônio dos que os encargos moratórios devidos ao credor no mesmo período;

De modo geral, a eficácia do processo de execução depende diretamente da probabilidade de cumprimento das decisões judiciais. Quando o executado percebe que a execução é pouco eficaz - seja pela inexistência de bens passíveis de penhora, seja pelo lapso temporal necessário para o trâmite do processo - o custo de continuar inadimplente se reduz, pois se torna menos provável a efetivação de medidas constritivas.

Nesse cenário, o incentivo ao pagamento imediato é significativamente menor, já que os riscos associados ao descumprimento das obrigações não são elevados, justamente pela inexistência de patrimônio que possa garantir o cumprimento do débito exequendo.

Em outras palavras, a inexistência de efetiva possibilidade de constrição patrimonial desestimula o executado a direcionar recursos para a quitação do débito e, além disso, pode reforçar um comportamento estratégico de não pagamento. Quando a penhora se demonstra ineficaz ou não é devidamente efetivada, surge um cenário propício para que o executado busque postergar o pagamento ou até mesmo evitar a quitação do débito.

Essa postura pode ser reforçada tanto por uma análise econômica - em que o devedor avalia o custo-benefício de manter-se inadimplente diante das (supostas) limitações práticas do procedimento executório - quanto por aspectos comportamentais, pois o devedor não visualiza efeitos prejudiciais a si próprio, além do acréscimo decorrente da mora.

Assim, uma vez que o executado observa a falta de consequências reais e imediatas para sua inércia, passa a entrever a baixa efetividade do processo e a adotar posturas de não comparecimento e de não cumprimento das obrigações legalmente impostas.

3. REFERÊNCIA PRÁTICA

Na realidade da litigiosidade brasileira, a efetividade do processo é frequentemente associada à celeridade, à segurança jurídica e à concretização dos direitos reconhecidos em juízo.

Considerando os aspectos previamente abordados é importante ilustrar, em termos práticos, que diversos municípios editaram leis específicas, com foco na eficiência, na racionalização de recursos e no aumento da arrecadação, para disciplinar estratégias para a gestão de dívidas ativas e das execuções fiscais municipais, especialmente voltadas para a cobrança de valores antieconômicos, que geram custos maiores do que os próprios montantes passíveis de recuperação na prática.

De modo geral, essas leis estabelecem pautas como a definição legal do que é considerado como valor antieconômico, a necessidade de análise prévia ao ajuizamento da execução fiscal e o uso de meios alternativos e extrajudiciais de cobrança, a qualificação da gestão de processos em curso e a adoção de práticas e instrumentos administrativos.

Geralmente, a fixação legal de limites mínimos para o ajuizamento de execuções fiscais leva em consideração que os custos administrativos para a propositura são superiores ao próprio débito, de acordo com a capacidade econômica local, alinhados aos princípios da razoabilidade, proporcionalidade e economicidade. Essa pauta, com base em uma análise econômica e comportamental, parte da premissa de que a própria cobrança exige custos superiores ao próprio débito.

Município	UF	População	PIB *per capita*	Parâmetro de valor antieconômico	Fundamento legal
São Paulo	SP	11.451.999	R$ 66.872,84	R$ 15.000,00	Lei Municipal nº 14.800/2008
Ribeirão Preto	SP	728.400	R$ 55.484,91	R$ 2.000,00	Lei Complementar Municipal nº 2.343/09
São Carlos	SP	265.294	R$ 41.281,81	R$ 800,00	Lei Municipal nº 16.989/2013

Como parâmetro de comparação, segundo dados do Instituto de Pesquisa Econômica Aplicada (IPEA), em 2011, o custo unitário de um processo de execução fiscal da União era de R$ 5.606,67.

Segundo dados do Tribunal de Justiça do Estado de São Paulo, a quantidade de execuções fiscais chegou a totalizar 10.393.398[26] (dez milhões, trezentos e noventa e três mil, trezentos e noventa e oito) processos, sendo que desse total 89% eram execuções fiscais municipais, com a estimativa de que "80% dos ativos municipais perseguidos pelas ações de execução fiscal se concentrem em menos de 15% das demandas"[27].

Para ilustrar essa estimativa, o Tribunal de Justiça do Estado de São Paulo exemplificou que

> na Comarca de Jacareí, por exemplo, de 116.413 execuções fiscais em curso, 76.563 apresentam valor da causa atualizado inferior a R$ 1.000,00 e apenas 1.450 mil Execuções Fiscais apresentaram valores atualizados superiores a R$ 100.000,00. Na Comarca da Capital, o estoque de Execuções Fiscais municipais é de mais de 1,6 milhões de processos. 98,2% dos casos pendentes de baixa são execuções de IPTU e, desses, 79,2% são cobranças de até R$ 500,00. Em outros termos, 1,31 milhões de processos em curso no Estado de São Paulo são cobranças de IPTU de valor inferior a R$ 500,00[28].

Em algumas leis municipais, a análise prévia recomenda a verificação da viabilidade de localização do devedor e de bens penhoráveis antes do ajuizamento da execução fiscal, assim como recomenda a avaliação da possibilidade de reunião de várias dívidas em uma única execução para evitar a multiplicação de processos.

As alternativas extrajudiciais incentivadas são o protesto de certidões de dívida ativa (CDAs) para inibir inadimplência, de acordo com a Lei 9.492/97[29], a inclusão de devedores em cadastros como CADIN ou serviços de proteção ao crédito, de acordo com o Tema 1.184 do STF, e a facilitação do pagamento via parcelamentos incentivados (REFIS).

26. Em novembro de 2016;
27. TRIBUNAL DE JUSTIÇA DO ESTADO DE SÃO PAULO. Cartilha sobre dívidas ativas e execuções fiscais municipais. 4ª edição. São Paulo: TJSP, 2017, p. 3;
28. TRIBUNAL DE JUSTIÇA DO ESTADO DE SÃO PAULO. Cartilha sobre dívidas ativas e execuções fiscais municipais. 4ª edição. São Paulo: TJSP, 2017, p. 3;
29. Art. 1º, parágrafo único. Incluem-se entre os títulos sujeitos a protesto as certidões de dívida ativa da União, dos Estados, do Distrito Federal, dos Municípios e das respectivas autarquias e fundações públicas;

De acordo com informações da Prefeitura de Ribeirão Preto (SP), a adoção de medidas como o protesto e a qualificação da cobrança para devedores de IPTU e ISS resultou em um aumento de 69,23% na recuperação da dívida ativa do município entre 2013 e 2014. Ainda de acordo com essas informações, no ano de 2016, o montante recuperado alcançou R$ 36,1 milhões, sendo que, apenas por meio dos protestos, foram arrecadados aproximadamente R$ 15,8 milhões.

Já a gestão de processos em curso recomenda a identificação e a extinção de execuções fiscais prescritas e, paralelamente, a concentração de esforços na cobrança dos débitos de grandes devedores.

Além desses critérios legais, alguns municípios também adotam mecanismos de cooperação interinstitucional para atualização de cadastros de devedores, como forma de dinamizar as cobranças judiciais de suas dívidas ativas.

Com base em análises econômicas e comportamentais, essas leis que regulam as execuções fiscais municipais têm o objetivo de otimizar a recuperação de créditos e priorizar mecanismos extrajudiciais, como protesto de certidões de dívida ativa (CDAs) e parcelamentos incentivados, para reduzir custos administrativos e judiciais das cobranças e evitar a judicialização de valores antieconômicos, cujo custo processual supera o próprio benefício fiscal.

Além disso, ao estimular a adimplência por meio de incentivos como condições de parcelamento e ações direcionadas a grandes devedores, os municípios que adotaram esses critérios equilibraram a eficiência arrecadatória com a racionalização de recursos públicos e, ao mesmo tempo, influenciaram o comportamento dos contribuintes por meio de estratégias que destacam o custo-benefício da regularização espontânea.

4. LEITURAS COMPLEMENTARES

BRANCO, Gerson Luiz Carlos; DILL, Amanda Lemos. A penhora de quotas no Código de Processo Civil: procedibilidade e procedimento. Revista de Direito Privado, v. 83, p. 181-206, nov. 2017.

CARVALHO, Nathalie de Paula. Uma análise econômica dos direitos fundamentais dos contribuintes em face da necessidade de comprovação de comprovação de.... 2010. Disponível em: http://www.

dominiopublico.gov.br/download/teste/arqs/cp124005.pdf. Acesso em: 02 jan. 2025.

CASTRO, Rosane Vieira de. Análise econômica do direito e fiança locatícia. 2011. Disponível em: http://bib.pucminas.br/teses/Direito_CastroRV_1.pdf. Acesso em: 02 jan. 2025.

DANTAS, Bruno; VARGAS, Daniel Vianna. A tutela executiva na contemporaneidade: reflexões sobre a desjudicialização. Revista de Processo, v. 324, p. 439-457, fev. 2022.

D'ÁVILA, Daniela Peretti; GONÇALVES, Mauro Pedroso. A relevância dos precedentes vinculantes do CPC/2015 sob a ótica da análise econômica do direito. Revista de Processo, v. 288, p. 375-394, fev. 2019.

GONÇALVES, Mauro Pedroso. Honorários sucumbenciais em desconsideração da personalidade jurídica: meio para remunerar os serviços jurídicos e reduzir a litigância temerária. Revista de Processo, v. 358, p. 263-283, dez. 2024.

JEVEAUX, Geovany Cardoso; SILVA, Rubia Mafort Clementino. Como as teorias da escolha racional, dos custos de transação, dos jogos e do equilíbrio de Nash podem influenciar na desjudicialização da execução civil. Revista dos Tribunais, v. 1064, p. 39-61, jun. 2024.

LEITE, Clarisse Frechiani Lara. Execução arbitral sob perspectiva da análise econômica dos métodos de solução de conflitos. Revista de Processo, v. 349, p. 419-455, mar. 2024.

MEDINA, Valéria Julião Silva; PRUX, Oscar Ivan. A compreensão do fenômeno do superendividamento de consumidores e a aplicação da Lei 14.181/2021 para proteção de direitos fundamentais e da personalidade. Revista de Direito Civil Contemporâneo, v. 37, p. 77-113, out.-dez. 2023.

POMPEU, Gina Vidal Marcílio; FARIAS, Maria Élia da Costa. A renegociação da dívida do consumidor superendividado sob a perspectiva da análise econômica do direito. Revista de Direito do Consumidor, v. 122, p. 151-177, mar.-abr. 2019.

ROSA, André Luís Cateli; RODRIGUES, Gilberto; CARMO, Valter Moura do. As repercussões sociais do Enunciado III do Grupo de Câmaras Reservadas ao Direito Empresarial do TJSP nos processos de recuperação judicial de empresas. Revista dos Tribunais, v. 1023, p. 99-120, jan. 2021.

SCOPEL, Adriano Sayão. Ainda sobre as medidas executivas atípicas: aplicabilidade no cumprimento provisório de sentença para pagamento de quantia certa. Revista de Processo, v. 302, p. 139-157, abr. 2020.

SEIXAS, Luiz Felipe Monteiro. Execuções fiscais e interesse público em matéria tributária: uma análise de direito e economia. Revista Tributária e de Finanças Públicas, v. 123, p. 285-306, jul.-ago. 2015.

SILVEIRA, Ricardo Freitas. O mercado do litígio e a regulamentação da monetização do acesso à justiça na era da inteligência artificial. 2024. Disponível em: https://repositorio.idp.edu.br/bitstream/123456789/5178/1/Tese_RICARDO%20FREITAS%20SILVEIRA_Doutorado%20em%20Direito%20Constitucional.pdf. Acesso em: 02 jan. 2025.

SOUSA, Rosalina Freitas Martins de. A opção e o interesse processual do credor no ajuizamento de ação de conhecimento quando já portador de título executivo extrajudicial idôneo a embasar a execução. Revista da Procuradoria-Geral do Banco Central, 2013. Disponível em: http://www.bcb.gov.br/pgbcb/201407/revista_pgbc_v7_n2_dez_2013.pdf#page=89. Acesso em: 02 jan. 2025.

SOUZA, Artur César de. Análise econômica e social da penhora no âmbito da execução fiscal sob a perspectiva da parcialidade positiva do juiz. Revista Tributária e de Finanças Públicas, v. 90, p. 11-37, jan.-fev. 2010.

REFERÊNCIAS

ASSIS, Araken de. Manual da Execução. 24ª edição. São Paulo: Thomson Reuters, 2024.

BRASIL. Constituição. Constituição da República Federativa do Brasil. Brasília, DF, Senado, 1988.

BRASIL. Código de Processo Civil, Brasília, DF, Senado, 1973.

BRASIL. Código de Processo Civil, Brasília, DF, Senado, 2015.

CAMELO, Bredson; YEUNG, Luciana. Introdução à Análise Econômica do Direito. São Paulo: Editora Juspodivm, 2023.

CARNELUTTI, Francesco. Lezioni di diritto processuale civile. Pádua: Cedam, 1933.

CUNHA, Alexandre dos Santos; KLIN, Isabela do Valle; PESSOA, Olívia Alves Gomes. Custo e tempo do processo de execução fiscal promovido pela Procuradoria Geral da Fazenda Nacional. Nota técnica. Brasília: Instituto de Pesquisa Econômica Aplicada, 2011. Disponível em: https://www.ipea.gov.br/portal/images/stories/PDFs/nota_tecnica/111230_notatecnicadiest1. Acesso em: 5 jan. 2025.

DIAS, Jean Carlos; COSTA PEREIRA, Bernardo Augusto da. Análise econômica do processo civil brasileiro. 2ª edição. São Paulo: Editora Juspodivm, 2021

GICO JÚNIOR, Ivo Teixeira. Análise econômica do processo civil. Indaiatuba: Editora Foco, 2020.

MARINONI, Luiz Guilherme. Curso de Processo Civil: Execução. 2ª edição. São Paulo: Revista dos Tribunais, 2008.

MARMITT, Arnaldo. A penhora. 2ª edição. Rio de Janeiro: Aide, 1992.

PONTES DE MIRANDA, Francisco Cavalcanti. Comentários ao Código de Processo Civil. Rio de Janeiro: Forense, 1974.

SHAVEL, Steven. *Economic analysis of accident law*. Cambridge: Harvard University Press, 2007.

SUPREMO TRIBUNAL FEDERAL. Recurso Extraordinário nº 1.355.208/SC. Ementa: Recurso extraordinário. Direito constitucional e tributário. Extinção de execução fiscal de baixo valor por falta de interesse de agir: posterior ao julgamento do Recurso Extraordinário n. 591.033 (Tema nº 109). Inexistência de desobediência aos princípios federativo e da inafastabilidade da jurisdição. Fundamentos expostos pelo Supremo Tribunal Federal na tese do Tema nº 109 da repercussão geral: inaplicabilidade pela alteração legislativa que possibilitou protesto das certidões da dívida ativa. Recurso extraordinário ao qual se nega provimento. Relatora: Ministra Cármen Lúcia. Recorrente: Município de Pomerode. Recorrido: A.C.M.M. Serviços de Energia Elétrica LTDA – EPP. Julgado: 13 de dezembro de 2023. Disponível em: http://www.stf.jus.br/portal/autenticacao/autenticarDocumento.asp?cod=3D23-4CBE-8865-112F. Acesso em: 05 jan. 2025.

SUPREMO TRIBUNAL FEDERAL. Ação Direta de Inconstitucionalidade nº 5.135, Distrito Federal. Ementa: Direito tributário. Ação direta de inconstitucionalidade. Lei nº 9.492/1997, art. 1º, parágrafo único. Inclusão das certidões de dívida ativa no rol de títulos sujeitos a protesto. Constitucionalidade. 1. O parágrafo único do art. 1º da Lei nº 9.492/1997, inserido pela Lei nº 12.767/2012, que inclui as Certidões de Dívida Ativa – CDA no rol dos títulos sujeitos a protesto, é compatível com a Constituição Federal, tanto do ponto de vista formal quanto material. [...] 5. Ação direta de inconstitucionalidade julgada improcedente. Fixação da seguinte tese: "O protesto das Certidões de Dívida Ativa constitui mecanismo constitucional e legítimo, por não restringir de forma desproporcional quaisquer direitos fundamentais garantidos aos contribuintes e, assim, não constituir sanção política". Relator: Ministro Luís Roberto Barroso. Julgado: 09 de novembro de 2016. Requerente: Confederação Nacional da Indústria (CNI). Requerido: Presidente da República e Congresso Nacional. Disponível em: http://www.stf.jus.br/portal/autenticacao/. Acesso em: 05 jan. 2025.

TRIBUNAL DE JUSTIÇA DO ESTADO DE SÃO PAULO. Cartilha sobre dívidas ativas e execuções fiscais municipais. 4ª edição. São Paulo: TJSP, 2017. Disponível em: https://www.tjsp.jus.br/Download/GeraisIntranet/SPI/CartilhaExecucoesFiscaisLeitura.pdf. Acesso em: 05 jan. 2025.

ZAMIR, Eyal; TEICHMAN, Doron. Behavioral Law and Economics. London: Oxford, 2018.

CAPÍTULO XIX

PROCESSO COLETIVO

ANA MARIA DAMASCENO DE CARVALHO FARIA[1]

SUMÁRIO: 1. Conceito geral; 2. Visão do Processo Coletivo pela análise econômica e comportamental; 3. Referência prática; 4. Leituras complementares; 5. Referências.

1. CONCEITO GERAL

Para se compreender o conceito de processo coletivo, é importante que se retome a noção de litígio coletivo. Segundo Edilson Vitorelli,

> Litígio coletivo é o conflito de interesses que se instala envolvendo um grupo de pessoas, mais ou menos amplo, sendo que essas pessoas são tratadas pela parte contrária como um conjunto, sem que haja relevância significativa em qualquer de suas características estritamente pessoais. (VITORELLI, 2018, p. 334)

Nessa perspectiva, sempre que houver uma lesão a direitos titularizados por um grupo de pessoas (determináveis ou não), estar-se-á diante de uma pretensão de natureza coletiva. Em outra vertente, se a lesão se direciona a direitos individualmente considerados, não se estaria diante de uma pretensão essencialmente coletiva, embora essas lesões, se massivas, possam ser tratadas em um formato coletivizado.

---

1. Doutoranda em Direito pela UFMG; Mestra em Direito pela UFOP; Graduada em Direito pela UFMG; Pós-graduada em Direito Público pela PUC-MINAS; Especialista em Direito Minerário pelo CEDIN; Professora Universitária; Advogada e Diretora Administrativa do Instituto Brasileiro de Direito Minerário – IBDM. Lattes: http://lattes.cnpq.br/2333528817660273.

No Brasil, o tratamento dos litígios coletivos se instaura de forma mais aparente na década de 1960, coincidentemente com a segunda onda de acesso à justiça relatada por Cappelletti e Garth (CAPPELLETTI; GARTH, 1988), quando foi editada a Lei de Ação Popular, Lei nº 4.417 de 1965[2], cujo objetivo é o de permitir que qualquer cidadão pleiteie a anulação ou declaração de nulidade de atos lesivos ao patrimônio público. Posteriormente, vieram outras relevantes normas para compor o microssistema de tutela dos direitos de grupo, como a Lei de Ação Civil Pública, Lei nº 7.347 de 1985, e o Código de Defesa do Consumidor, Lei 8.078 de 1990.

A partir dessa noção de litígio coletivo, pode-se delinear o conceito de processo coletivo. Para Fredie Didier Jr. e Hermes Zaneti Jr., processo coletivo é "aquele em que se postula um direito coletivo *lato sensu* (situação jurídica coletiva ativa) ou que se afirme a existência de uma situação jurídica coletiva passiva (deveres individuais homogêneos, p. ex.) de titularidade de um grupo de pessoas" (DIDIER JR.; ZANETI JR., 2017). O processo coletivo pode ser entendido, portanto, como a técnica processual institucionalizada em determinado país a partir de suas normas jurídicas, que permite com que os litígios coletivos sejam tratados perante o Poder Judiciário (MOREIRA, 1984). E essa técnica pode variar substancialmente de país para país, ou nem mesmo existir. Trata-se de uma escolha legislativa.

Um exemplo de tal variação sistêmica pode ser extraído do direito italiano, em que a tutela dos direitos coletivos é bastante restrita quando comparada à do Brasil. Remo Caponi aponta que o processo coletivo na Itália está substancialmente ligado à perspectiva reparatória das lesões consumeristas. Não por outra razão que a regulamentação desse tipo de ação está calcada no artigo 140-bis do Código de Consumo (CAPONI, 2011). Recentemente, a legislação processual italiana sofreu uma alteração relevante, por meio da Lei nº 31/2019, que introduziu o Título VIII-bis "*Dei procedimenti collettivi*" e os artigos 840-bis a 840-sexiesdecies

2. A Lei de Ação Popular, como bem elucida Barbosa Moreira, veio suprir uma lacuna normativa, instaurada pela Constituição de 1946, que, em seu artigo 141, §38, havia reconhecido a qualquer cidadão a legitimidade para demandar em juízo a nulidade ou anulação de atos lesivos ao patrimônio público. A regulamentação de tal artigo constitucional somente veio a se institucionalizar pela Lei de Ação Popular (MOREIRA, 1971).

ao Código de Processo Civil Italiano. Ainda assim, da leitura do título dedicado aos procedimentos coletivos, verifica-se que a norma processual italiana permanece tutelando juridicamente, especialmente, os direitos individuais homogêneos, na perspectiva ressarcitória.

No Brasil, o processo coletivo se presta à tutela os direitos classificados e descritos no artigo 81 do Código de Defesa do Consumidor como difusos, coletivos ou individuais homogêneos[3]. Assim, para além dos litígios coletivos propriamente ditos, o legislador brasileiro optou por viabilizar o tratamento das lesões individuais massificadas, isto é, decorrentes de uma origem comum, também pela via do processo coletivo, o que, como se verá no tópico seguinte, tem um reflexo comportamental e econômico relevante.

Para permitir a adequada tutela de tais direitos de grupo, as normas esparsas no ordenam previram algumas regras especiais, em comparação com teoria geral do processo civil individual. Uma das mais relevantes é a legitimidade extraordinária, atribuída a determinadas pessoas, elencadas no artigo 5º da Lei de Ação Civil Pública, de forma a permitir que um representante do grupo lesado possa ser o porta-voz do pleito e reivindicações a serem deduzidas em juízo. Outra importante especificidade é o regime jurídico da coisa julgada, que, a partir do que dispõe o artigo 103 do Código de Defesa do Consumidor, poderá atingir todos os integrantes do grupo (NUNES, 2015). Destaca-se também a disciplina sobre ônus sucumbenciais, disposta especialmente no artigo 87 do Código de Defesa do Consumidor, e também no artigo 18 da Lei de Ação Civil Pública, os quais indicam a ausência de condenação do autor da ação coletiva a tais encargos como regra.

Essas e outras normas possuem como fundamento alguns princípios fundamentais do processo coletivo, como o princípio do interesse jurisdicional no conhecimento do mérito do processo coletivo, o da máxima efetividade do processo coletivo e o da prioridade da tutela jurisdicional coletiva.

---

3. É importante mencionar que essa classificação legislativa é objeto de questionamento por alguns autores, destacando-se a produção do professor Edilson Vitorelli, que propõe uma revisitação desse critério, classificando os litígios em locais, globais e irradiados, a partir de sua conflituosidade e complexidade, e não a partir da categoria de direitos lesionada (VITORELLI, 2020)

2. VISÃO DO PROCESSO COLETIVO PELA ANÁLISE ECONÔMICA E COMPORTAMENTAL

O processo coletivo sempre atraiu muitas reflexões teóricas a respeito de sua efetividade, e de como maximizá-la, porque pressupõe não apenas uma isonomia de tratamento dos jurisdicionados prejudicados por determinada conduta, como também tem a potencialidade de sanar a atividade lesiva e o próprio dano gerado a partir de uma perspectiva ampla, isto é, não centrada no indivíduo, mas na coletividade.

Sob a perspectiva comportamental, é relevante destacar a potencialidade que o processo coletivo possui de provocar modificações significativas para a sociedade, exatamente pelos efeitos que uma decisão pode trazer sobre vários sujeitos, determinados ou não. Então, na perspectiva econômica, os ganhos que essa tipologia de processo pode trazer são latentes, já que o sistema legislativo brasileiro trouxe o mecanismo da legitimidade extraordinária para permitir que uma demanda única possa promover resultados para um grande número de pessoas, ao mesmo tempo e de forma isonômica (WOLKART, 2018).

E não é só, sob a perspectiva do réu, um processo coletivo, no mais das vezes, é visto como complexo, trabalhoso, arriscado financeiramente, a depender de seu conteúdo. Então, evitar que uma conduta lesiva a grupos de pessoas se transmute em uma ação coletiva que perdure por anos, e gere decisões judiciais extremamente prejudiciais (POZZO; OSNA, 2012), e que não considerem as consequências a serem geradas (como a paralisação de empresas, operações, suspensão de licenças, etc.) pode significar um incentivo à autocomposição coletiva.

E fala-se em possibilidade porque há um outro componente relevante na análise comportamental e econômica do processo coletivo, relacionado a sua preparação e propositura. As ações coletivas são predominantemente propostas pelo Ministério Público (BRASIL, 2018), o que significa a preexistência de um procedimento administrativo (inquérito civil), instaurado para que a lesão coletiva possa ter sido apurada e as provas coletadas para fins de instrução do feito. Assim, é natural que, se houve uma etapa prévia consistente, com a coleta de provas robustas, e a participação ativa do investigado (REIS, 2018), não é raro que se alcance um acordo pelas vias extrajudiciais, ou mesmo que se tenha uma ação coletiva também robusta, e, na perspectiva do réu, com elevado risco de ser condenado a alguma obrigação gravosa. Esse cenário se afigura então também como um estímulo a um acordo judicial e, como consequência, à efetividade da própria tutela coletiva de direitos, voltada à reparação do dano ou à eliminação de alguma conduta potencialmente lesiva à coletividade em tempo razoável.

O processo coletivo e até o seu procedimento preparatório prévio podem servir então como mecanismo de incentivo a determinado comportamento desejado pelo ordenamento jurídico (SALAMA, 2008)[4].

Nessa mesma linha de incentivos, é importante retomar as características do processo coletivo destacadas no tópico anterior, porque elas também formam um arcabouço regulatório concatenado na direção de produzir incentivos ao uso da via coletiva de tutela de direitos. Então, diferentemente, por exemplo, da regulação trazida pelo artigo 140-bis do Código de Consumo Italiano, que não isenta o autor coletivo dos encargos financeiros da propositura da ação (custas e honorários sucumbenciais), a norma brasileira cuidou de afastar a incidência de tais encargos, justamente para viabilizar a máxima efetividade da tutela jurisdicional coletiva, além de estimular o uso desse tipo de via processual, como se percebe pelo artigo 18 da Lei nº 7.347/1985 (Lei de Ação Civil Pública).

3. REFERÊNCIA PRÁTICA

Um exemplo desse mecanismo de incentivos advindos da existência de processo coletivo, proposto como consectário de um dano causado à coletividade ou de uma conduta ilícita reiteradamente praticada, é o caso das ações civis públicas propostas pelo Ministério Público em face de empresas com histórico de reiteradas autuações pelos órgãos de fiscalização do tráfego rodoviário, pela prática do transporte de cargas com excesso de peso nas rodovias.

4. Também nessa linha: "O processo coletivo na hipótese gerou situações de quebra de continuidade de comportamento fiscal irresponsável, uma prática recorrente até então. Daí o seu uso como uma solução adequada ao ajuste fiscal compatível com a melhor proteção da sociedade. É possível afirmar a partir desse uso eficiente do processo coletivo, que a demanda refletiu e impactou diretamente a comunidade e em especial os gestores para mudança de comportamento, ou seja, uma ruptura de costumes de irresponsabilidade fiscal." (PELLOSO, 2020, p. 366).

Tecnicamente, este é um tema árido, porque o cálculo da carga do veículo não é uma conta matemática simples sobre qual o excedente em relação ao permitido. Há uma mecânica relacionada, por exemplo, ao excesso de pesos entre eixos, a movimentação da carga na hora da pesagem também pode alterar essa conta, assim como o fato de que nem sempre as empresas que embarcam são as que transportam.

Apesar disso, o Ministério Público Federal iniciou um movimento de ajuizamento de ações civis públicas em face de tais empresas com um histórico de reiteração da conduta tida por ilícita, amparado, inclusive, por uma Cartilha sobre o tema[5]. Esse movimento deu origem a julgados, no âmbito dos Tribunais Regionais Federais e, posteriormente, do Superior Tribunal de Justiça, no sentido de acatar as pretensões indenizatórias pretendidas pelo MPF. Em termos de pretensões deduzidas, essas ações seguem um certo padrão, sendo comum de se verificar pedidos de condenação por dano material à malha rodoviária, por dano moral coletivo, e ainda a aplicação de uma sanção específica - multa pecuniária - para o caso de reiteração da conduta ilícita.

Apesar de inúmeras teses de defesa que poderiam ser deduzidas, fato é que o STJ tem decidido majoritariamente em favor das pretensões do MPF[6], o que gerou, inclusive, a afetação do tema à sistemática dos recursos repetitivos - Tema nº 1.104. Recentemente, o STJ julgou o referido Tema, fixando-se a seguinte tese jurídica, em linha do que é

5. A Cartilha pode ser consultada neste endereço: https://midia.mpf.mp.br/publicacoes/Roteiro_de_atuacao_combate_ao_excesso_de_cargas/Manual_Excesso_de_Cargas.pdf. Acesso em 18 de maio de 2023.

6. A título de exemplo: "(...) 3. É fato incontroverso, nos presentes autos, que a empresa recorrida, no transporte rodoviário de suas mercadorias por vias federais, infringiu, em pelo menos 548 ocasiões, a regra proibitiva de tráfego com excesso de peso (art. 231, V, do Código de Trânsito), entre junho de 2007 e janeiro de 2010, em quadro revelador de sua recalcitrância e desapego ao bem público comum, contribuindo para a deterioração e consequente agravamento da segurança nas rodovias federais assim afetadas. Inegáveis, pois, tanto os danos materiais impostos à malha asfáltica quanto os **danos morais impingidos à coletividade que se vale dessas mesmas rodovias, uma vez que motoristas e passageiros experimentam os dissabores e o desassossego de, a qualquer momento, deparar-se com graves defeitos na pista, boa parte deles ocasionada pelo excesso de peso de veículos de carga, expondo a todos e a cada um a constantes riscos de indesejáveis acidentes, com vítimas fatais ou não.** (...)" (AgInt no AREsp 1429060/DF, Rel. Ministro NAPOLEÃO NUNES MAIA FILHO, Rel. p/ Acórdão Ministro SÉRGIO KUKINA, PRIMEIRA TURMA, julgado em 15/12/2020, DJe 18/12/2020)

defendido pelo Ministério Público nas ações que propõe: "O direito ao trânsito seguro, bem como os notórios e inequívocos danos materiais e morais coletivos decorrentes do tráfego reiterado, em rodovias, de veículo com excesso de peso, autorizam a imposição de tutela inibitória e a responsabilização civil do agente infrator."[7]

A par disso, muitas empresas, flagradas com esse tipo de conduta reiterada, têm visto a realização de acordos como oportunidade de reduzir o risco financeiro de tais ações. Esse movimento pode ser percebido, por exemplo, no caso de companhias que somavam milhares de infrações da mesma natureza, e optaram por celebrar acordos no curso das ações coletivas, aceitando obrigações financeiras ajustadas com o MPF, e se propondo a reduzir o número de autuações: é o caso da Unilever[8], da Mineração Aurora[9], e do grupo Cassol[10].

Vê-se, portanto, que o movimento coordenado de ajuizamento de ações coletivas gerou um incentivo à realização de acordos, tanto pelo trabalho prévio feito pelo Ministério Público, de acessar essas autuações e quantifica-las no tempo, gerando um resultado probatório de difícil questionamento, quanto por gerar um movimento no próprio Poder Judiciário a respeito das teses jurídicas que sustentariam as pretensões pecuniárias dessas ações, no mais das vezes, muito mais gravosas do que as propostas trazidas por meio de acordos ou Termos de Ajustamento de Conduta.

7. O tema pode ser acessado pelo seguinte endereço: https://processo.stj.jus.br/repetitivos/temas_repetitivos/pesquisa.jsp?novaConsulta=true&tipo_pesquisa=T&cod_tema_inicial=1104&cod_tema_final=1104. Acesso em 02 de janeiro de 2025.
8. Para mais informações sobre o caso: https://g1.globo.com/sp/campinas-regiao/noticia/2015/11/mpf-processa-empresas-por-excesso-de-peso-nas-rodovias-federais.html. Acesso em 18 de maio de 2023.
9. Detalhes do caso concreto podem ser verificados no seguinte endereço: https://www.mpf.mp.br/pe/sala-de-imprensa/noticias-pe/mpf-firma-acordo-para-combater-excesso-de-carga-nas-rodovias-federais-em-pe. Acesso em 18 de maio de 2023.
10. Para mais detalhes, acessar: https://www.emrondonia.com/justica-e-direito/apos-acordo-com-mpf-grupo-cassol-pagara-r-135-mil-em-equipamentos-a-prf-de-rondonia/. Acesso em 18 de maio de 2023.

4. LEITURAS COMPLEMENTARES

VITORELLI, Edilson. Análise econômica e comportamental da distribuição do custo da prova no processo coletivo. *Revista de Processo*, v. 327, p. 235 - 262, 2022.

GILLES, Myriam; FRIEDMAN, Gary B. *Exploding the Class Action Agency Costs Myth*: The Social Utility of Entrepeneurial Lawyers", University of Pennsylvania Law Review, v.155, p. 103-164, 2006.

5. REFERÊNCIAS

Após acordo com MPF, grupo Cassol pagará R$ 135 mil em equipamentos à PRF de Rondônia. *Em Rondônia*, 11 de maio de 2021. Disponível em https://www.emrondonia.com/justica-e-direito/apos-acordo-com-mpf-grupo-cassol-pagara-r-135-mil-em-equipamentos-a-prf-de-rondonia/. Acesso em 18 de maio de 2023.

BRASIL. *Relatório Analítico Propositivo*: Justiça Pesquisa; Direitos e Garantias Fundamentais; Ações Coletivas no Brasil: temas, atores, e desafios da tutela coletiva. Conselho Nacional de Justiça, 2018.

CAPONI, Remo. Collective Redress in Europe: Current Developments of 'Class Action' Suits in Italy", *In: Zeitschrift für Zivilprozess International (ZZPInt)*, p. 61-77, 16 (2011).

CAPPELLETTI, Mauro; GARTH, Briant. *Acesso à Justiça*. Porto Alegre: Fabris, 1988.

DIDIER JR., Fredie; ZANETI JR., Hermes. *Curso de direito processual civil*. Processo coletivo. Salvador: Ed. Juspodivm, 2017.

ITÁLIA, *Legge 12 de aprile 2019, n.31*. Disponível em https://images.go.wolterskluwer.com/Web/WoltersKluwer/%7Bc2192910-70d7-4a21-8058-f22283462c5d%7D_legge-31-2019.pdf?_ga=2.226839581.104466302.1668549716-1906522014.1664331849&_gl=1%2Ab42pnt%2A_ga%2AMTkwNjUyMjAxNC4xNjY0MzMxODQ5%2A_ga_B95LYZ7CD4%2AMTY2ODU0OTcxNS42LjEuMTY2ODU0OTgyMi4wLjAuMA. Acesso em 16 de maio de 2023.

MOREIRA, José Carlos Barbosa. *Direito Processual Civil*: ensaios e pareceres. Rio de Janeiro: Editor Borsoi, 1971.

MOREIRA, José Carlos Barbosa. *Temas de Direito Processual Civil*: terceira série. São Paulo: Saraiva, 1984.

MPF processa empresas por excesso de peso nas rodovias federais. *G1*, Campinas, 10 de novembro de 2023. Disponível em: https://g1.globo.com/sp/campinas-regiao/noticia/2015/11/mpf-processa-empresas-por-excesso-de-peso-nas-rodovias-federais.html. Acesso em 18 de maio de 2023.

MPF firma acordo para combater excesso de carga nas rodovias federais em PE. *MPF*, 25 de agosto de 2017. Disponível em: https://www.mpf.mp.br/pe/sala-de-imprensa/noticias-pe/mpf-firma-acordo-para-combater-excesso-de-carga-nas-rodovias-federais-em-pe. Acesso em 18 de maio de 2023.

NUNES, Bruno José da Silva. *Coisa julgada nas ações coletivas*. Belo Horizonte: D'Plácido, 2015.

PELLOSO, Fabiano Mendes Rocha. O processo coletivo como mecanismo de modificação de comportamentos: o caso da gestão financeira do Distrito Federal. *In:* ZANETI JR.; Hermes; VITORELLI, Edilson. *Casebook de processo coletivo*: estudos de processo a partir de casos: volume 2: técnicas extrajudiciais de tutela coletiva e temas especiais, 1ª ed. São Paulo: Almedina, 2020, p. 345-370).

POZZO, Emerson Luiz Dal; OSNA, Gustavo. O processo coletivo e a tutela coletiva das relações de consumo como porta de entrada para a interface entre Direito, Economia e Decisão Judicial. *Revista Internacional de Estudios de Derecho Procesal y Arbitraje*, nº 2, 2012. Disponível em https://dialnet.unirioja.es/servlet/articulo?codigo=4406821. Acesso em 18 de maio de 2023.

REIS, Ludmila Costa. *Processo coletivo extrajudicial*: a construção de consensos em conflitos coletivos como instrumento de controle de políticas públicas. Orientadora: Tereza Cristina Sorice Baracho Thibau. 2018. Tese (Doutorado em Direito) – Programa de Pós-Graduação em Direito, Faculdade de Direito, Universidade Federal de Minas Gerais, Belo Horizonte, 2018.

SALAMA, Bruno Meyerhof. *Estudos em direito e economia*: micro, macro e desenvolvimento. 1ª ed. Curitiba: Editora Virtual Gratuita – EVG, 2017.

VITORELLI, Edilson. Levando os conceitos a sério: processo estrutural, processo coletivo, processo estratégico e suas diferenças. *Revista de Processo*, v. 284, p. 333-369, 2018.

VITORELLI, Edilson. *Processo Civil Estrutural*: teoria e prática. São Paulo: Juspodivm, 2020.

WOLKART, Erik Navarro. *Análise econômica e comportamental do processo civil*: como promover a cooperação para enfrentar a tragédia da Justiça no processo brasileiro. Orientador: Paulo Cezar Pinheiro Carneiro. Coorientadora: Tereza Arruda Alvim. 2018. Tese (Doutorado em Direito) – Faculdade de Direito, Universidade do Estado do Rio de Janeiro, Rio de Janeiro, 2018.

CAPÍTULO XX

MEDIAÇÃO

Esdras Neemias Freitas Gavião[1]

SUMÁRIO: 1. Conceito; 2. Breve histórico da mediação; 3. Mediação e autocomposição no Brasil; 4. A análise comportamental e a mediação de conflitos; 5. A análise econômica do processo de mediação; Referências.

1. CONCEITO

A mediação é um processo estruturado de gestão, prevenção de escalada destrutiva[2-3], transformação ou de resolução de conflitos, no qual

---

1. Bacharel em Direito pela Pontifícia Universidade Católica de Minas Gerais (PUC Minas) (2021). Especialista em Linguagem Jurídica pela Faculdade de Letras (FALE) da Universidade Federal de Minas Gerais (2023). Especializando em Docência pelo Instituto Federal de Educação, Ciência e Tecnologia do Espírito Santo (IFES) (2023-2024). Aluno Especial do Programa de Pós-Graduação *Strictu Sensu* em Direito (PPGD) UFMG (2022-2023). Foi Pesquisador da Fundação de Amparo à Pesquisa do Estado de Minas Gerais (FAPFMIG) com pesquisa agraciada com Menção Honrosa no Prêmio 29 Seminário de Iniciação Científica da PUC Minas (2021) e Destaque da Iniciação Científica (2022). Atualmente, é habilitado como Conciliador Judicial no Conselho Nacional de Justiça (CNJ). E-mail: neemiasgaviao@gmail.com.
2. A escalada destrutiva ou espiral de conflito, refere-se ao fenômeno em que o conflito inicialmente simples ou moderado aumenta em intensidade e hostilidade ao longo do tempo, à medida que as partes envolvidas no conflito se engajam em comportamentos retaliatórios. A escalada destrutiva destaca a importância de identificar e interromper os padrões de comportamento prejudiciais dos atores, incentivando a comunicação construtiva e a busca por soluções colaborativas para evitar consequências cada vez mais gravosas na relação das partes.
3. DEUTSH, Morton. The resolution of conflict: construtiv and destructiv processes. **New Haven and London: Yale University Press**, 1973, pp. 1-32; 349-400.

um terceiro facilitador alheio ao fato – nominado mediador – busca fazer com que os atores de um conflito, controvérsia ou problema tenham o ruído no diálogo reduzido por meio de técnicas de comunicação, potencializando a compreensão mútua e, possibilitando a participação ativa das partes na construção de soluções não impositivas, que as satisfaçam mutuamente[4].

Durante um encontro de mediação, o mediador facilita o diálogo entre as partes, auxiliando na identificação de interesses, necessidades e pretensões. O mediador não toma decisões em nome das partes ou substitutiva[5] às suas vontades, somente orientando-as na exploração de opções e na maximização das chances de um acordo pela via da amplificação do diálogo pelas técnicas autocompositivas.

O escopo de aplicação da mediação é amplo, abarcando desde disputas familiares, empresariais, trabalhistas e penais (art. 3º da Lei 13.140/2015). A vantagem em comparação com outros métodos de resolutivos, inclui principalmente a redução do tempo de tramitação do processo – comparativo ao processo judicial[6] – a confidencialidade, a preservação ou restauração do relacionamento entre as partes, a flexibilidade do processo e, a possibilidade de alcançar soluções personalizadas que atendam às necessidades específicas dos atores envolvidos.

2. BREVE HISTÓRICO DA MEDIAÇÃO

A história da mediação foi moldada a partir de várias influências ao longo do tempo. Contudo, a mediação moderna como prática estruturada e formalizada começou a ganhar "forma" e relevância nas décadas de 60 e 70 como resposta à crescente insatisfação com o sistema judicial litigioso e à busca por alternativas mais céleres, eficientes e colaborativas na resolução de disputas.

4. ALMEIDA, Tania *et al*. **Mediação de Conflitos para iniciantes, praticantes e docentes**. Salvador: Juspodivm, 2016. p. 851-870.
5. Natureza das decisões emanadas pelo Estado-juiz ou pelo árbitro.
6. O que importa indiretamente no custo com o processo. Ver em: <https://www.cnj.jus.br/wp-content/uploads/2011/02/e42aabc7cb876c670096042fe52af676.pdf>. Acesso em 24 de ago. de 2023.

A Escola de Direito de Harvard teve um papel significativo no avanço do método nos Estados Unidos e consequentemente no mundo. Durante os anos 70, professores e pesquisadores de Harvard – como Frank Sander e Roger Fisher – desenvolveram conceitos e técnicas no campo da resolução de disputas que conferiram a Sander o pioneirismo na área de solução de conflitos, creditado como o criador do termo "ADR" (*Alternative Dispute Resolution*)[7].

Um marco importante na história da mediação foi a publicação do livro "Getting to Yes" ("Como chegar ao sim" no Brasil) de Roger Fisher e William Ury, em 1981. Esta obra introduziu os princípios da negociação baseada em interesses e contribuiu para a popularização do uso da mediação como uma abordagem metodológica, para além da barganha[8].

A Escola de Direito de Harvard também fundou o Programa de Negociação de Harvard (*Harvard Negotiation Project*), que se tornou um centro importante de pesquisa e treinamento em negociação e mediação. O programa ofereceu cursos que formaram uma geração de profissionais e acadêmicos dedicados à promoção dos métodos alternativos ou adequados de resolução de disputas[9].

Nos EUA, a mediação foi amplamente adotada em diversos contextos desde disputas familiares, comerciais, trabalhistas e disputas comunitárias. O modelo de mediação desenvolvido em Harvard e outras instituições acadêmicas influenciou a criação de programas de mediação em tribunais e organizações em todo o país e no mundo.

3. MEDIAÇÃO E AUTOCOMPOSIÇÃO NO BRASIL

A mediação tornou-se parte do sistema processual civil brasileiro, nominalmente, na audiência preliminar (art. 334, CPC/15) de

7. J. PIRIE, Andrew. **Alternative dispute resolution: skills, science, and the law**. Toronto, Ontario: Irwin, 2000, p. 5.
8. FISHER, Roger; PATTON, Bruce; URY, William. **Getting to yes: Negociation agreement without giving in**. 2. ed. New York: Penguin Books, 1991.
9. HARVARD NEGOCIATION PROJECT ARCHIVES – PON. **History of the Harvard Negotiation Project**. www.pon.harvard.edu, 2023. Disponível em: <https://www.pon.harvard.edu/history-of-the-harvard-negotiation-project/>. Acesso em: 05 de julho de 2023.

conciliação/mediação no código de processo civil[10]. Dessa forma, a autocomposição[11] passou a residir no sistema processual não só enquanto método, mas enquanto política judiciária de dever promocional do Estado e dos operadores do Direito.

Os tribunais ficaram incumbidos do dever de criação dos Centros Judiciários de Solução de Conflitos e Cidadania (CEJUSCs) – que devem oferecer os métodos alternativos ou adequados de solução de conflitos, bem como do auxílio, orientação e disseminação da autocomposição.

Os operadores do direito ficaram concorrentemente incumbidos da disseminação dos métodos autocompositivos pelo §3º, art. 3º do CPC/15: "A conciliação, a mediação e outros métodos de solução consensual de conflitos deverão ser estimulados por juízes, advogados, defensores públicos e membros do Ministério Público, inclusive no curso do processo judicial".

No mesmo sentido, caminha a legislação processual penal, que antes contava tão somente com a previsão dos institutos da transação penal, da composição civil (art. 60) e da suspensão condicional do processo (art. 89) nos crimes de menor potencial ofensivo de processamento dos Juizado Especiais Criminais contida na Lei 9.099/95, mas que recentemente teve inclusos os institutos dos acordos de não persecução penal (ANPP, art. 28-A do CPP), da colaboração premiada (art. 3º e ss. da Lei 12.850/13), do acordo de não persecução cível (ANPC, art. 17-B da Lei 8.429/92), bem como a contemplação dos processos restaurativos no anteprojeto do novo Código de Processo Penal (PL 8.045/2010) – ressalte-se, que a legislação não veda o uso da mediação em matéria penal[12], limitando tão somente a aplicação da mediação aos direitos disponíveis ou indisponíveis transacionáveis (art. 3º da Lei 13.140/15).

Dessa forma, os recentes aperfeiçoamentos na legislação processual indicam a mudança na compreensão de acesso à justiça brasileiro, no sentido de superação do paradigma de acesso à justiça enquanto

10. Após reformas (Lei 10.444/02), o CPC/73 também deteve de audiência preliminar, porém, trazendo tão somente em seu bojo que a finalidade do ato era a efetuação de transações, nos moldes da audiência de conciliação do art. 21 da lei 9.099/95 e do art. 846 da CLT.
11. Negociação, conciliação, mediação, práticas restaurativas etc.
12. CAMPANÁRIO, M. S. N. de A. Mediação penal: inserção de meios alternativos de resolução de conflito. **Civitas: Revista de Ciências Sociais**, 13 (1), 118–135, (2013).

distribuição de processos judiciais sujeito a decisão do Estado-juiz[13] com maior flexibilidade para encontrar soluções.

4. A ANÁLISE COMPORTAMENTAL E A MEDIAÇÃO DE CONFLITOS

Os indivíduos não tomam decisões apenas com lastro na lógica, mas influenciados por fatores emocionais e de cognição. Dessa forma, a compreensão de que os humanos são suscetíveis a vieses[14] – como a aversão à perda, o efeito de ancoragem e a tendência de confiar em heurísticas simplificadoras – afeta a forma com que as partes de um conflito podem perceber e avaliar as opções disponíveis num processo mediatório, bem como sua disposição para buscar uma solução colaborativa.

A compreensão da análise comportamental à mediação de conflitos, especialmente aos mediadores, contribui para adaptação das abordagens e estratégias na busca de melhoramento do engajamento das partes e tendência a soluções colaborativa. Algumas formas pelas quais a análise comportamental pode ser aplicada:

Compreensão dos vieses cognitivos[15]: Os mediadores podem estar cientes dos vieses cognitivos comuns, como a tendência de confiar mais em informações recentes ou de ancorar-se em valores iniciais. Ao identificar esses vieses, os mediadores podem ajudar as partes na sua superação, fornecendo informações objetivas e facilitando a reflexão sobre as opções disponíveis.

Gestão emocional: As emoções desempenham um papel primordial na tomada de decisão dos seres humanos. Dessa forma, a criação de um ambiente empático em que as partes se sintam seguras para expressarem suas emoções e lidarem com as tensões emocionais que possam surgir durante o processo é primordial[16].

---

13. GAVIÃO, Esdras; SOUZA, Adriano. Pressupostos das medidas autocompositivas adequadas de solução de conflitos: Acesso efetivo à justiça. **Revista Eletrônica de Direito Processual.** V. 23, pp. 382-403, 2022.
14. TVERSKY, Amos; KAHNEMAN, Daniel. **Science Judgment under Uncertainty: Heuristics and Biases, Science**, New Series, Vol. 185, N. 4157, pp. 1124-1131.
15. Ibidem.
16. FISHER, Roger; PATTON, Bruce; URY, William. **Getting to yes: negociation agreement without giving in.** 2. ed. New York: Penguin Books, 1991. pp.38-41.

Desenvolvimento de confiança e empatia: os mediadores têm a capacidade de empregar estratégias de comunicação eficaz, com a adoção de técnicas como escuta ativa e a validação dos sentimentos das partes, no intuito de criar vínculos de confiança. Esse procedimento eleva a probabilidade das partes estarem abertas à colaboração e à busca de um acordo que seja mutuamente satisfatório[17].

Uso de incentivos comportamentais: os mediadores podem explorar incentivos comportamentais, como a busca por soluções com ganhos mútuos ou a criação de opções que atendam aos interesses de ambas as partes. A abordagem pela via dos incentivos comportamentais promove a cooperação e o engajamento ativo das partes na busca de soluções[18].

Persuasão baseada em evidências: o mediador deve ser enfático quanto a importância de fornecer informações e argumentos claros e convincentes para influenciar o comportamento das partes. Os facilitadores podem se valer da utilização de dados, estudos de caso e exemplos relevantes para apoiar seus pontos de vista e ajudar as partes a tomarem decisões informadas e justas[19].

Dessa forma, é importante ressaltar que a eficácia da abordagem adotada pode variar diante do contexto específico do problema e das partes e do conflito envolvido. Portanto, os mediadores devem adaptar suas estratégias com base nas necessidades e dinâmicas únicas de cada disputa.

5. A ANÁLISE ECONÔMICA DO PROCESSO DE MEDIAÇÃO

A investigação econômica da mediação é uma abordagem que se concentra na avaliação dos aspectos financeiros e econômicos relacionados ao uso desse método de resolução de conflitos. Tal análise abarca os custos e ganhos para os envolvidos, além de avaliar o impacto no sistema judicial e na sociedade em geral.[20]

17. Ibidem. pp. 30-32.
18. ANDRADE, Agenor; PEREIRA, Bernardo; GOES, Gisele. A utilização dos nudges nas sessões de mediação como instrumento da política nacional de tratamento adequado dos conflitos. **Revista Eletrônica de Direito Processual**. v. 23, pp. 01-27, 2022.
19. Ibidem. pp. 74-76
20. NAVARRO, Eric. **Análise econômica do processo civil**. 2º Ed. São Paulo: RT, 2020.

Uma das principais vantagens da mediação sob uma perspectiva econômica é o potencial de economia de recursos em comparação com a litigância tradicional[21/22]. A mediação é mais rápida e menos dispendiosa em termos de custos financeiros e de tempo do que um processo judicial prolongado. O art. 28 da Lei 13.140/16 (Lei de Mediação) estipula que o procedimento deve ser concluído em sessenta dias, salvo se as partes requererem prorrogação.

Segundo o Conselho Nacional de Justiça, o menor tempo médio para prolação de uma sentença é de nove meses - Juizados Especiais - que se trata de um período 4,5 vezes maior que o de conclusão da mediação, decotando a hipótese de que uma sentença pode ser objeto de recurso em segundo grau[23].

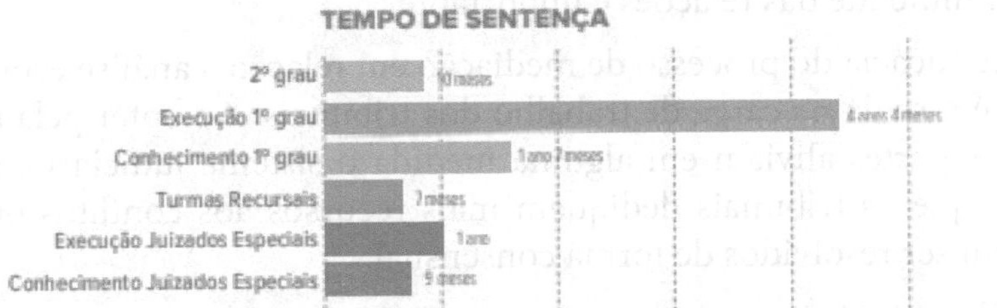

Fonte: BRASIL. CNJ. Justiça em números 2022. Brasília: CNJ, 2022, p.55.

O CNJ não disponibiliza o tempo médio de duração dos procedimentos de autocomposição ocorrido nos CEJUSCs, mas tão somente o índice de sentenças homologatórias. Porém, segundo o COMPOR do Ministério Público do Estado de Minas Gerais, o tempo médio de duração dos seus procedimentos é de 67 (sessenta e sete) dias.

---

21. Segundo o IPEA o custo unitário de um processo de execução fiscal em curso na Justiça Federal é de R$ 4.685,39 (quatro mil seiscentos e oitenta e cinco reais e trinta e nove centavos).
22. IPEA. *Custo unitário do processo de execução fiscal na Justiça Federal*. Brasília, 2011. p. 25. Disponível em: < https://www.cnj.jus.br/wp-content/uploads/2011/02/e42aabc7cb876c670096042fe52af676.pdf>. Acesso em: 24 de ago. de 2023.
23. O CNJ não disponibiliza o tempo médio de duração dos procedimentos de autocomposição ocorrido nos CEJUSCs, mas tão somente o índice de sentenças homologatórias.

86	46	67
SOLICITAÇÕES DE ATUAÇÃO CONCLUÍDAS	TEMPO MÉDIO DE DURAÇÃO DAS SOLICITAÇÕES DE ATUAÇÃO (DIAS)	TEMPO MÉDIO DE DURAÇÃO DOS PROCEDIMENTOS DE AUTOCOMPOSIÇÃO (DIAS)

Fonte: BRASIL. COMPOR. Plano diretor: gestão e resultados. Belo Horizonte: MPMG, 2022, p. 15

No condão da análise econômica do processo mediatório também deve ser levado em consideração os benefícios intangíveis, pois, a mediação oferece a oportunidade de preservação de relacionamentos, o que pode ser especialmente valioso em casos de disputas comerciais em que a continuidade das relações é importante.

A eficácia do processo de mediação em relação a análise econômica também se dá na carga de trabalho dos tribunais. Ao optar pela mediação, as partes aliviam em alguma medida o sistema judiciário, permitindo que os tribunais dediquem mais recursos aos conflitos que não podem ser resolvidos de forma consensual.

No entanto, nem todos os casos são apropriados para a mediação. As variantes factuais do conflito e sua natureza jurídica influenciam na seleção do método mais apropriado para resolvê-lo. Assim, a litigância pode ser a melhor escolha para algumas disputas, o que nos leva a considerar cuidadosamente os custos e benefícios com base na essência do conflito e em suas circunstâncias específicas[24].

Resumidamente, a análise econômica do processo de mediação oferece uma nova abordagem para avaliar sua eficácia na resolução de conflitos. Destaca-se o método como uma maneira de economizar recursos, tanto financeiros quanto de tempo, para as partes envolvidas e para o sistema judiciário. Ao mesmo tempo, enfatiza os benefícios intangíveis, como a preservação de relacionamentos e o estímulo à satisfação das partes.

24. GAVIÃO, Esdras; SOUZA, Adriano. Pressupostos das medidas autocompositivas adequadas de solução de conflitos: Acesso efetivo à justiça. *Revista Eletrônica de Direito Processual*. V. 23, pp. 382-403, 2022.

REFERÊNCIAS

ALMEIDA, Tania. *Mediação de Conflitos para iniciantes, praticantes e docentes*. Salvador: Juspodivm, 2016.

ANDRADE, Agenor; PEREIRA, Bernardo; GOES, Gisele. A utilização dos *nudges* nas sessões de mediação como instrumento da política nacional de tratamento adequado dos conflitos. Revista Eletrônica de Direito Processual. v. 23, pp. 01-27, 2022

BRASIL. Centro de Autocomposição de Conflitos e Segurança Jurídica. *Plano diretor: gestão e resultados*. Belo Horizonte: MPMG, 2022.

BRASIL. Conselho Nacional de Justiça. *Justiça em números 2022*. Brasília: CNJ, 2022

CAMPANÁRIO, M. S. N. de A. Mediação penal: inserção de meios alternativos de resolução de conflito. *Civitas: Revista de Ciências Sociais*, 13 (1), 118–135, (2013).

DEUTSH, Morton. The resolution of conflict: construtiv and destructiv processes. *New Haven and London: Yale University Press*, 1973. Pp. 1-32; 349-400.

FISHER, Roger; PATTON, Bruce; URY, William. *Getting to yes: negociation agreement without giving in*. 2. ed. New York: Penguin Books, 1991.

GAVIÃO, Esdras; SOUZA, Adriano. Pressupostos das medidas autocompositivas adequadas de solução de conflitos: Acesso efetivo à justiça. *Revista Eletrônica de Direito Processual*. v. 23, pp. 382-403, 2022.

HARVARD NEGOCIATION PROJECT ARCHIVES – PON. *History of the Harvard Negotiation Project*. www.pon.harvard.edu, 2023. Disponível em: <https://www.pon.harvard.edu/history-of-the-harvard-negotiation-project/>. Acesso em: 05 de julho de 2023.

IPEA. *Custo unitário do processo de execução fiscal na Justiça Federal*. Brasília, 2011. Disponível em: < https://www.cnj.jus.br/wp-content/uploads/2011/02/e42aabc7cb876c670096042fe52af676.pdf>. Acesso em: 24 de ago. de 2023.

J. PIRIE, Andrew. *Alternative dispute resolution: skills, science, and the law*. Toronto, Ontario: Irwin, 2000.

TVERSKY, Amos; KAHNEMAN, Daniel. Science Judgment under Uncertainty: Heuristics and Biases, Science, New Series, Vol. 185, N. 4157, pp. 1124-1131.

CAPÍTULO XXI

ARBITRAGEM

Thaís de Souza Corrêa Netto[1]

SUMÁRIO: 1. Conceito geral; 2. Visão do conceito pela análise econômica e comportamental; 3. Referência Prática; 4. Leituras Complementares; Referências.

1. CONCEITO GERAL

No Brasil, os conflitos podem ser solucionados pela forma autocompositiva ou pela forma heterocompositiva. A autocomposição acontece quando as próprias partes solucionam o conflito pela mediação ou pela conciliação. A heterocomposição ocorre quando um terceiro soluciona o conflito – jurisdição e arbitragem.[2]

O instituto da arbitragem já era utilizado no mundo antes mesmo do monopólio da Jurisdição estatal. No Brasil, desde a Constituição do Império de 1824 já havia previsão de que, nas causas cíveis as partes poderiam eleger juízes árbitros, com decisões irrecorríveis, contanto que convencionado pelas partes interessadas na solução da demanda, nos termos do art. 160.[3]

---

1. Doutoranda em Direito pela UFMG, Bolsista da CAPES, Mestra em Direito e Inovação pela UFJF. Especialista em Direito Público pela PUC-Minas. Advogada. Professora Substituta da UFRRJ – ITR (2021-2023). E-mail: thaisscnetto@hotmail.com.
2. Ver MARINONI, Luiz Guilherme; ARENHART, Sérgio Cruz; MITIDIERO, Daniel. Curso de processo civil: teoria do processo civil. v. 1. 6 ed. São Paulo: Thomson Reuters, 2021. p. 203-210.
3. GAIO JÚNIOR, Antônio Pereira. Teoria Geral da Arbitragem. 3 ed. Londrina: Thoth, 2022. p. 23-24.

Em 1831, tem-se a previsão do uso da arbitragem para litígios que envolviam seguro e com a Lei nº 108/1837 nos dissídios relacionados com a locação de serviços. Com o Código Comercial Brasileiro, em 1850, "foi instituído o juízo arbitral necessário para causas entre sócios de sociedades comerciais, locações, entre outras".[4]

Arbitragem teve extraordinário êxito em matéria comercial. Os mercadores de cidades comerciais como Florença, Veneza, Barcelona, direcionados a mercados e feiras internacionais não podiam esperar em Londres pela solução por um processo comum. Dessa forma, confiavam a decisão do seu caso a seus pares, que poderiam decidir como especialistas, de forma mais rápida e informal. A "arbitragem e o julgamento por mercadores foi a fonte de notáveis desenvolvimentos até o direito material: o *jus mercatorium* (...) foi produto da referida forma de julgamento".[5]

Entretanto, no Brasil, a arbitragem era considerada um instituto "exótico" e de pouco uso. Embora estivesse presente na Constituição de 1824, no Código Comercial de 1850 e nos Códigos de Processo Civil de 1939 e 1973 apenas foi utilizada até 1950, em alguns poucos casos, no direito interno e em relações internacionais. Era "um instituto praticamente desconhecido pelos magistrados, pelos advogados e pelos meios comerciais". Na realidade, havia pouca eficiência por ser caracterizada como um pacto preliminar e depender de homologação judicial.[6]

A Constituição Federal de 1988 veio ratificar, de forma explícita, a arbitragem, ao fazer referência expressa nos §§1º e 2º do art. 114, permitindo o exercício da via arbitral nos dissídios coletivos do trabalho.[7]

Com a Lei nº 9.307 de 1996 foi sedimentada a tendência de transferir demandas endereçadas ao Poder Judiciário para os tribunais arbitrais. Após a publicação da lei afirmou-se que não seria possível excluir do Poder Judiciário o julgamento de um conflito e que a referida lei era

4. GAIO JÚNIOR, 2022, p. 24.
5. CAPPELLETTI, Mauro. Os Métodos Alternativos de Solução de Conflitos no Quadro do Movimento Universal de Acesso à Justiça. São Paulo: *Revista dos Tribunais*, v. 19, n. 74, p. 82–97, abr./jun., 1994. p. 90.
6. WALD, Arnold. Arbitragem: passado, presente e futuro. Revista de Arbitragem e Mediação – Rarb.v. 13, n. 50, jul./dez. 2016. p. 60
7. GAIO JÚNIOR, 2022, p. 25.

inconstitucional. Em resposta, argumentou-se que a atividade do árbitro é também jurisdicional e que as dimensões da jurisdição teriam sido ampliadas, o que legitimava constitucionalmente o julgamento do árbitro.[8]

Marinoni, Arenhart e Mitidiero entendem que a escolha do árbitro não viola a Constituição, contudo, a atividade do árbitro não possui natureza jurisdicional. Para tais autores e parte da doutrina, a jurisdição apenas pode ser exercida por pessoa investida na autoridade de juiz, após concurso público de provas e títulos. A jurisdição é indelegável, já que nenhum dos poderes pode delegar os poderes atribuídos pela Constituição.[9]

Até a edição da Lei nº 9.307 de 1996, "a cláusula compromissória não era dotada de eficácia para, desde logo, vincular as partes e afastar a competência do Poder Judiciário". A ausência de previsão de autonomia da convenção de arbitragem somada à necessidade de homologação judicial das sentenças arbitrais, tornavam o respectivo método como inútil e desprovido de vantagens.[10]

A Lei nº 9.307/1996 correspondeu ao que a sociedade brasileira desejava. Com a referida lei criou-se um processo ágil e adaptável às necessidades de cada caso, sem prejuízo de manter os princípios do contraditório e da ampla defesa das partes. Além disso, assegurou a liberdade de escolha dos árbitros e evitou a possibilidade de recursos descabíveis, previu casos de anulação, simplificou a homologação da sentença estrangeira e excluiu a necessidade de homologação da decisão arbitral interna.[11]

Apesar da Lei nº 9.307/1996 ter abolido a necessidade de homologação da decisão arbitral, o órgão Judicial continua tendo papel importante em várias situações relacionadas com a via arbitral.[12]

---

8. MARINONI; ARENHART; MITIDIERO, 2021, p. 204
9. MARINONI; ARENHART; MITIDIERO, 2021, p. 206.
10. APRIGLIANO, Ricardo de Carvalho. O Controle Judicial sobre a Limitação à Produção Probatória Determinada pelos Árbitros. Violação ao Devido Processo Legal ou Revisão Indevida de Mérito?. RBA., n. 45, jan./mar. 2015, p. 60.
11. WALD, 2016, p. 64.
12. "A LA em seu art. 33 assegura aos interessados o acesso ao Judiciário para a declaração da nulidade da sentença arbitral nos casos que bem elenca. Em igual possibilidade, faculta a qualquer das partes arguir a citada nulidade em sede embargos à execução em via judicial (art. 33, § 3º, c.c o art. 741, do CPC). A execução forçada da sentença arbitral somente poderá ocorrer na seara judicial, ou seja, por meio do Poder Judiciário, constituindo tal ato arbitral

A arbitragem, de acordo com o art. 1º, da Lei nº 9.307/1996, pode ser definida como "(...) o meio pelo qual duas ou mais pessoas capazes de contratar instituem um juízo arbitral, a fim de solucionar litígio envolvendo direitos patrimoniais disponíveis, retirando do Poder Judiciário a competência para apreciar a demanda". A "arbitragem nasce para tratar de interesses eminentemente privados".[13]

A convenção de arbitragem é a pedra angular da arbitragem internacional e doméstica, já que representa a vontade das partes e o consenso com relação às principais escolhas que nortearão o funcionamento da arbitragem. Por meio da convenção da arbitragem, as partes conferem aos árbitros o poder de decidir sobre o conflito, limitam e definem o escopo desse poder.[14]

É possível indicar na convenção que parte do litígio será resolvido pela arbitragem e parte pela via judicial, com ou sem prévia mediação. As partes podem também eleger um foro para solucionar determinadas questões, ainda que tenham optado pela via arbitral. Por exemplo, a cláusula de eleição de foro para efetivar medidas urgentes, para cumprir de sentença arbitral ou para propor eventual ação anulatória[15].

A redação da convenção de arbitragem comporta desafios. As partes contratantes devem manter a simplicidade na redação da referida convenção tanto nas arbitragens domésticas quanto nas arbitragens internacionais. Apesar da inclusão de dados e de informações contribuírem para

---

em título executivo judicial, assim declarado pelo art. 41, da LA, c.c. art. 475 – N, IV do CPC. Na mesma toada encontra-se a efetivação de urgência, onde, uma vez deferida pelo árbitro reclamará a autuação do juiz togado, toda vez que se fizerem necessárias para o seu cumprimento a *coercio* e a *executio* (...). O Poder Judicante estatal solicitado a julgar matéria prejudicial relativa a direitos indisponíveis sempre que no curso do processo arbitral surgir dita ocorrência. GAIO JÚNIOR, 2022, p. 31-32."

13. LIMA, Edilson Vitorelli Diniz. *A execução coletiva pecuniária*: uma análise da (não) reparação do dano coletivo no Direito brasileiro. Dissertação (Mestrado) – Programa de Pós-Graduação em Direito, Universidade Federal de Minas Gerais, Belo Horizonte, 2011. p. 59.
14. GABBAY, Daniela Monteiro.; MAZZONETTO, Nathalia.; KOBAYASHI, Patrícia Shiguemi. Desafios e Cuidados na Redação das Cláusulas de Arbitragem. *In:* POLIDO, Fabrício Bertini Pasquot.; BASSO, Maristela. *Arbitragem Comercial*. Princípios, instituições e procedimentos. A prática no CAM-CCBC. 1 ed. São Paulo: Marcial Pons; São Paulo: CAM-CCBC – Centro de Arbitragem e Mediação/Câmara de Comércio Brasil-Canadá, 2013. p. 94.
15. PINHO, Humberto Dalla Bernardina de.; MAZZOLA, Marcelo. *Manual de mediação e arbitragem*. 2 ed. São Paulo: Saraiva Educação, 2021. p. 315.

a formação de futura relação bem delineada e segura, se as escolhas forem realizadas sem análise de pontos importantes, o detalhamento pode criar obstáculos e impedir a instituição célere e eficiente da arbitragem.[16]

Conforme indicado no art. 3º, da Lei de Arbitragem, a convenção arbitral pode ser de duas espécies: a cláusula compromissória e o compromisso arbitral. A cláusula compromissória se refere à convenção pela qual as partes em um contrato se comprometem a submeter à arbitragem os litígios que possam surgir relacionados ao referido contrato, nos termos do art. 4º da Lei de Arbitragem. A cláusula compromissória deverá ser estabelecida por escrito e pode estar inserida no próprio contrato ou documento apartado a que se refira, de acordo com o § 1º do art. 4º da Lei de Arbitragem.

A cláusula compromissória, ainda que possua natureza contratual, não exaure a sua eficácia no direito civil. A referida cláusula tem natureza híbrida, na medida em que concretiza a cláusula *rebus sic stantibus* e tem a capacidade de afastar o julgamento pelo Poder Judiciário, "a menos que ambas as partes se arrependam do avençado e realizem um distrato".[17]

Além disso, a cláusula compromissória tem autonomia em relação ao contrato em que estiver inserida. A respectiva autonomia encontra-se prevista no art. 8º da Lei de Arbitragem. Assim, a nulidade do contrato não implica, necessariamente, em nulidade da cláusula compromissória. O árbitro que decidirá de ofício ou por provocação das partes questões relacionadas com a existência, validade e eficácia da convenção de arbitragem e do contrato que contenha a cláusula, nos termos do art. 8º, parágrafo único, da Lei de Arbitragem.[18]

16. GABBAY; MAZZONETTO; KOBAYASHI, 2013, p. 96.
17. PINHO; MAZZOLA, 2021. p. 317.
18. Nesse sentido, tem-se o Agravo em Recurso Especial nº 1276872, em que a 2ª Turma do Superior Tribunal de Justiça – STJ negou provimento ao recurso especial de uma fornecedora de energia e reafirmou a jurisprudência da corte a respeito da matéria, no sentido de precedência do juízo arbitral sobre o Judiciário nos contratos de cláusula compromissória (art. 8º, da Lei de Arbitragem). STJ. "A partir do princípio da competência-competência, cabe ao árbitro decidir com prioridade em relação ao Judiciário sobre questões em torno da existência, validade e eficácia da convenção de arbitragem e do contrato que contenha a cláusula compromissória. Com esse entendimento, a Segunda Turma do Superior Tribunal de Justiça (STJ) negou provimento ao recurso especial de uma fornecedora de energia e reafirmou a jurisprudência da corte a respeito da matéria, consolidada em precedentes tanto dos colegiados de direito público quanto dos de direito privado. A em-

Nos artigos 5º e 6º da Lei de Arbitragem estão indicadas as duas espécies da cláusula compromissória – a cheia e a vazia. A cheia possui como características a apresentação de regras e de elementos necessários à instalação da arbitragem e possibilita a instalação, independentemente, da celebração do compromisso, já que os artigos 3º e 5º indicam que tanto a cláusula compromissória quanto o compromisso arbitral são constituidores da convenção arbitral. A vazia não possui os elementos mínimos que possibilitam a instauração adequada da arbitragem.[19]

A Lei de Arbitragem brasileira impede que a cláusula compromissória seja vazia, ou seja, que não especifique o tipo de compromisso que será realizado pela arbitragem. A cláusula compromissória não pode somente declarar que qualquer litígio será resolvido pela arbitragem, ou seja, deve indicar previamente algumas informações como a seleção do Tribunal Arbitral e do Árbitro ou forma de eleição, prazos, procedimentos, para evitar a aplicação do artigo 7º, da Lei de Arbitragem.[20]

Nesse sentido, cabe ressaltar ainda, que:

> "(...) o Brasil aderiu à Convenção do Panamá, pelo Decreto Legislativo nº 90/95 – segundo a qual as partes podem nomear os árbitros ou delegar a sua designação a terceiro e que, somente no silêncio das partes a arbitragem será instaurada de acordo com as normas da Comissão Interamericana de Arbitragem Comercial (arts. 2º, 3º, 6º, 9º e 14) – não se há excogitar

presa, antes de uma solução arbitral, ingressou no Tribunal Regional Federal da 2ª Região para questionar contrato celebrado com a Comercializadora Brasileira de Energia Emergencial – posteriormente sucedida pela União. A empresa contesta a cláusula que fixou o dólar como índice de correção do preço da potência contratada, alegando não possuir equipamentos importados. (...)Em seu voto, o relator do recurso especial, ministro Og Fernandes, lembrou que a precedência do juízo arbitral sobre o Judiciário nos contratos com cláusula compromissória está prevista no artigo 8º da Lei de Arbitragem (Lei 9.307/1996). Ele afirmou que o princípio da competência-competência não pode ser afastado pela "presunção de que não houve concordância expressa de uma das partes" e pelo "simples fato de o contrato ser de adesão". Segundo Og Fernandes, cabe ao Judiciário intervir de imediato em uma disputa arbitral apenas em situações excepcionais. É preciso, explicou o ministro, haver "um compromisso arbitral 'patológico' – claramente ilegal – para que seja possível a movimentação do aparato judicial antes da prolação da sentença arbitral" (STJ, 2ª T. AgInt no ARESP: 1276872 RJ 2018/0084050-9, Rel. Min. Og Fernandes, Julg. 01.12.2020, *DJe* 30/06.2021).

19. GAIO, 2022, p. 64, p. 68.

20. CANDIDO; LIMA, 2018, p. 14.

da existência de cláusula compromissória totalmente vazia ou em branco, uma vez que as normas da Comissão serão aplicadas subsidiariamente".[21]

Os contratantes ao redigirem a cláusula compromissória poderão ou não indicar algum tribunal arbitral ou entidade especializada. Nessas situações, caso seja necessário instaurar a jurisdição arbitral, a instauração do procedimento e o referido processamento serão realizados com base nas regras internas da instituição escolhida. A arbitragem também poderá ser a*d hoc*, hipótese em que o procedimento é particularizado pelas partes.[22]

As partes poderão nomear um ou mais árbitros, sempre em número ímpar, podendo ainda, nomear os suplentes, nos termos do art. 13, § 1º, da Lei de Arbitragem. Nos casos em que as partes nomearem árbitros em número par, estes estão autorizados a nomear mais um árbitro, com base no art. 13, § 2º, da Lei de Arbitragem. Conforme indicado por Gabbay, Mazzonetto e Kobayshi, a nomeação em número ímpar retira as arbitragens de *commodities*[23].

Merece destaque que a cláusula compromissória possui força vinculante. Nesse sentido, obriga "as partes da relação contratual a respeitar, para a resolução dos conflitos, a competência atribuída ao árbitro". O "estado de falência posterior ao processo arbitral não impede o regular prosseguimento da arbitragem já instaurada, e, ainda que houvesse dúvida nesse sentido, tal questão deveria ser dirimida pelo tribunal arbitral, não cabendo à parte acionar o juízo estatal".[24]

O compromisso arbitral[25] encontra-se previsto no art. 9º, da Lei da Arbitragem. O compromisso arbitral trata-se de acordo realizado após

21. SOMBRA, Thiago Luis. A constitucionalidade da arbitragem e sua disciplina no Anteprojeto do CPC. Brasília, ano 48, n. 190, abr./jun.2011, p. 269.
22. PINHO; MAZZOLA, 2021, p. 317.
23. GABBAY; MAZZONETTO; KOBAYASHI, 2013, p. 103.
24. (STJ, RE Nº 1.959.435 – RJ 2021/0289749-6, Rel. Min. Nancy Andrighi, Julg. 30.08.2022, DJe 05.09.2022).
25. Ver art. 10, da Lei de Arbitragem. *"Art. 10. Constará, obrigatoriamente, do compromisso arbitral:I – o nome, profissão, estado civil e domicílio das partes; II – o nome, profissão e domicílio do árbitro, ou dos árbitros, ou, se for o caso, a identificação da entidade à qual as partes delegaram a indicação de árbitros; III – a matéria que será objeto da arbitragem; e IV – o lugar em que será proferida a sentença arbitral. Art. 11. Poderá, ainda, o compromisso arbitral conter: I – local, ou locais, onde se desenvolverá a arbitragem; II – a autorização para que o árbitro ou*

o surgimento do conflito. O respectivo compromisso independe da preexistência da cláusula compromissória. O compromisso pode ser realizado em duas hipóteses: i) "no caso de cláusula compromissória indeterminada no contrato, uma vez estabelecido o conflito, as partes podem ajustar as regras e as condições da arbitragem por meio de um compromisso arbitral"; ii) "na ausência de cláusula compromissória no contrato, as partes, diante de eventual conflito, podem pactuar diretamente as regras da disputa, elegendo a via arbitral".[26]

O compromisso arbitral se diferencia da cláusula compromissória no tempo em que acontece a escolha em submeter a solução de um conflito de interesses aos auspícios à arbitragem. Enquanto na cláusula compromissória a escolha pela via arbitral ocorre antes mesmo da existência do conflito entre as partes contraentes de específico negócio jurídico, no compromisso arbitral, por sua vez, a escolha de se submeter à arbitragem acontece após a existência da controvérsia.[27]

Os requisitos facultativos do compromisso arbitral estão dispostos no art. 11 da Lei de Arbitragem.[28] O art. 13 indica três hipóteses de extinção do compromisso arbitral. A primeira refere-se a escusa do árbitro antes de aceitar a nomeação, contanto que as partes tenham declarado,

---

os árbitros julguem por equidade, se assim for convencionado pelas partes; III – o prazo para apresentação da sentença arbitral; IV – a indicação da lei nacional ou das regras corporativas aplicáveis à arbitragem, quando assim convencionarem as partes; V – a declaração da responsabilidade pelo pagamento dos honorários e das despesas com a arbitragem; e VI – a fixação dos honorários do árbitro, ou dos árbitros. Parágrafo único. Fixando as partes os honorários do árbitro, ou dos árbitros, no compromisso arbitral, este constituirá título executivo extrajudicial; não havendo tal estipulação, o árbitro requererá ao órgão do Poder Judiciário que seria competente para julgar, originariamente, a causa que os fixe por sentença".

26. PINHO; MAZZOLA, 2021, p. 323.
27. GAIO JÚNIOR, 2022, p. 73.
28. Ver o *"Art. 11. Poderá, ainda, o compromisso arbitral conter: I – local, ou locais, onde se desenvolverá a arbitragem; II – a autorização para que o árbitro ou os árbitros julguem por equidade, se assim for convencionado pelas partes; III – o prazo para apresentação da sentença arbitral; IV – a indicação da lei nacional ou das regras corporativas aplicáveis à arbitragem, quando assim convencionarem as partes; V – a declaração da responsabilidade pelo pagamento dos honorários e das despesas com a arbitragem; e VI – a fixação dos honorários do árbitro, ou dos árbitros. Parágrafo único. Fixando as partes os honorários do árbitro, ou dos árbitros, no compromisso arbitral, este constituirá título executivo extrajudicial; não havendo tal estipulação, o árbitro requererá ao órgão do Poder Judiciário que seria competente para julgar, originariamente, a causa que os fixe por sentença".*

expressamente, não aceitar substituto. Se houver escusa, as partes deverão indicar o substituto, para que avalie se aceitará ou não a nomeação. A segunda hipótese se refere ao falecimento ou a impossibilidade de o árbitro proferir seu voto, tendo em vista que as partes também declararam anteriormente não aceitar substituto. Dessa forma, a segunda hipótese se aplica aos casos em que o árbitro apresenta doença superveniente que comprometa suas habilidades psicomotoras. A terceira hipótese está relacionada com a perda do prazo para entrega da prestação jurisdicional.[29]

2. VISÃO DO CONCEITO PELA ANÁLISE ECONÔMICA E COMPORTAMENTAL

Antes de adentrar na Análise Econômica do Direito e da Economia Comportamental envolvendo a Arbitragem, cabe discorrer sobre as condições de ajuizamento da ação e a condição de acordo. Ressalta-se que o autor racional ajuizará a ação quando o benefício do ajuizamento for maior do que o seu custo. Assim, uma ação ajuizada terá um valor ajuizado positivo quando a condição de ajuizamento estiver satisfeita e terá valor esperado negativo quando a condição não estiver satisfeita.[30]

Em relação à condição de acordo, assevera-se que, embora a decisão de realizar ou não o acordo seja escolha da parte, o advogado encontra-se em uma posição de orientar o cliente a fechar o acordo ou seguir com o litígio. Dessa forma, "se o valor oferecido para acordo for maior ou igual ao valor esperado da ação, então, o autor racional aceitará a proposta e a lide será resolvida".[31]

A Arbitragem pela Análise Econômica do Direito e da Economia Comportamental tem se revelado como uma alternativa atrativa em comparação com o Sistema Judiciário, para as empresas brasileiras que buscam obter "decisões rápidas, qualificadas, imparciais e eficientes para os seus conflitos".[32]

29. PINHO; MAZZOLA, 2021, p. 325.
30. GICO JÚNIOR, Ivo Teixeira. *Análise Econômica do Processo Civil*. Indaiatuba: Ed. Foco, 2020. p. 184.
31. GICO JÚNIOR, 2020, p. 187.
32. NANI, Ana Paula Ribeiro.; TIMM, Luciano Benetti. Arbitragem Vs. Judiciário: Uma Análise Econômica e Econômica Comportamental. EALR, Brasília, v. 13, n. 3, Out-Dez, 2022. p. 15.

A escolha entre a Arbitragem ou o Sistema Judiciário não deve ser pautada apenas no custo do serviço, já que outros fatores também são decisivos na solução adequada do conflito e, por isso, devem ser levados em consideração, no momento, em que optar-se por qualquer uma das duas formas heterocompositivas.

Destaca-se que o custo previsto de recorrer ao Judiciário ou outras formas de solucionar disputas não depende somente de taxas pagas à justiça, de despesas durante o litígio, da probabilidade de se vencer e de como os custos do litígio são repartidos para quem ganha e para quem perde a disputa. Existe ainda, "o custo do tempo, das incertezas e da falta de expertise dos julgadores em matérias como mercado de capitais, direito societário, direito empresarial e mesmo direito internacional".[33]

Sica e Pimentel realizaram um levantamento empírico dos custos do litígio para alguns Tribunais de Justiça e Instituições Arbitrais. Analisaram os tratamentos dados aos custos do processo pelos Tribunais de São Paulo, Rio de Janeiro, Minas Gerais e Rio Grande do Sul. No que se refere às Câmaras Arbitrais, analisaram as regras de custas do Centro Brasileiro de Mediação e Arbitragem - CBMA, Centro de Arbitragem e Mediação da Câmara de Comércio Brasil-Canadá - CAM-CCBC, Câmara de Conciliação, Mediação e Arbitragem Ciesp / Fiesp e da Câmara de Comércio Internacional - CCI.[34]

A partir da análise dos dados dos Tribunais de Justiça, Sica e Pimentel observaram que não existe uniformidade com relação à forma e aos valores da cobrança das custas judiciais. "A taxa judiciária para o ajuizamento da ação pode variar entre 1% e 2,5% do valor da causa, respectivamente em São Paulo e no Rio Grande do Sul, com tetos que vão de R$ 11.301,82, em Minas Gerais, a R$ 82.830,00, em São Paulo". Os valores pagos para interpor recursos podem variar de R$ 277,14, no Rio de Janeiro, para até R$ 82.830,00, teto estabelecido para a taxa de 4% sobre o valor da causa ou da condenação.[35]

33. TIMM, Luciano Benetti.; JOBIM, Eduardo. A Arbitragem, os Contratos Empresariais e a Interpretação Econômica do Direito. *Direito e Justiça,* Porto Alegre, v. 33, n. 1, junho 2007. p. 81.
34. SICA, Heitor Vitor Mendonça.; PIMENTEL, Wilson. *Custo do Processo Arbitral versus Custo do Processo Judicial*: uma Análise Econômica da Realidade Brasileira. Revista Brasileira de Arbitragem, vol. XVII, n. 68, out./dez. 2020. São Paulo. p. 48.
35. SICA; PIMENTEL, 2020, p. 48.

Em se tratando das câmaras arbitrais, a cobrança, geralmente distribuída entre taxa de registro, taxa de administração e honorários dos árbitros, também varia na forma e no valor. As despesas arbitrais sofrerão considerável redução, como quando a disputa for solucionada por um único árbitro.

Outro ponto merecedor de destaque, identificado por Sica e Pimentel, refere-se ao fato de que a arbitragem nas demandas menores poderá ser mais custosa do que o processo judicial para litigantes que possuam baixa probabilidade de êxito. Entretanto, à medida que o valor da disputa aumenta, ela fica cada vez mais barata em comparação com o processo judicial e, para demandas de valores mais elevados, a arbitragem será sempre menos custosa[36].

A Análise Econômica do Direito permite compreender qual o "método de resolução de conflitos é o menos custoso e o mais eficiente para as partes"[37]. A Arbitragem possui algumas vantagens, como a ausência de forma solene; a possibilidade do julgamento por equidade ou por escolha livre da lei a ser aplicada, fatores que tendem a diminuir os custos da transação envolvidos; o segredo, que costuma está relacionado com a arbitragem; a economia e a celeridade. As referidas características se contrastam com a demora na solução de litígios pelos órgãos judiciais.[38]

3. REFERÊNCIA PRÁTICA

3.1. Referência prática 1

Com relação ao reconhecimento ou execução de uma Convenção de Arbitragem, cabe indicar que o acordo entre as partes pode resultar em dois efeitos: i) a obrigação estabelecida de submeter o caso a um Tribunal Arbitral; e ii) a limitação de acessar o Judiciário para solucionar a disputa. "A Convenção de Nova Iorque justamente faz com que países signatários sejam obrigados a reconhecer esses dois efeitos".[39]

36. SICA; PIMENTEL, 2020, p. 64.
37. TIMM; JOBIM, 2007, p. 86.
38. TIMM; JOBIM, 2007, p. 90.
39. MONTEIRO, Gustavo Becker. *Arbitragem Comercial Internacional e Devido Processo Legal*: efeitos e limites do *"due process paranoia"* na condução de procedimentos arbitrais. Disser-

A referida Convenção trata-se de um Tratado Internacional. Nesse sentido, quando os juízes aplicam a Convenção durante "a execução ou o reconhecimento de convenção ou sentença arbitral, ela deve ser interpretada de acordo com os artigos 31 e 32 da Convenção de Viena sobre o Direito dos Tratados de 1969".[40]

Considerando que o propósito da Convenção de Nova Iorque é possibilitar o comércio internacional e a resolução de conflitos internacionais por intermédio da arbitragem, esses devem ser os fundamentos de um juiz ao interpretar a Convenção, com uma postura pró-execução frente à sentença arbitral estrangeira.[41]

Com o intuito de compreender como arbitragem internacional tem sido aplicada e os desafios a serem enfrentados, torna-se fundamental realizar estudos empíricos sobre a presente temática. Nesse sentido, considerando que, a Escola de Arbitragem Internacional da *Queen Mary University of London* organiza pesquisas empíricas sobre a Arbitragem Internacional desde 2006[42], com suporte de escritórios internacionais, serão coletadas informações e o resultado do recente estudo: *"2021 International Arbitration Survey: Adapting Arbitration to a Changing World"* realizado pela referida Escola de Arbitragem Internacional e o escritório de advocacia internacional *White & Case LLP.*[43]

A pesquisa *"2021 International Arbitration Survey: Adapting Arbitration to a Changing World"* objetiva observar como a arbitragem internacional se adaptou às mudanças envolvendo diversidade, tecnologia, considerações ambientais e segurança da informação, no contexto da pandemia de COVID-19. A respectiva pesquisa teve o maior número de entrevistados de todos os tempos com 1.218 respostas ao questionário

---

tação (Mestrado) – Universidade Federal de Santa Catarina, Programa de Pós-Graduação em Direito, Florianópolis, 2019

40. ICCA, 2011 apud MONTEIRO, 2019. p. 43.
41. MONTEIRO, 2019. p. 44.
42. Cf. "Desde 2006, a Escola de Arbitragem Internacional da Queen Mary University of London organiza pesquisas empíricas, por intermédio da coleta, processamento e publicação de dados sobre arbitragem internacional, com o suporte de escritórios internacionais de advocacia como White & Case, PriceWaterhouseCoopers e Pinsent Masons", MONTEIRO, 2019, p. 59.
43. QUEEN MARY UNIVERSITY OF LONDON. Research. Disponível em: <https://arbitration.qmul.ac.uk/research/2021-international-arbitration-survey/>. Acesso em: 04 jul. 2023.

e 198 entrevistas realizadas. Foram solicitadas opiniões de advogados internos de ambas as partes, conselho de interno de setores públicos e privados, árbitros, profissionais privados, representantes de instituições arbitrais e associações, acadêmicos, especialistas e financiadores terceirizados. Ressalta-se que a pesquisa fornece informações de como a arbitragem internacional se adaptou e o que necessita ser feito.

Entre os resultados da citada pesquisa, referente a escolhas atuais e futuras adaptações, cabe traduzir e indicar: i) a arbitragem internacional é o método de resolução de litígios transfronteiriços preferido pelos 90% entrevistados seja de forma autônoma / individual – 31% – seja em conjunto com *ADR* – 59%[44]; ii) os cinco lugares que mais preferem a arbitragem são: Londres, Singapura, Hong Kong, Paris e Geneva[45]. Maior apoio à arbitragem pelos Tribunais locais e judiciário, aumento da neutralidade da imparcialidade do sistema legal, melhor histórico de cumprimento de acordos de arbitragem e laudos arbitrais são as principais adaptações que poderiam tornar a arbitragem mais atrativa em outros lugares[46]; iii) as Regras da Arbitragem da UNCITRAL são o regime mais popular para a arbitragem *ad hoc*[47]; iv) as cinco instituições arbitrais preferidas são ICC, HKIAC, LCIA e CIETAC[48]; v) os entrevistados escolheram 'administrativo / apoio logístico para audiências virtuais como a primeira escolha de adaptação que poderia fazer com outros conjuntos de regras de arbitragem ou instituições arbitrais ficassem mais atraentes, seguido de compromisso para grupo de árbitros mais diversificado[49]; vi)

44. "International arbitration is the preferred method of resolving cross-border disputes for 90% of respondents, either on a stand-alone basis (31%) or in conjunction with ADR (59%)". *Ibid.*, 2021, p. 2.
45. "The five most preferred seats for arbitration are London, Singapore, Hong Kong, Paris and Geneva". *Ibid*, 2021, p. 2.
46. "Greater support for arbitration by local courts and judiciary', 'increased neutrality and impartiality of the local legal system', and 'better track record in enforcing agreements to arbitrate and arbitral awards' are the key adaptations that would make other arbitral seats more attractive". *Ibid.*, 2021, p. 2.
47. "The UNCITRAL Arbitration Rules are the most popular regime for ad hoc arbitration". *Ibid.*, 2021, p. 2.
48. "The five most preferred arbitral institutions are the ICC, SIAC, HKIAC, LCIA and CIETAC." *Ibid*, 2021, p.2.
49. "Respondents chose 'administrative/ logistical support for virtual hearings' as their top choice adaptation that would make other sets of arbitration rules or arbitral institutions

usuários de arbitragem estariam mais dispostos a fazer submissões sem o cumprimento ilimitado de escrita, audiências orais sobre problemas processuais e produção de documentos se isso tornasse sua arbitragem mais barata ou mais rápida[50].

3.2. Referência prática 2

O Superior Tribunal de Justiça, no Recurso Especial nº 2083174/SP, manteve o posicionamento já adotado, de que como regra, a celebração de cláusula compromissória implica na derrogação da jurisdição estatal e impõe ao árbitro o poder-dever de decidir as questões resultantes do contrato e, até mesmo, decidir a respeito da existência, da validade e da eficácia da cláusula compromissória – regra Kompetenz-Kompetenz.

Brevemente, cabe indicar que o recurso foi interposto contra acórdão proferido pelo Tribunal de Justiça do Estado de São Paulo, cuja ementa transcreve-se a seguir:

> Franquia. Rescisão contratual tendo como base a ocorrência de caso fortuito e força maior pandemia da Covid-19. Pactuado entre as partes contém cláusula compromissória. Arbitragem. Convenção de arbitragem que reconhece a competência do juízo arbitral, ou seja, o afastamento da Justiça Estatal para dirimir controvérsias do que fora avençado. Sentença que expôs de forma clara e precisa e de modo pormenorizado a incompetência do Judiciário para tanto. Extinção do processo, sem alcançar o mérito, em condições de sobressair. Apelo desprovido[51].

Entre as alegações apresentadas pelo requerente cabe indicar: "(ii) a correta interpretação e alcance do princípio da competência-competência

---

more attractive, followed by 'commitment to a more diverse pool of arbitrators'". *Ibid.*, 2021, p. 2.

50. "Arbitration users would be most willing to do without 'unlimited length of written submissions', 'oral hearings on procedural issues' and 'document production' if this would make their arbitrations cheaper or faster". *Ibid.*, 2021, p. 2.

51. BRASIL. **Superior Tribunal de Justiça**. Recurso Especial nº 2083174 – SP. Relator: Ministro Humberto Martins. Julgado em: 08 de março de 2024. Disponível em: https://processo.stj . jus.br/processo/dj/do cumento/mediado/?tipo_documento =documento &componente =MON&sequencial=233425789&num_registro=202302284850&data=20240311&tipo=0. p. 1.

à luz da análise econômica do direito, considerando a sua invalidade pela ausência do dever de informar e abuso de direito na sua instituição"[52].

Embora o recorrente tenha feito menção à Análise Econômica do Direito, cabe indicar que, como já citado anteriormente, a arbitragem, pela Análise Econômica do Direito tem se revelado como alternativa atrativa. Ademais, a escolha pela Arbitragem ou pelo Judiciário deve ser feita pelas partes, que devem considerar não apenas o custo, mas outros fatores como a *expertise* dos árbitros em determinadas matérias, como as que envolvem o direito empresarial - como no caso em questão.

Salienta-se que a afirmativa de abuso do direito não se justifica, considerando o disposto na decisão monocrática, em que foi citado trecho do acórdão de origem, que indica que a cláusula em que as partes se comprometeram, no caso de eventual litígio, a submeter-se à arbitragem não se mostra abusiva e ostenta plena eficácia, já que foi firmada por pessoas capazes a contratar e referia-se a litígios relacionados a direitos patrimoniais disponíveis e, portanto, não havia razão para afastá-la. Dessa forma, as partes ao firmarem a cláusula renunciaram à competência da Justiça Estatal. Além disso, o Judiciário somente poderá intervir para proclamar defeito de forma do procedimento.

Nesse sentido, o relator conheceu em parte o recurso especial e negou-lhe provimento, pautado ainda, em outros julgados e na citação da doutrina, de que "(...) a intervenção judicial é limitada, haja vista a soberania do tribunal arbitral para decidir a extensão de sua própria capacidade de julgamento quando estiver em debate a existência, validade e eficácia da convenção da arbitragem perante determinada controvérsia"[53].

4. LEITURAS COMPLEMENTARES

APRIGLIANO, Ricardo de Carvalho. Jurisdição e Arbitragem no novo Código de Processo Civil. *In:* MELO, Leonardo de Campos.; BENEDUZI, Renato Resende. A Reforma da Lei de Arbitragem. Rio de Janeiro: Forense, 2016.

52. BRASIL. **Superior Tribunal de Justiça.** Recurso Especial nº 2083174 – SP. p. 2.
53. O relator citou o artigo de Patrícia Cândido Alves Ferreira publicado na Revista de Direito Civil Contemporâneo. p. 5. BRASIL. Superior Tribunal de Justiça. Recurso Especial nº 2083174 – SP. p. 5.

POLIDO, Fabrício Bertini Pasquot. Agenda Global da Arbitragem Comercial Internacional e sua conformação institucional. *In:* POLIDO, Fabrício Bertini Pasquot.; BASSO, Maristela. Arbitragem Comercial. Princípios, instituições e procedimentos. A prática no CAM-CCBC. 1 ed. São Paulo: Marcial Pons; São Paulo: CAM-CCBC – Centro de Arbitragem e Mediação/Câmara de Comércio Brasil-Canadá, 2013.

REFERÊNCIAS

APRIGLIANO, Ricardo de Carvalho. O Controle Judicial sobre a Limitação à Produção Probatória Determinada pelos Árbitros. Violação ao Devido Processo Legal ou Revisão Indevida do Mérito?. RBA N/] 45, Jan./ Mar. 2015. p. 58-81.

CANDIDO, Priscilla Fernandes.; VITORELLI, Edilson. Análise Comparativa entre a Arbitragem no Brasil e nos Estados Unidos da América. XIV Jornada de Iniciação Científica e VIII Mostra de Iniciação Tecnológica. São Paulo: Mackenzie, 2018. Disponível em: http://eventoscopq.mackenzie.br/index.php/jornada/xivjornada/paper/viewFile/833/615

CAPPELLETTI, Mauro. Os Métodos Alternativos de Solução de Conflitos no Quadro do Movimento Universal de Acesso à Justiça. São Paulo: Revista dos Tribunais, v. 19, n. 74, p. 82–97, abr./jun., 1994.

GABBAY, Daniela Monteiro.; MAZZONETTO, Nathalia.; KOBAYASHI, Patrícia Shiguemi. Desafios e Cuidados na Redação das Cláusulas de Arbitragem. *In:* POLIDO, Fabrício Bertini Pasquot.; BASSO, Maristela. *Arbitragem Comercial.* Princípios, instituições e procedimentos. A prática no CAM-CCBC. 1 ed. São Paulo : Marcial Pons; São Paulo: CAM-CCBC – Centro de Arbitragem e Mediação/Câmara de Comércio Brasil-Canadá, 2013. p. 93-130.

GAIO JÚNIOR, Antônio Pereira. *Teoria Geral da Arbitragem.* 3 ed. Londrina: Thoth, 2022.

GICO JÚNIOR, Ivo Teixeira. *Análise Econômica do Processo Civil.* Indaiatuba: Ed. Foco, 2020.

LIMA, Edilson Vitorelli Diniz. *A execução coletiva pecuniária*: uma análise da (não) reparação do dano coletivo no Direito brasileiro. Dissertação (Mestrado) – Programa de Pós-Graduação em Direito,

Universidade Federal de Minas Gerais, Belo Horizonte, 2011. 244 f. Disponível em: < https://repositorio.ufmg.br/bitstream/1843/BUOS-8FTKGR/4/disserta__o_edilson_vitorelli_diniz_lima.pdf>. Acesso em: 26 jun. 2023.

MARINONI, Luiz Guilherme.; ARENHART, Sérgio Cruz.; MITIDIERO, Daniel. *Curso de processo civil*: teoria do processo civil. v.1. 6 ed. São Paulo: Thomson Reuters Brasil, 2021. p. 203-210.

MONTEIRO, Gustavo Becker. *Arbitragem Comercial Internacional e Devido Processo Legal*: efeitos e limites do "*due process paranoia*" na condução de procedimentos arbitrais. Dissertação (Mestrado) - Universidade Federal de Santa Catarina, Programa de Pós-Graduação em Direito, Florianópolis, 2019. p. 157. Disponível em: < https://repositorio.ufsc.br/bitstream/handle/123456789/219186/PDPC1470-D.pdf?sequence=-1&isAllowed=y>. Acesso em: 03 jul. 2023.

NANI, Ana Paula Ribeiro.; TIMM, Luciano Benetti. Arbitragem Vs. Judiciário: Uma Análise Econômica e Econômica Comportamental. EALR, Brasília, v. 13, n. 3, p. 14-31, Out-Dez, 2022. Disponível em: <https://portalrevistas.ucb.br/index.php/EALR/article/view/13474>. Acesso em: 29 jun. 2023.

GABBAY, Daniela Monteiro.; MAZZONETTO, Nathalia.; KOBAYASHI, Patrícia Shiguemi. Desafios e Cuidados na Redação das Cláusulas de Arbitragem. *In:* POLIDO, Fabrício Bertini Pasquot.; BASSO, Maristela. *Arbitragem Comercial.* Princípios, instituições e procedimentos. A prática no CAM-CCBC. 1 ed. São Paulo: Marcial Pons; São Paulo: CAM-CCBC - Centro de Arbitragem e Mediação/Câmara de Comércio Brasil-Canadá, 2013. p. 93-130.

PINHO, Humberto Dalla Bernardina de.; MAZZOLA, Marcelo. *Manual de mediação e arbitragem.* 2 ed. São Paulo: Saraiva Educação, 2021. p. 315-330.

SICA, Heitor Vitor Mendonça.; PIMENTEL, Wilson. *Custo do Processo Arbitral versus Custo do Processo Judicial*: uma Análise Econômica da Realidade Brasileira. Revista Brasileira de Arbitragem, vol. XVII, n. 68, out./dez. 2020. São Paulo. p. 42 -66.

SOMBRA, Thiago Luís. A constitucionalidade da arbitragem e sua disciplina no Anteprojeto do CPC. Brasília, ano 48, n. 190, abr./jun.2011,

p. 263-277. Disponível em: <https://www2.senado.leg.br/bdsf/bitstream/handle/id/242958/000940009.pdf?sequence=3&isAllowed=y>. Acesso em: 29 jun. 2023.

STJ. Arbitragem tem prioridade para analisar contrato com cláusula compromissória, reafirma Segunda Turma. 22 jan. 2021. Disponível em: <Arbitragem tem prioridade para analisar contrato com cláusula compromissória, reafirma Segunda Turma (stj.jus.br)>. Acesso em:

TIMM, Luciano Benetti.; JOBIM, Eduardo. A Arbitragem, os Contratos Empresariais e a Interpretação Econômica do Direito. *Direito & Justiça,* Porto Alegre, v. 33, n.1, p. 80-97, 2007.

WALD, Arnold. Arbitragem: passado, presente e futuro. *Revista de Arbitragem e Mediação.* v. 13, n.50, jul./set. 2016. p. 59-78.

CAPÍTULO XXII

RESPONSABILIZAÇÃO AMBIENTAL E COOPERAÇÃO

Silvia Maria de Almeida Ribeiro[1]

SUMÁRIO: 1. Conceito geral; 2. Análise econômica e comportamental do direito processual; 3. Referência prática; 4. Leituras complementares; Referências.

1. CONCEITO GERAL

A responsabilização pela devastação ambiental no Brasil destaca a complexidade e os desafios enfrentados na proteção do meio ambiente. Este fenômeno não é apenas uma questão legal, mas envolve aspectos estruturais, econômicos e sociais que se entrelaçam, tornando a questão ambiental um tema de grande relevância na agenda pública.

A Constituição Federal de 1988[2] estabelece diretrizes para a proteção ambiental, reconhecendo a importância de prevenir, reparar e

---

1. Doutoranda do Programa de Pós-Graduação *Stricto Sensu* em Direito – Área de Concentração em Direitos Coletivos e Cidadania da Universidade de Ribeirão Preto – UNAERP. "O presente trabalho foi realizado com o apoio da Coordenação de Aperfeiçoamento Pessoal de Nível Superior – Brasil (CAPES) – Código de Financiamento 001"
2. *"Art. 225 – **Todos** têm **direito** ao **meio ambiente** ecologicamente equilibrado, bem de uso comum do povo e essencial à sadia qualidade de vida, **impondo-se ao poder público e à coletividade o dever** de defendê-lo e preservá-lo para as presentes e futuras gerações.*
*(...) **§ 3º** As condutas e atividades consideradas lesivas ao meio ambiente sujeitarão os infratores, pessoas físicas ou jurídicas, a sanções penais e administrativas, independentemente da obrigação de reparar os danos causados."* g.n. Referência: BRASIL. [Constituição (1988)]. Constituição da República Federativa do Brasil de 1988.

reprimir ofensas ao meio ambiente. No entanto, a implementação efetiva dessas diretrizes enfrenta diversas barreiras, incluindo a falta de mecanismos de fiscalização adequados e a ineficiência dos sistemas de justiça, que muitas vezes não conseguem responder à magnitude dos danos causados.

Um dos pontos críticos na responsabilização ambiental é a destinação inadequada dos valores arrecadados por meio de multas e penas aplicadas aos poluidores. A ausência de um direcionamento claro e específico para esses recursos impede que sejam utilizados efetivamente na reparação dos danos ambientais ou na promoção de ações de prevenção e educação ambiental. Essa falha contribui para a perpetuação de práticas prejudiciais ao meio ambiente, uma vez que os infratores não enfrentam consequências diretas que incentivem a mudança de comportamento.

Além disso, a hipótese levantada sugere que, embora existam normativas e estruturas legais para enfrentar a questão, o impacto social negativo da degradação ambiental continua a ser substancial, sem que se observe uma melhoria significativa na eficiência do sistema de justiça. Isso revela a necessidade urgente de um sistema cooperativo que envolva diferentes esferas do governo, sociedade civil e setor privado, promovendo uma abordagem integrada e colaborativa na luta contra a devastação ambiental.

Portanto, a responsabilização pela devastação ambiental no Brasil requer uma reavaliação dos mecanismos existentes, bem como a implementação de soluções inovadoras e eficazes que visem não apenas a punição, mas também a educação, a prevenção e a reparação. A construção de um sistema mais robusto, que considere a participação ativa da sociedade e a destinação adequada dos recursos, é fundamental para garantir a efetividade das políticas ambientais e a proteção dos recursos naturais para as futuras gerações.

Um exemplo disto é a falta de mecanismos legais para o enfrentamento dos litígios estruturais.

Os litígios coletivos de origens estruturais, são aqueles que decorrem do modo como determinada estrutura funciona, seja pública ou privada, com significativa afetação social, de forma que esta estrutura, diante da sua disfuncionalidade, seja a causa do litígio. A atuação, nesses casos, deve se dar através de um processo coletivo estrutural.

Os processos coletivos estruturais são instrumentos judiciais ou extrajudiciais que buscam, através de um plano de ações, reestruturar ações e comportamentos institucionais, que fomentam o litígio estrutural.[3]

VITORELLI afirma que no Brasil, *"talvez a solução para a implementação de medidas estruturais esteja mais próxima de ser obtida nos instrumentos extrajudiciais de tutela coletiva do que pela via do processo judicial"*.[4]

Isto porque os meios extrajudiciais possuem maior flexibilidade procedimental e contam com possibilidades mais amplas de negociações, o que permite acessar as reais necessidades e eventuais adequações ou repactuações, a partir de um diálogo mais horizontal, inclusive com maior interação entre e com os legitimados.

Neste sentido, tais propósitos são realizados através dos Termos de Ajustamento de Conduta (TACS) e nas ações civis públicas[5], havendo um crescente movimento de colaboração entre os diversos legitimados coletivos.[6]

Deste modo, ante a ausência de positivação de um modelo de processo coletivo que possa abranger as diversas demandas decorrentes e supervenientes às ofensas ambientais, tais como ocorre nos litígios estruturais, o sistema vigente necessita se apoiar ainda mais em práticas cooperativas.

Com este propósito, o Código de Processo Civil de 2015 inovou ao trazer o enunciado no art. 6º que dispõe sobre a cooperação: *"Todos os sujeitos do processo devem cooperar entre si para que se obtenha, em tempo razoável, decisão de mérito justa e efetiva."*

---

3. VITORELLI, Edilson. Processo Civil Estrutural: Teoria de Prática. / Edisson Vitorelli. – 4.ed. rev., atual. e ampl. – São Paulo: Editora Juspodivm, 2023. p. 73.
4. Ob. cit, p. 258.
5 O constituinte nacional ao inserir os instrumentos para tutela jurisdicional do ambiente, visou garantir aos cidadãos maneiras de atuar em prol do meio ambiente. Para tanto, inseriu no texto constitucional, os seguintes mecanismos: (i) ação direta de inconstitucionalidade de lei ou ato normativo (arts. 102, I*a*, 103 e 125, § 2º); (ii) ação civil pública (art. 129, III c/c o § 1º); (iii) ação popular constitucional (art. 5º, LXXIII); (iv) mandado de segurança coletivo (art. 5º, LXX); e (v) mandado de injunção (art. 5º, LXXI).
6. Ob.cit. p. 256

O enunciado propõe um modelo cooperativo a todos os sujeitos do processo, o que inclui as instituições formais.

Nas palavras de WOLKART[7]:

> *"Os deveres cooperativos existem para, a partir desta realidade, aumentar a quantidade de bem-estar de uma determinada sociedade. Normativamente, no Brasil, esses deveres são todos aqueles capazes de realizar os objetivos inscritos no art. 6º do CPC/15, algo que só será possível a partir da presença dos incentivos normativos que tornem o comportamento cooperativo uma estratégia dominante no jogo processual."*

O legislador, ao estabelecer deveres cooperativos para todos os sujeitos do processo, realmente pretendeu criar um ambiente mais colaborativo e eficiente, afastando-se das práticas adversariais que muitas vezes prolongam as disputas judiciais. Essa abordagem não apenas visa a celeridade processual, mas também promove uma cultura de diálogo e entendimento entre as partes envolvidas.

De forma mais específica, o CPC dispôs nos artigos 67 a 69 quais atos deverão compor este modelo de cooperação recíproca entre servidores, juízes e tribunais de todas as instâncias e competências.[8]

---

7. WOLKART, Erik Navarro. Análise econômica e comportamental do processo civil: como promover a cooperação para enfrentar a tragédia da Justiça no processo brasileiro. Orientador: Paulo Cezar Pinheiro Carneiro. Coorientadora: Tereza Arruda Alvim. 2018. Tese (Doutorado em Direito) – Faculdade de Direito, Universidade do Estado do Rio de Janeiro, Rio de Janeiro, 2018.
8. *"Art. 67. Aos órgãos do Poder Judiciário, estadual ou federal, especializado ou comum, em todas as instâncias e graus de jurisdição, inclusive aos tribunais superiores, incumbe o dever de recíproca cooperação, por meio de seus magistrados e servidores.*
   "Art. 68. Os juízos poderão formular entre si pedido de cooperação para prática de qualquer ato processual.
   "Art. 69. O pedido de cooperação jurisdicional deve ser prontamente atendido, prescinde de forma específica e pode ser executado como:
   I – auxílio direto;
   II – reunião ou apensamento de processos;
   III – prestação de informações;
   IV – atos concertados entre os juízes cooperantes.
   § 1º As cartas de ordem, precatória e arbitral seguirão o regime previsto neste Código.
   § 2º Os atos concertados entre os juízes cooperantes poderão consistir, além de outros, no estabelecimento de procedimento para:
   I – a prática de citação, intimação ou notificação de ato;
   II – a obtenção e apresentação de provas e a coleta de depoimentos;
   III – a efetivação de tutela provisória;

Atento a isto e dando concretude aos preceitos expostos, o CNJ regulamentou a cooperação judicial, através da edição da Resolução 350/2020[9], sendo considerado por VITORELLI: *"uma revolução para o processo civil brasileiro"*[10].

Não obstante este notável progresso, o modelo de responsabilização ambiental carece de um sistema de incentivos que promova a colaboração entre todos os atores dos processos e as instituições dedicadas à preservação e reparação ambiental. Para que os objetivos de proteção ambiental sejam efetivamente alcançados, é fundamental que haja um comprometimento conjunto, onde cada parte reconheça seu papel e responsabilidade.

A criação de plataformas de diálogo e colaboração entre os diversos atores do sistema, é um instrumento que pode facilitar a troca de experiências e boas práticas, fortalecendo a rede de apoio mútuo. A formação de parcerias e a construção de coalizões são passos cruciais para garantir que todos caminhem na mesma direção, em um esforço conjunto para enfrentar os desafios ambientais contemporâneos.

Ao lado do sistema cooperativo, os métodos autocompositivos ou extrajudiciais[11], parte integrante deste grande movimento, também necessitam de incentivos, fato que pode ser observado pelos dados estatísticos do CNJ que demonstram um baixíssimo índice de acordos.[12]

IV – a efetivação de medidas e providências para recuperação e preservação de empresas;

V – a facilitação de habilitação de créditos na falência e na recuperação judicial;

VI – a centralização de processos repetitivos;

VII – a execução de decisão jurisdicional.

§ 3º O pedido de cooperação judiciária pode ser realizado entre órgãos jurisdicionais de diferentes ramos do Poder Judiciário."

9. Disponível em: https://atos.cnj.jus.br/atos/detalhar/3556 Acesso em 25/02/2024.
10. Para maior aprofundamento, vide VITORELLI, ob.cit. p. 391-397.
11. A busca por soluções consensuais, é um fato cada vez mais reconhecido no sistema de justiça brasileiro. O CPC de 2015, dispõe que a conciliação e a mediação, devem ser incentivadas pelo juiz a qualquer tempo do processo.
12. *"Em 2022, foram 12,3% sentenças homologatórias de acordo proferidas, valor que registrou sutil decréscimo em relação ao ano anterior. Na fase de execução, as sentenças homologatórias de acordo corresponderam, em 2022, a 9,1%. É notória a curva de crescimento, tendo mais que dobrado o valor ao longo da série histórica, com aumento em 5,5 pontos percentuais entre os anos de 2015 e 2022. Tal resultado pode decorrer do incentivo do CNJ para realizar conciliação na fase de execução. Na fase de conhecimento, a conciliação foi de 18%, um pouco abaixo (0,4 pon-*

Na esteira de fomento à utilização de procedimentos extrajudiciais é a "CARTA DE BRASÍLIA"[13], decorrente do Acordo Coletivo de Resultados firmado pelas Corregedorias-Gerais dos Ministérios Públicos da União e dos Estados, aprovado em setembro de 2016 e a Resolução CNPM nº 54/2017[14], que estimula a atuação do Ministério Público em todos os ramos cuja defesa e proteção o legitima, de maneira resolutiva e, sempre que possível, priorizando a resolução extrajudicial.

No artigo intitulado *Mediação ambiental e controvérsias científicas: a busca do consenso no campo da incerteza*[15], o juiz federal Rafael Martins Costa Moreira, discorre com profundidade a complexidade da utilização de métodos consensuais na seara ambiental, considerando como essencial os seguintes pontos:

> *a) implementar a especialização de unidades ou setores em conciliação e mediação ambiental; b) oferecer capacitação adequada a magistrados, mediadores, facilitadores e equipe responsável pela condução e pela administração do processo; c) definir procedimentos mínimos para a mediação ambiental, com uso do "joint fact-finding", sem, porém, implicar engessamento do rito; d) o desempenho de papel de liderança pelo CNJ e pelos tribunais, para uniformizar os procedimentos e promover incentivo a meios autocompositivos de resolução; e) a previsão de salvaguardas para segurança jurídica do acordo entabulado, como a necessidade de homologação judicial para a mediação realizada extrajudicialmente.*

---

to percentual) do observado em 2021". Disponível em: https://www.cnj.jus.br/wp-content/uploads/2024/02/justica-em-numeros-2023-16022024.pdf. Acesso em: 20/02/2024.

13. Disponível em: <https://www.cnmp.mp.br/portal/images/Carta_de_Bras%C3%ADlia-2.pdf> Acesso em: 10/04/2023.

14. Dentre as considerações da Resolução, cabe ressaltar: *"Considerando que a missão estratégica deste Conselho Nacional de promover uma atuação institucional responsável e socialmente efetiva supõe o fomento a uma atuação crescentemente resolutiva, vale dizer, orientada para a resolução concreta das situações de inefetividade dos direitos de cuja defesa e proteção é incumbida a Instituição, preferencialmente sem a necessidade de processo judicial e no menor tempo e custo social possíveis, ou, quando o recurso ao Poder Judiciário se fizer necessário, com a efetivação mais célere possível dos provimentos judiciais alcançados no interesse da sociedade."* Disponível em: <https://www.cnmp.mp.br/portal/images/Recomendacoes/Recomenda%C3%A7%C3%A3o-054.pdf> Acesso em: 10/05/2023.

15. MOREIRA, Rafael Martins Costa. Mediação ambiental e controvérsias científicas: a busca do consenso no campo da incerteza. Disponível em: <Direito Hoje | Mediação ambiental e controvérsias científicas: a busca do consenso no campo da incerteza (trf4.jus.br)> Acesso em 20/07/2023.

E conclui:

> ***Com isso, o processo de resolução de disputas ambientais pode se revelar mais efetivo, porque mais participativo e bem-informado****. Não será, evidentemente, a solução ideal e perfeita sempre, o que, de todo modo, não é viável em campo de incerteza ínsito aos conflitos ambientais. No entanto, a tomada de decisão ganhará em legitimidade, eficiência e eficácia, em pacificação da controvérsia, em aprendizado coletivo e, enfim, na promoção do desenvolvimento sustentável.* g.n

Reconhecendo a complexidade dos danos ambientais e das especialidades necessárias para o deslinde de tais litígios, o CNJ editou a Resolução nº 433[16], de 27 de outubro de 2021, que instituiu a Política Nacional do Poder Judiciário para o Meio Ambiente e determinou aos tribunais brasileiros a **criação de núcleos especializados na temática ambiental nos centros judiciários de solução consensual de conflitos (art. 6º, I)**, fato que sinaliza a ideia de expansão de uma política de soluções dialógicas e colaborativas.

Não obstante as recentes inovações apontadas, importa ressaltar a existência de outros entraves que impedem, total ou parcialmente, o fortalecimento de práticas cooperativas e autocompositivas, consoante a seguir será exposto.

2. ANÁLISE ECONÔMICA E COMPORTAMENTAL DO DIREITO PROCESSUAL

A Análise Econômica do Direito Processual (AEDP), objetiva avaliar a maior eficiência do processo com o menor custo social na solução de uma demanda.

Para tanto, estudos teóricos e empíricos são fundamentais para identificar os problemas de um sistema jurídico e auxiliar na busca de possíveis soluções. No Brasil, os estudos ainda são escassos, porém, o CNJ vem dando especial atenção à questão.

16. Disponível em: <original14041920211103618296e30894e.pdf (cnj.jus.br)> Acesso em: 20/03/2023.

A demonstração disto é o recente estudo promovido pelo CNJ[17], intitulado ***"Estudos empíricos sobre a efetividade da jurisdição ambiental na Amazônia Legal",***[18] onde foram entrevistados 37 magistrados e magistradas que atuam nesta região.[19]

A distribuição das questões de pesquisa nas temáticas enfrentadas pelo relatório foram: *a judicialização dos conflitos na região da Amazônia Legal, processo de julgamento e tomada de decisão nas ações ambientais, implementação e efetividade da decisão judicial nas ações ambientais e gestão e política judiciária para a região amazônica.*

A seguir, serão expostas as principais percepções e conclusões dos respondentes, que são atinentes ao objeto deste estudo.

Na percepção dos magistrados(as), **a autocomposição é a primeira opção no tratamento de conflitos complexos**, considerando a judicialização clássica como paralisante da solução do conflito, sendo reforçado que: *"a ferramenta da ACP pode ser mobilizada como mecanismo processual prioritário, dado que permite maior flexibilidade processual e maiores oportunidades de construção colaborativa da solução do conflito junto a outros atores do processo, provas periciais e melhores condições de buscar reparação coletiva (Entrevista 07)."*[20]

---

17. Conselho Nacional de Justiça. Judicialização de conflitos socioambientais na Amazônia : impactos de projetos de desenvolvimento / Conselho Nacional de Justiça; Fundação Getúlio Vargas. – Brasília: CNJ, 2023. Disponível em: https://www.cnj.jus.br/wp-content/uploads/2023/06/relatorio-conflitos-socioambientais-220623-2.pdf Acesso em 20/02/2024.
18. *"Para essa literatura, a efetividade diz respeito à gestão e ao desenho de políticas para atingirem aquilo que "produza o efeito esperado", o atingimento de objetivos estabelecidos pela lei ou política pública – no presente caso, a proteção do bem socioambiental. A avaliação de efetividade ainda é deficiente no Brasil, em especial pela dificuldade de estabelecer causalidade entre as políticas e a proteção dos bens (ARRETCHE, 2013, p. 129).*
Já a ideia de eficácia diz respeito ao grau de congruência entre os objetivos estipulados e o comportamento de grupos atingidos, ou seja, por indicadores que afiram o tipo de medida a ser executada e o grau de implementação. Notadamente, os indicadores de eficiência técnica (produtividade), eficiência econômica (custos) e celeridade (tempo) produzidos por dados disponibilizados pelo CNJ atendem a essa perspectiva e terão maior ênfase no presente relatório. p. 26.
19. *"O presente relatório é parte, portanto, de um esforço institucional mais amplo e visa promover ferramentas e dados para a construção de soluções práticas, baseadas em evidências para o Poder Judiciário, parte do Programa do Judiciário pelo Meio Ambiente no âmbito da Política Nacional do Poder Judiciário para o Meio Ambiente (Resolução n. 433 de 27/10/2021), com o relatório "Justiça e proteção socioambiental na Amazônia brasileira (2021)" elaborado pelo CNJ com a Delegação da União Europeia no Brasil (CNJ, 2021)."*
20. Idem, p. 72.

Indagados sobre **as principais janelas de oportunidade para a gestão processual por meio de Ação Civil Pública (ACP)** responderam: "*1) maior possibilidade de interação interinstitucional com outros órgãos do Poder Executivo (com 25 respondentes); 2) maior participação social (com 17 respondentes); 3) maiores níveis de consensualidade (com 15 respondentes); 4) maior proximidade com o Ministério Público e Defensoria Pública (com 14 respondentes); e 5) Melhor qualidade de produção probatória e perícias judiciais (com 13 respondentes).*"[21]

Sobre a relação do Poder Judiciário com os Poderes Executivo e Legislativos, trocas de informações e articulação: ***"As entrevistas indicaram demanda, portanto, por maior cooperação e investimento na confiança institucional para que possa ocorrer maior integração entre os poderes."***[22]

Relativamente aos **desafios relacionados às demandas ambientais,** os respondentes apontaram: 1) ausência de fiscalização; 2) dificuldade de mensuração do impacto ambiental, configuração do dano e instrução probatória; 3) implementação das decisões judiciais; e 4) uso da tecnologia (Inteligência Artificial (IA), georreferenciamento etc.).[23]

A respeito dos principais desafios de **implementação e efetividade da decisão judicial**, as respostas se deram na seguinte ordem: 1) dificuldade de localização do responsável pela violação; 2) insuficiência ou inexistência de patrimônio; 3) uso protelatório do sistema recursal; 4) práticas de fraude à execução; 5) maior incidência de organizações criminosas nos conflitos socioambientais.[24]

Por fim, juntamente com a necessidade de aperfeiçoamento de mecanismos de produção de provas, quantificação do dano ambiental, monitoramento e fiscalização do cumprimento das determinações e dos planos de recuperação/recomposição de área degradada, foi apontada pelos respondentes a importância do ***"Aperfeiçoamento dos estudos para destinação dos recursos obtidos nas obrigações de pagar/indenizar, que ainda destinam predominantemente recursos aos Fundos Estaduais de***

21. Idem, p. 73.
22. Idem, p. 132.
23. Idem. p. 124/125.
24. Idem. p. 130.

***Direitos Difusos (com previsão no art. 13 da Lei n. 7.347/1985), verbas que poderiam ser revertidas para programas mais eficientes de alocação de esforços na remedição direta dos danos havidos e programas de recuperação, reflorestamento e recomposição ambiental*".[25]

Depreende-se de tal pesquisa que, tanto as fragilidades quanto as potencialidades apontadas pelos respondentes, estão, em sua maioria, relacionadas a um sistema de cooperação pouco operante, o que compromete o alcance de uma resposta judicial efetiva e eficaz.

Por sua vez, os meios extrajudiciais ou consensuais de solução de conflitos, conforme já delineado e demonstrado pelo estudo empírico promovido pelo CNJ, se mostram muito mais hábeis para o deslinde de questões ambientais, tendo em vista que existe maior possibilidade de assimetria de informações, celeridade e consequentemente maior probabilidade de se obter uma tutela justa, inclusive diante da tratativa de alocar os recursos financeiros para a recomposição do dano local.

Isto porque um acordo entabulado pelas partes permite um diálogo que aprofunda as questões e possibilita um ajuste com mais chances de ser efetivamente cumprido.

No entanto, SADDY e GRECO apontam para a necessidade da criação de outros incentivos para a realização de um acordo, uma vez que os agentes econômicos, diante da possibilidade de celebrarem o Termo de Ajustamento de Conduta (TAC), levarão em conta a substituição de uma obrigação incerta (considerando que a existência da infração e o valor da multa ainda poderão ser questionados administrativa e judicialmente), por uma obrigação certa a ser traduzida no acordo. Deste modo, explicitam os autores[26]:

> *Em outras palavras, se o regulamento do TAC não prever condições mínimas que tornem a celebração do TAC não apenas atraente para os agentes econômicos, mas sobretudo justificáveis perante os seus acionistas, quando esses existirem, ou aos próprios sócios, os administradores continuarão preferindo discutir a legalidade das sanções, fazendo com que a regulamentação do TAC seja ineficaz.*

25. Idem. p. 152.

26. SADDY, André; GRECO, Rodrigo Azevedo. Termo de Ajustamento de Conduta em procedimentos sancionatórios regulatórios. Disponível em: https://bdjur.stj.jus.br/jspui/handle/2011/172611. p. 187.

E concluem:

> *Como, por meio do TAC, o agente regulado estará trocando uma obrigação incerta e futura (sanção) por uma ou mais obrigações certas e imediatas (obrigações de fazer ou não fazer), assumindo também a possibilidade de novas sanções ou a retomada da sanção já prevista, entende-se que o regulamento deve prever um equilíbrio entre os ônus e as vantagens da celebração do TAC, que sejam compatíveis com a fase processual em que se encontra o procedimento sancionador, podendo, eventualmente, ser estabelecidos, por exemplo, descontos escalonados sobre o valor da multa, que sejam substanciais, caso o procedimento esteja em seu início e diminuam gradativamente na medida em que este for caminhando para o seu encerramento na esfera administrativa.*[27]

Diante do exposto, é possível deduzir que a questão da assimetria de informações, aqui especificamente quanto ao estabelecimento das infrações ambientais e o seu valor, contribui significativamente para o incentivo de litigar, bem como para a adesão ou não aos acordos no processo civil[28].

Cumpre ressaltar que nesta escolha, ainda incidem questões a serem enfrentadas, especialmente pelo legislador, tais como os baixos custos processuais[29], estrutura de honorários de advogados públicos e privados,[30] desrespeito aos precedentes, dentre outros.

27. Ob.cit. p. 188
28. A audiência de tentativa de conciliação e mediação prevista no art. 334 do CPC/15, é o primeiro momento de promoção de cooperação, pois visa promover a autocomposição, evitando a judicialização e seus os enormes custos, sejam materiais, emocionais e temporais do processo. Contudo, neste momento, em razão do réu não ter apresentado sua defesa, poucos são os elementos de aferição das chances de ambos obterem um resultado vantajoso em eventual acordo, sendo este fator, considerado um importante elemento para a pouca adesão aos métodos conciliatórios, nesta fase.
29. CORREIA, Cecília Barbosa Macêdo; MENDES, Dany Rafael Fonseca. Teoria Econômica aplicada ao processo civil. Revista de Informação Legislativa, Brasília, v. 50, n. 197, p. 285-299, jan/mar. 2013. Disponível em: https://bdjur.stj.jus.br/jspui/handle/2011/173021 Acesso em 10/03/2024.
    Segundo as autoras, *"as custas processuais para pessoas jurídicas que exploram atividades empresariais altamente lucrativas e que, não raro, terminam fazendo da justiça uma extensão de seus escritórios e estabelecimentos, costumam ser as mesmas para a pessoa natural, que só eventualmente recorre ao Judiciário. É com respeito às demandas que têm fundo econômico e patrimonial que a teoria econômica deve ser aplicada para a minimização dos custos sociais".*
30. BORGES, Danilo Marques. Autocomposição no direito brasileiro à luz da análise econômica do direito. Disponível em: https://amaerj.org.br/noticias/revista-da-universidade-de-lisboa-publica-artigo-do-juiz-danilo-marques-borges/ Acesso em 20/02/2024. p. 30-35.

Contudo, tais fatores, aferíveis de forma racional, não se mostram bastantes, sendo necessário uma análise mais aprofundada do comportamento humano e das instituições, a fim de viabilizar uma avaliação mais precisa sobre a eficácia de um sistema normativo à luz do princípio da cooperação.

Neste sentido, descobertas da psicologia e neurociências testadas pelos psicólogos Daniel Kahneman e Amos Tverki, juntamente com o economista Richard Thaler, passam a integrar uma nova abordagem ao modelo racional de escolhas, denominada economia comportamental (*behavioral economics*).[31]

FERREIRA FILHO aborda a questão no sentido de avançarmos para uma teoria mais abrangente do comportamento, que seja capaz de focar no ambiente e nas contingências que afetam o comportamento humano, o que é objeto de estudo da Análise Comportamental do Direito (ACD).[32]

Em outras palavras, é dizer que, apesar dos diversos vieses cognitivos que atuam de forma a influenciar a escolha racional - aqui especificamente a escolha da judicialização ou do acordo –, como o viés do otimismo do autor e do réu, a predisposição ao risco, a ancoragem, a disponibilidade, dentre outros demonstrados pela Análise Econômica do Direito Comportamental (AEDC), é necessário reconhecer a influência das contingências ambientais no comportamento.[33]

De tal modo, a Análise Comportamental do Direito (ACD), amplifica a explicação mentalista do comportamento, para incluir padrões de comportamentos influenciados pelos históricos de contingências a que as pessoas foram submetidas, ao ambiente, ao contexto e às contingências atuais.[34]

31. WOLKART, ob. cit. p. 377.
32. FERREIRA FILHO, Paulo Sérgio. Análise Econômico-Comportamental do Direito versus Análise Comportamental do Direito: A Necessidade do Pensamento Jurídico sob uma Teoria Geral do Comportamento. Disponível em: https://www.e-publicacoes.uerj.br/quaestioiuris/article/view/31201 Acesso em 18/02/2024.
33. Ob. cit. p. 202.
34. Ob. cit. p. 187.

A distinção ora apresentada mostra-se congruente com a problemática levantada neste artigo, pois não somente se questiona a eficiência e eficácia das normas protetoras do meio ambiente frente aos estímulos e punições aos poluidores, mas também há que se questionar se existem incentivos ou punições para a obtenção de um comportamento cooperativo de todos os atores integrantes do sistema de proteção ambiental, o que envolve os poderes judiciário, legislativo e executivo.

A princípio, parece-nos que os mecanismos existentes na legislação processual brasileira não têm se mostrado eficazes para incentivar comportamentos cooperativos nos processos, fato demonstrado por estudos empíricos, estatísticas do CNJ, bem como pela percepção dos magistrados e magistradas entrevistados sobre o tema, que revelaram que a fluidez e eficácia ou não dos processos de responsabilização ambiental está intrinsecamente relacionada aos comportamentos institucionais pouco cooperativos.[35]

Reconhecendo este necessário movimento cooperativo sistêmico, o CNJ dispôs no inciso II do art. 1º da Res. 350/2020 do CNJ, que a cooperação se estende a outros órgãos, integrantes ou não do sistema de justiça[36], revelando, assim, um amplo campo a ser explorado rumo à desburocratização e à aproximação de todos os envolvidos no sistema, que objetiva a garantia dos direitos correspondentes.

Finalizo ressaltando a importância de estudos cada vez mais aprofundados sobre a Análise Comportamental do Direito, especialmente voltados para os operadores do sistema de proteção ao meio ambiente, a fim de que possamos efetivamente promover ambiências cooperativas que, no final das contas, beneficiam a todos, inclusive e, sobretudo, o meio ambiente!

35. A Tese de doutorado de WOLKART citada neste artigo desvenda minuciosamente os aspectos impeditivos da promoção de um modelo cooperativo, seja no aspecto individual ou institucional.

36. Art. 1º. (...) *"II – a cooperação interinstitucional entre os órgãos do Poder Judiciário e outras instituições e entidades, integrantes ou não do sistema de justiça, que possam, direta ou indiretamente, contribuir para a administração da justiça."*

3. REFERÊNCIA PRÁTICA

> *"No município de Araxá, em Minas Gerais, três juízes de direito conduziam diversas ações distintas, relativas a pedidos de indenizações individuais por uma suposta contaminação de água. Eles escolheram um "processo condutor" e cadastraram nele todos os advogados, permitindo que todos praticassem atos processuais. Foi produzida apenas uma perícia, que serviu para todos os casos, bem como uma única decisão, que foi apenas referenciada nos demais processos, evitando, inclusive, cópias desnecessárias (os processos eram físicos). Como a perícia constatou que o bário presente na água era de origem natural, todos os pedidos foram julgados improcedentes."*[37]

4. LEITURAS COMPLEMENTARES

GICO JR., Ivo Teixeira. *Análise Econômica do Processo Civil.* 2. ed. Indaiatuba: Editora Foco, 2023.

REFERÊNCIAS

BRASIL. Constituição (1988). **Constituição da República Federativa do Brasil**. Brasília: Senado, 2012.

BRASIL. **Lei n.º 13.105, de 16 de março de 2015.** BRASIL. Código de Processo Civil. http://www.planalto.gov.br/ccivil_03/_ato2015-2018/2015/lei/l13105.htm.

BRASIL. **Lei n. 13.140, de 26 de junho de 2015.** Dispõe sobre a mediação entre particulares como meio de solução de controvérsias e sobre a autocomposição de conflitos no âmbito da administração pública; altera a Lei nº 9.469, de 10 de julho de 1997, e o Decreto nº 70.235, de 6 de março de 1972; e revoga o § 2º do art. 6º da Lei nº 9.469, de 10 de julho de 1997. Disponível em: http://www.planalto.gov.br/ccivil_03/_ato2015-2018/2015/lei/l13140.htm.

BRASIL. Conselho Nacional de Justiça. Justiça em Números 2023. – Brasília: CNJ, 2023. Disponível em: https://www.cnj.jus.br/wp-content/uploads/2024/02/justica-em-numeros-2023-16022024.pdf.

Conselho Nacional de Justiça. Judicialização de conflitos socioambientais na Amazônia : impactos de projetos de desenvolvimento / Conselho

37. VITORELLI, ob. cit. p. 393.

Nacional de Justiça; Fundação Getúlio Vargas. – Brasília: CNJ, 2023. Disponível em: https://www.cnj.jus.br/wp-content/uploads/2023/06/relatorio-conflitos-socioambientais-220623-2.pdf.

Conselho Nacional de Justiça. Resolução nº 350/2020. Disponível em: https://atos.cnj.jus.br/atos/detalhar/3556.

BORGES, Danilo Marques. Autocomposição no direito brasileiro à luz da análise econômica do direito. Disponível em: https://amaerj.org.br/noticias/revista-da-universidade-de-lisboa-publica-artigo-do-juiz-danilo-marques-borges/.

CORREIA, Cecília Barbosa Macêdo; MENDES, Dany Rafael Fonseca. Teoria Econômica aplicada ao processo civil. Revista de Informação Legislativa, Brasília, v. 50, n. 197, p. 285-299, jan/mar. 2013. Disponível em: https://bdjur.stj.jus.br/jspui/handle/2011/173021 Acesso em 10/03/2024.

FERREIRA FILHO, Paulo Sérgio. Análise Econômico-Comportamental do Direito versus Análise Comportamental do Direito: A Necessidade do Pensamento Jurídico sob uma Teoria Geral do Comportamento. Disponível em: https://www.e-publicacoes.uerj.br/quaestioiuris/article/view/31201

MOREIRA, Rafael Martins Costa. Mediação ambiental e controvérsias científicas: a busca do consenso no campo da incerteza. Disponível em: <Direito Hoje | Mediação ambiental e controvérsias científicas: a busca do consenso no campo da incerteza (trf4.jus.br)>

SADDY, André; GRECO, Rodrigo Azevedo. Termo de Ajustamento de Conduta em procedimentos sancionatórios regulatórios. Disponível em: https://bdjur.stj.jus.br/jspui/handle/2011/172611

VITORELLI, Edilson. Processo Civil Estrutural: Teoria de Prática. / Edisson Vitorelli. – 4.ed. rev., atual. e ampl. – São Paulo: Editora Juspodivm, 2023.

WOLKART, Erik Navarro. **Análise econômica e comportamental do processo civil: como promover a cooperação para enfrentar a tragédia da Justiça no processo brasileiro**. Orientador: Paulo Cezar Pinheiro Carneiro. Coorientadora: Tereza Arruda Alvim. 2018. Tese (Doutorado em Direito) – Faculdade de Direito, Universidade do Estado do Rio de Janeiro, Rio de Janeiro, 2018.

CAPÍTULO XXIII

PROCESSO ADMINISTRATIVO TRIBUTÁRIO FEDERAL E OS PARCELAMENTOS ESPECIAIS

João Henrique Gonçalves Domingos[1]

SUMÁRIO: 1. Conceito geral; 2. Análise econômica e comportamental das causas de suspensão de exigibilidade e os parcelamentos especiais; 3. Referência prática; Referências.

1. CONCEITO GERAL

A Constituição Federal de 1988, em seu artigo 5º, LV, assevera que "aos litigantes, em processo judicial ou administrativo, e aos acusados em geral, são assegurados o contraditório e a ampla defesa, com os meios e recursos a ela inerentes". A Lei nº 9.784/99, que regulamenta o processo administrativo federal, em seus artigos 56 e seguintes, trata expressamente dos recursos administrativos. Alexandre de Moraes, ao abordar o devido processo legal, o contraditório e a ampla defesa, em relação à disciplina Constitucional, afirma:

1. Doutorando no Programa de Pós-graduação em Direitos Coletivos e Cidadania da Universidade de Ribeirão Preto -UNAERP. Mestre em Direito pela Universidade de Ribeirão Preto – UNAERP. Especialista em Direito Tributário e Processo Tributário pelo Instituto Brasileiro de Estudos Tributários – IBET. MBA em Gestão e Negócios Internacionais pela Faculdade Getúlio Vargas – FGV. Presidente da Comissão de Arbitragem da 12ª Seccional da Ordem Dos Advogados do Brasil em Ribeirão Preto – SP. Graduada em Direito pela Universidade de Ribeirão Preto. Advogado, inscrito na OAB/SP sob o n 189.262 Professor de Pós-Graduação em Direito Tributário no IBET e na Faculdade Brasileira de Tributação e professor de Direito Civil, Direito Processual e Constitucional da Faculdade São Luís de Jaboticabal.

> O devido processo legal configura dupla proteção ao indivíduo, atuando tanto no âmbito material de proteção ao direito de liberdade, quanto no âmbito formal, ao assegurar-lhe paridade total de condições com o Estado-persecutor e plenitude de defesa (direito a defesa técnica, à publicidade do processo, à citação, de produção ampla de provas, de ser processado e julgado pelo juiz competente, aos recursos, à decisão imutável, à revisão criminal)[2].

Machado definiu que o processo judicial tributário, assim como o processo interno de controle de legalidade dos atos administrativos, tem, subjacente, um conflito de interesses cujo principal propósito é a sua resolução, inclusive em razão do interesse da própria administração pública. Em razão disso, aplicam-se com toda a intensidade os princípios do devido processo legal, da ampla defesa, do contraditório e seus corolários[3].

Outras normas relevantes para o presente estudo são o Código Tributário Nacional (Lei nº 5.172/66), recepcionado com "status" de lei complementar, e o Decreto nº 70.235/72, que regula o processo de exigência do crédito tributário da União, evidenciando a existência do duplo grau na esfera administrativa.

Assim sendo, diante de um lançamento tributário, mormente incluído em um auto de infração, com a apresentação de impugnação ou manifestação de inconformidade, há necessidade de julgamento, em um primeiro momento, pela Delegacia Regional de Julgamento e a possibilidade de interposição de recurso voluntário ao Conselho Administrativo de Recursos Fiscais, e, ainda, recurso especial para a Câmara Superior de Recursos Fiscais. Além disso, há possibilidade de serem tomadas outras medidas, como a interposição de embargos declaratórios, agravo ou a conversão do feito em diligência para melhor entendimento dos fatos e provas. Todo esse procedimento, até o trânsito em julgado administrativo, exige tempo considerável para sua conclusão.

De outro lado, o Código Tributário Nacional – CTN, que traz normas atinentes a todo o Sistema Tributário Nacional e de relevante importância, dispõe sobre as chamadas normas gerais em direito tributário,

2. MORAES, Alexandre de. Direito Constitucional. 12ª ed., p. 123. São Paulo: Atlas S.A., 2002.
3. MACHADO, Hugo de Brito. Curso de Direito Tributário. 38ª ed. São Paulo: Malheiros, 2017.

como é o caso do crédito tributário (artigos 139 e seguintes) e das causas de suspensão da sua exigibilidade (artigo 151 do citado CTN), dentre inúmeras outras questões.

O crédito tributário nasce da obrigação do sujeito passivo (contribuinte) pagar ao sujeito ativo (Estado), determinada quantia em dinheiro, de forma obrigatória, decorrente da prática do fato gerador, ou seja, diante de algum comportamento do contribuinte que revele o dever de pagar tributo, como, por exemplo: auferir renda, ser proprietário, industrializar produtos, importar mercadorias, entre outros. O crédito tributário possui presunção de liquidez, certeza e exigibilidade, o que lhe permite ser objeto de cobrança pelo sujeito ativo após a inscrição em dívida ativa.

Eurico Marcos Diniz de Santi considera que o artigo 151 do Código Tributário Nacional configura norma de estrutura que especificamente ataca o critério temporal da norma jurídica que prescreve a exigibilidade do crédito tributário[4]. Para o autor, um crédito torna-se exigível quando a hipótese fática da regra-matriz de exigibilidade se concretiza[5]. Por outra, suspende-se a exigibilidade do crédito se ocorrerem quaisquer daquelas hipóteses contidas no citado artigo 151. Assim, uma vez configurado o suporte fático suficiente pela regra-matriz de exigibilidade e ocorrida a incidência, tornando o crédito tributário exigível, a superveniência de causas suspensivas projeta seus efeitos sobre a referida regra, inibindo o critério temporal de exigibilidade até que a situação suspensiva seja descaracterizada.

Dentre as causas de suspensão da exigibilidade do crédito tributário, destacam-se a moratória, o depósito do montante integral, a concessão de liminar em mandado de segurança e tutela antecipada em outras ações, o parcelamento e as reclamações e os recursos na esfera administrativa.

Com relação ao crédito tributário e à suspensão da sua exigibilidade, Paulo de Barros Carvalho assevera que, por "exigibilidade" devemos compreender o direito que o credor tem de postular, de forma efetiva, o objeto da obrigação, depois de tomadas todas as medidas necessárias

4. SANTI, Eurico Marcos Diniz de. Lançamento Tributário. 2ª ed. Revista e Ampliada. Max Limonad, 1996.
5. Ibidem.

à constituição da dívida, por meio do lançamento do crédito tributário. Assim, o artigo 151 do Código Tributário Nacional prevê as hipóteses em que a exigibilidade do crédito fica temporariamente suspensa, aguardando, nessas condições, a sua extinção ou prosseguindo a sua marcha para ulteriormente extinguir-se[6].

Para o contribuinte, sujeito passivo, além da importância do exercício da ampla defesa e do contraditório, há questões de fundamental importância que demandam a análise sobre as causas de suspensão da exigibilidade do crédito tributário, como a possibilidade de obtenção da competente Certidão Positiva com Efeitos de Negativa durante o curso do processo.

Há várias situações fáticas e jurídicas, no cotidiano, em que as certidões negativas são requeridas para a concretização de relações interpartes, como é o caso da necessidade de apresentação em processos de licitação e de concorrência, para o cadastro ou homologações perante fornecedores, instituições financeiras e de créditos, e até mesmo em contratos de compra e venda de imóveis. A Certidão Negativa de Débitos demonstra, nesse contexto, a inexistência de passivo perante o Fisco (Estadual, Federal e Municipal), considerando que estes são credores preferenciais.

Assim sendo, não é preciso muito esforço para se perceber a importância da manutenção da regularidade fiscal para pessoas físicas e jurídicas (para todos os intervenientes em negociações, como compra e venda de imóveis, prestação e recebimento de valores da administração pública, entre outras), evidenciando a inexistência de dívidas e a boa-fé.

Os artigos 205 e 206 do Código Tributário Nacional tratam da exigência de certidões negativas e da possibilidade da emissão de Certidão Positiva com Efeitos de Negativa nos casos em que ocorra a suspensão da sua exigibilidade, como é o caso da apresentação de reclamações e recursos administrativos, nos termos do artigo 151, III, do Código Tributário Nacional.

6. CARVALHO, Paulo de Barros. Direito Tributário: Reflexões sobre filosofia e ciência em prefácios. 1ª ed. São Paulo: Noeses, 2019.

Diante desse cenário, a discussão quanto ao lançamento de um tributo pelo contribuinte se mostra bastante interessante, pois, ao mesmo passo que garante a ampla defesa e o contraditório, permite que isso se faça sem nenhum "prejuízo" para a atividade cotidiana dos contribuintes. Isso porque existe outra norma jurídica que garante a suspensão da exigibilidade do crédito tributário e, com isso, a emissão da certidão positiva com os mesmos efeitos da certidão negativa.

Nada obsta, porém, que os contribuintes utilizem o processo administrativo e "trabalhem" com o ordenamento jurídico em situações em que o crédito tributário é questionável, como forma de autofinanciamento e postergação no pagamento de tributos. Como a apresentação de defesa resulta na suspensão da exigibilidade, faz-se necessário um prazo para o esgotamento da via administrativa e, com isso, a expectativa quanto ao surgimento de parcelamentos especiais, onde é comum a prática de descontos pelo fisco, para que sejam quitados tributos em atraso, mormente com o não pagamento de multa, juros e encargos da dívida tributária (o mesmo se vislumbra com a transação).

2. ANÁLISE ECONÔMICA E COMPORTAMENTAL DAS CAUSAS DE SUSPENSÃO DE EXIGIBILIDADE E OS PARCELAMENTOS ESPECIAIS

A análise econômica de um processo tributário deve considerar tanto a necessidade de manutenção da certidão positiva com efeitos de negativa quanto a possibilidade de, no futuro, efetuar o pagamento com benefícios, que é meio de extinção da obrigação tributária, configurando-se uma alternativa mais "vantajosa" do que o imediato adimplemento. Por exemplo, em situações de crise, onde há necessidade de financiamento de seu empreendimento ou injeção de caixa, sem que isso implique na bancarrota da empresa, o empresário se vê na obrigação de continuar a atividade, honrando compromissos contratuais, encargos trabalhistas, despesas necessárias para a manutenção da atividade produtiva e, ainda, estando obrigado ao pagamento de sua carga tributária.

Paula entende que o risco empresarial é um fator que deve ser sempre considerado no trato com empreendedores, buscando a sua atenuação, de modo a não interferir na atividade econômica, especialmente diante dos malefícios que uma crise causa na empresa[7]. Uma empresa em crise não abre novos postos de trabalho, atrasa o pagamento de salários, sonega ou atrasa o pagamento de tributos, não liquida dívidas com fornecedores e causa uma gama de repercussões negativas na coletividade em que está inserida. Para o autor, quando uma empresa entra em crise, as primeiras consequências são a demissão de empregados, a postergação do adimplemento das obrigações tributárias e, por fim, o inadimplemento com fornecedores[8]. A crise na empresa, depois de instaurada, traz prejuízos ao empresário, aos empregados dessa atividade e seus familiares, aos fornecedores, aos investidores e até ao próprio Poder Público, em virtude, exatamente, da falta de pagamento de tributos.

Mesmo nos casos em que existe a mera sonegação de tributos, há que se considerar a possibilidade, ou não, de fiscalização, ou seja, há necessidade de lançamento. E, mesmo sendo fiscalizado, após o lançamento e discussão tributária, podemos ter a figura dos parcelamentos especiais e da transação, com a redução da multa, dos juros e demais encargos. Siqueira e Ramos detalham a questão:

> O problema consiste em escolher o retorno tributário ótimo, quando a renda declarada é tributada a uma alíquota fixa e a evasão é multada em uma taxa que, proporcional ao imposto evadido. A probabilidade de uma auditoria, isto é, a probabilidade de que o nível de renda verdadeiro seja descoberto, é fixa, exógena e dada por p. O contribuinte decide a parcela a sonegar a fim de maximizar a utilidade esperada de sua renda líquida. Representando por INA a renda líquida quando o sonegador não é auditado (renda bruta menos imposto sobre a renda declarada) e IA a renda líquida quando ele é auditado (renda bruta menos imposto sobre a renda verdadeira e menos a multa), pode-se escrever a utilidade esperada do contribuinte como: $UE(e) = (1 - p).U(INA) + p.U(IA) = (1 - p).U[y - t(y - e)] + p.U(y - ty - qte)$, onde e denota o montante de renda evadida ($e = y - x$), sendo x a renda declarada.
>
> Esta representação, embora simples, fornece alguns resultados interessantes do ponto de vista da estática comparativa. Na hipótese razoável de que o contribuinte seja averso ao risco,10 pode-se mostrar que o imposto evadido (te*) varia inversamente com a probabilidade de auditoria (p) e com

7. PAULA, Luiz Gonzaga Modesto de. O princípio da inerência do risco na atividade empresarial. São Paulo: Pontifícia Universidade Católica de São Paulo, 2019.
8. Ibidem.

a penalidade (q); enquanto depende negativamente da alíquota tributária (t), e positivamente da renda (y), se, e somente se, a função utilidade do contribuinte indica uma Aversão Absoluta ao Risco Decrescente (AARD). Assim, a proporção do imposto evadido, dado por te*/y, aumenta com a renda se, e somente se, a função utilidade do contribuinte indica uma AARD (Cowell, 1990)[9].

Pinto destaca a relação existente entre a política fiscal e a indução ao financiamento da atividade empresarial por capital próprio ou por capital de terceiros, na medida em que entende que a tributação pode ser compreendida como um custo de transação em sentido estrito, uma vez que constitui preço para a formação de um negócio jurídico, ou, como custo em sentido amplo, pois deve ser avaliada nos mecanismos do contrato, exercendo influência sobre os arranjos contratuais, sendo um custo das transações econômicas que devem ser levados em conta na atividade empresarial:

> Em outras palavras, o tributo é um custo das transações econômicas que será levado em conta pelos agentes econômicos quando da tomada de decisões. Se eventualmente uma determinada transação econômica puder ser realizada tanto mediante um negócio jurídico tributável quanto mediante um negócio jurídico não tributável, é provável que os agentes econômicos avaliem a referida situação e tomem a decisão de praticar o negócio não tributável.
>
> No tocante ao financiamento das atividades empresariais, Fernando Rezende assinala que há três formas de financiamento da expansão empresarial: (i) reinvestimento dos lucros; (ii) aumento de capital mediante emissão de quotas ou ações; e (iii) empréstimos ou emissões de títulos de dívida.
>
> (...)
>
> Ao tomar suas decisões de financiamento, o empresário irá calcular o custo de capital das alternativas possíveis de financiamento, de modo que se faz fundamental analisar o conceito de custo de capital. Ezra Solomon destaca que o custo de capital tem sido entendido como: (i) a taxa mínima exigida para retorno, para os objetivos que utilizem recurso de capital; (ii) o limite máximo para as despesas de capital; (iii) a taxa de retorno

9. SIQUEIRA, Marcelo Lettieri. RAMOS, Francisco S.. A Economia da Sonegação: teorias e evidências empíricas. Rio de Janeiro: 2005.

desejada, que deverá ser superada se se justificar o uso do capital; e (iv) o padrão financeiro[10].

Plutarco, analisando as razões para a litigância, inclusive em uma perspectiva econômica, mostra ser necessária a resposta a três indagações: (1) Qual é o ganho que se espera obter com o êxito na ação (benefício potencial)? (2) Qual é a probabilidade de êxito? (3) Quanto custará todo o percurso até a resolução da demanda?[11] Sabe-se que o custo para uma demanda administrativa é praticamente inexistente, uma vez que a parte pode exercê-lo, inclusive, em nome próprio, sem a participação, sequer, de um advogado, além de não existir condenação em verbas sucumbenciais. O autor, ainda, assevera que os agentes são racionais e tendem a adotar condutas que venham aumentar os seus benefícios:

> A conduta esperada das empresas, diante da escassez de recursos para o financiamento de sua atividade produtiva, seria a de recorrerem ao sistema financeiro. Entretanto, as taxas de mercado (financiamento bancário) são bem maiores do que a taxa (Selic) utilizada para a correção dos débitos tributários em atraso. Este fato gera incentivo para que as empresas, em vez de buscarem financiamento no mercado financeiro, deixem de pagar seus tributos e utilizem o respectivo valor na atividade empresarial, pois, caso tenham de pagar o tributo em atraso, o valor corrigido do débito tributário em muitos casos será menor do que o saldo devedor de eventual empréstimo tomado a juros de mercado.
>
> Caso a opção do contribuinte seja pelo não pagamento do tributo, algumas são as alternativas que ele tem à sua disposição. Pode o contribuinte declarar o tributo e discuti-lo judicialmente, pode apenas declará-lo, não o pagar e aguardar ser executado, ou ainda, pode simplesmente sonegar o tributo e esperar não ser descoberto, ou caso descoberto, discuti-lo administrativamente e depois judicialmente.
>
> Haja vista que a taxa de remuneração dos débitos tributários (Selic) e as taxas de mercado apresentam índices diferentes, tendo estas últimas índices substancialmente maiores, a variável tempo terá muita importância na avaliação a ser feita pelos contribuintes. Assim, conforme será visto,

10. PINTO, Alexandre Evaristo. Efeitos Tributários Indutores na Forma de Financiamento da Atividade Empresarial: Contribuição ao Estudo dos Efeitos da Tributação sobre a Estrutura de Capital das Sociedades Empresárias. P. 19. São Paulo: USP, 2020.
11. PLUTARCO, Hugo Mendes. A Sonegação e a Litigância Tributária como Forma de Financiamento. Vol. 3, nº 1, p. 122-147. Brasília: EALR, 2012.

> mesmo naqueles casos em que o contribuinte optou por sonegar, foi descoberto e lhe foram aplicados altos encargos pela sonegação, a depender da quantidade de anos que durar o processo de execução, tendo em vista a diferença entre os índices de reajuste dos débitos tributários (Selic) e dos débitos bancários (taxa de mercado), ainda assim terá sido vantajoso sonegar[12].

A informação acima é relevante, na medida em que uma dívida tributária é composta pelo valor do principal, pela multa e pelos juros, equivalentes à Taxa Selic. A multa, a depender da modalidade de lançamento, pode ser de 20% a percentuais mais elevados, como, por exemplo, de 150%.

Ocorre que não é incomum que a União e os demais entes tributantes promulguem leis que concedam parcelamentos especiais de tributos em atraso, com redução de multas, juros e encargo legal e, agora, com a transação, até mesmo redução do montante do valor principal. Além da possibilidade de parcelamento extenso, inclusive com a utilização para redução da dívida, da base de cálculo negativa, dos prejuízos fiscais e até precatórios, como forma de pagamento[13].

No caso do Brasil, fazendo um corte no ano de 2000, podemos citar, apenas alguns parcelamentos na esfera federal, que serão suficientes para a análise econômica pretendida, a saber: a) redução do montante devido e; b) concessão sistemática e periódica de benesses, a saber, redução de multa, juros e prazo elastecido.

Em primeiro lugar, podemos citar o REFIS - Programa de Recuperação Fiscal - criado pela Lei nº 9.964/2000 que se destinava a promover a regularização dos créditos da União, decorrentes de débitos de pessoas jurídicas, relativos a tributos e contribuições administrados pela Secretaria da Receita Federal e pelo Instituto Nacional do Seguro Social, com vencimento até 29 de fevereiro de 2000. Em seguida, houve o PAES, criado pela Lei nº 10.684/2003, que instituiu parcelamento especial em até 180 meses para todos os débitos para com a Fazenda Nacional,

12. Ibidem.
13. LIMA, Bruno Rodrigues Teixeira de; WILBERT, Marcelo Driemeyer; SERRANO, André Luiz Marques. Parcelamento de Tributos Federais como forma de Financiamento Indireto. Vol. 16, n. 3, p. 1079-1108. Joaçaba: Race, 2017.

constituídos ou não, inscritos ou não em Dívida Ativa da União, vencidos até 28 de fevereiro de 2003.

Outro exemplo é o PAEX, criado pela Medida Provisória 303/2006 e que instituiu parcelamento especial de débitos em até 130 (cento e trinta) prestações mensais e sucessivas para os débitos de pessoas jurídicas junto à Secretaria da Receita Federal, à Procuradoria-Geral da Fazenda Nacional – PGFN e ao Instituto Nacional do Seguro Social – INSS, com vencimento até 28 de fevereiro de 2003. Houve, também, a criação do "REFIS da Crise" e, posteriormente, em 2014, o "REFIS da Copa", sendo que a Lei nº 11.941/2009 (conversão da MP 449/2008) permitia o parcelamento das dívidas tributárias federais vencidas até 30 de novembro de 2008. O prazo de adesão ao programa de parcelamento do "REFIS da Crise" foi reaberto até 31.12.2013 pelo artigo 17 da Lei nº 12.865/2013.

Posteriormente, criaram-se mais 3 prazos de adesão, em 2014, sendo o último para 01.12.2014, este pela Lei nº 13.043/2014. Através da Lei nº 12.973/2014, houve nova reabertura deste prazo, que finalizaria em 31.07.2014. Pela Lei nº 12.996/2014, artigo 2º, o prazo de adesão foi ampliado para 25.08.2014 (data fixada pela MP 651/2014), compreendendo os débitos vencidos até 31.12.2013.

Mais recentemente, houve o PERT, criado pela Lei nº 13.496 de 2017 e, após a pandemia da COVID, o chamado RELP, para as empresas inscritas no Simples Nacional, criado pela Lei Complementar nº 193 de 2022 e, ainda, a transação tributária, criada pela Lei nº 13.988/2020.

A Lei nº 11.941/2009, por exemplo, trazia possibilidade de pagamento em até 180 parcelas, inclusive o saldo remanescente do REFIS (Lei nº 9964/2000) e PAEX (Medida Provisória nº 303/2006), que poderiam ser pagos à vista, com redução de 100% (cem por cento) das multas de mora e de ofício, de 40% (quarenta por cento) das isoladas, de 45% (quarenta e cinco por cento) dos juros de mora e de 100% (cem por cento) sobre o valor do encargo legal.

A atual proposta de transação por Edital permite a adesão de dívidas até R$ 45.000.000,00, com pagamento de entrada equivalente a 6% (seis por cento) do valor da dívida e o restante em até 114 (cento e quatorze) prestações mensais e sucessivas, podendo haver redução, conforme a Capacidade de Pagamento do sujeito passivo, de até 100% (cem por cento) do valor dos juros, das multas e do encargo legal, observado o limite de até 65% (sessenta e cinco por cento) sobre o valor total de cada inscrição objeto da negociação, sendo que, para a pessoa natural, micro e pequena empresa, a redução total poderá chegar a 70%.

O rol está longe de ser exaustivo e demonstra como são comuns e sistemáticos a concessão desses parcelamentos. O "manicômio jurídico tributário" é grande, tal como as possibilidades e os descontos para os devedores[14].

3. REFERÊNCIA PRÁTICA

A própria Receita Federal do Brasil já identificou o efeito dos constantes parcelamentos no comportamento dos contribuintes, demonstrando, inclusive, o "tamanho" da renúncia fiscal. Evidenciou, ainda, o fato de que inúmeros contribuintes iniciam o programa de parcelamento e, meses em seguida, são excluídos, sendo que, muitas das vezes, optam por fazer a "migração" entre os parcelamentos existentes, incorporando uma cultura de não pagamento de dívidas, uma vez que estão sempre na expectativa da instituição de um novo programa de parcelamento, com novas e sucessivas condições especiais, conforme destacado:

> Cabe frisar ainda que a concessão reiterada de parcelamentos sob condições especiais criou uma certa acomodação nos contribuintes, que não se preocupam mais em liquidar suas dívidas. Em relação às opções pelas modalidades de parcelamentos especiais descritas no item 7, verifica-se que um grupo importante de contribuintes participou de 3 ou mais modalidades, o que caracteriza utilização contumaz deste tipo de parcelamento.
>
> (...)
>
> A instituição de modalidades especiais de parcelamento de débitos, com reduções generosas de multas, juros, e também encargos legais cobrados quando da inscrição em Dívida Ativa da União vem influenciando de forma negativa o comportamento do contribuinte no cumprimento voluntário da sua obrigação, evidenciando assim uma cultura de inadimplência. A Figura 1 a seguir demonstra que o passivo tributário administrado pela RFB tem crescido fortemente nos 4 últimos anos, evoluindo do patamar de R$ 1,1 trilhão em janeiro de 2013 para aproximadamente R$ 1,6 trilhão

14. BECKER, Alfredo Augusto. Teoria Geral do Direito Tributário. 7. ed. São Paulo: Noeses, 2018. p. 6.

em dezembro de 2016, período em que foram editados vários parcelamentos especiais. A Figura 1 mostra ainda a evolução do Índice Nacional de Preços ao Consumidor Amplo (IPCA) no mesmo período. Observa-se que, enquanto os créditos ativos tiveram um acréscimo de 51,59%, o IPCA variou 33,07%[15].

Para Souza, o Brasil possui um sistema tributário bastante complexo e uma grande falta de qualificação da produção legislativa sobre o assunto, o que leva grandes contribuintes, geralmente bem assessorados por advogados especializados, à utilização racional das brechas do sistema, com vistas à maximização dos seus lucros, em prejuízo da arrecadação tributária[16].

O UNAFISCO também apresentou estudo sobre a questão:

> Outro aspecto relevante com relação aos efeitos dos parcelamentos especiais é o que diz respeito ao comportamento dos contribuintes adimplentes, aqueles que arcam com suas obrigações tributárias tempestivamente. Frederico Faber, em estudo dos impactos dos parcelamentos especiais, concluiu que os parcelamentos tributários "influenciam a decisão dos agentes econômicos na manutenção do pagamento de suas obrigações tributárias correntes, ou seja, não se mantém a regularidade da arrecadação induzida". Por meio de ferramentas econométricas, o autor demonstrou a influência negativa dos parcelamentos no comportamento dos contribuintes e, consequentemente, na arrecadação espontânea, estimando uma perda de R$ 18,6 bilhões por ano, na arrecadação de obrigações tributárias correntes, em virtude da publicação de programas de parcelamentos especiais[17].

Desse modo, com a edição sistemática de parcelamentos e com a transação, fica fácil elaborar um verdadeiro "planejamento" aos contribuintes

15. RECEITA FEDERAL. Estudo sobre Impactos dos Parcelamentos Especiais. Atualizado em 29 de dezembro de 2017. Disponível em: https://www.gov.br/receitafederal/pt-br/acesso-a-informacao/dados-abertos/arquivos-e-imagens/20171229-estudo-parcelamentos-especiais.pdf\.
16. SOUSA, Airson de Araujo. Parcelamentos Tributários Especiais no Âmbito do Governo Federal – Um Confronto com os Princípios Norteadores da Lei de Responsabilidade Fiscal – LRF. Revista Cadernos de Finanças Públicas, Brasília, v. 19, n. 2, p. 1-73, mar. 2019.
17. UNAFISCO NACIONAL. Diretoria de Defesa Profissional e Assuntos Técnicos. Gestão 2016-2019. Parcelamentos especiais (REFIS): Prejuízo para o bom contribuinte, a União, os Estados, o Distrito Federal e para os Municípios. Nota Técnica UNAFISCO nº 03/2017.

inadimplentes, sendo economicamente mais viável, simplesmente, discutir os tributos e, num futuro, altamente pautado pela previsibilidade, se beneficiar de uma condição de pagamento mais vantajosa.

Plutarco analisa a questão do "benefício" obtido pelo contribuinte com o simples ato de discutir administrativa e judicialmente sua dívida, considerando os custos do processo e o tempo:

> Avaliando-se o retorno da sonegação não descoberta em face da alternativa de requerer empréstimo a juros de mercado, suponha-se que a empresa necessitasse de R$ 100.000,00 para pagamento em cinco anos. Cogite-se que, para tanto, a empresa tivesse sonegado tributos nesse mesmo valor. Assuma-se, noutro giro, que a segunda opção da empresa fosse pagar o tributo e buscar financiamento no mercado a uma taxa média de 38,43% ao ano (taxa média dos últimos cinco anos).
>
> No caso da adoção da primeira opção (sonegar) e na hipótese de o contribuinte não ser descoberto, o retorno dessa escolha frente à alternativa de buscar financiamento dos R$ 100.000,00 para serem pagos em cinco anos, no mercado financeiro, seria de R$ 508.247,00 (R$ 100.000,00 referente ao valor principal + 408.247,00 referente aos juros em cinco anos a uma taxa média de juros 38,43% ao ano).
>
> Antes de o débito ser ajuizado, em virtude da sonegação, o contribuinte teria de arcar com a multa de ofício, que é de 75% do valor do tributo (que pode ser majorada para 150%21), mais 10% a título de encargo legal, mais a correção de todo o débito pela taxa Selic. Tais encargos fariam que o débito de R$ 100.000,00, ainda sem a incidência da Selic, passasse a ser de no mínimo R$ 192.500,00 (caso aplicada a multa de 75% em vez da de 150%).
>
> (...)
>
> Pode-se dizer, ainda, que, caso haja sonegação e o contribuinte opte por discutir administrativamente o débito e as penalidades aplicadas e, depois de encerrada a discussão administrativa de forma desfavorável ao contribuinte, a Fazenda Nacional ajuíze execução fiscal, ter-se-ia, desde a descoberta da sonegação até a finalização da execução, um período de treze anos, isso sem computar o período desde a sonegação até a descoberta pelo fisco, que, para fins de simplificação, não é contabilizado neste estudo.
>
> Frise-se que o contribuinte tem grande incentivo de, ao ser autuado, formular impugnação administrativa uma vez que a exigibilidade do débito tributário fica suspensa (o contribuinte não pode ser inscrito em dívida ativa, muito menos executado), até o julgamento final na esfera administrativa, cujo trâmite leva em média 5 anos, conforme já visto.

> Logo, adotando-se o valor-base de R$ 210.000,00 (R$ 100.000,00 + multa de ofício de 75% + encargo legal de 20%), no caso da sonegação descoberta, corrigido pela Selic ao longo dos últimos treze anos (1998 a 2010), ter-se-ia ao final o valor total de: R$ 1.683.602,00. Já se o contribuinte optasse por captar R$ 100.000,00 no mercado financeiro à taxa média de mercado dos últimos 13 anos, o valor total no final do período seria de R$ 12.312.515,00.
>
> Destarte, mesmo que considerados os altos encargos impingidos nos casos de descoberta da sonegação, ainda assim a sonegação, mesmo descoberta, apresentaria vantagem em R$ 10.628.913,00 se comparada à alternativa de captação de recursos à taxa de mercado[18].

O benefício aumenta quando pensamos nos parcelamentos especiais e na transação. Uma dívida do mês de janeiro do ano de 2010, com valor principal de R$ 100.000,00, multa de R$ 75.000,00, e juros SELIC, poderia ser quitada com até 65% de desconto sobre o valor total do montante, o que ensejaria uma correção irrisória do valor original – considerando o ano de 2010.

Conclui-se, assim, através de números, que a concessão de parcelamentos especiais, de forma costumeira e reiterada, induz o comportamento dos contribuintes, fomentando a litigiosidade e gerando impactos negativos na arrecadação. Tal prática contribui para a formação de um círculo vicioso, com riscos para a estabilidade e saúde do Sistema Tributário Nacional.

REFERÊNCIAS

BECKER, Alfredo Augusto. Teoria Geral do Direito Tributário. 7. ed. São Paulo: Noeses, 2018.

CARVALHO, Paulo de Barros. Direito Tributário: Reflexões sobre filosofia e ciência em prefácios. 1. ed. São Paulo: Noeses, 2019.

LIMA, Bruno Rodrigues Teixeira de; WILBERT, Marcelo Driemeyer; SERRANO, André Luiz Marques. Parcelamento de Tributos Federais como forma de Financiamento Indireto. Race, Joaçaba, v. 16, n. 3, p. 1079-1108,2017.

18 . Ibidem.

MACHADO, Hugo de Brito. Curso de Direito Tributário. 38. ed. São Paulo: Malheiros, 2017.

MORAES, Alexandre de. Direito Constitucional. 12. ed. São Paulo: Atlas, 2002.

PAULA, Luiz Gonzaga Modesto de. O princípio da inerência do risco na atividade empresarial. São Paulo: Pontifícia Universidade Católica de São Paulo, 2019.

PINTO, Alexandre Evaristo. Efeitos Tributários Indutores na Forma de Financiamento da Atividade Empresarial: Contribuição ao Estudo dos Efeitos da Tributação sobre a Estrutura de Capital das Sociedades Empresárias. São Paulo: USP, 2020.

PLUTARCO, Hugo Mendes. A Sonegação e a Litigância Tributária como Forma de Financiamento. EALR, Brasília, v. 3, n. 1, p. 122-147, 2012.

RECEITA FEDERAL. Estudo sobre Impactos dos Parcelamentos Especiais. Atualizado em 29 de dezembro de 2017. Disponível em: https://www.gov.br/receitafederal/pt-br/acesso-a-informacao/dados-abertos/arquivos-e-imagens/20171229-estudo-parcelamentos-especiais.pdf. Acesso em: 15 dez. 2024.

SANTI, Eurico Marcos Diniz de. Lançamento Tributário. 2. ed. rev. e ampl. São Paulo: Max Limonad, 1996.

SIQUEIRA, Marcelo Lettieri; RAMOS, Francisco S. A Economia da Sonegação: teorias e evidências empíricas. Rio de Janeiro: s.n., 2005.

SOUSA, Airson de Araujo. Parcelamentos Tributários Especiais no Âmbito do Governo Federal – Um Confronto com os Princípios Norteadores da Lei de Responsabilidade Fiscal – LRF. Revista Cadernos de Finanças Públicas, Brasília, v. 19, n. 2, p. 1-73, mar. 2019.

UNAFISCO NACIONAL. Parcelamentos especiais (REFIS): Prejuízo para o bom contribuinte, a União, os Estados, o Distrito Federal e para os Municípios. Diretoria de Defesa Profissional e Assuntos Técnicos, gestão 2016-2019. Nota Técnica UNAFISCO nº 03/2017.

CAPÍTULO XXIV

PROBIDADE ADMINISTRATIVA E O PARCELAMENTO DA RESPONSABILIDADE

Sérgio Martin Piovesan de Oliveira[1]

SUMÁRIO: 1. Conceito geral; 2. O parcelamento da condenação pecuniária por improbidade administrativa: uma análise econômico-comportamental; 3. Referência prática; Referências.

1. CONCEITO GERAL

A probidade administrativa tem lugar de destaque em todo o texto da Constituição Federal de 1988. Representa a "materialização constitucional da República, da democracia, um instrumento de efetivação cotidiana de direitos fundamentais".[2] É um princípio fundamental que sustenta o desenvolvimento sadio do Estado brasileiro contra a ação daqueles que, embora fazendo parte dele, querem tomá-lo para si à custa de sua própria Nação.

O conceito de corrupção não deve ficar restrito àquela conduta de agente público que se apropria de valor ou bem móvel da administração

---

1. Promotor de Justiça do Ministério Público do Estado de São Paulo. Mestre e Doutorando em Direito pela Faculdade de Direito da Universidade de Ribeirão Preto (São Paulo, SP, Brasil). ORCID: https://orcid.org/0000-0001-7609-7214. E-mail: sergiompiovesan@gmail.com

2. OLIVEIRA, Sérgio Martin Piovesan de. O novo regime de prescrição da tutela da probidade administrativa: uma análise à luz do neoconstitucionalismo. 1. ed. Belo Horizonte: D´Plácido, 2024.

em geral, como, por exemplo, o do servidor que desvia R$ 100,00 (cem reais), em proveito próprio ou alheio, do caixa de uma repartição pública, o que representa um pequeno enriquecimento ilícito lesivo ao erário. Aquele que, com poder de mando, viola os princípios da administração pública e o direito fundamental ao governo probo é um corrupto bem mais perigoso à integridade do patrimônio público e social, porque não desvia no varejo e sim no atacado. É um profissional do clientelismo e da apropriação da coisa pública.

Gustavo Senna elenca diversas condutas de demérito administrativo, como gastos inúteis para fomentar a cultura do "pão e circo", o déficit de transparência, a ocupação irregular de cargos públicos, o nepotismo, a má governança etc.[3] que, sem dúvida, corroem as bases de um Estado honesto, a possibilidade de desenvolvimento social e a esperança de um povo em seu governo.

A melhor maneira de tratar um gatuno profissional dos cofres públicos é colocá-lo o mais rapidamente possível do lado de fora da vida pública. Ele e os seus eventuais comparsas particulares. E indisponibilizar cautelarmente os seus bens até que se finde o devido processo legal para apuração do ocorrido. Deve haver, além disso, um tempo de prescrição suficiente para processar o corrupto e assegurar-lhe à ampla defesa – e a probidade administrativa, sobretudo.

O problema da corrupção e sua importância deveriam levar o legislador a produzir leis infraconstitucionais suficientes para a tutela adequada da honestidade na vida pública, mesmo porque a Constituição Federal o mandou fazer assim; contando ainda que exista no País, um Ministério Público e um Poder Judiciário igualmente eficientes e comprometidos com este tipo de demanda.

Pelo seu lado, mesmo na situação acima idealizada para o tratamento do problema, o corrupto dos cofres públicos segue despreocupado com a probidade e não espera que um dia possa vir a ser descoberto em seus malfeitos, tampouco condenado e muito menos obrigado a ressarcir o erário pela lesão causada por sua conduta ilícita. Ele segue pensando

3. SENNA, Gustavo. *Combate à má governança e à corrupção : uma questão de direitos fundamentais e direitos humanos*. Belo Horizonte: Editora D'Placido – Explore (D' Placido Digital) – Telegrapher API, 2019.

em si próprio e não naquilo que a sua função pública representa. Se existe corrupção passiva, é por sua causa que há.

E não é possível esperar de um sujeito desviado de tal jeito conduta diferente, pois seria como exigir ética e senso de responsabilidade de um estelionatário virtual, no lugar de seu ardente desejo por enganar à vítima e obter indevido proveito próprio ou alheio. A vontade de ganhar um dinheiro fácil e encurtar caminhos mundanos adoecem à sua honestidade. É possivelmente uma fraqueza de caráter.

Mas pode acontecer, hipoteticamente, de o ímprobo pensar na possibilidade de sua punição. E se houver isso, provavelmente o seu raciocínio caminhará pelos seguintes pensamentos: O que pode vir a acontecer comigo? O quanto vou dever ao Estado? Como a lei pode me atingir?

Essa projeção de acontecimentos e de questionamentos sobre possíveis consequências, quando realizados pelo ímprobo, do ponto de vista racional não diverge muito de outras decisões de sua vida que envolvam a análise de "custo (o dever futuro) – benefício (o prazer imediato)". Em nosso tema, se os prazeres imediatos forem maiores do que os possíveis deveres futuros haverá um incentivo às condutas de enriquecimento ilícito e ao prejuízo ao patrimônio público; caso contrário, um desincentivo.

É claro que nem sempre as pessoas pensam em todas as consequências de seus atos, sobretudo quando são imediatistas – e hoje são muitas. O psicólogo Daniel Kahneman, Nobel de Economia em 2002, ensina que ser racional dá trabalho e demanda tempo e a informação certa (exige pensamento longo). E o ser humano pode agir muitas vezes com pensamento curto – ou sem pensar.[4]

Há também outros fatores, além dos racionais, que levam às pessoas a tomarem certas decisões para atos honestos ou desonestos. Para os pesquisadores Daiana Orghian, Gabriel Cabral, André Pinto e Alessandra Fontana não só fatores econômicos levam a atos desonestos, mas existem vários fatores cognitivos (o sujeito possui "bússola moral quebrada"), contextuais (os "facilitadores", isto é, a "ocasião faz o ladrão") e sociais (a "influência alheia", ou seja, a "má companhia") que "podem promover

4. Kahneman, Daniel. Rápido e devagar [recurso eletrônico]: duas formas de pensar. Tradução Cássio de Arantes Leite. Rio de Janeiro: Objetiva, 2012.

comportamentos desonestos".[5] A ciência da economia comportamental também pode servir para explicar melhor esse fenômeno.

Existem os desonestos de profissão. Mas há pessoas honestas que, por causa desses múltiplos fatores internos e externos, podem praticar um ato desonesto. E a lei de um País "Y" pode ser extremamente dura contra a corrupção no governo e, apesar disso, haverá pessoas corruptas na vida pública. Não obstante, o fenômeno de resistência da corrupção não tira o mérito de sistemas jurídicos de accontability que confiram um peso maior para a repressão a condutas ilícitas, pois esse é um remédio necessário para a desonestidade profissional e um pilar fundamental para incentivar à cultura da integridade.

Neste capítulo da presente obra queremos demonstrar como a reforma legislativa promovida pela Lei nº 14.230/2021 à Lei nº 8.429/1992, que trata das sanções aplicáveis em virtude da prática de atos de improbidade administrativa, pode influenciar na decisão das pessoas de se manterem ou não honestas na vida pública.

Porém, é bom que se esclareça, a nossa análise ficará restrita à modificação incluída pela reforma ao artigo 18, § 4º, da Lei nº 8.429/1992, quando o legislador passou a permitir o parcelamento de dívida pecuniária por ato de corrupção e/ou lesivo ao erário. E de como a repercussão - para pior, na defesa da probidade administrativa - dessa modificação legislativa era perfeitamente previsível sob o ponto de vista da análise comportamental.

2. O PARCELAMENTO DA CONDENAÇÃO PECUNIÁRIA POR IMPROBIDADE ADMINISTRATIVA: UMA ANÁLISE ECONÔMICO-COMPORTAMENTAL

O artigo 18, "caput" e § 4º, da Lei nº 8.429/1992, incluído pela Lei nº 14.230/2021, ficou com a seguinte redação:

> Art. 18. A sentença que julgar procedente a ação fundada nos arts. 9º e 10 desta Lei condenará ao ressarcimento dos danos e à perda ou à reversão dos bens e valores ilicitamente adquiridos, conforme o caso, em favor da

5. ORGHIAN, Diana; CABRAL, Gabriel; PINTO, André; FONTANA, Alessandra. Desvio de caráter ou simplesmente humano? Economia comportamental aplicada ao comportamento desonesto. Rev. Bras. Polít. Públicas, Brasília, v. 8, nº 2, 2018, p.523-541. P. 527-528.

> pessoa jurídica prejudicada pelo ilícito. (Redação dada pela Lei nº 14.230, de 2021) [...]
>
> § 4º O juiz poderá autorizar o parcelamento, em até 48 (quarenta e oito) parcelas mensais corrigidas monetariamente, do débito resultante de condenação pela prática de improbidade administrativa se o réu demonstrar incapacidade financeira de saldá-lo de imediato. (Incluído pela Lei nº 14.230, de 2021).[6]

A nova regra faculta que o juiz defira ao executado o pagamento da dívida líquida e certa pecuniária advinda da condenação por ato de improbidade em até 48 (quarenta e oito) parcelas mensais, corrigidas monetariamente. São dois os requisitos que devem ser preenchidos para o parcelamento judicial da dívida, um de caráter objetivo, que a condenação tenha se dado por ato de improbidade que importe enriquecimento ilícito ou ato de improbidade que cause prejuízo efetivo ao erário; e outro subjetivo, que o réu demonstre incapacidade financeira para saldar o débito à vista.

O legislador omitiu da previsão legal os atos de improbidades que atentam contra os princípios da administração pública previstos no rol taxativo do artigo 11 da Lei nº 8.429/92, nada obstante possam causar prejuízo efetivo ao erário, contudo não seja esse um pré-requisito. Para tais casos do artigo 11, o pedido de parcelamento do dever de ressarcimento pelo dano efetivo causado não encontrará amparo no dispositivo.

Percebe-se também que, como a lei menciona a palavra "condenação", a regra de parcelamento se aplica para o cumprimento da sentença condenatória e não para o acordo de não persecução civil por ato de improbidade administrativa.

Na condenação há a certeza de que a pessoa cometeu um ato desonesto na vida pública e que lhe importou em enriquecimento ilícito e/ou causou prejuízo ao erário. Pode-se dizer que a regra, ao facilitar – e muito – o cumprimento de condenações pecuniárias por improbidade, pode causar o efeito contrário, o de estimular comportamentos de

---

6. BRASIL. Presidência da República. Lei nº 8.429, de 2 de junho de 1992. Dispõe sobre as sanções aplicáveis em virtude da prática de atos de improbidade administrativa, de que trata o § 4º do art. 37 da Constituição Federal; e dá outras providências. (Redação dada pela Lei nº 14.230, de 2021) Disponível em: <http://www.planalto.gov.br/ccivil_03/leis/l8429.htm>. Acesso em: 02 jan. 2025.

condenados a priorizarem o pagamento de quaisquer outras obrigações no lugar de ressarcirem os cofres públicos, ou a tornarem-se juridicamente insolventes.

Edilson Vitorelli em seus estudos sobre os modelos de análise econômica do processo, explica que a análise econômica "[...] permite que se apreciem os efeitos das normas em termos dos comportamentos que elas incentivam" e cita como exemplo a "prescrição intercorrente do direito penal" que estimula à protelação do andamento do processo penal pela defesa à busca da extinção da punibilidade pelo crime cometido.[7]

No nosso objeto de estudo, essa lição se aplica perfeitamente porque será melhor para a pessoa desonesta o julgamento do seu caso do que o acordo, já que a sua possível dívida – e se não houver prescrição intercorrente quadrienal pelo caminho – depois da condenação definitiva poderá ser parcelada apenas com correção monetária, de acordo com a literalidade do texto. Houve silêncio completo da lei quanto à aplicação de juros sobre o parcelamento.

Imagine que o sujeito venha a lesar o erário por uma conduta ilícita que não se caracterize um ato de improbidade administrativa previsto nos artigos 9º a 11 da Lei nº 8.429/1992, portanto, em tese menos grave. Nesse caso, no cumprimento de sentença de ação civil pública poderá pagar uma entrada de 30 % (trinta por cento) e parcelar o restante de sua dívida em até 6 (seis) vezes, no máximo, com correção monetária e juros de 1% (um por cento) ao mês, caso seja aplicado o parâmetro previsto no artigo 916, "caput", do Código de Processo Civil.[8]

Essa mesma regra de entrada de 30 % (trinta por cento) e parcelamento em até 6 (seis) vezes, acrescido de correção monetária e juros de 1% (um por cento), poderá ser aplicada para a execução judicial de Acordo de Não Persecução Civil para atos de improbidade administrativa do

7. VITORELLI, Edilson. Fundamentos da Análise Econômica do Processo Civil. São Paulo: Editora Juspodivm, 2024. P. 22.

8. Código de Processo Civil, Art. 916. No prazo para embargos, reconhecendo o crédito do exequente e comprovando o depósito de trinta por cento do valor em execução, acrescido de custas e de honorários de advogado, o executado poderá requerer que lhe seja permitido pagar o restante em até 6 (seis) parcelas mensais, acrescidas de correção monetária e de juros de um por cento ao mês. [...]. Fonte: BRASIL. Lei nº 13.105, de 16 de março de 2015. Código de Processo Civil. Brasília, DF, 17 mar. 2015. n. 1. Disponível em: https://www.planalto.gov.br/ccivil_03/_ato2015-2018/2015/lei/l13105.htm. Acesso em: 5 jan. 2025.

artigo 9º a 11 da Lei nº 8.429/1992, onde o sujeito tenha se obrigado voluntariamente a ressarcir o prejuízo causado ao erário. Para isso, o executado precisa requerer esse favor legal no prazo para embargar à execução do título extrajudicial (artigo 916, "caput", do Código de Processo Civil).

Um levantamento feito pelo Procon-SP apontou que as taxas de juros no ano de 2024 para empréstimos pessoais e cheque especial junto às maiores instituições financeiras do Brasil ficaram em média de 7,91% ao mês.[9] Se o sujeito dever ao banco R$ 10.000,00 (dez mil reais), a sua dívida parcelada em 48 (quarenta e oito) vezes de R$ 812,02 saltará para R$ 38.976,96, sendo R$ 28.976,96 de juros.[10]

Se a pessoa dever R$ 10.000,00 (dez mil reais) pela lesão efetiva causada ao patrimônio público pelo ato de improbidade administrativa, pela literalidade da nova regra, a sua dívida poderá ser parcelada em até 48 (quarenta e oito) vezes de R$ 208,33, apenas acrescida de correção monetária que, até novembro de 2024, pelo Índice Nacional de Preços ao Consumidor (INPC), apresentou um total acumulado de 4,84%.[11] Ou seja, se por hipótese não houver queda da inflação, a dívida total corrigida monetariamente ao final de quatro anos não alcançaria acréscimo superior a R$ 1.936,00 (4,84% x 4 anos = 19,36% x R$ 10.000,00 = R$ 11.936,00).

Racionalmente, em uma situação como a apresentada de mais de uma dívida a saldar em acordos de parcelamento, o artigo 18, § 4º, da Lei nº 8.429/1992 possivelmente não estimulará condutas de executados que venham a priorizar o adimplemento da dívida com o patrimônio público lesado, já fixada no cumprimento da sentença de improbidade, porque o devedor preferirá quitar, primeiro, a dívida mais onerosa do ponto de vista econômico para o seu patrimônio.

9. PROCON-SP (São Paulo). *Taxas de juros 2024 – balanço anual do Procon-SP*. 2025. Disponível em: https://www.procon.sp.gov.br/taxas-de-juros-2024-balanco-anual-do-procon-sp/. Acesso em: 2 jan. 2025.

10. BRASIL. BANCO CENTRAL DO BRASIL. *Calculadora do cidadão*. Financiamento com prestações fixas. Disponível em: https://www3.bcb.gov.br/CALCIDADAO/publico/calcularFinanciamentoPrestacoesFixas.do. Acesso em: 2 jan. 2025.

11. BRASIL. AGÊNCIA BRASIL. **Economia: ano fecha com alta do PIB, emprego recorde e juros altos.** 2024. Bruno de Freitas Moura. Disponível em: https://agenciabrasil.ebc.com.br/economia/noticia/2024-12/economia-ano-fecha-com-alta-do-pib-emprego-recorde-e-juros-altos. Acesso em: 2 jan. 2025.

Para finalizar esta seção, podemos afirmar que o artigo 18, § 4º, da Lei nº 8.429/1992, favorece o corrupto condenado que poderá pagar o seu débito em até 48 (quarenta e oito) vezes. Foi o que o Ministro do Superior Tribunal de Justiça, Herman Benjamin, observou: "Rouba à vista e ressarce a prazo, em modestas 48 prestações" e em juros.[12] A regra estimula comportamentos ímprobos de pessoas desonestas - ou não as ajuda a ficarem honestas - porque o seu autor, ainda que venha a ser condenado, poderá saldar a sua dívida em condições mais favoráveis do que aquela de um infrator ou devedor comum.

A regra desestimula o acordo, estimula o litígio na ação de improbidade e o pagamento parcelado da condenação pecuniária, no lugar do pagamento à vista. Afinal, para o executado não custará solicitar no cumprimento de sentença de improbidade administrativa o parcelamento máximo de sua dívida ao juiz, mediante uma simples autodeclaração de hipossuficiência financeira. Parece esse ser um ponto criado para potenciais litígios e recursos de agravo de instrumento no já tão litigado processo de improbidade administrativa.

3. REFERÊNCIA PRÁTICA

Entendido que o artigo 18, § 4º, da Lei nº 8.429/1992 poderá incentivar acusados a pensarem racionalmente e tirarem o melhor proveito de uma situação jurídica difícil, de condenação, nos parece que a teoria dos jogos e uma boa aplicação da lei ruim pelos juízes serão fatores que poderão vir a melhorar a relação de proporcionalidade entre tais direitos e interesses em conflito.

Karyna Oyama explica que "pode ser conceituada a teoria dos jogos como uma análise matemática do processo de tomada de decisão de agentes racionais, em situações de interação estratégica".[13] Em um novo cenário histórico de leniência legal com a defesa do patrimônio público

12. AMAZONAS ATUAL (Amazonas). *Para ministro do STJ, nova Lei de Improbidade pode gerar 'caos judicial'*. 2021. Disponível em: https://amazonasatual.com.br/para-ministro-do-stj-nova-lei-de-improbidade-pode-gerar-caos-judicial/. Acesso em: 5 jan. 2025.

13. OYAMA, Karyna Barbosa Andrade. Teoria da escolha racional e teoria dos jogos: uma abordagem para os métodos de resolução de conflitos. In: ANDRADE, Oyama K. B.; ORSINI, Adriana G. S.; COSTA, Mila B. L. C.. (Org.). Justiça do Século XXI. 1ed.São Paulo: LTr, 2014, v. , p. 347-361. P. 348.

e de suavidade aos corruptos, conhecer o comportamento do adversário em um processo naturalmente litigioso, pode ser fundamental.

Ao explicar a teoria dos jogos, Edilson Vitorelli ensina que "[...] o processo civil é litigado por partes que dependem do comportamento do adversário para definir suas estratégias"[14], dentre as quais, e agora trazendo para o nosso objeto de estudo, a estratégia de observar o comportamento do devedor para tomar a decisão de anuir ou não anuir ao pedido de parcelamento de uma dívida formulado pelo executado, em qual momento, circunstâncias e em qual medida.

O processo passa a ser visto como um jogo onde interessa compreender como o executado se comporta em relação ao cumprimento de sua obrigação judicial fixada na condenação por ato de improbidade administrativa. E de quais serão as chances reais de o vencedor ver a obrigação de pagar totalmente satisfeita.

Vale lembrar neste contexto de análise que muitas vezes os operadores do direito se perdem na aplicação da lei, na visão do conjunto do ordenamento, pois deve haver igualdade entre obrigações da mesma espécie e não pode haver tratamento discriminatório entre obrigações de mesma natureza, vale dizer, não há razão para a aplicação da lei tratar o devedor ímprobo de uma forma melhor do que o "não desonesto", ou então o "devedor litigante" melhor do que o "devedor não litigante".

Deveria também importar como as partes se comportam (de boa ou de má-fé) durante o curso do processo, desde o conhecimento da causa até o cumprimento da sentença. Um acusado condenado por litigância de má-fé, que recusou injustificadamente o acordo de não persecução civil, que buscou com atos meramente protelatórios à prescrição intercorrente quadrienal, que ocultou bens ou reincidiu na improbidade não deveria merecer o mesmo tratamento daquele que colaborou e agiu com boa-fé processual, ou pelo menos não agiu de má-fé no exercício de sua ampla defesa.

Outra falha dos operadores do Direito é a de não observarem a função social da norma que aplicam. A "objetividade jurídica" da Lei nº 8.429/1992 é a de proteger à integridade do patrimônio público do

14. VITORELLI, Edilson. Fundamentos da Análise Econômica do Processo Civil. São Paulo: Editora Juspodivm, 2024. P. 47.

Estado contra agentes públicos e particulares corruptos que causam lesão ao patrimônio público. Logo, esse interesse é o preponderante na aplicação desta lei de defesa da probidade administrativa. É, sem dúvida, uma missão constitucional de orgulho varrer atos de corrupção e corruptos da administração pública. Ou ao menos, em uma visão mais realista, sanear um pouco e na medida do possível esse ambiente institucional quando ele for contaminado.

Queremos falar que o cumprimento de sentença de improbidade não deve ser pensado como um favor legal ao executado condenado, um campo de facilidades e bondades, ou a uma espécie de "concurso universal de credores" onde a reparação efetiva do dano causado ao erário passa a ser vista em segundo plano. Nesta fase, os interesses preponderantes são os da recuperação do dinheiro público desviado, a efetivação material e a recuperação da probidade administrativa.

É preciso que o intérprete não viva distante dos fatos, sabia com quem lida e observe o comportamento do seu adversário, sobretudo quando o processo passa a ser um jogo de estratégias. Pavimentado pela realidade, outra premissa importante para evitar litígios e favorecer acordos em improbidade será a de que a condenação e o seu cumprimento precisam ser necessariamente mais duros e prejudicais ao agente público condenado, inclusive sob o aspecto econômico.

Para Steven Shavell, se há o processo e não a solução por acordo, "os réus responsáveis devem ter que pagar mais do que o dano causado" e se deve incluir o custo de litígio da vítima e o custo do processo pelo Estado.[15]

Quando a lei torna a opção pelo processo e a sua postergação a mais racional, apenas réus mal informados optarão pela solução negociada e

15. Em seus estudos sobre a teoria básica do litígio, Shavell explica: "Namely, when suit is brought, liable defendants should have to pay more than the harm done; they should also have to pay victims' litigation costs and the states' costs, for only then will they be bearing the full social costs associated with harm." Em português: "Nomeadamente, quando é instaurada uma ação judicial, os réus responsáveis devem ter de pagar mais do que os danos causados; devem também ter de pagar os custos de litígio das vítimas e os custos do Estado, pois só assim estarão a suportar a totalidade dos custos sociais associados aos danos". (tradução nossa). SHAVELL, Steven. Economic Analysis Of Litigation And The Legal Process. Cambridge: Harvard University Press, 2003. Disponível em: https://www.nber.org/system/files/working_papers/w9697/w9697.pdf. Acesso em 3 jan. 2025. P. 7

rápida. É claro que o réu ao decidir enfrentar o processo de certo modo entrará no caminho de incerteza, pois pode ter o azar de sua causa ser distribuída a um juiz mais rigoroso na aplicação das sanções civis de improbidade, sejam as pecuniárias e as restritivas de direitos. Mas isso será culpa exclusiva de sua falta de informação por não conhecer o magistrado de sua comarca em um tempo da inteligência artificial ou simples deficiência de orientação jurídica.

Em qualquer situação, a postergação da satisfação do cumprimento de sentença em condenação por improbidade atende somente ao interesse particular do ímprobo; não atende o interesse público de recuperação do dinheiro pela Fazenda Pública lesada e não é um resultado socialmente bom. Quando os anos se passam outros interesses e necessidades são colocados à frente, e o devedor pode vir a se tornar inadimplente. Uma dívida parcelada sem a garantia de bens penhorados é um problema postergado.

Enquanto houver cumprimento de sentença, há a possibilidade de recursos contra cada decisão proferida. A satisfação das obrigações judiciais a longo prazo para atender o mero interesse pessoal do devedor contribui para o congestionamento da prestação jurisdicional e sensação de que a punição pelo ilícito não é tão séria assim, ou seja, alavanca a "tragédia do Poder Judiciário".[16]

O atraso na solução do problema da condenação pecuniária é mais vantajoso ao réu porque nesta fase de cumprimento da sentença não terá muito mais a perder. Já perdeu a reputação de honesto. E muitos réus creem injusta a sua condenação e veem com má vontade o dever imposto de ressarcimento dos danos causados.

Em um jogo ideal seria necessário aumentar o "poder de barganha"[17] do legitimado coletivo no cumprimento da sentença condenatória de

16. Sobre a tragédia do Poder Judiciário, Ivo Teixeira Gico Jr. explica que o congestionamento de processos somente "atrai litigantes que desejam postergar suas obrigações pelo sistema judicial". Fonte: GICO JR., Ivo Teixeira. A tragédia do Judiciário. Revista de Direito Administrativo, Rio de Janeiro, v. 267, p. 163-198, set./dez. 2014. P. 163.

17. A expressão "poder de barganha" em negociações foi usada por ZAMIR e TEICHMAN, que ensinam: "A inclinação de uma parte em fazer um acordo depende, entre outras coisas, de seu poder de barganha. Quanto mais caro for o atraso no pagamento para o autor da ação, mais rápido ele resolverá o caso; quanto mais lucrativo for esse atraso para o réu, mais lento

improbidade administrativa. Se o legislador optou por facilitar a vida do réu, que o fizesse, de forma razoável e proporcional, para a fase de acordo pré-processual para evitar a solução processual. Não sendo essa, entretanto, a solução legislativa, será preciso que o autor coletivo tome cuidado para não oferecer um acordo de parcelamento melhor no cumprimento de sentença do que aquele que ofereceria em um acordo de não persecução civil.

Dessa maneira, se em um acordo de não persecução civil for oferecido ao réu a possibilidade de pagamento parcelado em até 6 (seis) vezes do dinheiro a ser devolvido ao erário, em uma fase cumprimento da sentença condenatória, prazo maior do que esse não deveria ser estipulado.

Outra questão jurídica diz respeito à incidência de juros de mora sobre a quantia a ser devolvida pelo ímprobo. Se forem previstos juros de mora no acordo de não persecução civil, não há razão lógica ou sistêmica para não serem imprevistos no acordo de parcelamento no cumprimento da sentença condenatória.

Para destacar a incoerência da regra do artigo 18, § 4º, da Lei nº 8.429/1992, se o mesmo réu viesse a adquirir produtos ou serviços em uma empresa e parcelasse o pagamento, naturalmente poderiam lhe ser cobrados encargos e juros contratuais pela amortização. E o efeito que essa norma produzirá será o devedor racionalmente priorizar o pagamento da dívida mais cara.

Apesar da omissão legislativa na previsão de juros de mora pela condenação por improbidade administrativa, entendemos que sendo essa indubitavelmente um ato ilícito, o devedor será considerado em mora desde a prática do ato de improbidade[18] e os juros fixados serão os legais

será o acordo." (tradução nossa). Fonte: ZAMIR, Eyal; TEICHMAN, Doron. Behavioral Law and Economics. London: Oxford, 2018. P. 496.

18. O Superior Tribunal de Justiça afetou este assunto no Tema Repetitivo 1128, "ipsis litteris": "Definir o termo inicial dos juros e da correção monetária da multa civil prevista na Lei de Improbidade Administrativa, isto é, se devem ser contados a partir do trânsito em julgado, da data do evento danoso – nos termos das Súmulas 43 e 54/STJ –, ou de outro marco processual." Fonte: BRASIL. SUPERIOR TRIBUNAL DE JUSTIÇA. *Tema Repetitivo 1128*. Disponível em: https://processo.stj.jus.br/repetitivos/temas_repetitivos/pesquisa.jsp?novaConsulta=true&tipo_pesquisa=T&cod_tema_inicial=1128&cod_tema_final=1128. Acesso em: 5 jan. 2025.

conforme previsão dos artigos 308 e 406 do Código Civil.[19] Atualmente, por força da Lei nº 14.905 de 2024, que alterou a redação do artigo 406 do Código Civil, os juros legais correspondem à taxa SELIC definida pelo Conselho Monetário Nacional (CMN) em reunião periódica colegiada do Comitê de Política Monetária (COPOM) e divulgada pelo Banco Central do Brasil. Na reunião de nº 267, de 11 de dezembro de 2024, o COPOM fixou a taxa de juros básica em 12,25% ao ano (Meta SELIC).[20]

E não há nenhum sentido cobrar juros de mora no cumprimento sentença somente do devedor em melhores condições financeiras, porque é o "ato ilícito" que gera os juros de mora e não a condição financeira do desonesto. Aplicar a lei de forma diferente sem discrime adequado violaria o princípio da igualdade.

Em relação ao requisito subjetivo para o parcelamento da dívida por improbidade, a lei exige que o réu demonstre incapacidade financeira para saldar o débito à vista. O ônus da prova é do executado. É dele a obrigação de provar de que não pode quitar a sua dívida à vista. Comprovantes de renda, extratos de todas as contas bancárias, faturas de cartões de crédito, relação detalhada de receitas e despesas mensais, imposto de renda com relação de bens e direitos etc. podem ser exigidos do devedor para avaliar o seu grau de endividamento e o seu comportamento em relação ao cumprimento de sentença.

---

19. Código Civil, Art. 398. Nas obrigações provenientes de ato ilícito, considera-se o devedor em mora, desde que o praticou. (Vide Lei nº 13.105, de 2015) (Vigência) [...] Art. 406. Quando não forem convencionados, ou quando o forem sem taxa estipulada, ou quando provierem de determinação da lei, os juros serão fixados de acordo com a taxa legal. (Redação dada pela Lei nº 14.905, de 2024) Produção de efeitos § 1º A taxa legal corresponderá à taxa referencial do Sistema Especial de Liquidação e de Custódia (Selic), deduzido o índice de atualização monetária de que trata o parágrafo único do art. 389 deste Código. (Incluído pela Lei nº 14.905, de 2024) Produção de efeitos § 2º A metodologia de cálculo da taxa legal e sua forma de aplicação serão definidas pelo Conselho Monetário Nacional e divulgadas pelo Banco Central do Brasil. (Incluído pela Lei nº 14.905, de 2024) § 3º Caso a taxa legal apresente resultado negativo, este será considerado igual a 0 (zero) para efeito de cálculo dos juros no período de referência. (Incluído pela Lei nº 14.905, de 2024) Produção de efeitos. Fonte: BRASIL. Lei nº 10.406, de 10 de janeiro de 2002. Código Civil. Brasília, DF, 11 jan. 2002. Disponível em: https://www.planalto.gov.br/ccivil_03/leis/2002/l10406compilada.htm. Acesso em: 5 jan. 2025.

20. BRASIL. BANCO CENTRAL DO BRASIL. *Taxas de juros básicas – Histórico*. Disponível em: https://www.bcb.gov.br/controleinflacao/historicotaxasjuros. Acesso em: 5 jan. 2025.

Não basta para o preenchimento do requisito subjetivo a juntada de declaração de hipossuficiência financeira para as despesas do processo, porque o dever de ressarcimento tem natureza diversa e nesta fase o interesse público preponderante é o cumprimento da sentença – a satisfação da obrigação. O Ministério Público e a pessoa jurídica lesada podem exigir que, para o parcelamento da condenação pecuniária por improbidade, haja uma cognição exauriente das condições financeiras do devedor e cônjuge (a depender do regime de casamento).

O verdadeiro interesse do executado em relação ao pagamento da dívida do processo e seu comportamento na gestão de suas receitas e despesas pessoais podem revelar a sua estratégia (boa ou má-fé) e reequilibrar o "jogo" no cumprimento da sentença de improbidade. O pagamento de despesas particulares não essenciais não deve vir à frente do ressarcimento do dano causado ao patrimônio público.

É claro, podem existir situações específicas, de devedores idosos, doentes, incapacitados ou carentes economicamente, por prazo certo ou indeterminado, nas quais um prazo maior para o pagamento da dívida atenderá não só o interesse do condenado, mas também o interesse público na efetivação da sentença.

Suponha, por exemplo, que o ímprobo idoso possua dívidas com empréstimos bancários que correspondam a até 35% (trinta e cinco por cento) de sua renda e dívidas de pensão alimentícia que alcancem até 50% (cinquenta por cento)[21]. Nessa situação ele estaria à beira da insolvência civil. Conhecer o seu patrimônio disponível e entender essa realidade, bem como quando ela pode ou não mudar, pode ser fundamental para a decisão do juiz ao autorizar ou não o parcelamento da dívida por improbidade administrativa. Em um caso especial, a amortização pode ser mais vantajosa para o interesse público do que uma execução completamente frustrada.

Pode ocorrer em uma visão otimista de o ímprobo ter tomado o rumo da honestidade e desejar sinceramente pagar a sua falta para voltar a ter a confiança dos seus. Pode ter sido um fato isolado em sua vida.

21. Limites máximos para os endividamentos hipotéticos mencionados, segundo a Lei 14.181/2021 e o artigo 529, § 3º, do Código de Processo Civil.

Na dicção de Dan Ariely: "Importamo-nos com a honestidade e desejamos ser honestos", ao menos em relação às "grandes transgressões".[22]

Para demonstrar o seu bom propósito, o executado deve priorizar o pagamento da dívida com o erário lesado e não dívidas particulares com despesas não essenciais à dignidade da pessoa humana. Tudo depende do caso concreto e do comportamento do executado. Afastada a fraude e atestada a boa vontade do condenado no cumprimento de sua obrigação pecuniária, não só satisfeita à vista por absoluta impossibilidade econômica, o pagamento parcelado da obrigação poderá garantir a integridade ao erário, dignidade e a autoestima de pessoa executada. Todos querem acreditar na recuperação – e é para isso também que o processo sancionador existe, não só para a punição do culpado.

O que propomos como referência prática é que haja uma análise criteriosa para a concessão da assistência judiciária desde a fase de conhecimento da ação de improbidade e dos pedidos de parcelamento de condenações pecuniárias para equilibrar os interesses em jogo e não permitir que a solução pelo processo seja incentivada no lugar de soluções negociadas.

É necessário que haja sempre um bom equilíbrio entre a primeira (o acesso à justiça) e a terceira (a atuação resolutiva por meios alternativos de solução de conflitos) ondas renovatórias de acesso à Justiça, idealizadas por Mauro Cappelletti e Bryant Garth.

Como propôs Bruno Salama em seus estudos sobre fenomenologia jurídica: "[...] as prováveis consequências fáticas de determinadas normas jurídicas [...]" devem estar presentes na "interpretação do direito" e precisam ser considerados os fins sociais almejados pela regra, que no nosso ordenamento jurídico não é o de proteger ímprobos ou incentivar a solução pelo processo ou a desonestidade na vida pública.[23]

---

22. ARIELY, Dan. Previsivelmente irracional: As forças ocultas que influenciam as nossas decisões. Tradução de Sofia Serra. 1. ed. Alfragide: Estrela Polar, 2008. P. 172

23. Escreveu o autor: "Fenomenologia jurídica. Quer se goste ou não, ponderações sobre as prováveis consequências fáticas de determinadas normas jurídicas – antes consideradas dados extrajurídicos que interessariam somente a áreas correlatas (sociologia, economia, psicologia etc.) – hoje se fazem cada vez mais presentes na interpretação do direito no Brasil. 214 Isso principalmente porque o caráter teleológico dos princípios jurídicos exige, para a sua melhor aplicação, juízos sobre a adequação entre meios e fins – juízos estes que necessariamente dependem de ilações sobre os efeitos concretos de um ou outro regime

A relação de custo-benefício deve estar presente no processo de tomada de decisão legislativa ou judicial, porque o réu fará essa conta. Como já dissemos, a solução virá da boa aplicação da lei ruim pelos juízes.

REFERÊNCIAS

AMAZONAS ATUAL (Amazonas). *Para ministro do STJ, nova Lei de Improbidade pode gerar 'caos judicial'*. 2021. Disponível em: https://amazonasatual.com.br/para-ministro-do-stj-nova-lei-de-improbidade-pode-gerar-caos-judicial/. Acesso em: 5 jan. 2025.

ARIELY, Dan. Previsivelmente irracional: As forças ocultas que influenciam as nossas decisões. Tradução de Sofia Serra. 1. ed. Alfragide: Estrela Polar, 2008.

BRASIL. AGÊNCIA BRASIL. *Economia: ano fecha com alta do PIB, emprego recorde e juros altos*. 2024. Bruno de Freitas Moura. Disponível em: https://agenciabrasil.ebc.com.br/economia/noticia/2024-12/economia-ano-fecha-com-alta-do-pib-emprego-recorde-e-juros-altos. Acesso em: 2 jan. 2025.

BRASIL. BANCO CENTRAL DO BRASIL. *Calculadora do cidadão*. Financiamento com prestações fixas. Disponível em: https://www3.bcb.gov.br/CALCIDADAO/publico/calcularFinanciamentoPrestacoesFixas.do. Acesso em: 2 jan. 2025.

BRASIL. BANCO CENTRAL DO BRASIL. *Taxas de juros básicas – Histórico*. Disponível em: https://www.bcb.gov.br/controleinflacao/historicotaxasjuros. Acesso em: 5 jan. 2025.

BRASIL. Lei nº 10.406, de 10 de janeiro de 2002. Código Civil. Brasília, DF, 11 jan. 2002. Disponível em: https://www.planalto.gov.br/ccivil_03/leis/2002/l10406compilada.htm. Acesso em: 5 jan. 2025.

BRASIL. Lei nº 13.105, de 16 de março de 2015. Código de Processo Civil. Brasília, DF, 17 mar. 2015. n. 1. Disponível em: https://www.

jurídico. Assim, a própria incidência normativa dependerá intimamente de suas prováveis consequências futuras". Fonte: SALAMA, Bruno Meyerhof. Estudos em direito & economia [livro eletrônico]: micro, macro e desenvolvimento. 1. ed. Curitiba:Editora Virtual Gratuita – EVG, 2017. P. 206.

planalto.gov.br/ccivil_03/_ato2015-2018/2015/lei/l13105.htm. Acesso em: 5 jan. 2025.

BRASIL. Presidência da República. Lei nº 8.429, de 2 de junho de 1992. Dispõe sobre as sanções aplicáveis em virtude da prática de atos de improbidade administrativa, de que trata o § 4º do art. 37 da Constituição Federal; e dá outras providências. (Redação dada pela Lei nº 14.230, de 2021) Disponível em: <http://www.planalto.gov.br/ccivil_03/leis/l8429.htm>. Acesso em: 02 jan. 2025.

BRASIL. SUPERIOR TRIBUNAL DE JUSTIÇA. *Tema Repetitivo 1128.* Disponível em: https://processo.stj.jus.br/repetitivos/temas_repetitivos/pesquisa.jsp?novaConsulta=true&tipo_pesquisa=T&cod_tema_inicial=1128&cod_tema_final=1128. Acesso em: 5 jan. 2025.

CAPPELLETTI, Mauro; GARTH, Bryant. Acesso à justiça. Porto Alegre: Sergio Antonio Fabris Editora, 1988.

GICO JR., Ivo Teixeira. A tragédia do Judiciário. Revista de Direito Administrativo, Rio de Janeiro, v. 267, p. 163-198, set./dez. 2014.

KAHNEMAN, Daniel. Rápido e devagar [recurso eletrônico]: duas formas de pensar. Tradução Cássio de Arantes Leite. Rio de Janeiro: Objetiva, 2012.e

OLIVEIRA, Sérgio Martin Piovesan de. O novo regime de prescrição da tutela da probidade administrativa: uma análise à luz do neoconstitucionalismo. 1. ed. Belo Horizonte: D´Plácido, 2024.

ORGHIAN, Diana; CABRAL, Gabriel; PINTO, André; FONTANA, Alessandra. Desvio de caráter ou simplesmente humano? Economia comportamental aplicada ao comportamento desonesto. Rev. Bras. Polít. Públicas, Brasília, v. 8, nº 2, 2018, p.523-541.

OYAMA, Karyna Barbosa Andrade. Teoria da escolha racional e teoria dos jogos: uma abordagem para os métodos de resolução de conflitos. In: ANDRADE, Oyama K. B.; ORSINI, Adriana G. S.; COSTA, Mila B. L. C.. (Org.). Justiça do Século XXI. 1ed.São Paulo: LTr, 2014, v. , p. 347-361.

PROCON-SP (São Paulo). *Taxas de juros 2024 – balanço anual do Procon-SP*. 2025. Disponível em: https://www.procon.sp.gov.br/taxas-de-juros-2024-balanco-anual-do-procon-sp/. Acesso em: 2 jan. 2025.

SALAMA, Bruno Meyerhof. Estudos em direito & economia [livro eletrônico]: micro, macro e desenvolvimento. 1. ed. Curitiba: Editora Virtual Gratuita - EVG, 2017.

SENNA, Gustavo. *Combate à má governança e à corrupção : uma questão de direitos fundamentais e direitos humanos*. Belo Horizonte: Editora D´Placido - Explore (D' Placido Digital) - Telegrapher API, 2019.

SHAVELL, Steven. Economic Analysis Of Litigation And The Legal Process. Cambridge: Harvard University Press, 2003. Disponível em: https://www.nber.org/system/files/working_papers/w9697/w9697.pdf. Acesso em 3 jan. 2025.

VITORELLI, Edilson. Fundamentos da Análise Econômica do Processo Civil. São Paulo: Editora Juspodivm, 2024.

ZAMIR, Eyal; TEICHMAN, Doron. Behavioral Law and Economics. London: Oxford, 2018.

EDITORA JusPODIVM
www.editorajuspodivm.com.br

COLOR system
gráfica digital e offset

JUS4251